»Wichtige Lektüre für Männer, die versuchen, ihre Sexualität zu erforschen und ihre Selbsterkenntnis zu vertiefen.«

— John Lee,
Autor von »The Flying Boy« (Der fliegende Junge),
Gründer des Männerzentrums Austin

»Eine hochintelligente und dramatische Untersuchung eines Gebietes, dass als Tabu bisher ignoriert wurde.«

— Dr. phil. Leslie Feher,
Psychotherapeut, Präsident der Gesellschaft für Geburtspsychologie,
Autor von »The Psychology of Birth« (Die Psychologie der Geburt)

»›Beschneidung: Das verborgene Trauma‹ ist ein bedeutender Beitrag im Bereich der Psychologie und eine wertvolle Quelle für Klinik-Fachleute, sich auf zukünftige Enthüllungen über die Gefühle von Männern wegen der Beschneidung vorzubereiten.«

— Dr. Richard Schwartzman,
Psychiater, Philadelphia

»Goldmans Studien und Forschung über dieses Problem sind lobenswerte Schritte, zu denen nur wenige Fachleute bereit oder fähig sind.«

— Dr. phil. James DeMeo,
Kulturanthropologe,
Forschungs- und Bildungszentrum Greensprings

»Ich habe ›Beschneidung: Das verborgene Trauma‹ mit großem Interesse gelesen und fand es sehr wissenschaftlich und gründlich. Tatsächlich bespreche ich es in meinen Psychologie-Vorträgen an der Universität. Unsere Gesellschaft sollte diese Praxis im Lichte von Goldmans Ergebnissen überdenken.«

— Barbara Nash, Dr. phil.,
Psychologin, Concord (Massachusetts)

»Heute müssen Ärzte mehr als je zuvor erfahren, was in diesem Buch steht.«
— George Denniston, M.D., Master of Public Health,
Abteilung für Familienmedizin, Universität von Washington

»Eine sehr wertvolle und lohnende, fundierte und gründlich dokumentierte Studie.«

— Dr. phil. Edgar Bottome,
Professor für Promotionsprogramme,
Vermont College

BESCHNEIDUNG

DAS VERBORGENE TRAUMA

Auch von Ronald Goldman:

Questioning Circumcision: A Jewish Perspective

Arbeitstitel der geplanten deutschen Übersetung:
»Beschneidung infragestellen: Eine jüdische Perspektive«

www.jewishcircumcision.org

Das *Circumcision Resource Center* (Beschneidung-Ressourcenzentrum) ist eine gemeinnützige Bildungseinrichtung, die es sich zur Aufgabe macht, der Öffentlichkeit und Fachleuten Information und Unterstützung im Zusammenhang mit der Praxis der Beschneidung zu bieten. Das Zentrum bietet Veröffentlichungen, Beratung und Telefonberatung, Vorträge und Seminare. Weitere Informationen erhalten Sie bei

Circumcision Resource Center
P.O. Box 232
US-02133 Boston, MA
+001 (617) 523-0088
www.circumcision.org
crc@circumcision.org

BESCHNEIDUNG

DAS VERBORGENE TRAUMA

Auswirkungen einer amerikanischen kulturellen Praxis
auf Säuglinge und letztlich auf uns alle

DR. PHIL.
RONALD GOLDMAN

Vorwort von
Dr. phil. Ashley Montagu

ÜBERSETZUNG: ULF DUNKEL

Herausgegeben von Dr. phil. Ronald Goldman bei
       Vanguard Publications
       Postfach 055
       US-02114 Boston, MA

Titel der englischen Originalausgabe:
»Circumcision: The Hidden Trauma«

Haftungsausschluss:
Dieses Buch dient nur der Information und sollte nicht als Ersatz dafür angesehen werden, einen approbierten Arzt zu konsultieren.

ISBN 13: 978-1795499637

Übersetzung, Satz & Gestaltung: Ulf Dunkel

Bibliografische Information der Deutschen Nationalbibliothek:
Die Deutsche Nationalbibliothek verzeichnet diese Publikation in der Deutschen
Nationalbiographie; detaillierte bibliografische Daten sind im Internet über
http://dnb.d-nb.de abrufbar.

Gedruckt bei *kindle* | *direct publishing*, einem Unternehmen von Amazon.com.

Allen zukünftigen Kindern

Unser Leben hängt davon ab, dass sich alles wiederholt,
bis wir von innen heraus antworten.

— Robert Frost

Inhaltsverzeichnis

Inhalt

Inhalt

Vorwort

Als Anthropologe bin ich seit vielen Jahren an den Ritualen, Praktiken und Mythen interessiert, die von verschiedenen Gesellschaften angenommen werden. Eine der am längsten anhaltenden dieser Praktiken ist die Beschneidung, die seit tausenden Jahren von verschiedenen Kulturen praktiziert wird. Sie ist normalerweise ein Übergangsritus, der den Übergang von einem Zustand in einen anderen markiert. Solche Übergangsrituale, die zur Geburt, Pubertät, Hochzeit und beim Tod gefeiert werden, sind oft verbunden mit bestimmten Abläufen, bei denen der Körper verstümmelt wird. Diese Entfernung eines Körperteils wird allerdings in den meisten Gesellschaften nicht als Verstümmelung angesehen. Oftmals wird sie als religiöses Ritual angesehen, durch das das Individuum geweiht und mit einem bestimmten Status aufgewertet wird.

In den Vereinigten Staaten haben wir »Gründe« erfunden, um Religion beim Rechtfertigen der Beschneidung zu ersetzen. Mit der Beschneidung verbundene Mythen sind ein akzeptierter Teil unserer Gesellschaft geworden. So weit reicht die Macht von Präzedenzfällen, und die Gewohnheit der Gesellschaft hat der Kraft des Wissens, der Begründungen und Logik widerstanden.

Die ständige Wiederholung der Mythen über die Beschneidung in diesem Land ist dem Fortbestand von Mythen in anderen, unterschiedlichen Gesellschaften nicht unähnlich. In sogenannten zivilisierten Gesellschaften mag man überzeugt sein, dass man zu »fortgeschritten« ist, um an Mythen zu glauben, aber selbst das ist ein kultureller Mythos. Wir alle unterliegen dem Glauben an Mythen. An dieser Stelle in unserer Geschichte sollten wir uns daran erinnern, dass Zivilisation kein Geschenk, sondern eine Errungenschaft ist und dass Zivilisation ein Wettlauf zwischen Bildung und Katastrophe ist.

Eine herausragende Eigenschaft, die uns als Menschen kennzeichnet, ist unsere Erziehbarkeit. Wir mussten fast alles lernen, was wir von anderen Menschen wissen und tun, zunächst von unseren wichtigsten Betreuern, unseren Eltern, und dann von unseren Lehrern und anderen. Folglich ist es gefährlich, menschlich zu sein, weil wir nicht nur in der Lage sind, vernünftige Dinge zu lernen, sondern auch unvernünftige. Daher brauchen wir gute Lehrer, die tief verwurzelte Überzeugungen und Praktiken hinterfragen, indem sie die Fakten aufzeigen, die für eine gerechte Entscheidung berücksichtigt werden müssen.

Aus diesem Grund begrüße ich, und sicherlich wird dies auch der Leser, Ronald Goldmans schönes und starkes Buch über Beschneidung. Es ist die aufschlussreichste und zuverlässigste Untersuchung eines der wichtigsten Aspektes des menschlichen Lebens. Dieses Buch wurde so entworfen, dass es sowohl den Neugierigen als auch den Verblüfften weiterhilft. Ronald Goldman gelingt dies in bewundernswerter Weise, denn er schreibt klar und einfach aus einem breiten Wissenshintergrund und ist dabei ein verständnisvoller Führer durch das Labyrinth der Kontroversen hin zu den Wahrheiten, die er so kompetent zur Verfügung stellt. Es ist ein aufschlussreiches Buch, und ich hoffe, es wird viel gelesen werden.

Dr. phil. Ashley Montagu

Hinweis: Dr. Montagus herausragende Karriere als Anthropologe erstreckt sich über sechs Jahrzehnte. Er hat an verschiedenen Universitäten gelehrt und für seine herausragenden Arbeiten zur menschlichen Natur und Entwicklung viele Ehrendoktorate und Auszeichnungen erhalten. Dr. Montagu hat mehr als fünfzig Bücher geschrieben, darunter über das Menschsein, die natürliche Überlegenheit der Frauen, die amerikanische Lebensweise, die Natur der menschlichen Aggression, den Frieden der Welt, das Leben vor der Geburt, Leben und Lieben, die Welt der Menschheit und Sexualität, Männer und Gesellschaft.

Einführung

Seit ich etwa elf Jahre alt war, interessierte ich mich für Beschneidung. Ich las ein Buch über Sexualität und sah eine schematische Darstellung eines Penis mit einer Vorhaut. Da ich noch nie zuvor in einer Umkleide oder sonstwo eine Vorhaut gesehen hatte, konnte ich mit der Zeichnung nicht viel anfangen. Die Vorhaut in einer Abbildung oder in einem Umkleideraum zu bemerken, ist eine übliche männliche Erfahrung, über die nicht oft gesprochen wird.

Im Lauf der Jahre und während ich dieses Buch schrieb, hatte ich viele Fragen zur Beschneidung. Ich habe herausgefunden, dass auch viele andere Fragen haben. Das Betrachten sowohl der traditionellen als auch der neueren, innovativen psychologischen Theorien war hilfreich, um einige dieser Fragen anzugehen. Um andere Probleme zu untersuchen, habe ich mich im Allgemeinen auf die vorhandene medizinische, psychologische und soziologische Literatur und auf Forschung gestützt, die vom Circumcision Resource Center durchgeführt wurde, einer gemeinnützigen Bildungsorganisation, die ich gegründet habe. Diese Arbeit bestand aus Hunderten von Kontakten mit Männern, Eltern, psychischen und medizinischen Fachkräften. Kleine Gruppentreffen mit beschnittenen Männern, klinische Erfahrungen und unabhängige Umfragen über die Einstellung zur Beschneidung trugen ebenfalls zu einem besseren Verständnis der tiefgreifenden Gefühle bei, die manche Menschen aufgrund der Beschneidung haben.

Da die medizinischen Argumente zur Beschneidung an anderer Stelle ausführlich diskutiert werden, gebe ich hier nur eine kurze Zusammenfassung wieder. Das Kapitel »Quellen« enthält empfohlene Bücher für diejenigen, die eine detailliertere medizinische Erörterung suchen. Diejenigen, die an einer Diskussion aus jüdischer Sicht interessiert sind, werden auf mein Buch *»Beschneidung infragestellen: Eine jüdische Perspektive«* verwiesen.

Mein Hauptziel ist es, das Bewusstsein zu schärfen, indem ich für die allgemeine Leserschaft und Fachleute viel Bekanntes, das mit der Beschneidung zusammenhängt, zusammenfasse und seine Bedeutung auswerte. In Bereichen, in denen keine Studien existieren, untersuche ich die Möglichkeiten. Ein zweites Ziel ist, Forschung zu den vielen unbeantworteten Fragen zu fördern. Mein Standpunkt ist jedoch, dass bereits genügend Informationen verfügbar sind, um die vorherrschenden Annahmen und Praktiken in Frage zu stellen.

Ich danke jenen Menschen, die hilfreiche Kommentare zu dem Manuskript abgegeben haben. Dazu gehören Jean Alonso, Barbara Brandt, Lance Carden, Gena Corea, Chris Farrow, Michael Kristan, Hilda Scott, Steven Styos und Suzanne Wymelenberg. Vor allem möchte ich Myron Sharaf, Barbara Nash, Richard Schwartzman, Maggie Carr und David Chamberlain für ihre Unterstützung und Jack Engler für seine Anleitung und Ermutigung danken. Andere, die wertvolle Hilfe angeboten haben, waren Marilyn Milos, Hanny Lightfoot-Klein, Tim Hammond und Rosemary Romberg. Ich bin auch Michael Brooks, Donald Bryant, Susan Dart, George Denniston, Larry Gilligan, Christian Green, Scott Kremer, Melova, Rick Reinhert jr. und Laurance Rockefeller für ihre Unterstützung dankbar.

Schließlich möchte ich jenen aufrichtig danken, die mir intime Details ihrer Erfahrungen und Gefühle anvertraut haben. Indem sie enthüllt haben, was Generationen zuvor verborgen hatten, haben sie den wichtigsten Beitrag geleistet.

Einleitung:
Strittige Fragen

Die Menschheit war schon immer bereit, Themen im umgekehrten Verhältnis zu ihrer Wichtigkeit zu diskutieren. Je mehr eine Frage uns alle berührt, umso mehr gilt daher, dass selbst klugen Menschen behaupten, die Frage existiere überhaupt nicht.

— Samuel Butler

Die amerikanische Öffentlichkeit geht allgemein davon aus, dass unsere kulturelle Praxis der Beschneidung ein triviales und gutartiges Verfahren ist, das kaum eine ernsthafte Betrachtung und Diskussion wert ist. Wir glauben, dass eine solche weit verbreitete Praxis durch einen Konsens begründet sein muss, dass sie sicher und effektiv ist, dass sie dem Kind nützt oder zumindest keinen Schaden anrichtet.

Tatsächlich gibt es erhebliche Meinungsunterschiede über die Zweckmäßigkeit der Beschneidung. Laut einer landesweiten Umfrage sind 33 Prozent der amerikanischen Geburtshelfer und Kinderärzte persönlich gegen die Beschneidung, obwohl einige von ihnen dies ihren Patienten nicht mitteilen.[1] Einige Ärzte und Krankenschwestern haben sich geweigert, bei Beschneidungen mitzuwirken. Zudem verraten einige beschnittene Männer ihren langandauernden Widerstand gegen die Beschneidung oder nehmen eine solche Haltung an, nachdem sie mehr über die Praxis erfahren haben. Auch die Ansichten und Entscheidungen der Eltern ändern sich. Laut dem National Center for Health Statistics ist die Beschneidungsrate von einem Höchststand von etwa 85 Prozent auf rund 60 Prozent national und auf nur etwa 35 Prozent in einigen Gebieten des Landes gesunken (siehe Abb. 1).[2]

Was wissen diese Menschen? Was motiviert sie zu diesem Widerstand? Ist es weise, unsere Kinder weiterhin einer Praxis auszusetzen, die zu wachsender Kritik und Fragen geführt hat? Spielt es eine Rolle, dass immer noch täglich etwa 3.500 Beschneidungen durchgeführt werden, eine alle fünfundzwanzig Sekunden?

---

1 Herrera, A., LeserbriefLeserbrief, *Pediatrics* 71 (1983): 670.

2 National Center for Health Statistics, Telefongespräch mit dem Autor, 1995. Die Rate gilt für 1993.

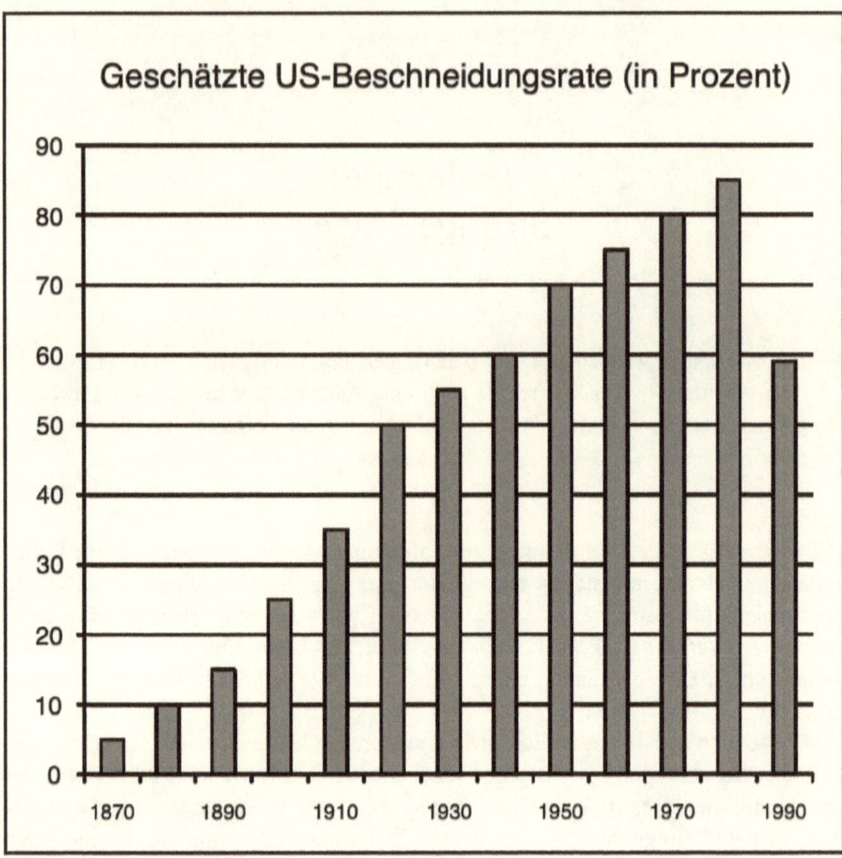

Abbildung 1: Geschätzte US-Beschneidungsraten (in Prozent), adaptiert nach Wallerstein 1980, *Tabelle B-2*

Aus einer globalen Perspektive lehnen die meisten Menschen der Welt die Beschneidung ab: Über 80 Prozent der Männer der Welt sind intakt (nicht beschnitten).[3] Die meisten beschnittenen Männer sind muslimisch oder jüdisch. Die Vereinigten Staaten von Amerika sind das einzige Land weltweit, dass die meisten seiner männlichen Säuglinge aus nicht-religiösen Gründen beschneidet.

Die öffentliche Wahrnehmung ist, dass es gültige Gesundheitsgründe für die Beschneidung gibt, die mit Sauberkeit und Schutz vor verschiedenen Krankheiten zu tun haben. Dennoch hat die American Academy of Pediatrics, die landesweit größte Organisation von Ärzten, die sich um Säuglinge kümmern, keinen nachgewiesenen medizinischen Nutzen der Beschneidung gefunden. Tatsächlich

---

3   Wallerstein, E., »Circumcision: The Uniquely American Medial Enigma«, *Urologica Clinics of North America* 12 (Februar 1985): 123-32.

empfiehlt keine nationale medizinische Organisation der Welt die routinemäßige Beschneidung von männlichen Säuglingen. Darüber hinaus wecken die neuesten Forschungsergebnisse Besorgnis über diesen oft missverstandenen chirurgischen Eingriff, und Kritiker behaupten, dass die Beschneidung ernsthaften Schaden anrichtet.

Wie kann ein übliches Routineverfahren Schaden anrichten? Wie konnte dieser angebliche Schaden von Ärzten, Eltern, Männern – der ganzen Gesellschaft – so lange übersehen werden? Wie würden die Menschen reagieren und was würde es über uns sagen, wenn die Beschneidung negative Auswirkungen hätte?

Die Öffentlichkeit ist sich der Kontroverse über die Beschneidung im Allgemeinen nicht bewusst, weil die Beschneidung nie die umfassende und offene Debatte hatte, von der viele glauben, dass sie sie nötig hätte. Allerdings ändert sich das gerade. Zunehmend beschäftigen sich Zeitungs- und Zeitschriftenartikel, Radio- und Fernsehsendungen sowie ein wachsendes Netzwerk engagierter Menschen mit dem Thema. Einige Medienberichte über Beschneidung haben eine erstaunliche Menge an Post und Kommentaren ausgelöst, die eine bessere und umfassendere Berichterstattung zu diesem Thema fordern.

Neue Informationen über Beschneidung stehen oft im Widerspruch zu früheren Lehren und lang gepflegten Überzeugungen. Viele Menschen, einschließlich der Ärzte, verwirrt, was sie lernen. Wenn unsere Welt einen Sinn ergeben soll, dann muss es eine einheitliche Erklärung für alle scheinbar widersprüchlichen Informationen geben. Die widersprüchlichen Schlussfolgerungen, Überzeugungen und Meinungen im Zusammenhang mit der Beschneidung, zusammen mit der Hartnäckigkeit, mit der Verfechter und Gegner der Beschneidung ihre Standpunkte vertreten, lassen darauf schließen, dass tiefgreifende psychologische Faktoren beteiligt sind. Ich glaube, dass der Kern der Beschneidungsfrage außerhalb des Bereichs der Medizin liegt.

Dieses Buch beschäftigt sich mit zwei Hauptfragen: (a) Warum werden Beschneidungen wirklich gemacht? und (b) Welche Auswirkungen hat Beschneidung auf uns? Differenzierter gefragt:

1. Was motiviert Ärzte und Eltern, zu beschneiden? Ist dies eine rationale oder emotionale Entscheidung?
2. Warum sind die Vereinigten Staaten von Amerika das einzige Land weltweit, dass die meisten seiner männlichen Säuglinge aus nicht-religiösen Gründen beschneidet? Wissen wir etwas, was andere Länder nicht wissen, oder wissen sie etwas, das wir nicht wissen wollen?
3. Was passiert eigentlich genau während einer Beschneidung? Ist es »nur ein kleiner Schnitt« oder viel mehr, wie einige behaupten?
4. Erlebt der Säugling »Unwohlsein« oder extremen Schmerz und womöglich eine Traumatisierung? Wenn Beschneidung traumatisch ist, könnten die psychologischen Auswirkungen langfristig sein.

5. Können Säuglinge sich an dieses Erlebnis erinnern? Jeder Beweis, dass ein Mann solche Erinnerungen behält, würde die Möglichkeit langfristiger Auswirkungen unterstützen.

6. Was sind die möglichen langfristigen psychologischen Auswirkungen der Beschneidung? Kann etwas, was vor so langer Zeit geschah, heute irgendeinen Unterschied ausmachen?

7. Welchen Einfluss auf die Sexualität hat Beschneidung? Fühlt sich Sex ohne Vorhaut genauso an wie mit einer?

8. Wie beeinflusst Beschneidung die Mutter-Kind-Beziehung? Jeder negative Effekt, der sich aus der Prozedur ergibt, könnte auch langfristige Auswirkungen haben.

9. Beeinflusst Beschneidung die Mann-Frau-Beziehung? Wenn es Auswirkungen gibt, können Frauen sie nicht vermeiden.

10. Wie wirkt sich Beschneidung auf unsere Gesellschaft aus? Gibt es irgendeine mögliche Verbindung zu entweder gewöhnlichen oder extremen Formen sozialen Verhaltens?

Erstaunlicherweise wurden einige dieser Fragen nie untersucht, vielleicht, weil sie zu beunruhigend sind. Eine genaue Untersuchung könnte persönliche und kulturelle Überzeugungen bedrohen und gängige Annahmen über die medizinische und psychische Gesundheitspraxis in Frage stellen. Ungeachtet unseres möglichen Unbehagens müssen wir wissen, ob wir uns selbst und unseren Kindern Schaden zufügen.

Da die Beschneidung so viele Aspekte des Lebens berührt – körperlich, sexuell, psychologisch, sozial, historisch und religiös, um nur ein paar zu nennen – finden viele, dass es sowohl ansprechend, aber auch herausfordernd ist, alles über die Praxis zu erfahren. Tatsächlich ist die Untersuchung des Themas Beschneidung ein überraschend lohnender Weg, mehr über uns selbst zu erfahren. Ich würde gerne mehr erfahren. Wenn Sie eine unvergessliche Erfahrung im Zusammenhang mit Beschneidung gehabt haben, hätte ich gern, dass Sie sie aufschreiben und mir zusenden.

Wenn dieses Buch eine Ihrer festesten Annahmen und Überzeugungen über Beschneidung und die Gesellschaft in Frage stellt, bitte ich Sie, sich auch selbst zu erlauben, sie in Frage zu stellen. Vielleicht wäre es noch wertvoller, wenn Sie sich erlauben, irgendwelche Gefühle zu bemerken und zu erleben, die durch das, was Sie lesen, stimuliert werden können.

Es ist nicht so wichtig, dass sich alle über die in diesem Buch vorgestellten Ideen einig sind, aber es ist wichtig, dass eine offene Diskussion stattfindet. Ich hoffe, dass diese Arbeit den Dialog anregt und erweitert. Was auch immer Sie über das, was Sie lesen, denken und fühlen, ich würde mich über Ihre Rückmeldung freuen.

1
Säuglingsentwicklung und Reaktionen auf Beschneidung

Stellen Sie sich vor, Sie ruhen sich bequem aus, vielleicht mit einer geliebten Person, der Sie gerne körperlich nahestehen, und auf einmal betreten ein paar seltsame Leute den Raum und haben vor, Sie abzuholen, um Sie fortzutragen. Sie fragen, was das alles soll, und bekommen keine Antwort. Sie protestieren und wehren sich, aber die sind stärker als Sie. Sie bringen Sie in einen anderen Raum, wo sie Ihnen die Kleidung abnehmen und Sie rücklings auf einem Tisch festschnallen. Sie versuchen, sich zu befreien, aber der einzige Teil Ihres Körpers, den Sie noch bewegen können, ist Ihr Kopf. Die ganze Zeit über ignoriert man weiterhin Ihren Protest. Dann kommt ein Mann herein und, nachdem er sich vergewissert hat, dass Sie fixiert sind, ergreift er ein Messer und beginnt, ein Stück Haut von Ihren Genitalien abzuschneiden. Der Vorgang dauert insgesamt etwa fünfzehn Minuten. Ihre Schmerzensschreie bleiben unbeachtet. Wie fühlen Sie sich?

Es steht außer Frage, dass eine solche Erfahrung für einen Erwachsenen nicht hinnehmbar wäre. Es ist wahrscheinlich, dass daraus ein Trauma entsteht. Psychologen sind sich seit langem bewusst, dass Traumata langfristige Auswirkungen auf unser Innenleben, Sozialverhalten und unser Funktionieren haben. Ein wichtiges Merkmal des Traumas ist, dass das auslösende Ereignis zusammen mit den Verbindungen zu aktuellen Symptomen und Verhaltensweisen oft vor dem Bewusstsein verborgen ist. Dieses Buch betrachtet die Beschneidung als ein mögliches traumatisches Ereignis, das weitreichende Auswirkungen auf Individuen und die Gesellschaft haben könnte. Nachfolgende Kapitel werden verborgene Fakten und Konsequenzen dieser Praxis untersuchen und sie für andere sichtbar und überprüfbar machen.

Bevor wir mit dieser psychologischen und sozialen Ausgrabung fortfahren, ist es notwendig, zu fragen, wie sehr die oben beschriebene Szene der Beschneidung eines Säuglings ähnelt. Wie fühlt es sich für den Säugling an, beschnitten zu werden? Spielt es eine Rolle, was das Kind fühlt? Um diese Fragen beantworten zu können, ist es wichtig, mehr über Säuglinge zu lernen.

Noch zur Jahrhundertwende wurden Säuglinge von der amerikanischen Öffentlichkeit und von Fachleuten im Allgemeinen nicht als vollwertige menschliche Individuen angesehen. Zum Beispiel haben einige Forscher geglaubt, dass das Gehirn von Kleinkindern für Emotionen, Lernen und Gedächtnis nicht ausreichend entwickelt sei. Ärzte und Eltern haben dementsprechend die Folgen ihrer Praktiken und Einstellungen auf Kleinkinder nicht berücksichtigt. Sie nehmen an, dass es nicht so wichtig ist, wie Säuglinge behandelt werden, wenn diese keine Erfahrungen wahrnehmen oder sich nicht daran erinnern können.

Diese kulturelle Betrachtung von Säuglingen basiert im Allgemeinen auf Überzeugungen des medizinischen Berufsstandes, die vorherrschten, als dieser den Bereich der Geburtspraxis übernahm. 1895 schrieb ein renommierter Säuglingsspezialist an der Universität von Pennsylvania: »Wenn ein Baby gerade geboren ist ... ist es ... kaum intelligenter als ein Gemüse ... Tatsächlich nimmt es kaum etwas direkt bewusst wahr.«[4]

Fünfzig Jahre später glaubte man, dass neugeborene Säuglinge unfähig zu etwas anderem als essen, sich bewegen, weinen und schlafen sind. 1946 beschrieb der Kinderarzt Benjamin Spock die folgenden Entwicklungsalter für verschiedene Fähigkeiten und Verhaltensweisen:

> Wenn er 2 bis 3 Monate alt ist, nimmt der Säugling ein menschliches Gesicht wahr und reagiert darauf. Mit 3 Monaten schaut er in alle Richtungen ... Ein neugeborenes Baby scheint den ersten oder die beiden ersten Tage taub zu sein ... Irgendwann um den zweiten Monat herum wird Ihr Baby lächeln ... In diesem Alter weiß er wenig, kann seine Hände nicht benutzen, nicht einmal seinen Kopf von einer Seite zur anderen drehen ... Etwa zur Mitte des ersten Lebensjahres lernt er, etwas zu ergreifen, das ihm auf Armlänge in greifbare Nähe gebracht wurde.[5]

Die begrenzte Fähigkeit des Neugeborenen war und ist teilweise eine Folge der üblichen geburtshilflichen Praxis, der Mutter Medikamente zu verabreichen. Die Medikamente erreichen den Fötus fast in gleicher Konzentration, wie die Mutter

---

4   Quinn, S., »The Competence of Babies«, *The Atlantic Monthly* (Januar 1982): 54-62.
5   Spock, B., *The Common Sense Book of Baby and Child Care* (New York: Duell, Sloan, and Pearce, 1946), 146-7.

sie erhält. Folglich wird das Neugeborene unter Betäubungsmitteleinfluss geboren und reagiert weniger auf die Umwelt. Seltenes Lächeln, Reizbarkeit und Schwierigkeiten beim Stillen können die Folge sein.[6] (Studien haben herausgefunden, dass diese Effekte die frühe Anpassung und die Interaktion zwischen Mutter und Kind stören und mindestens ein Jahr anhalten können. Auch langfristige Auswirkungen auf Erwachsene wurden beobachtet.)[7]

1.1 Geänderte Betrachtung von Säuglingen

Das Versäumnis, die Fähigkeiten von Säuglingen wertzuschätzen, kann auch mit einer kulturellen und berufsständischen Voreingenommenheit in Zusammenhang stehen, die eher an geringere Fähigkeiten des Kindes glaubt, als ihm mehr zuzutrauen. Forschung in der Kinderentwicklung verlangt eine angemessene Einstellung zu Säuglingen, sorgfältige Auswahl der Testpersonen und geeignete Testmethoden. Ein Pionier unter den Kinderforschern, T. G. R. Bower, kommt zu dem Schluss, dass ohne dies »niemand irgendeine Forderung herleiten kann, dass junge Säuglinge irgendetwas können«.[8] Er berichtet, dass es möglich ist, mit Kindern über Jahre zu arbeiten und bestimmte Verhaltensweisen und Talente nicht zu bemerken, wenn man davon überzeugt ist, dass diese nicht vorhanden sind. Um die Fähigkeiten von Kindern genau beurteilen zu können, muss der Beobachter aufgeschlossen sein und alle Versuchspersonen müssen ohne Betäubungsmittel geboren sein. Da diese Art der Geburt eher die Ausnahme als die Regel darstellt, neigt viel Forschung immer noch zu Schlussfolgerungen, die die Fähigkeiten der Kinder abwerten.

Diejenigen, die das Verhalten von Säuglingen untersuchen, sind anfällig für kulturelle Überzeugungen über Säuglinge. Auch haben sie weitere Überzeugungen, die darauf fußen, was sie von Autoritäten auf ihrem Gebiet mit Jahrzehnten Rückstand gelernt haben. Säuglingsverhalten, das nicht mit diesen Theorien übereinstimmt, kann dann unbeachtet bleiben. Wahrnehmungen werden durch Überzeugungen begrenzt. Weil Forschern nicht bewusst ist, wie viele Vorurteile sie über Säuglinge haben, denken sie, dass sie sie nicht überprüfen müssen.

---

6 Hill, S. & Smith, J., »Neonatal Responsiveness as a Function of Maternal Contact and Obstetrical Drugs«, *Perceptual and Motor Skills* 58 (1984): 859-66; Brackbill, Y., McManus, K., & Woodward, L., *Medication in Maternity: Infant Exposure and Maternal Information* (Ann Arbor: University of Michigan Press, 1985).

7 Sepkoski, C. et al., »The Effects of Maternal Epidural Anesthesia on Neonatal Behavior during the First Month«, *Developmental Medicine and Child Neurology* 34 (1992): 1072-80; Brackbill, Y., »Obstetrical Medication and Infant Behavior«, in J. Osofsky, Hrsg., *Handbook of Infant Development* (New York: Wiley & Sons, 1979); Jacobson, B. et al., »Obstetric Pain Medication and Eventual Adult Amphetamine Addition in Offspring«, *Acta Obstetricia et Gynecologica Scandinavica* 67 (1988): 677-82; Jacobson, B. et al., »Opiate Addition in Adult Offspring through Possible Imprinting after Obstetrical Treatment«, *British Medical Journal* 301 (1990): 1067-70.

8 Bower, T., *The Rational Infant* (New York: Freeman, 1989), 14.

Amerikaner sind nicht die einzigen mit kulturellen Vorurteilen über Säuglinge. In Russland wurde das Wickeln mit Windeln als Schutz davor angesehen, dass der Säugling sich »selbst beschädigt«, etwa indem er sich ein Ohr abreißt oder ein Bein bricht.[9]

Eine grundlegende Frage über Säuglinge ist, wie ihre Welt oder subjektive Wahrnehmung der Welt mit unserer verglichen wird. Es ist nötig, diesen Vergleich anzustellen, damit Erkenntnisse in einer für Erwachsene verständlichen Sprache vermittelt werden können. Allerdings glauben die Experimentatoren auch, dass ihre Sicht der Welt derjenigen des Säuglings überlegen ist, so dass sie die Unterschiede nicht zu schätzen wissen. Ein Unterschied besteht darin, dass Reize oder Ereignisse, die Erwachsenen unwichtig erscheinen, für das Kind viel bedeutender sein können. Darüber hinaus ist die Sicht des Forschers auf die Welt im Wesentlichen eine mentale, begrenzte Sicht und in Konflikt mit der grundsätzlichen Art und Weise, wie das Kind die Welt durch Gefühle erlebt und darauf reagiert.

Der Kinderforschungspsychologe und -theoretiker Daniel Stern glaubt, dass der Widerstand einiger Forscher, die Existenz von Gefühlen bei Säuglingen zu akzeptieren, auf einer »Überbetonung« des Zusammenhangs zwischen mentaler und emotionaler Entwicklung beruhen könnte. Er bemerkt: »Die Erkenntnis ist jetzt, dass ... die Gefühle von Säuglingen, besonders zu Beginn, als unabhängig von dem, was sie wissen, beachtet werden können und müssen.«[10]

Säuglinge funktionieren auf einem Niveau, das die meisten Erwachsenen schon lange hinter sich gelassen haben. Es ist ein sehr tiefes Gefühl-Erfahrung-Körper-Niveau, das auf ihrer eigenen Art von Wissen beruht. Intellektuelle Fähigkeiten sind nicht erforderlich. Säuglinge müssen ihre Erfahrungen und Reaktionen nicht in den üblichen Richtungen eines konzeptionellen oder linguistischen Pfades kanalisieren, wie es Erwachsene tun. Auf der anderen Seite neigen Forscher dazu, sich sehr auf den intellektuellen Sektor der Erfahrung zu konzentrieren. Diese Neigung kann dazu führen, dass die Reaktion eines Säuglings beobachtet wird, ohne die Erfahrung des Säuglings vollständig nachzufühlen und zu verstehen. Wenn dies geschieht, geht ein Teil der Bedeutung der Kommunikation des Säuglings verloren.

Trotz kultureller Überzeugungen und negativer Auswirkungen von Medikamenten auf Säuglinge haben wir in den letzten zwanzig Jahren erhöhte Fähigkeiten bei Neugeborenen erkannt. Zum Teil geschah dies aufgrund verbesserter Testmethoden. Wege, auf denen Säuglinge auf ihre Umgebung reagieren können, umfassen das Drehen ihres Kopfes, Saugen und Schauen. Die Forscher haben ihre Sicht auf Säuglinge anhand dieser drei Reaktionen und anderer Ansätze wie der Präferenzmethode neu bewertet. In diesem Fall werden dem Kind zwei oder

---

9   Benedict, R., »Swaddling in Eastern Europe«, in I. Al-Issa and W. Dennis, Hrsg., *Cross Cultural Studies of Behavior* (New York: Holt, Rinehart and Winston, 1970), 239.
10   Stern, D., *The Interpersonal World of the Infant* (New York: Basic Books, 1985), 66.

26

mehr Reize angeboten und die Forscher beobachten, welchen Reiz das Kind bevorzugt. Als Ergebnis dieser Methoden werden Fähigkeiten, von denen man früher annahm, dass sie erst Wochen oder Monate nach der Geburt erlernt werden, als angeboren verstanden.

Ein Überblick über die Säuglingsforschung bestätigt diese Fähigkeiten und kann dazu beitragen, die Auswirkungen der Beschneidung auf Säuglinge besser zu verstehen. Wenn man auf den folgenden Seiten über diese Forschung liest, kann man staunen, was Kleinkinder tun können, und man kann versuchen, die Welt aus ihrer Perspektive zu erleben. Am Ende jedes Abschnitts sind Bezüge zur Beschneidung eingefügt, um eine Verbindung zwischen den Fähigkeiten der Säuglinge und dem Erlebnis der Beschneidung herzustellen.

1.2   Sensorische Reaktion

1.2.1   Berührung

Neugeborene Säuglinge brauchen und genießen Berührung. Sie werden durch den Haut-zu-Haut-Kontakt getröstet. Das tiefere Atmen des Säuglings als Reaktion auf Berührung versorgt das Gewebe mit mehr Sauerstoff. Es hat sich gezeigt, dass Streicheln zu größerer Aufmerksamkeit und schnellerer Gewichtszunahme führt. Allgemeiner gesagt führt eine erhöhte taktile Stimulation zu einem verbesserten physischen und emotionalen Wohlbefinden und ist für angemessenes Wachstum und Entwicklung erforderlich.[11] Am Ende seines Buches über die Wichtigkeit der Berührung fasst Ashley Montagu zusammen: »Das Neugeborene sollte, wann immer möglich, in die Arme seiner Mutter gelegt werden.«[12]

Die Hautempfindlichkeit von Neugeborenen zeigt sich auch in der Reaktion auf Veränderungen von Oberflächen, Feuchtigkeit und Druck. Sie können außerdem leichte Temperaturveränderungen auf ihrer Haut erkennen.[13] Diese Veränderungen werden oft während der Beschneidung wahrgenommen, wenn ein Säugling von der Wärme des Körpers seiner Mutter entfernt und auf eine harte Platte aus geformtem Plastik gelegt wird.

---

11   Montagu, A., *Touching: The Human Significance of the Skin* (New York: Harper & Row, 1971); Solkoff, N. & Matuszak, D., »Tactile Stimulation and Behavioral Development among Low-Birthweight Infants«, *Child Psychiatry and Human Development* 6 (1975): 33-7; Field, T., »Alleviating Stress in Newborn Infants in the Intensive Care Unit«, *Clinics in Perinatology* 17 (1990): 1-9; Shanberg, S. et al., »Touch: A Biological Regulator of Growth and Development in the Neonate«, *Verhaltenstherapie* 3 (Suppl. 1, 1993): 15.

12   Montagu, *Touching*, 334.

13   Crudden, C., »Reactions of Newborn Infants to Thermal Stimuli under Constant Tactual Conditions«, *Journal of Experimental Psychology* 20 (1937): 350-70.

1.2.2 Hören

Das Gehör des Säuglings ist gut entwickelt. Neugeborene können zwischen vertrauten und unbekannten Lauten, Lautstärke, Tonhöhe und verschiedenen Klänge von Lauten unterscheiden. Sie können zudem die Richtung erkennen, aus der ein Laut kommt.[14]

Neugeborene können verschiedene Schreigeräusche unterscheiden. Sie reagieren unterschiedlich auf Schreie älterer Kinder, elektronisch simulierte Schreie oder Schreie jüngerer Säuglinge. Sie scheinen sogar ihren eigenen Schrei zu erkennen, weil sie fast vollständig aufhören zu weinen, wenn sie eine Aufnahme davon hören.[15]

Säuglinge mögen es, menschliche Sprache zu hören. Ihre Herzfrequenz nimmt zu, wenn das Gespräch auf sie gerichtet ist und nicht anderswohin. Sie können am zweiten Tag nach der Geburt zwischen den Vokalen a und i unterscheiden.[16] Sie können auch die Stimme ihrer Mutter erkennen. In einer Studie verdrahteten Forscher einen Schnuller, um einem Säugling zu ermöglichen, zu steuern, was er über Kopfhörer hörte. Durch das Verändern der Sauggeschwindigkeit konnte ein Kind wählen, die Stimme der Mutter oder die eines Fremden zu hören. Acht von zehn Kindern zogen es vor, die Stimme ihrer Mutter zu hören.[17] Neugeborene zeigten keine Präferenz für die Stimme des Vaters. Diese Präferenz tritt später auf. Es gibt jedoch Berichte über Säuglinge, die die Stimme des Vaters kurz nach der Geburt erkannt haben. Diese Väter hatten vor der Geburt des Kindes mit diesem geredet, mit einer ruhigen Stimme und einfachen Worten.[18]

Während einer Beschneidung hört ein Säugling entweder gar keine Stimme oder eine fremde Stimme statt der bevorzugten Stimme der Mutter.

1.2.3 Sehen

Einen Tag alte Babys schauen Dinge an, die vor ihnen liegen, und starren manchmal Minuten lang. Ihre Sehweise ist beidäugig. Das typische einwöchige Baby kann schwarze und weiße Streifen sehen, die 2-3 Millimeter breit und ca.

---

14 Werner, L. & Rubel, E., Hrsg., *Developmental Psychoacoustics* (Washington, DC: American Psychological Association, 1992).

15 Simner, M., »Newborn's Response to the Cry of Another Infant«, *Developmental Psychology* 5 (1971): 136-50; Sagi, A. & Hoffman, M., »Empathetic Distress in the Newborn«, *Developmental Psychology* 12 (1976): 175-6; Martin, G., & Clark, R., »Distress Crying in Neonates: Species and Peer Specificity«, *Developmental Psychology* 18 (1982): 3-9.

16 Cooper, R., & Aslin, R., »Preference for Infant-Directed Speech in the First Month after Birth«, *Child Development* 61 (1990): 1584-95; Clarkson, M. & Berg, W., »Cardiac Orienting and Vowel Discrimination in Newborns: Crucial Stimulus Parameters«, *Child Development* 48 (1983): 1666-70.

17 DeCasper, A. & Fifer, W., »Of Human Bonding: Newborns Prefer Their Mothers' Voices«, *Science* 208 (1980): 1174-6.

18 Verny, T., *The Secret Life of the Unborn Child* (New York: Dell Publishing, 1981), 31.

30 cm entfernt sind.[19] Dies ist 30 mal breiter als Streifen, die von einem Erwachsenen gesehen werden können. Die eingeschränkte Sehfähigkeit eines Säuglings dient dazu, übermäßige visuelle Stimulation zu vermeiden. Die Sehfähigkeit entwickelt sich dann rasch während der ersten paar Monate.

Die Augen eines Neugeborenen können am besten im Bereich von etwa 20 bis 30 cm fokussieren. Nicht zufällig handelt es sich dabei um die Distanz zwischen dem Gesicht des Säuglings und dem der Mutter während des Stillens.[20] Neugeborene sehen anders und verhalten sich anders, wenn sie Gesichter statt unbewegte Muster ansehen. Ihre Arme und Beine bewegen sich sanfter und sie machen mehr Stimmlaute.

Neugeborene haben starke natürliche visuelle Vorlieben. Muster werden gegenüber ebenen Flächen bevorzugt, gesichtartige Bilder gegenüber zufälligen Anordnungen. Sie bevorzugen komplexe Muster gegenüber einfacheren Mustern und Kurven gegenüber geraden Linien. Objekte werden gegenüber Fotos von Objekten bevorzugt.[21] Dies wird festgestellt, indem ein Säugling einfach verschiedenen visuellen Reizen ausgesetzt wird und beobachtet wird, wohin das Kind schaut. Das Bild dessen, was der Säugling sieht, wird von der Pupille reflektiert. Ein visueller Reiz kann die Stimmung eines Säuglings vom Weinen zum Stillsein bringen, wenn er ausreichend interessant ist.

Neugeborene können einige Farben – gelb, orange, rot, grün und türkis – von grau unterscheiden. Sie reagieren nicht auf blau, purpur oder lindgrün.[22] Andere Forschungen haben gezeigt, dass Neugeborene mit ihren Augen einem sich bewegenden Objekt folgen und ihren Kopf darauf ausrichten. Sehen und Hören werden koordiniert und ein visueller Reiz hilft dem Kind, die Quelle eines Lauts zu lokalisieren.[23]

Während der Beschneidung sind die Augen eines Säuglings fest verschlossen, was möglicherweise darauf hinweist, dass er nicht sehen möchte, was mit ihm geschieht.

---

19 Slater, A. & Findlay, J., »Binocular Fixation in the Newborn Baby«, *Journal of Experimental Child Psychology* 20 (1975): 248-73; Van Hof-Van Duin, J. & G. Mohn., »The Development of Visual Acuity in Normal Fullterm and Preterm Infants«, *Vision Research* 26 (1986): 909-16.

20 Banks, M., »The Development of Visual Accommodation during Early Infancy«, *Child Development* 51 (1980): 646-66.

21 Slater, A. et al., »Pattern Preferences at Birth and Their Interaction with Habituation-Induced Novelty Preferences«, *Journal of Experimental Child Psychology* 39 (1985): 37-54; Fantz, R., »Pattern Vision in Newborn Infants«, *Science* 140 (1963): 296-7; Slater, A., Rose, D., & Morison, V., »Newborn Infants' Perception of Similarities and Differences between Two- and Three Dimensional Stimuli«, *British Journal of Developmental Psychology* 2 (1984): 287-94.

22 Allik, J. & Valsiner, J., »Visual Development in Ontogenesis: Some Reevaluations«, *Advances in Child Development and Behavior* 15 (1980): 2-48.

23 Goren, C., Sarty, M., & Wu, P., »Visual Following and Pattern Discrimination of Facelike Stimuli by Newborn Infants«, *Pediatrics* 56 (1975): 544-9; Vinter, A., De Nobili, G., & Pellegrinetti, G., »Auditory-Visual Coordination: Does It Imply an External World for the Newborn?«, *Cahiers de Psychologie Cognitive* 4 (1984): 309-21; Castillo, M & Butterworth, G., »Neonatal Localization of a Sound in Visual Space«, *Perception* 10 (1981): 331-8.

1.2.4 Riechen

Studien mit Neugeborenen weisen darauf hin, dass ihre Reaktionen auf den Geruch den Reaktionen von Erwachsenen ähneln. Zum Beispiel waren Babys dem Geruch von faulen Eiern abgeneigt und lächelten, wenn sie mit dem Geruch von Honig konfrontiert wurden. Die Reaktionen auf Gerüche umfassen Veränderungen des Gesichtsausdrucks, der Herz- und Atemfrequenz und der Bewegung von Armen und Beinen.[24]

In einem Test mit Neugeborenen, in dem festgestellt werden sollte, ob sie den Geruch ihrer Mutter und ihrer Milch erkennen konnten, wurden mit Muttermilch befeuchtete Stilleinlagen auf einer Seite des Gesichts eines Babys platziert. Die Stilleinlage einer anderen Mutter wurde auf der anderen Seite platziert. Die Kinder drehten sich in drei Vierteln aller Fälle zur Stilleinlage ihrer Mutter.[25]

Ein Säugling, der beschnitten wird, riecht die fremden Gerüche des Krankenhauses und nicht den vertrauten, bevorzugten Geruch der Mutter.

1.2.5 Schmecken

Bei der Geburt zeigten Säuglinge Gesichtsausdrücke, nachdem ihnen Tropfen verschiedener Substanzen auf ihre Zunge getropft wurden.[26] Die Ausdrücke der Babys ähnelten denen von Erwachsenen. Zuckerwasser löste ein leichtes Lächeln aus, Zitronensaft ein Verziehen der Lippen und Chinin eine Grimasse.

Das Salzempfinden des Neugeborenen unterscheidet sich von dem eines Erwachsenen, da die flüssige Umgebung in der Gebärmutter viel Natrium enthält, den aktiven Bestandteil in Salz. Wenn der Mund des Fötus geöffnet ist, wird er von einer Natriumlösung angefüllt. Diese Exposition macht einen Natriumgehalt im Speichel eines neugeborenen Säuglings aus, der zwei- oder dreimal so hoch ist wie bei einem Erwachsenen. Infolgedessen reagiert das Kind anders auf Salz. Leicht salziges Wasser schmeckt süß, während reines Wasser sauer oder bitter schmeckt.[27]

Der Geschmackssinn eines Säuglings wird während der Beschneidung nicht stimuliert, es sei denn, er erbricht sich. Um diese Möglichkeit zu vermeiden, ist das Stillen vor dem Eingriff nicht gestattet.

---

24 Steiner, J., »Human Facial Expressions in Response to Taste and Smell Stimulation«, *Advances in Child Development and Behavior* 13 (1979): 257-95.

25 MacFarlane, A., »Olfaction in the Development of Social Preferences in the Human Neonate«, in R. Porter & M. O'Connor, Hrsg., *Parent-Infant Interactions*, Ciba Foundation Symposium 33 (1975): 103-117.

26 Steiner, J., »Human Facial Expressions in Response to Taste and Smell Stimulation«, in H. Reese & L. Lipsitt, Hrsg., *Advances in Child Development and Behavior* 13 (1979): 257-95.

27 Desor, J., Maller, O., & Andrews, K., »Ingestive Responses of Newborns to Salty, Sour, and Bitter Stimuli«, *Journal of Comparative and Physiological Psychology* 89 (1975): 966-70.

1.3 Andere Fähigkeiten und Qualitäten

1.3.1 Bewusstseinszustände

Forscher haben Verhaltenszustände von Neugeborenen in sechs verschiedene Kategorien eingeteilt. Die drei Wachzustände umfassen einen ruhigen Wachzustand, aktiven Wachzustand und Schreien. Schläfrigkeit ist ein Übergang zwischen Wachheit und Schlaf. Die zwei Schlafzustände sind ruhiger Schlaf und aktiver Schlaf. Jeder Bewusstseinszustand hat seine eigenen spezifischen Verhaltensweisen.[28]

Im ruhigen Wachzustand sind Säuglinge aufmerksam und aufnahmebereit. Es gibt kaum Bewegung, und sie konzentrieren sich im Allgemeinen auf das Sehen und Hören. Normalerweise ist der Säugling innerhalb der ersten Stunde nach der Geburt in diesem Zustand. Viele Studien werden am besten durchgeführt, wenn sich Kleinkinder im Ruhezustand befinden. Daher müssen Forscher warten, bis ein Kind in diesem Zustand ist, bevor sie ihre Experimente durchführen können.

Der aktive Wachzustand enthält mehr Energie. Das Baby kann Geräusche machen und Arme, Beine, Körper oder Gesicht etwa minütlich bewegen, was auf einen bestimmten Rhythmus hindeutet. Die Augen sind unkonzentriert. Die Atmung ist schnell und unregelmäßig aufgrund der körperlichen Anstrengung.

Schreien ist natürlich ein wichtiger Weg für das Kind, mit anderen zu kommunizieren. Studien haben gezeigt, dass der Schrei variiert, je nachdem, wie das Kind sich fühlt und was der Säugling will (siehe »1.3.3 Ausdruck«). Die Gliedmaßen bewegen sich aktiv und das Gesicht wird verzerrt.

Bei Schläfrigkeit schließen sich die Augenlider teilweise, die Augen sind unkonzentriert und manchmal treten Bewegungen auf. Im ruhigen Schlaf ist das Kind sehr entspannt, mit tiefer, regelmäßiger Atmung und praktisch ohne Bewegung des Körpers oder der Augen. Aktiver Schlaf umfasst Perioden von schnellen Augenbewegungen und Körperbewegungen, etwas unregelmäßige und flache Atmung und Gesichtsausdrücke. Die geringste Störung kann zum Aufwachen führen. Die zwei Schlafzustände wechseln sich etwa alle dreißig Minuten ab.

Während der Beschneidung sind Säuglinge typischerweise in einem Schreizustand.

1.3.2 Bewegung

Ein neugeborenes Kind kann mit offener Hand nach einem interessanten Gegenstand greifen. Babys, die geboren wurden, ohne dass der Mutter vor der Geburt Medikamente verabreicht wurden, zeigten oftmals mehr greifende Bewegungen.

---

28 Prechtl, H. & O'Brien, M., »Behavioral States of the Fullterm Newborn«, in P. Stratton, Hrsg., *Psychobiology of the Newborn* (New York: Wiley, 1982), 52-73.

Hand-zu-Mund-Koordination wurde ebenfalls beobachtet.[29] Das Ergreifen und Festhalten eines Erwachsenenfingers oder das Bilden einer Faust signalisieren Stress. Ab dem vierten Tag unterstützt Kopfbewegung die Augenbewegung. Wenn ein neugeborenes Kind gehalten wird, simulieren Schrittbewegungen das Gehen.[30]

Studien haben einen Sinn in den Bewegungen von Neugeborenen gezeigt. Wenn der Säugling nach der Geburt auf den Bauch der Mutter gelegt wird, wird er zur Brust krabbeln und sich stillen.[31] Spezielle Fototechniken haben gezeigt, dass die Bewegungen von Babys im aktiven Wachzustand ein bestimmtes Muster bilden. Bewegung und Ruhephasen wechseln einander in etwa ein- bis zweiminütigen Intervallen ab. Das Ausmaß der Aktivität ist bei Neugeborenen sehr unterschiedlich und variiert auch mit der kulturellen Gruppe.[32]

Die Verbindung zwischen der Ansprache durch Erwachsene und den Bewegungen des Säuglings wurde gezeigt, indem Säuglinge gefilmt wurden, während sie angesprochen wurden. Eine Analyse des Films zeigte, dass sich die Kinder synchron mit der Sprache bewegten. Wenn sich der Klang der Sprache änderte, änderte sich auch die Bewegung der Kinder. Diese Antwort stimmte mit der Sprache überein, ob die Sprache nun Englisch oder Chinesisch war. Gesprochene Klänge, die nicht einer verbalen Form entsprechen, lösten keine Reaktion aus. Dieser Wechsel zeigte auf, dass Kinder die Fähigkeit besitzen, Sprachmuster von zufälligen Vokallauten zu unterscheiden.[33]

Bewegungen von Kleinkindern hängen auch davon ab, was sie sehen. Babys bewegten sich anders, wenn sie ein Spielzeug ansahen, als wenn sie ihre Eltern ansahen. Der Unterschied konnte entdeckt werden, indem die Bewegung eines Zehs oder Fingers beobachtet wurde.[34]

Ein zehn Tage alter Säugling zeigte eine Abwehrreaktion auf ein sich näherndes Objekt. Die Reaktion umfasste das Zurückweichen des Kopfes und eine Abwehrhaltung der Hände zwischen dem Objekt und dem Gesicht.[35] Man nahm an, dass diese Art von Reaktion erlernt worden war, wenn sie bei älteren Säuglingen beobachtet wurde. Da aber der jüngere Säugling keine vorherige ähnliche

---

29   Hofsten, C. Von, »Eye-Hand Coordination in the Newborn«, *Developmental Psychology* 18 (1982): 450-61; Bower, The Rational Infant, 15; Butterworth, G. & Hopkins, B., »Hand-Mouth Coordination in the Newborn Baby«, *British Journal of Developmental Psychology* 6 (1988): 303-14.

30   Thelen, E. & Cooke, D., »Relationship between Newborn Stepping and Later Walking: A New Interpretation«, *Developmental Medicine and Child Neurology* 29 (1987): 380-93.

31   Righard, L. & Alade, M., »Effect of Delivery Room Routines on Success of First Breast-Feed«, *The Lancet* 336 (1990): 1105-7.

32   Robertson, S., »Intrinsic Temporal Patterning in the Spontaneous Movement of Awake Neonates«, *Child Development* 53 (1982): 1016-21.

33   Condon, W. & Sander, L., »Synchrony Demonstrated between Movements of the Neonate and Adult Speech«, *Child Development* 45 (1974): 456-62.

34   Trevarthen, C., »The Psychobiology of Speech Development«, *Neuroscience Research Progress Bulletin* 12 (1974): 570-85.

35   Bower, T., Boughton, J., & Moore, M., »Infant Responses to Approaching Objects: An Indicator of Response to Distal Variables«, *Perception and Psychophysics* 9 (1970): 193-6.

Erfahrung gemacht hatte, kann die Abwehrreaktion ein angeborenes Verhalten sein.

Säuglinge, die beschnitten werden, können sich nicht bewegen, um sich zu verteidigen, wenn sie auf dem Rücken liegen und ihre Arme und Beine mit Gurten fixiert sind. Die Fixierung verhindert zudem aktive Bewegungen der Gliedmaßen, die normalerweise das Schreien begleiten.

1.3.3 Ausdruck

Nach der Geburt verfügen Säuglinge über fast alle Gesichtsausdrücke, die auch Erwachsene haben. Viele Forscher haben beobachtet, dass Neugeborene bei der Geburt, beim Träumen und beim Urinieren oder Stuhlgang lächeln. In der ersten Woche berichteten Mütter von Interesse, Freude, Not, Wut, Ekel, Überraschung, Traurigkeit und Angst. Verschiedene Ausdrücke wurden durch Videobandanalysen bestätigt.[36] Emotionaler Ausdruck umfasst oft die Bewegung des ganzen Körpers, insbesondere der Ausdruck von Wut. Der ganze Körper kann auch vor Freude zittern, wenn das Baby lächelt. Handpositionen können auf Not, Wachzustand oder Schlaf hinweisen.[37]

Der Schrei des Neugeborenen kann sich in Tonhöhe, Dauer und Lautstärke unterscheiden. Grafische Analysen dieser Merkmale mit speziellen Geräten haben bestätigt, was Mütter schon immer wussten: Babys haben verschiedene Schreie, um unterschiedliche Gefühle auszudrücken. Die subjektive Auswertung von Schreien durch geschulte Beobachter ergibt ähnliche Schlussfolgerungen. Selbst verschiedene Abschnitte desselben Weinen können verschiedene Botschaften enthalten.[38] Diese Erkenntnis von Forschern zeigt, dass kindliche Kommunikation einen Sinn hat und dass wir mit der Fähigkeit geboren werden, bestimmte Gefühle und Bedürfnisse auszudrücken. Der Schrei eines Säuglings kann eine Bitte um Nahrung, Kontakt, Linderung von Unbehagen oder Schmerz oder ein anderes Zeichen von Leid sein. Eine Vielzahl anderer Vokalisationen vermitteln ebenfalls eine sinnvolle Kommunikation.

---

36 Johnson, W. et al., »Maternal Perception of Infant Emotion from Birth through 18 Months«, *Infant Behavior and Development* 5 (1982): 313-22; Eisenberg, R. & Marmarou, A., »Behavioral Reactions of Newborns to Speech-Like Sounds and Their Implications for Developmental Studies«, *Infant Mental Health Journal* 2 (1981): 129-38.

37 Bennett, S., »Infant-Caretaker Interactions«, *Journal of the American Academy of Child Psychiatry* 10 (1971): 321-35; Papousek, H. & Papousek, M., »Mothering and the Cognitive Head-Start: Psychobiological Considerations«, Chapter 4 in H. Schaffer, Hrsg., *Studies in Mother-Infant Interaction* (London: Academic Press, 1977).

38 Wasz-Hockert, O., Lind, J., & Vuorenkoski, V., »The Infant Cry: A Spectrographic and Auditory Analysis«, *Clinical Developmental Medicine* 2 (1968): 9-42; Michelsson, K. et al, »Sound Spectrographic Cry Analysis in Neonate Diagnostics: An Evaluative Study«, *Journal of Phonetics* 10 (1982): 79-88; Lester, B. & Boukydis, C., Hrsg., *Infant Crying: Theoretical and Research Perspectives* (New York: Plenum, 1985); Zeskind, P. et al., »Adult Perceptions of Pain and Hunger Cries: A Synchrony of Arousal«, *Child Development* 56 (1985): 549-54.

Das Schreien von Säuglingen während der Beschneidung ist ein Zeichen von Not.

1.3.4 Lernen

Neugeborene lernen mit Begeisterung. Sie suchen und nutzen alle Gelegenheiten, zu lernen. In vielen Fällen finden sie das Lernen besonders angenehm und reagieren mit einem Lächeln, wenn sie lernen, etwas in ihrer Umgebung zu kontrollieren, wie zum Beispiel durch Treten ein Handy zu bewegen, das mit einem Band an ihrem Bein angebunden ist. Sie lernen zudem, in welche Richtung sie ihren Kopf drehen müssen, um eine Belohnung zu erhalten. Während einer 18-minütigen Sitzung lernten zwei Tage alte Säuglinge, zwischen Sprachlauten zu unterscheiden, um eine Belohnung zu erhalten.[39]

Es gibt eine starke Verknüpfung zwischen erlerntem Verhalten und Belohnung. Die Forscher fanden heraus, dass Säuglinge, die ein Verhalten erlernt hatten, um eine Belohnung zu erhalten, verärgert waren, wenn sie eine Belohnung bekamen, ohne ein adäquates Verhalten zu zeigen. Andere Säuglinge, die zuerst die Belohnung erhielten, ohne das gewünschte Verhalten zu zeigen, konnten das gewünschte Verhalten nicht erlernen.[40]

Forscher haben auch gezeigt, dass Hörpräferenzen und Lernfähigkeiten von Kleinkindern zusammen funktionieren. Sie präparierten Kopfhörer und einen elektrisch verkabelten Schnuller für ein und zwei Tage alte Säuglinge. Welche Stimmen der Säugling durch die Kopfhörer hörte, hing davon ab, wie schnell er an dem Schnuller saugte. Fast alle Säuglinge lernten die Beziehung sehr leicht. Die Säuglinge sogen bevorzugt in einer Geschwindigkeit, die bewirkte, dass sie statt einer männlichen Stimme eine weibliche Stimme durch die Kopfhörer hörten.[41] Zudem zogen sie die Stimme ihrer Mutter der anderer Frauen vor (siehe »Hören«).

Neugeborene lernen innerhalb weniger Minuten nach der Geburt das Gesicht ihrer Mutter und reagieren anders auf die Mutter, wenn sie eine Maske trägt und während des Stillens schweigt.[42] Sie erkennen und unterscheiden nicht nur Gesichtsausdrücke von Erwachsenen, sondern sind auch in der Lage, sie zu imi-

---

39   Hunt, J. & Uzgiris, I., »Cathexis from Recognitive Familiarity: An Exploratory Study«, (paper presented at the American Psychological Association Convention, Los Angeles, 1964); Siqueland, E. & Lipsett, L., »Conditioned Head-Turning in Human Newborns«, *Journal of Experimental Child Psychology* 3 (1966): 356-76; Moon, C. & Fifer, W., »Syllables as Signals for 2-Day-Old Infants«, *Infant Behavior and Development* 13 (1990): 377-390.

40   DeCasper, A. & Carstens, A., »Contingencies of Stimulation: Effects on Learning and Emotion in Neonates«, *Infant Behavior and Development* 4 (1981): 19-35.

41   DeCasper, A. & Prescott, P., »Human Newborns' Perception of Male Voices: Preference, Discrimination, and Reinforcing Value«, *Developmental Psychobiology* 17 (1984): 481-91.

42   Bushnell, I., Sai, F., & Mullin, J., »Neonatal Recognition of the Mother's Face«, *British Journal of Developmental Psychology* 7 (1989): 3-15; Cassell, Z. & Sander, L., »Neonatal Recognition Processes and Attachment: The Masking Experiment« (paper presented to the Society for Research in Child Development, Denver, 1975).

tieren, indem sie z. B. ihre Zunge herausstrecken, ihren Mund öffnen und ihre Lippen schürzen. Eine Studie von anderthalb Tage alten Kindern zeigte, dass sie glückliche, traurige und überraschte Gesichtsausdrücke imitieren konnten.[43] In einem Fall ahmte ein acht Stunden altes chinesisches Baby den Gesichtsausdruck nach, den ein Erwachsener zuvor gemacht hatte, als es den Erwachsenen zu einem späteren Zeitpunkt wieder sah. Die Erinnerung an den ursprünglichen Ausdruck des Erwachsenen hatte offenbar mindestens einige Minuten gedauert.[44]

Neugeborene haben auch klassische Konditionierung gezeigt. Nach wiederholtem Stirnstreicheln, gefolgt vom Schmecken einer süßen Lösung, zeigten Säuglinge allein während des Streichelns saugende Reaktionen und Kopfdrehungen.[45]

Der Forscher T. G. R. Bower kommt zu dem Schluss, »Kinder sind rational«.[46] Sie verhalten sich logisch. Bower beschreibt ein eindrucksvolles Beispiel aus seiner persönlichen Erfahrung. Er war von einem Paar aufgesucht worden, dessen Säugling Stunden brauchte, um ein Fläschchen zu trinken. Bower entdeckte nun, dass das Baby allein dann im Arm gehalten wurde, wenn es mit dem Fläschchen gefüttert wurde. Er folgerte daraus, dass das Baby diese Verknüpfung lernte und benutzte, um gehalten zu werden, Als die Eltern darauf aufmerksam gemacht wurden, änderten sie ihr Verhalten gegenüber dem Säugling, und der Säugling verlängerte die Fütterungszeit nicht mehr, um festgehalten zu werden.

Bower glaubt, dass Säuglinge ein »Gefühl der persönlichen Wirksamkeit« haben.[47] Dies ist die Beziehung zwischen den Handlungen des Kindes und wie gut und wie oft die Bedürfnisse des Kindes erfüllt werden. Aufgrund der Resonanz, die der Säugling erfährt, lernt er, entweder zu agieren oder nichts zu tun. Wenn zum Beispiel der Säugling nach der Mutter schreit und die Mutter nicht kommt, kann es sein, dass der Säugling sich zurückzieht und aufhört, zu weinen.

Kleinkinder, die beschnitten werden, erfahren, dass ihre Notlage nicht beachtet wird. Aufgrund der fehlenden Resonanz können einige Säuglinge lernen, dass sie nicht behütet sind, und sich zurückziehen. (Dieses Verhalten wird später in diesem Kapitel unter »1.5 Verhaltensreaktion nach der Beschneidung« besprochen.)

---

43 Meltzoff, A. & Moore, M., »Newborn Infants Imitate Adult Facial Gestures«, *Child Development* 54 (1983): 702-9; Field, T. et al., »Discrimination and Imitation of Facial Expressions by Neonates«, *Science* 218 (1982): 179-81.

44 Klaus, M. & Klaus, P., *The Amazing Newborn* (New York: Addison-Wesley, 1985), 87.

45 Lipsett, L. & Kaye, H., »Conditioned Sucking in the Human Newborn«, *Psychonomic Science* 1 (1964): 29-30; Blass, E., Ganchrow, J., & Steiner, J., »Classical Conditioning in Newborn Humans 2-48 Hours of Age«, *Infant Behavior and Development* 7 (1984): 223-5.

46 Bower, *The Rational Infant*, 151.

47 Ebenda, 145.

1.3.5   Erinnerung

Da Erinnerung eine Voraussetzung für das Lernen ist, dienen die Studien unter »1.3.4 Lernen« auch dazu, das Gedächtnis des Säuglings zu demonstrieren. Die weiter oben beschriebene Reaktion des Säuglings auf den Geruch der Muttermilch bedeutet Erinnerungsvermögen.

Studien deuten darauf hin, dass der Fötus im Mutterleib stimuliert werden kann, und nach der Geburt zeigt das Kind durch eine ausgeprägte Verhaltens- und physiologische Reaktion Vertrautheit mit dem Reiz. Zum Beispiel lasen Mütter in einem Experiment während der letzten sechs Wochen ihrer Schwangerschaft zweimal täglich eine Geschichte vor. Nach der Geburt konnten die Säuglinge auswählen, welche Geschichte sie hören wollten, indem sie an einem Schnuller saugten, der mit Aufnahmen von Geschichten und Kopfhörern verbunden war. Die Sauggeschwindigkeit bestimmte, welche Geschichte die Kinder durch die Kopfhörer hören würden. Zehn von zwölf Säuglingen sogen in dem Tempo, das nötig war, um die vertraute Geschichte zu hören. In einer anderen Studie wurden Föten während der Schwangerschaft einem Fernseh-Titellied ausgesetzt. Nach der Geburt reagierten sie auf dasselbe Lied durch Änderung des Herzschlags, des Verhaltenszustands und der Häufigkeit der Bewegungen.[48]

Wenn Säuglingen ein Objekt zur Beobachtung präsentiert wird, wird ihr Interesse mit der Zeit nachlassen, was auf eine Art von Gedächtnis hinweist. Dieser Effekt, der Gewöhnung genannt wird, deutet an, dass Säuglinge gelangweilt werden, und zeigt eine Fähigkeit, sich an das Objekt zu erinnern. Tests des visuellen Gedächtnisses zeigen eine Präferenz für das Betrachten neuer Farben und Formen. In einer auditiven Gedächtnisstudie erinnerten sich drei Tage alte Säuglinge an zweisilbige Wörter, indem sie ein abnehmendes Interesse zeigten. Anschließend zeigten sie verstärktes Interesse, neue Worte zu hören, indem sie ihren Kopf in die Richtung des Klangs drehten.[49]

In einem anderen Experiment durften vier Wochen alte Säuglinge an einem von zwei unterschiedlichen Schnullern saugen: Einer war ein glatter Ball, der andere ein Ball mit Noppen. In beiden Fällen wurde dem Säugling der Schnuller nicht gezeigt. Wenn anschließend den Säuglingen Bilder beider Schnuller gezeigt wurden, tendierten sie dazu, den Typ anzuschauen, an dem sie gerade zuvor genuckelt hatten. Das zeigte, dass sie in der Lage waren, Informationen zwischen dem, was sie im Mund fühlten, und dem, was sie sahen, zu verknüpfen.[50]

---

48   DeCasper, A. & Spence, M., »Prenatal Maternal Speech Influences Human Newborn's Auditory Preferences«, (paper presented at 3rd Biennial International Conference on Infant Studies, Austin, TX, 1982); Hepper, P., »An Examination of Fetal Learning before and after Birth«, *Irish Journal of Psychology* 12 (1991): 95-107.

49   Berlyne, D., »Curiosity and Exploration«, *Science* 153 (1966): 25-33; Slater, A., Morison, V., & Rose, D., »Locus of Habituation in the Human Newborn«, *Perception* 12 (1983): 593-8; Brody, L., Zelazo, P., & Chaika, H., »Habituation-Dishabituation to Speech in the Neonate«, *Developmental Psychology* 20 (1984): 114-9.

50   Meltzoff, A. & Borton, R., »Intermodal Matching by Human Neonates«, *Nature* 282 (1979): 403-4.

Verhaltensänderungen nach der Beschneidung zeigen eine Erinnerung des Ereignisses. Dies wird im Anschluss an den Abschnitt über das Schmerzempfinden auf die Beschneidung ausführlich besprochen.

1.3.6 Schmerzreaktionen

In einer umfassenden Übersicht der neueren medizinischen Literatur zu Schmerzen bei Neugeborenen untersuchten die Forscher am Children's Hospital in Boston anatomische, neurologische und neurochemische Systeme, kardiorespiratorische, hormonelle und metabolische Veränderungen; Körperbewegung, Gesichtsausdrücke, Weinen und komplexe Verhaltensreaktionen wie Temperament und Schlafzustände. In einem Artikel, der im *New England Journal of Medicine* veröffentlicht wurde, folgerten sie, dass die Reaktionen von Neugeborenen auf Schmerz »ähnlich, aber größer als bei Erwachsenen sind«.[51] Diese Arbeit wird oft in der medizinischen Literatur zitiert, wenn es um Kinderschmerz geht, und die Schlussfolgerungen werden jetzt allgemein von medizinischen Behörden akzeptiert.

Wie bereits erwähnt, kann die Wirkung von Anästhetika, die der Mutter vor der Geburt verabreicht werden, die Reaktion des Säuglings reduzieren. Diese Anästhetika brauchen mindestens eine Woche, bis der Körper des Kindes sie abgebaut hat. Bis das eintritt, wird das Stimmverhalten des Säuglings von ihnen beeinflusst.[52] Daher schließt die Abwesenheit von Weinen nicht die Möglichkeit aus, dass das Kind Schmerzen empfindet. Wir werden später in diesem Kapitel näher auf diesen Punkt eingehen.

Herzfrequenz und Blutdruck von Neugeborenen erhöhen sich nach einem Fersenstich, dem sog. Guthrie-Test (eine Punktion, um eine Blutprobe zu erhalten). Selbst Säuglinge, die drei Monate zu früh geboren wurden, hatten physiologische Reaktionen auf das Verfahren.[53] Gesichtsausdrücke von Neugeborenen, die auf schmerzhafte Reize reagieren, ähneln den Gesichtsausdrücken von Erwachsenen. Gesichtsaktivität und Schrei-Tonhöhe, Intensität und Dauer nehmen zu, wenn die Eingriffe invasiver sind.[54]

Wenn ein Guthrie-Test bei einen neugeborenen Kind gemacht wird, ist seine Verhaltensreaktion, den Fuß zurückzuziehen und zu schreien. Diese Reaktion auf

---

51   Anand, K. & Hickey, P., »Pain and Its Effects in the Human Neonate and Fetus«, *New England Journal of Medicine* 317 (1987): 1326.

52   Brazelton, T., Doctor and Child (New York: Delacorte Press, 1976), 31; Ostwald, P. & Peltzman, P., »The Cry of the Human Infant«, *Scientific American* 230 (1974): 85.

53   Owens, M., & Todt, E., »Pain in Infancy: Neonatal Reaction to a Heel Lance«, *Pain* 20 (1984): 77-86; Craig, K. et al., »Pain in the Preterm Neonate: Behavioral and Physiological Indices«, *Pain* 52 (1993): 287-99.

54   Craig, K., Hadjistavropoulos, H., & Grunau, R., »A Comparison of Two Measures of Facial Activity during Pain in the Newborn Child«, *Journal of Pediatric Psychology* 19 (1994): 305-18; Grunau, R., Johnston, C., & Craig, K., »Neonatal Facial and Cry Responses to Invasive and Non-Invasive Procedures«, *Pain* 42 (1990): 295-305.

Schmerz ist biologisch, nicht erlernt. Das Kind benutzt sogar den freien Fuß, um die Hand des Arztes vom anderen Fuß wegzutreten. In einer Studie mit kleinen Elektroschocks und Nadelstichen versuchten einige Kinder, ihre Hände zu benutzen, um das Gebiet zu schützen, in dem sie Schmerzen verspürten.[55] Zusammenfassend unterstützt die Literatur durchweg die Schlussfolgerung, dass Säuglinge schmerzhafte Stimuli fühlen, lokalisieren und darauf reagieren. Natürlich hat diese Schlussfolgerung einen direkten Einfluss auf ihre Reaktion auf die Beschneidung.

1.4 Schmerzempfinden während einer Beschneidung

Um den Grad von Schmerz und Stress, der durch die Beschneidung verursacht wurde, leichter bestimmen zu können, wurde die Reaktion des Säuglings mit derjenigen verglichen, die sich aus anderen Verfahren ergab. Bei Neugeborenen wurden der Kortisolspiegel (ein Hormon, das als Reaktion auf Stress ins Blut freigesetzt wird) und Verhaltensreaktionen aufgezeichnet, wenn bei ihnen eine Beschneidung durchgeführt, eine Blutprobe per Guthrie-Test entnommen, sie gemessen und gewogen wurden oder die Untersuchung beendet war. Die Beschneidung führte zu einem signifikant höheren Grad an Verhaltensstörungen und Blutkortisolspiegeln als die anderen Behandlungen. Da das Kind während der Beschneidung fixiert wird, wurde die Reaktion auf die Verwendung einer Fixierung in ähnlicher Weise getestet und erwies sich für Neugeborene als nicht messbar belastend.[56]

Die Beschneidung ist ein chirurgischer Eingriff, bei dem die Vorhaut mit Gewalt von der Eichel getrennt und dann abgeschnitten wird. Dies wird typischerweise mit einer speziellen Klemmvorrichtung erreicht (siehe Abb. 2). Über ein Dutzend Studien bestätigen den extremen Schmerz bei Beschneidung. Sie wurde als »eines der schmerzhaftesten [Verfahren], die in der Neugeborenenmedizin durchgeführt werden«, beschrieben.[57] In einer Studie folgerten die Forscher, dass der Schmerz »schwerwiegend und anhaltend« war.[58] Es wurde ein Herzfrequenzanstieg von 55 Schlägen pro Minute beobachtet, eine 50-prozentige Steigerung

---

55 Grunau, R. & Craig, K., »Pain Expression in Neonates: Facial Action and Cry«, *Pain* 28 (1987): 395-410; Markessinis, J., *The First Week of Life* (Princeton, NJ: Edcom Systems, 1971), 23; Sherman, M. & Sherman, I., »Sensori-Motor Responses in Infants«, *Journal of Comparative Psychology* 5 (1925): 53-68.

56 Gunnar, M. et al., »Adrenocortical Activity and Behavioral Distress in Human Newborns«, *Developmental Psychobiology* 21 (1988): 297-310; Malone, S., Gunnar, M., & Fisch, R., »Adrenocortical and Behavioral Responses to Limb Restraint in Human Neonates«, *Developmental Psychobiology* 18 (1985): 435-46.

57 Ryan, C. & Finer, N., »Changing Attitudes and Practices Regarding Local Analgesia for Newborn Circumcision«, *Pediatrics* 94 (1994): 232.

58 Howard, C., Howard, F., & Weitzman, M., »Acetaminophen Analgesis in Neonatal Circumcision: The Effect on Pain«, *Pediatrics* 93 (1994): 645.

gegenüber der normalen Herzfrequenz.[59] Nach der Beschneidung erhöhte sich der Kortisolspiegel im Blut um den Faktor drei bis vier, verglichen mit vor der Beschneidung.[60] Die Forscher berichteten: »Dieses Schmerzniveau wird von älteren Patienten nicht toleriert.«[61]

Beschneidungsschmerz wird in dieser Forschungsstudie von Howard Stang und seinen Kollegen von der Abteilung für Pädiatrie, Group Health Inc. und dem Institut für Kinderentwicklung der Universität von Minnesota beschrieben. »Es gibt keinen Zweifel, dass Beschneidungen für das Baby schmerzhaft sind. In der Tat ist Beschneidung ein Modell für die Analyse der Schmerz- und Stressreaktionen beim Neugeborenen« (siehe Abb. 3 und 4). Sie berichten, dass der Säugling »energisch weinen, zittern und in einigen Fällen leicht zyanotisch werden wird [mit Bläue oder Blässe der Haut, verursacht durch einen Sauerstoffmangel], weil er sehr lange weinen muss.«[62]

Laut den erwachsenen Zuhörern in einer Studie enthielt die Reaktion des Kindes während der Beschneidung einen Schrei, der sich mit dem Ausmaß des erlebten Schmerzes änderte. Der invasivste Teil des Verfahrens verursachte das längste Weinen. Diese Schreie waren hoch und wurden als sehr verzweifelt beurteilt.[63] Eine nachfolgende Studie bestätigte, dass Schreie mit höherem Tonhöhenabstand als stressiger und verzweifelt empfunden wurden.[64] Übermäßiges Schreien kann selbst Schaden anrichten. In einem seltenen Fall weinte ein Kind vehement etwa neunzig Minuten lang und erlitt eine Magenperforation.[65] Die Verwendung eines Schnullers während der Beschneidung reduzierte das Weinen, beeinflusste jedoch die hormonelle Schmerzreaktion nicht.[66] Wenn also das Schreien auch fehlen kann, so zeigen doch andere Körpersignale, dass während der Beschneidung immer Schmerzen vorhanden sind.

59 Benini, F. et al., »Topical Anesthesia during Circumcision in Newborn Infants«, *Journal of the American Medical Association* 270 (1993): 850-3.

60 Gunnar, M. et al., »Coping with Aversive Stimulation in the Neonatal Period: Quiet Sleep and Plasma Cortisol Levels during Recovery from Circumcision«, *Child Development* 56 (1985): 824-34.

61 Williamson, P. & Williamson, M., »Physiologic Stress Reduction by a Local Anesthetic during Newborn Circumcision«, *Pediatrics* 71 (1983): 40.

62 Stang, H. et al., »Local Anesthesia for Neonatal Circumcision«, *Journal of the American Medical Association* 259 (1988): 1510.

63 Porter, F., Miller, R., & Marshall, R., »Neonatal Pain Cries: Effect of Circumcision on Acoustic Features and Perceived Urgency«, *Child Development* 57 (1986): 790.

64 Zeskind, P., & Marshall, T., »The Relation between Variations in Pitch and Maternal Perceptions of Infant Crying«, *Child Development* 59 (1988): 193-6.

65 Connelly, K., Shropshire, L., & Salzberg, A., »Gastric Rupture Associated with Prolonged Crying in a Newborn Undergoing Circumcision«, *Clinical Pediatrics* 31 (1992): 560-1.

66 Gunnar, M., Fisch, R., & Malone, S., »The Effects of a Pacifying Stimulus on Behavioral and Adrenocortical Responses to Circumcision in the Newborn«, *Journal of the American Academy of Child Psychiatry* 23 (1984): 34-8.

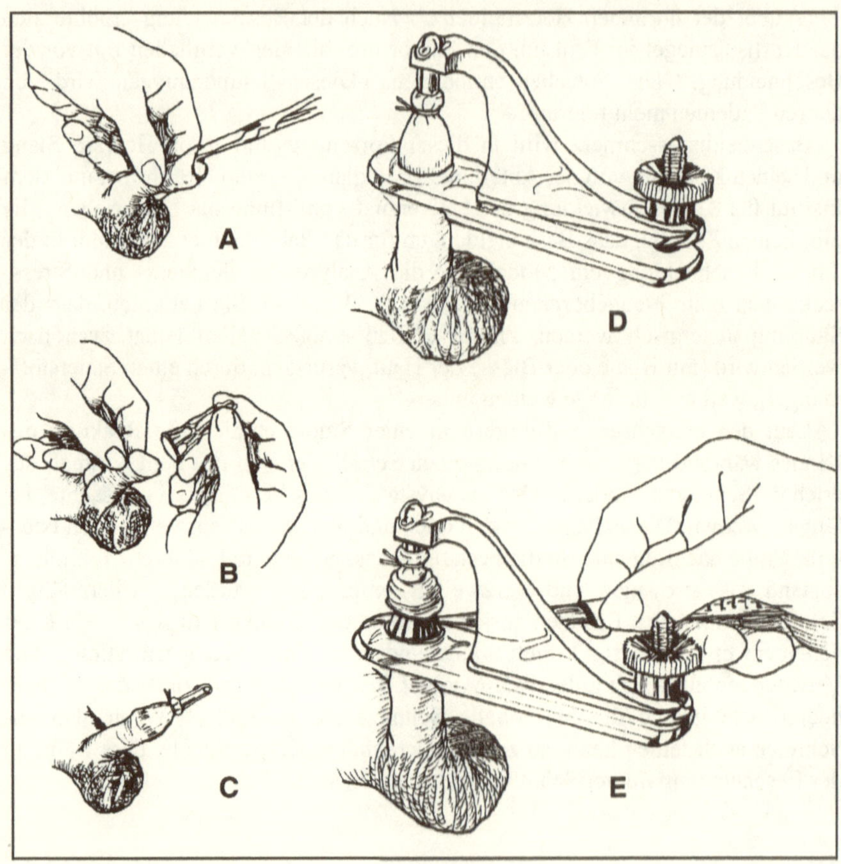

Abbildung 2: Beschneidung mit der Gomco-Klemme

Die Gomco-Klemme wird häufig eingesetzt, um Beschneidungen durchzuführen. Sie besteht aus drei Teilen: einer Metallplatte mit einem Loch an einem Ende, einer runden Metallkappe und einem Schraubmechanismus. Zunächst wird die Vorhaut von der Eichel getrennt und in Längsrichtung eingeschnitten, um die Eichel freizulegen (A). Dann wird die Kappe über der Eichel platziert (B). Die Vorhaut wird über die Kappe gespannt und fest mit dem Kappengriff verbunden (C). Das Loch am Ende der Platte wird über Kappe und Vorhaut gelegt, wonach der Flansch am Griff in eine Nut in der Schraubenvorrichtung (D) eingesetzt wird. Durch Drehen der Schraubvorrichtung wird die Kappe gegen das Loch gedrückt und quetscht die Vorhaut zusammen. Dieses Quetschen verhindert das Bluten. Dann wird die Vorhaut abgeschnitten (E). Die Klemme bleibt mindestens fünf Minuten an Ort und Stelle, bevor sie entfernt wird, um eine Blutgerinnung zu ermöglichen.

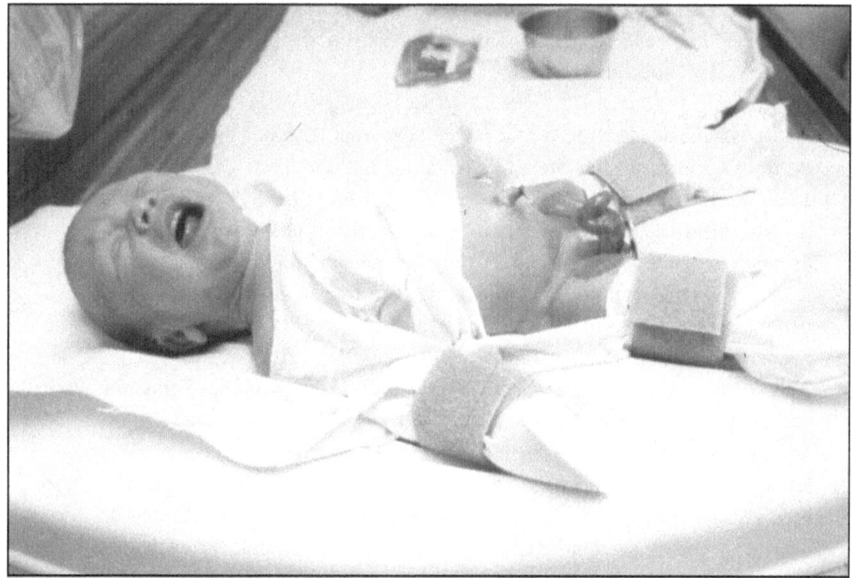

Abbildung 3: Schmerz- und Stressreaktionen beim Neugeborenen

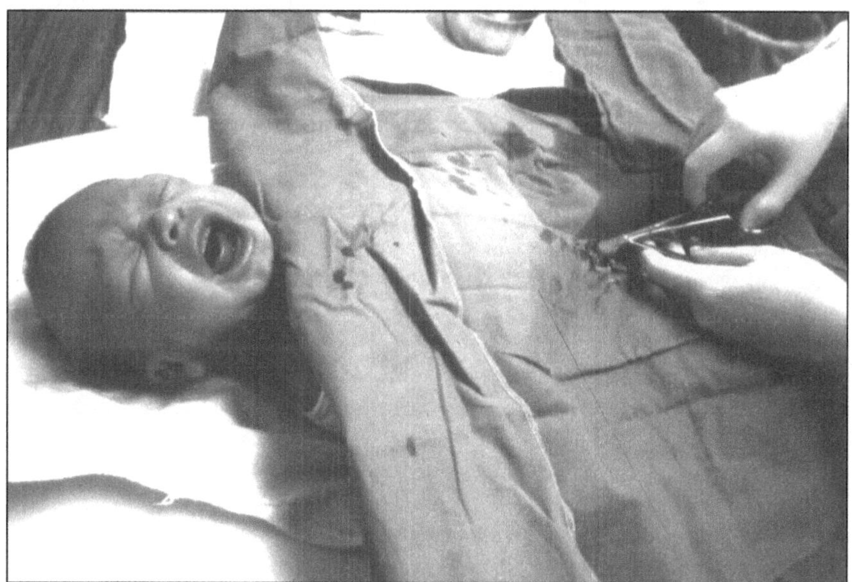

Abbildung 4: Schmerz- und Stressreaktionen beim Neugeborenen

Nachdruck von Abb. 3 + 4 mit Genehmigung von The Saturday Evening Post

Eine andere Perspektive auf die Reaktion des Kindes auf Beschneidungsschmerzen bietet Marilyn Milos, die während ihrer Ausbildung in der Krankenpflegeschule eine Beschneidung miterlebt hat:

> Wir Auszubildenden gingen in das Neugeborenen-Zimmer und fanden dort ein Baby wie einen ausgebreiteten Adler auf ein Plastikbrett geschnallt auf einer Theke im Raum. Er kämpfte gegen seine Fesseln an – zerrte, wimmerte und weinte dann hilflos … Ich streichelte seinen kleinen Kopf und sprach sanft zu ihm. Er begann sich zu entspannen und war vorübergehend still. Die Stille wurde schon bald von einem durchdringenden Schrei unterbrochen – die Reaktion des Babys darauf, dass seine Vorhaut eingeklemmt und zerquetscht wurde, als der Arzt die Klemme an seinem Penis befestigte. Der Kreischen verstärkte sich noch, als der Arzt ein Instrument zwischen Vorhaut und Eichel (den Kopf des Penis) einführte und die beiden Strukturen auseinanderriss. Das Baby begann seinen Kopf hin und her zu schütteln – den einzigen Teil seines Körpers, den er noch frei bewegen konnte – als der Arzt eine andere Klammer benutzte, um die Vorhaut der Länge nach zu zerquetschen, die er dann einschnitt. Dies machte die Öffnung der Vorhaut groß genug, um ein Beschneidungsinstrument einzuführen, wobei die Vorrichtung verwendet wurde, um die Eichel davor zu schützen, während der Operation abgetrennt zu werden. Das Baby begann zu keuchen und zu röcheln, außer Atem von seinem fortwährenden schrillen Schreien … Während der nächsten Phase der Operation quetschte der Arzt die Vorhaut gegen das Beschneidungsinstrument und amputierte es schließlich. Das Baby war schlapp, schachmatt, erschöpft.[67]

In der Ärzteschaft gibt es Uneinigkeit über die Verwendung von Anästhesie während Beschneidungen. Vor der Mitte der 1980er Jahre wurde Anästhesie nicht angewendet, da Säuglingsschmerzen von der medizinischen Gemeinschaft geleugnet wurden (siehe Kapitel 2). Diese Auffassung hat sich bei vielen Ärzten geändert, aber ein Anästhetikum (lokale Injektion, die beste getestete Option) wird wegen der mangelnden Vertrautheit mit seiner Verwendung und der Überzeugung, dass es ein zusätzliches Risiko eingeht, immer noch nicht verabreicht.[68] Obwohl es Hinweise darauf gibt, dass das Risiko minimal ist, verwenden die meisten Ärzte, die Beschneidungen durchführen, keine Anästhetika, auch wenn sie erst einmal gelernt haben, wie es geht. Wenn ein Anästhetikum verwendet wird, lindert es nur einige, aber nicht alle Schmerzen, und seine Wirkung nimmt ab, bevor der postoperative Schmerz einsetzt.[69] Da in Experimenten keine Anästhesiemittel gefunden wurden, die sicher und wirksam in der Verhinderung

---

67   Milos, M., »Infant Circumcision: ›What I Wish I Had Known‹«, *The Truth Seeker* (Juli/August 1989): 3.
68   Ryan & Finer, »Changing Attitudes and Practices«, 230-3.
69   Stang et al., »Local Anesthesia for Neonatal Circumcision«, 1507-11.

von Beschneidungsschmerzen sind, wird die Forschung in diesem Bereich fortgesetzt. In der Zwischenzeit wächst die Zuversicht einiger Ärzte für die Verwendung von Anästhesie während der Beschneidung stärker. In einem kürzlich erschienenen medizinischen Artikel zu diesem Thema beschrieben die Autoren die Beschneidung ohne Schmerzlinderung als »barbarisch«.[70] Ein anderer Arzt schrieb, einen Erwachsenen der gleichen Prozedur zu unterwerfen, sei »durch nichts zu begründen«.[71]

1.5   Verhaltensreaktion nach der Beschneidung

Seit den 1970er Jahren untersuchten einige Studien die Auswirkung der Beschneidung der Beschneidung auf das Säuglingsverhalten. Forscher fanden Unterschiede im Schlafmuster und mehr Reizbarkeit bei beschnittenen Säuglingen.[72] Darüber hinaus wurden Änderungen in der Interaktion von Säugling und Mutter während der ersten 24 Stunden nach der Beschneidung beobachtet.[73] Beispielsweise verschlechterte sich das Saugverhalten von gestillten oder per Flasche gefütterten Säuglingen nachweislich nach der Beschneidung.[74] Am Tag nach dem Eingriff sind andere Verhaltensunterschiede festgestellt worden.[75] Die Task Force der American Academy of Pediatrics (AAP) zur Beschneidung erwähnt diese verschiedenen Verhaltensänderungen infolge Beschneidung in ihrem Bericht.[76]

Forscher fanden heraus, dass europäische Berichte über Säuglingsreaktionen von Neugeborenen zu Hör- und Schmeckreizen kaum einen Unterschied in den Reaktionen zwischen Jungen und Mädchen zeigten, während entsprechende Tests bei amerikanischen Kindern signifikante geschlechtsspezifische Unterschiede aufwiesen.[77] Die Forscher legten nahe, dass diese Unterschiede das Ergebnis der Beschneidung und nicht des Geschlechts sein könnten.

---

70 Rabinowitz, R. & Hulbert, W., »Newborn Circumcision Should Not Be Performed without Anesthesia«, *Birth* 22 (1995): 45-6.

71 Schechter, N., »The Undertreatment of Pain in Children: An Overview«, *Pediatric Clinics of North America* 36 (1989): 781-94.

72 Paige, K., »The Ritual of Circumcision«, *Human Nature* (Mai 1978): 42; Anders, T. & Chalemian, R., »The Effects of Circumcision on Sleep-Wake States in Human Neonates«, *Psychosomatic Medicine* 36 (1974): 174-9; Brackbill, Y., »Continuous Stimulation and Arousal Level in Infancy: Effects of Stimulus Intensity and Stress«, *Child Development* 46 (1975): 364-9.

73 Marshall, R. et al., »Circumcision: II. Effects upon Mother-Infant Interaction«, *Early Human Development* 7 (1982): 367-74.

74 Howard, C., Howard, F., & Weitzman, M., »Acetaminophen Analgesis in Neonatal Circumcision: The Effect on Pain«, *Pediatrics* 93 (1994): 641-6.

75 Dixon, S. et al., »Behavioral Effects of Circumcision with and without Anesthesia«, *Journal of Development and Behavioral Pediatrics* 5 (1984): 246-50.

76 American Academy of Pediatrics, »Report of the Task Force on Circumcision«, *Pediatrics* 84 (1989): 388-91.

In einer der wichtigsten Studien hat sich das Verhalten von fast 90 Prozent der beschnittenen Säuglinge nach der Beschneidung signifikant verändert.[78] Einige wurden aktiver, andere wurden weniger aktiv. Die Qualität der Veränderung war allgemein damit verbunden, ob sie zu Beginn der Beschneidung weinten oder ruhig waren. Dies deutet auf den Gebrauch verschiedener Bewältigungsarten bei Säuglingen hin, wenn diese extremen Schmerzen ausgesetzt sind. Darüber hinaus beobachteten die Forscher, dass sich bei beschnittenen Säuglingen die Fähigkeit, sich selbst zu trösten oder von anderen getröstet zu werden, abgenommen hatte.

Einige Mütter und Krankenschwestern, die sich an das Circumcision Resource Center gewendet hatten, bemerkten ebenfalls Verhaltensänderungen. Sally Hughes, eine Hebamme, die viele beschnittene Säuglinge gesehen hat, bevor sie nach Hause kommen, berichtete:

> Wenn man sie auf den Bauch legt, schreien sie. Wenn ihre Windel nass ist, schreien sie. Normalerweise weinen sie nicht, wenn ihre Windel nass ist. Männliche Babys, die nicht beschnitten sind, schreien nicht so. Die beschnittenen Babys sind reizbarer, und sie trinken schlecht.[79]

Mütter berichteten, dass ihre Säuglinge nach der Beschneidung ihr Temperament veränderten, zu Hause lange Zeit weinten und untröstlich aussahen.

Forscher am Children's Hospital in Boston stellten Veränderungen im Schlafverhalten, im Aktivitätsniveau, in der Reizbarkeit und in der Mutter-Kind-Interaktion fest. Sie folgerten:

> Das Fortbestehen spezifischer Verhaltensänderungen nach der Beschneidung bei Neugeborenen impliziert das Vorhandensein von Gedächtnis. Kurzfristig können diese Verhaltensänderungen die Anpassung von Neugeborenen an ihre Umgebung nach der Geburt, die Entwicklung der Eltern-Kind-Bindung und Fütterungspläne stören.[80]

Es gibt eine Studie über die Auswirkungen der Beschneidung mehrere Monate nach dem Ereignis. Eine Gruppe von Forschern im Krankenhaus *SickKids* für kranke Kinder in Toronto berichtete, dass männliche Säuglinge im Alter von vier bis sechs Monaten eine stärkere Reaktion als Mädchen auf Schmerzen während der Impfungen hatten. Sie fragten sich, ob die Beschneidung ein Faktor sei und überprüften die Daten, um diese Hypothese zu untersuchen. Die Forscher fanden

---

77   Richards, M., Bernal, J., & Brackbill, Y., »Early Behavioral Differences: Gender or Circumcision?«, *Developmental Psychobiology* 9 (1976): 89-95.

78   Marshall, R. et al., »Circumcision: I. Effects upon Newborn Behavior«, *Infant Behavior and Development* 3 (1980): 1-14.

79   Telefongespräch mit dem Autor, 1994.

80   Anand & Hickey, »Pain and Its Effects«, 1325.

heraus, dass die beschnittenen Jungen erhöhte Verhaltensschmerzreaktion hatten und deutlich länger weinten als die genital intakten Jungen.[81]

Auf der Basis der aktuellen Forschung können die Fähigkeiten und Reaktionen des Säuglings wie folgt zusammengefasst werden:

1.6   Säuglingsentwicklung und Reaktion auf Beschneidung

1. Neugeborene haben ein Bewusstsein, sind scharfsinnig, sensibel und reagieren. Alle Sinne arbeiten, und Säuglinge suchen sensorische Stimulation.
2. Gezielte Bewegungen wurden innerhalb von Minuten nach der Geburt beobachtet.
3. Gesichtsausdrücke sind denen von Erwachsenen ähnlich. Lächeln wurde bei der Geburt beobachtet. Schreie sind bedeutungsvoll und können bestimmte Gefühle und Bedürfnisse ausdrücken.
4. Das Verhalten von Säuglingen ist rational und sie lernen mit Begeisterung. Sie haben spezifische Vorlieben und können sogar ihre Erfahrung bewerten.
5. Gedächtnis wurde durch Verhalten und physiologische Reaktion nachgewiesen. Mentale Aktivität kann aus ihrer Lernfähigkeit und Verhaltensreaktion abgeleitet werden.
6. Neugeborene können schmerzhafte Reize fühlen, lokalisieren und darauf reagieren. Ihre Schmerzreaktionen ähneln denen von Erwachsenen oder sind sogar stärker.
7. Während der Beschneidung, die typischerweise ohne Narkose durchgeführt wird, zeigen Säuglinge deutlich mehr Stress als während anderer Behandlungen. Physiologische und Verhaltensänderungen sind abnormal und extrem. Die neuesten Forschungsstudien unterstützen die Schlussfolgerung, dass die Beschneidung für Säuglinge überwältigend schmerzhaft ist.
8. Veränderungen in den Verhaltensreaktionen nach der Beschneidung weisen darauf hin, dass die Erfahrung erinnert wird. Eine Studie über die späteren Reaktionen von Säuglingen auf Impfungen legt nahe, dass die Auswirkungen der Beschneidung mindestens einige Monate anhalten können.

---

81   Taddio, A. et al., »The Use of Lidocaine-Prilocaine Cream for Vaccination Pain in Infants«, *Journal of Pediatrics* 124 (1994): 643-8; Taddio, A. et al., »Effect of Neonatal Circumcision on Pain Responses during Vaccination of Boys«, *The Lancet* 345 (1995): 291-2.

1.7 Anmerkungen von Profis

Einige Ärzte, die Beschneidungen durchführen, beschreiben dies als »zeitweiliges Unbehagen« für den Säugling oder vergleichbar mit einer Injektion. Andere sehen das viel stärker.

David Chamberlain, Psychologe und Präsident der Gesellschaft für prä- und perinatale Psychologie und Gesundheit, sagt: »Ich kann nur annehmen, dass Eltern dies[e Beschneidung] in dem irrigen Glauben toleriert haben, dass das Baby nicht wissen wird, dass es gefoltert wird. Aber er wird es.«[82] (Der Ausdruck »gefoltert« bezieht sich auf die Erfahrung des Kindes, nicht auf die Absicht der Erwachsenen.)

Der Hausarzt Howard Marchbanks sagt: »Ich habe das Gefühl, dass es eine traumatische Erfahrung ist, und ich bin dagegen, das Baby zu traumatisieren.«[83]

Benjamin Spock schreibt, dass die Beschneidung »zumindest leicht gefährlich ist. Ich glaube auch, dass die Gefahr emotionaler Schäden durch die Operation besteht.«[84]

Justin Call, Kinderpsychologe und Professor der Kinder- und Jugendpsychologie an der Universität von Kalifornien, beschreibt die Reaktion des Babys auf die Beschneidung:

> Der hilflose, panische Schrei eines Säuglings, wenn er beschnitten wird, ist eine abnormale Art von Schrei. Es ist ein atemloser, hoher Schrei, der unter normalen Umständen nie zu hören ist. Manchmal aber tun Babys, die beschnitten werden, genau das Gegenteil. Sie fallen in ein Halbkoma. Beide Zustände, hilfloses Schreien und Halbkoma, sind abnormale Zustände beim Neugeborenen.[85]

Frederick Leboyer, Geburtshelfer und Autor des Buches »*Birth Without Violence*« (»Geburt ohne Gewalt«), das die Geburt revolutionierte, beobachtet bei Beschneidung: »Die Folter wird in einem Zustand totaler Hilflosigkeit erlebt, der sie noch beängstigender und unerträglicher macht.«[86]

Tonya Brooks, Hebamme und Präsidentin der Internationalen Vereinigung für Geburt zu Hause, erinnert sich: »In vier der neun Beschneidungen, die ich gesehen habe, hat das Baby nicht geweint. Er schien plötzlich in einem Schockzustand zu sein!«[87] Da der Säugling nicht physisch entkommen kann, versucht er psychisch zu fliehen.

---

82 Chamberlain, D., Einleitung zu *Babies Remember Birth* (New York: Ballantine, 1988), xv.

83 Marchbanks, H., zitiert in R. Romberg, *Circumcision: The Painful Dilemma* (South Hadley, MA: Bergin & Garvey, 1985), 133.

84 Spock, B., LeserbriefLeserbrief, *Moneysworth*, 29. März 1976, 12.

85 Zitiert in Romberg, *Circumcision: The Painful Dilemma*, 321.

86 Leboyer, F., Brief an R. Romberg, in Romberg, *Circumcision: The Painful Dilemma*, vii.

87 Ebenda, 325.

Trotz der Tatsache, dass die neuesten Forschungsstudien über Beschneidungsschmerzen alle die Schlussfolgerung stützen, dass die Beschneidung für den Säugling überwältigend schmerzhaft ist, unterscheidet sich die professionelle Meinung zur Erfahrung des Säuglings sehr weit. Warum ist das so? Und warum stimmen Eltern zu, ihre neugeborenen Söhne beschneiden zu lassen? Eine genaue Untersuchung der Beschneidungsentscheidung zeigt überraschende Antworten.

2

Warum Eltern und Ärzte sich entscheiden, Säuglinge zu beschneiden

Im Jahr 1965 schrieb Dr. William Morgan in einer großen medizinischen Zeitschrift einen Artikel über die Beschneidung. Im Zuge der Widerlegung der populären Gründe für die Beschneidung kam Morgan zur Kernfrage, die er dann mit sichtlicher Verzweiflung beantwortete: »Warum wird die Beschneidung praktiziert? Man könnte auch versuchen, die Riten des Voodoo zu erklären!«[88]

Tatsächlich gibt es solide, vorhersehbare psychologische Gründe, die für die Praxis der Beschneidung in Amerika verantwortlich sind. Da viele Eltern und Ärzte oft psychologische Faktoren übersehen, die mit der Beschneidungsentscheidung zusammenhängen, haben sie den Eindruck, dass solche Gründe nicht existieren oder unwichtig sind. Die folgenden psychologischen Faktoren beeinflussen jedoch stark die Beschneidungsentscheidung. Sie sind im Allgemeinen mit dem verbunden, was wir über die Beschneidung wahrnehmen, verstehen, glauben und fühlen.

---

88   Morgan, W., »The Rape of the Phallus«, *Journal of the American Medical Association* 193 (1965): 223.

2.1 Mentale Faktoren

2.1.1 Wissens- und Gesundheitsansprüche

Viele Eltern entscheiden sich für die Beschneidung, ohne zu wissen, was Beschneidung wirklich ist. Sie verstehen nicht, dass die Beschneidung eine Operation ist. In einer Studie konnten 34 Prozent der Männer ihren eigenen Beschneidungsstatus nicht korrekt benennen.[89] In einer anderen Studie wusste die Hälfte der befragten Mütter nicht, ob der Vater ihres Kindes beschnitten war.[90] Eine Umfrage unter 73 Jungen im Alter von elf bis 14 Jahren ergab, dass 32 Prozent ihren eigenen Beschneidungsstatus nicht korrekt identifizierten.[91] Meine eigene Umfrage unter 60 erwachsenen Studenten ergab, dass 38 Prozent der Frauen und 45 Prozent der Männer sich nicht sicher waren, ob ein Unterschied zwischen einem beschnittenen und einem intaktem Penis bestehen könnte. Der Mangel an elterlichem Wissen über die Beschneidung trägt sicherlich zur Akzeptanz des Verfahrens bei.

In den letzten fünfzig Jahren haben die Befürworter von Beschneidungen in der Medizin verschiedene Ansprüche geltend gemacht. (Siehe Anhang A für ein Beispiel einer Krankenhaus-Informationsbroschüre zur Beschneidung mit Argumenten für und gegen die Beschneidung.) Der am weitesten verbreitete derzeitige medizinische Anspruch an Beschneidung ist, dass er die Häufigkeit von Harnwegsinfekten (HWI) im ersten Lebensjahr verringere.[92] Die HWI-Studien, auf denen diese Position basiert, wurden jedoch von anderen Ärzten kritisiert, insbesondere von der American Academy of Pediatrics (AAP). Sie folgerten, dass die Testdesigns und -methoden dieser Studien »Fehler« haben könnten.[93] Eine ähnliche Studie fand keine bestätigten Fälle von HWI bei intakten männlichen Säuglingen ohne urologische Geburtsfehler.[94] Außerdem ist das HWI-Argument zur Verteidigung der Beschneidung schwach, weil nicht nur die Methoden fehlerhaft sind, sondern weil die Logik und die Argumentation, die zu der Schlussfolgerung führen, fehlerhaft sind.

---

89 Lilienfeld, A. & Graham, S., »Validity of Determining Circumcision Status by Questionnaire as Related to Epidemiological Studies of Cancer of the Cervix«, *Journal of the National Cancer Institute* 21 (1958): 715.

90 Terris, M. & Oalmann, A., »Carcinoma of the Cervix«, *Journal of the American Medical Association* 174 (1960): 1847-51.

91 Schlossberger, N., Turner, R., & Irwin, C., »Early Adolescent Knowledge and Attitudes about Circumcision: Methods and Implications for Research«, *Journal of Adolescent Health* 13 (1992): 293-7.

92 Wiswell, T., Smith, F., & Bass, J., »Decreased Incidence of Urinary Tract Infections in Circumcised Male Infants«, *Pediatrics* 75 (1985): 901-3; Wiswell, T. et al., »Declining Frequency of Circumcision: Implications for Changes in the Absolute Incidence and Male to Female Sex Ratio of Urinary Tract Infection in Early Infancy«, *Pediatrics* 79 (1987): 338-42.

93 American Academy of Pediatrics, »Task Force on Circumcision«, 389.

94 Altschul, M., »Cultural Bias and the Urinary Tract Infection (UTI) Circumcision Controversy«, *The Truth Seeker*, Juli/August 1989, 43-5.

Die HWI-Studien rechtfertigen aus folgenden Gründen keine routinemäßige Säuglingsbeschneidung:

1. Selbst nach den fragwürdigen Studien bekommt die überwiegende Mehrheit (96-99 Prozent) der intakten männlichen Säuglinge im ersten Jahr keine HWI.[95] Es ist nicht sinnvoll, sie ohne nachweisbaren Nutzen der Beschneidung und den damit verbundenen Schmerzen zu unterziehen.

2. Die Studien berücksichtigen die durch Beschneidung potenziell verursachten Schäden nicht. Die Rate der chirurgischen Komplikationen wird von 0,2 bis 38 Prozent angegeben.[96] (Die höhere Rate umfasste Komplikationen, die während des ersten Lebensjahres der Säuglinge berichtet wurden.) Es gibt mindestens zwanzig verschiedene Komplikationen einschließlich Blutung, Infektion, chirurgische Verletzung und in seltenen Fällen Tod.[97] Zu den weiteren Schäden gehören der Verlust der Vorhaut und Verhaltensfolgen.[98]

3. Die Beschneidung umfasst das Abschneiden von normalem, gesundem, funktionierendem Gewebe, um in der Zukunft mögliche HWI-Probleme zu vermeiden. Zum Zeitpunkt der Operation ist keine Krankheit oder Infektion vorhanden. Wenn wir dieses Prinzip anwenden würden, um andere mögliche Probleme zu vermeiden, würden wir gesunde Zähne ziehen, um Zahnlöcher zu verhindern. Dieses Prinzip ist offensichtlich unvernünftig.

4. HWI sind mit Antibiotika behandelbar.[99] Wenn eine gute medizinische Praxis die am wenigsten aufdringliche Form einer wirksamen Behandlung erfordert, ist eine Beschneidung nicht gerechtfertigt. Die Beschneidung ist eine radikale chirurgische Behandlung.

5. Frauen haben eine höhere Harnwegsinfektrate als Männer,[100] aber kein Arzt befürwortet eine genitale Operation, um weibliche Harnwegsinfekte zu reduzieren.

Die meisten dieser Argumente würden auf *alle* geforderten medizinischen Leistungen anwendbar sein. Darüber hinaus meldet die AAP nach Prüfung anderer medizinischer Angaben keinen nachgewiesenen Nutzen. Bezüglich der Beschneidung und des Peniskarzinoms stellen sie fest: »Andere Faktoren als die Beschneidung sind in der Ätiologie von Peniskrebs wichtig. Die Inzidenz von

---

95   Wiswell, Smith, & Bass, »Decreased Incidence«, 901-3; Wiswell et al., »Declining Frequency«, 338-42.

96   Kaplan, G., »Complications of Circumcision«, *Urological Clinics of North America* 10 (1983): 543-9; Gee, W. & Ansell, J., »Neonatal Circumcision: A Ten Year Overview with Comparison of the Gomco Clamp and the Plastibell Device«, *Pediatrics* 58 (1976): 824-7.

97   Kaweblum, Y. et al., »Circumcision Using the Mogen Clamp«, *Clinical Pediatrics* 23 (1984): 679-82.

98   Ritter, T., *Say No To Circumcision* (Aptos, CA: Hourglass, 1992): 12-1; Richards, Bernal, & Brackbill, »Early Behavioral Differences«, 89-95.

99   Denniston, G., »First, Do No Harm«, *The Truth Seeker*, Juli/August 1989, 35-8.

100 Wiswell et al., »Declining Frequency«, 338-42.

Peniskrebs steht im Zusammenhang mit Hygiene.«[101] Um diese Schlussfolgerung zu stützen, berichtet die AAP, dass die Inzidenz von Peniskrebs bei intakten Männern in Industrieländern nur bei etwa 1 zu 100.000 liegt. Entwicklungsländer mit niedrigeren Hygienestandards haben eine Inzidenz von 3 bis 6 pro 100.000.

Die AAP stellt auch fest: »Die Beweise für das Verhältnis von Beschneidung zu sexuell übertragbaren Krankheiten sind widersprüchlich … Beweise, die unbeschnittene Männer mit Zervixkarzinomen in Verbindung bringen, sind nicht schlüssig.« Bezüglich der Hygieneproblematik berichtet die AAP: »Der unbeschnittene Penis ist leicht sauber zu halten; es ist keine besondere Pflege erforderlich.«[102] Normales Waschen reicht aus. Da das medizinische Beschneidungsbedürfnis bei Erwachsenen nur bei 6 von 100.000 liegt, gibt es keinen Grund, ein Kind zu beschneiden, um eine spätere Beschneidung zu verhindern.[103]

Edward Wallerstein, der zwölf Jahre lang Beschneidung erforschte, behandelte das Gesundheitsproblem in seinem Buch *»Circumcision: An American Health Fallacy«* (»Beschneidung: Ein amerikanischer Gesundheitsfehler«) überzeugend in allen Einzelheiten. Bei etwa tausend Verweisen auf medizinische und entsprechende Literatur weltweit fand Wallerstein keine gesundheitlichen Gründe für die routinemäßige Beschneidung. Rosemary Romberg kam nach einer gründlichen Überprüfung in »Circumcision: The Painful Dilemma« zu einem ähnlichen Ergebnis. (Weitere Informationen finden Sie in den Büchern unter »Quellen«.) Der Kinderarzt Benjamin Spock verwarf seine ursprüngliche Position zugunsten der Beschneidung und schreibt mittlerweile: »Ich habe den Eindruck, dass es zur Zeit keine fundierten medizinischen Beweise für die routinemäßige Beschneidung gibt … Ich empfehle, die Vorhaut so zu lassen, wie die Natur vorgesehen hat.«[104]

Befürworter der Beschneidung können dagegen nur die zweifelhafte Behauptung machen, dass ein unwahrscheinlicher oder seltener Zustand bei dem beschnittenen Mann weniger wahrscheinlich ist. Dieser Nutzen ist für viele Menschen eine ausreichende Begründung, zum Teil, weil die Beschneidung ein chirurgischer Eingriff ist, der *an jemand anderem* vorgenommen wird. Es ist wichtig, zu fragen: Würden Sie sich freiwillig einem chirurgischen Eingriff ohne Betäubung an Ihren gesunden Genitalien für diesen »Vorteil« unterziehen? Die Antwort zeigt sich auch darin, dass intakte männliche Erwachsene in der Regel nicht beschnitten werden wollen. Während einige Verfechter der Beschneidung versuchen, ihren Fall mit Statistiken zu untermauern, ist der Faktor, den sie typischerweise und bequem ignorieren, dass *alle medizinischen Behauptungen,*

---

101 American Academy of Pediatrics, »Task Force on Circumcision«, 389.
102 American Academy of Pediatrics, Newborns: *Care of the Uncircumcised Penis* (Elternbroschüre), Elk Grove Village, IL: Autor, 1992.
103 Wallerstein, E., *Circumcision: An American Health Fallacy* (New York: Springer Publishing, 1980), 128.
104 Spock, B., *The Common Sense Book of Baby and Child Care* (New York: Duell, Sloan, and Pearce, 1946), 18; Spock, B. & Rothenberg, M., *Dr. Spock's Baby and Child Care* (New York: Pocket Books, 1992), 227.

51

die zur Verteidigung der routinemäßigen Beschneidung verwendet werden, auf fehlerhaften Begründungen beruhen.

2.1.2 Annahmen über Schmerzempfinden bei Kindern

Zusätzlich zu fragwürdigen gesundheitsbezogenen Angaben nutzen viele Ärzte falsche Überzeugungen, um die Beschneidung für sich selbst und andere zu rechtfertigen. Ein solcher allgemeiner Glaube war, dass Neugeborene keinen Schmerz fühlen.[105] Nance Butler, eine Beraterin im Gesundheitswesen, erkundigte sich nach dem Grund für diesen Glauben. »Die Menschen in der Medizin und Pflege antworten: ›weil die Babys nicht sprechen können‹«.[106] Da Menschen im Gesundheitswesen Schwierigkeiten haben, nonverbale Kommunikation zu beurteilen, reagieren sie oft nicht darauf.[107] Stattdessen glauben einige Ärzte, dass das Nervensystem des Neugeborenen nicht ausreichend entwickelt sei, um Schmerzimpulse zu registrieren oder zu übertragen.[108] (Siehe Kapitel 1 für die Ergebnisse der neuesten Forschung.) Laut einem Artikel des Kinderarztes Neil Schechter, mit dem Titel »Die Untherapie von Schmerzen bei Kindern im Überblick«, ist dieser Glaube »der große Mythos« der Ärzte in Bezug auf Schmerzempfinden von Kleinkindern.[109] Die Tatsache, dass Babys sich weder körperlich wehren noch den Vorgang abbrechen können, macht es zudem leichter, ihren Schmerz zu ignorieren.[110] Selbst wenn Ärzte akzeptieren, dass Säuglinge Schmerzen empfinden, glauben viele, dass sie sich nicht daran erinnern werden.

Es wurden falsche Glaubensansätze über Schmerzen verwendet, um verschiedene medizinische Verfahren bei Kindern ohne Narkose zu verteidigen und zu rechtfertigen. Noch 1986 wurden Säuglinge selbst im Alter von fünfzehn Monaten einer größeren Operation ohne Schmerzlinderung unterzogen.[111] Ein Leitartikel im *New England Journal of Medicine* führte diese Praxis auf einen »Mangel an Bewusstsein« zurück.[112] Die öffentliche Verbreitung dieser Fakten führte zu Protest, einer umfassenden Überprüfung der medizinischen Literatur

105 Eland, J. & Anderson, J., »The Experience of Pain in Children«, in A. Jacox, Hrsg., *Pain: A Source Book for Nurses and Other Health Professionals* (Boston: Little, Brown, 1977), 453-73; Schechter, N., »The Undertreatment of Pain in Children: An Overview«, *Pediatric Clinics of North America* 36 (1989): 781-94.

106 Butler, N., »How to Raise Professional Awareness of the Need for Adequate Pain Relief for Infants«, *Birth* 15 (März 1988): 39.

107 Schechter, N., »The Undertreatment of Pain in Children: An Overview«, *Pediatric Clinics of North America* 36 (1989): 781-94

108 Tilney, F. & Rosett, J., »The Value of Brain Lipoids as an Index of Brain Development«, *Bulletin of the Neurological Institute of NY* 1 (1931): 28-71; Katz, J., »The Question of Circumcision«, International Surgery 62 (1977): 490-2.

109 Schechter, »Undertreatment of Pain«, 781-94.

110 Yaster, M., »Pain Relief«, *Pediatrics* 95 (1995): 427.

111 Eland, J., »Pain in Children Misunderstood: State of Management ›Shocking‹«, *Pediatric News* 20 (August 1986): 1.

112 Fletcher, A., »Pain in the Neonate« (Editorial), *New England Journal of Medicine* 17 (1987): 1347-8.

über Schmerzen und einer Neubewertung der Praktiken. Obwohl dieser Bericht zu dem Schluss kam, dass Neugeborene Schmerzen empfinden, sterben seit Jahrzehnten veraltete medizinische Überzeugungen und Praktiken schwer aus. Beschneidung ohne Anästhesie ist etablierte Routine. Einige Ärzte haben Tausende von Beschneidungen ohne Anästhetika durchgeführt, und sie würden Schwierigkeiten haben, ihre Methoden zu ändern.

Noch heute spielen manche Ärzte Beschneidungsschmerzen herunter, indem sie sie als »Unbehagen« bezeichnen oder sie mit dem Schmerz einer Injektion vergleichen, obwohl diese Meinungen durch Forschungsstudien widerlegt wurden.[113] Vielleicht lesen sie nicht die aktuelle medizinische Literatur. Dr. K. J. S. Anand, Mitverfasser der umfassenden Studie von 1987 über kindliche Schmerzen, die das medizinische Denken zu diesem Thema herausforderte, hat eine andere Sichtweise. Er berichtete, dass bei seinen Treffen mit Krankenhausverwaltern die Beweise für Schmerzen bei Neugeborenen immer noch »geleugnet« wurden und die medizinische Gemeinschaft sich mit den Erkenntnissen über die Erinnerung an Kinderschmerzen »unwohl« fühlte. Anand spekulierte, dass diese Reaktion auf Schuldgefühlen wegen der Schmerzen bei Säuglingen beruhen könnte.[114]

2.1.3 Annahmen über die Vorhaut

Die wahrscheinlich häufigste Annahme bei Beschneidung ist, dass die Vorhaut keinen Nutzen hat. Ein aktuelles pädiatrisches Urologie-Lehrbuch besagt, dass die Vorhaut »wahrscheinlich keine wichtige Funktion hat«.[115] Ein angesehener Urologe bezeichnet sie als »Extrahaut«, die »keinen großen Unterschied ausmacht«.[116] Thomas Wiswell, Hauptautor der HWI-Studien, sagte: »Ich glaube, dass die Vorhaut ein Fehler der Natur ist.«[117] Ärzte äußern diese Annahme den Eltern gegenüber nie explizit. Sie wird in anderen Behauptungen versteckt. Zum Beispiel ist es üblich, dass Ärzte die Beschneidungsentscheidung für Eltern als »Win-Win«-Situation betrachten. Die Kinderärztin Jennifer Heath sagt Eltern, dass sie »wirklich nichts falsch machen können«, welche Wahl auch immer sie treffen, was bedeutet, dass kein Schaden angerichtet werden kann.[118] Der Kinderarzt T. Berry Brazelton erklärt: »Besondere Studien liefern den Beweis,

---

113 Anand, K. & Hickey, P., »Pain and Its Effects in the Human Neonate and Fetus«, *New England Journal of Medicine* 317 (1987): 1321-9.

114 Interview des Autors, Boston, 1993.

115 Kelalis, D., King, L., & Belman, A., *Clinical Pediatric Urology* (Philadelphia: Harcourt Brace Jovanovich, 1992), 2: 1015.

116 Harris, R., Interview von Phyllis Levy im WRKO-Radio, Boston, April 1995.

117 NOCIRC-Newsletter, Herbst 1994, 2

118 Heath, J., zitiert in M. Walsh, »Circumcision: Should You or Shouldn't You?«, *The Burlington (VT) Free Press*, 5. Februar 1995, 1D.

dass beide Möglichkeiten für das Baby harmlos sind ... Ich denke, der Vater sollte die Wahl für seinen Sohn treffen.«[119]

Trotz der Zusicherung einiger Ärzte kann das Beschneiden und Nichtbeschneiden keinen gleichwertigen Effekt auf das Kind haben, da das Abschneiden eines Teils des Penis diesen in Form und Funktion verschlechtert. Die AAP bestätigte 1984 in einer Broschüre mit dem Titel »Pflege des unbeschnittenen Penis bei Neugeborenen«, dass Funktionen der Vorhaut den Schutz der Eichel und der Harnröhreöffnung vor Reizungen und Infektionen einschließen.

Um die sexuellen Funktionen der Vorhaut zu verstehen, sehen Sie sich die Abbildungen 5 - 9 an, die verdeutlichen, was die Vorhaut ist und wie sie funktioniert. Die Abbildungen 5 und 6 zeigen den Unterschied zwischen einem beschnittenen und einem natürlichen Penis im entspannten oder schlaffen Zustand. Beachten Sie, dass die Vorhaut dazu dient, die Eichel, also den Peniskopf, zu bedecken. Abbildung 7 zeigt dies schematisch. Abbildung 8 zeigt den beschnittenen Penis im erigierten Zustand. Die Schafthaut ist straff. Abbildung 9 zeigt den natürlichen Penis vor, während und nach der Erektion. Beachten Sie, dass die innere Vorhautschicht freigelegt wird und die gesamte Vorhaut sich bewegt, um den Penisschaft locker zu bedecken.

---

119 Brazelton, T., *Touchpoints* (New York: Addison-Wesley, 1992), 10-11.

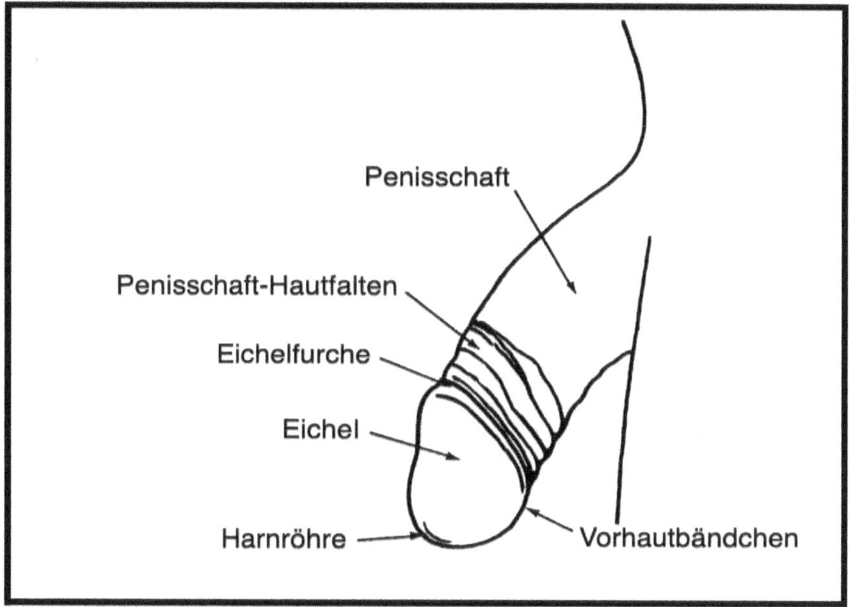

Abbildung 5: Beschnittener Penis im entspannten Zustand

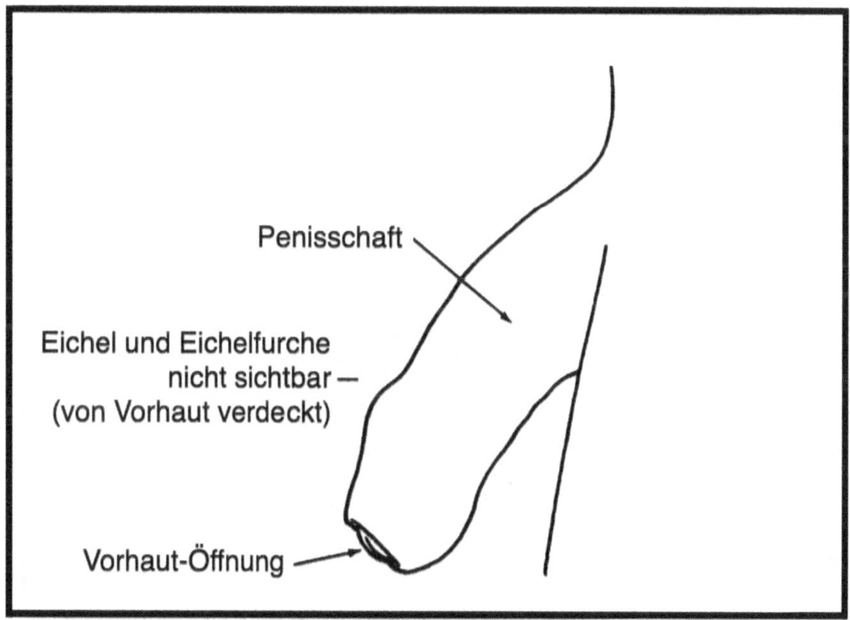

Abbildung 6: Natürlicher Penis im entspannten Zustand

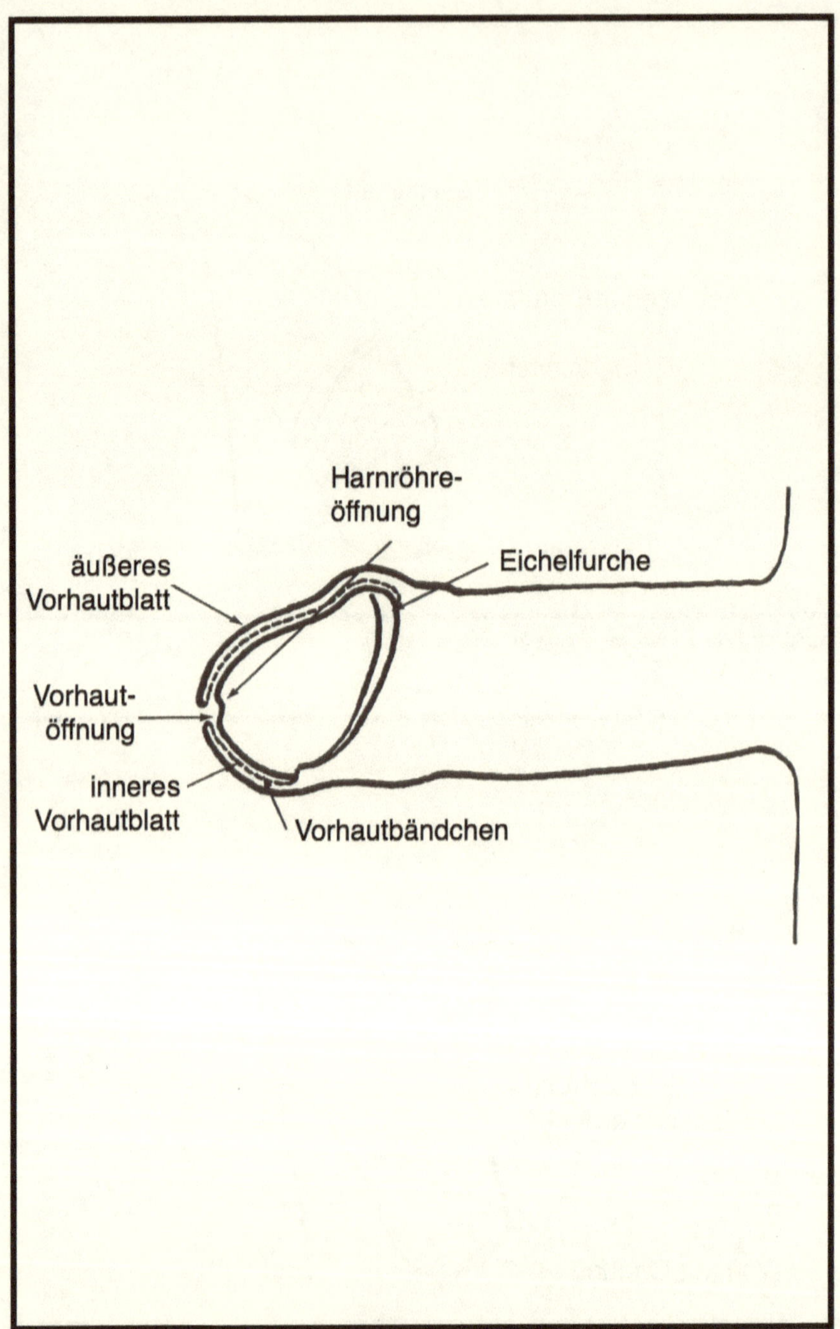

Abbildung 7: Innere und äußere Vorhaut-Blätter

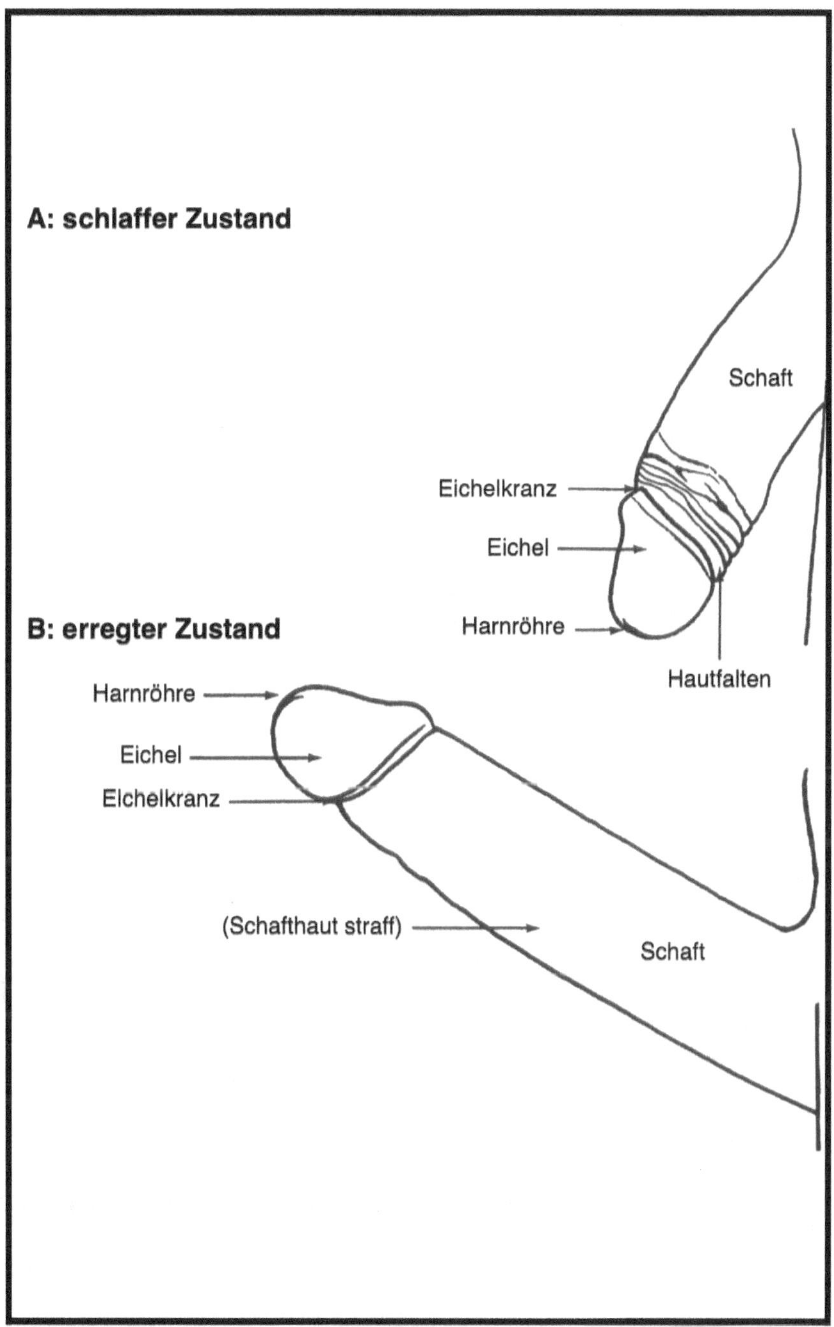

Abbildung 8: Erregungsvorgang beim beschnittenen Penis

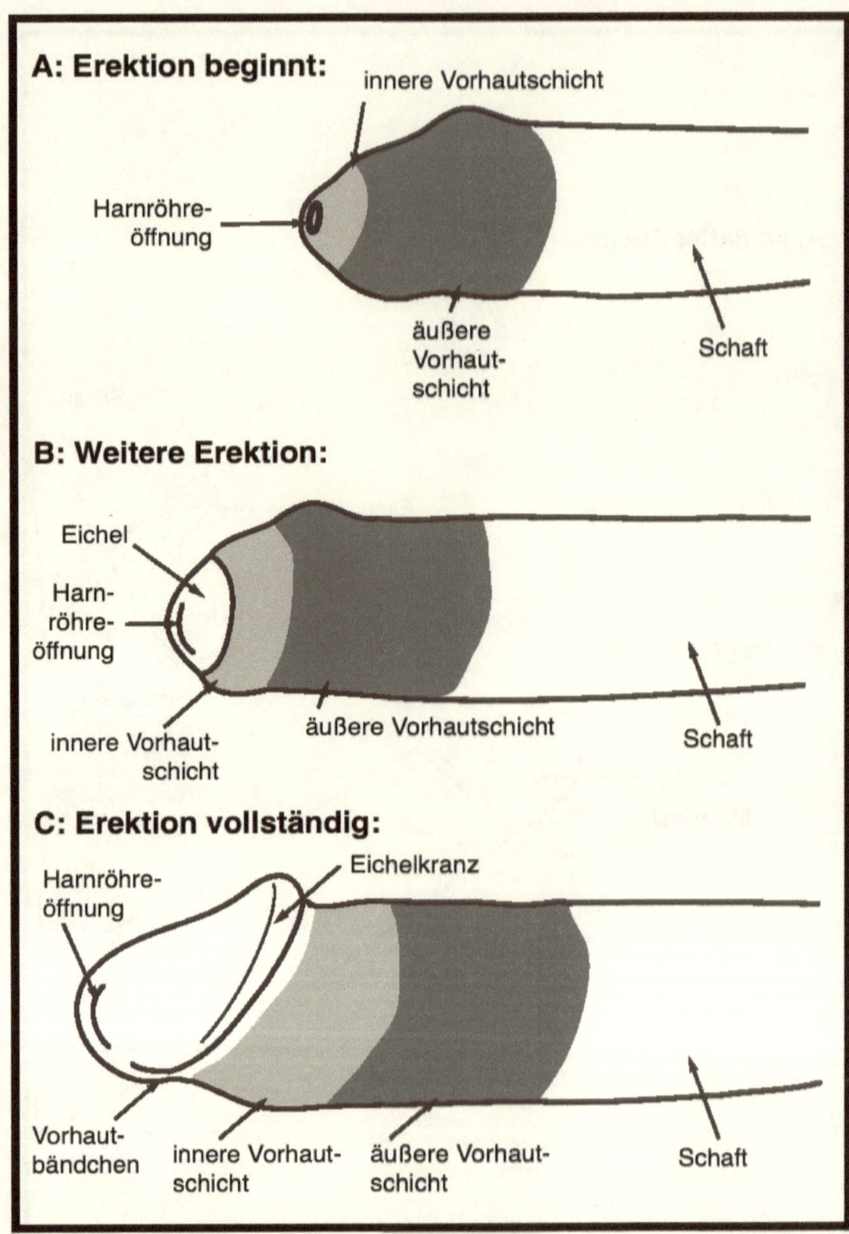

Abbildung 9: Erregungsvorgang beim natürlichen Penis

Taylor, Lockwood und Taylor untersuchten das Vorhautgewebe an der Abteilung für Pathologie, Health Sciences Center, Universität von Manitoba, Kanada. Sie berichteten ihre Ergebnisse im *British Journal of Urology* in einem Artikel mit dem Titel »Das Präputium: Spezialisierte Schleimhaut des Penis und ihr Verlust durch Beschneidung«. Basierend auf der Untersuchung von 22 Vorhäuten Erwachsener bei der Autopsie fanden sie, dass die Konzentration von Nerven in der äußeren Vorhaut »beeindruckend« sei und »[ihre] Empfindlichkeit gegenüber leichter Berührung und Schmerz ist ähnlich der der Haut des Penis als Ganzes«.[120] Die innere Oberfläche der Vorhaut ist anders. Sie ist eine Schleimhaut ähnlich der inneren Oberfläche des Mundes, auch reich an Nerven und Blutgefäßen. Zwischen den inneren und äußeren Schichten der Vorhaut befindet sich eine einzigartige Struktur, die sie ein »gefurchtes Band« nennen, das »spezialisierte Nervenenden« enthält.[121] Die Forscher schlussfolgern, dass die Vorhaut mehrere Arten von Nerven aufweist und »als strukturelle und funktionelle Einheit von mehr oder weniger spezialisierten Teilen angesehen werden sollte ... Die Eichel und der Penisschaft gewinnen eine ausgezeichnete, wenn auch Ersatzempfindlichkeit durch die Vorhaut.«[122]

Die Vorhaut macht mindestens ein Drittel der Hautoberfläche des Penis aus. Sie schützt die Eichel vor Reibung und Kontakt mit der Kleidung.[123] Die Vorhaut erhöht auch das sexuelle Vergnügen, indem sie auf dem Schaft auf und ab gleitet und die Eichel stimuliert, indem sie sie abwechselnd bedeckt und freilegt. Dies kann während der Masturbation oder beim Geschlechtsverkehr auftreten. Die Reibung ist minimiert und zusätzliche Gleitmittel sind nicht erforderlich.[124] Ohne die Vorhaut wird die Eichelhaut, die normalerweise eine feuchte Schleimhaut ist, trocken und verdickt sich bei fortgesetzter Exposition beträchtlich. Diese Änderung verringert die Empfindlichkeit.[125] Der Verlust eines Sekrets der inneren Vorhautschicht, das Smegma genannt wird, entfernt außerdem natürliche Gleitfähigkeit. Oral-genitale sexuelle Aktivität ist in den Vereinigten Staaten weiter verbreitet als in vielen anderen Gesellschaften.[126] Könnte der Mangel an natürlicher Gleitfähigkeit des Penis aufgrund der Beschneidung ein Grund sein?

Nur Männer, die als Erwachsene beschnitten wurden, können den Unterschied einer Vorhaut beurteilen. Im *Journal of Sex Research* berichteten Money und Davison von der Johns Hopkins University School of Medicine über fünf solcher

---

120 Taylor, J., Lockwood, A., & Taylor, A., »The Prepuce: Specialized Mucosa of the Penis and Its Loss to Circumcision«, *British Journal of Urology* 77 (1996): 294.
121 Ebenda, 292, 294.
122 Ebenda, 295.
123 Ritter, T., *Say No To Circumcision* (Aptos, CA: Hourglass, 1992): 18-1; Morgan, »The Rape of the Phallus«, 223-4.
124 Bigelow, J., *The Joy of Uncircumcising!* (Aptos, CA: Hourglass, 1995), 17; Denniston, G., »Unnecessary Circumcision«, *The Female Patient* 17 (1992): 13-14.
125 Ritter, *Say No To Circumcision*, 11-1.
126 Gagnon, J. & Simon, W., »The Sexual Scripting of Oral Genital Contacts«, *Archives of Sexual Behavior* 16 (1987): 1-25.

Männer. Die Veränderungen umfasste eine verminderte Penisempfindlichkeit und weniger Penisbefriedigung. Die Forscher kamen zu dem Schluss:

> Sexuell und kosmetisch ist die Operation zum größten Teil kontraindiziert und sollte in Bezug auf mögliche pathologische Folgen bewertet werden.[127]

Andere als Erwachsene beschnittene Männer bedauern die Veränderung.

> Ich spiele Gitarre und meine Finger bekommen Schwielen vom Spielen. Das ist ähnlich wie bei meinem Penis nach der Beschneidung.[128]

> Nach der Beschneidung gab es eine große Veränderung. Ein Unterschied wie Nacht und Tag. Ich habe fast alle Empfindsamkeit verloren. Ich würde alles dafür tun, die Gefühle zurückzubekommen. Ich würde mein Haus dafür geben. [Der Arzt dieses Mannes überzeugte ihn, beschnitten zu werden, indem er davor warnte, dass er sonst an Peniskrebs erkranken könnte. Als der Mann sich über das Ergebnis beschwerte, antwortete der Arzt: »Das ist normal« und er könne ihm nicht helfen.][129]

> Langsam verlor der Bereich seine Sensibilität, und während das geschah, wurde mir klar, dass ich etwas sehr Wichtiges verloren hatte. Reize, die zuvor zur Ekstase geführt hatten, bewirkten kaum noch etwas … Die Beschneidung zerstört einen sehr freudvollen Aspekt der menschlichen Erfahrung für Männer und Frauen.[130]

> Der größte Nachteil der Beschneidung ist der schreckliche Verlust an Empfindlichkeit, wenn die Vorhaut entfernt wird … Auf einer Skala von 10 erlebt der intakte Penis Vergnügen, das mindestens eine 11 oder 12 ist; während der beschnittene Penis glücklich ist, bis 3 zu kommen.[131]

> Der sexuelle Unterschied zwischen einem beschnittenen und einem unbeschnittenen Penis ist … als würde man ein Kondom oder einen Handschuh tragen … Sehen ohne Farbe wäre eine gute Analogie … Nur in Schwarz-Weiß anstatt in voller Farbe zu sehen, wäre beispielsweise so, wie einen Orgasmus mit Vorhaut

---

127 Money, J. & Davison, J., »Adult Penile Circumcision: Erotosexual and Cosmetic Sequelae«, *Journal of Sex Research* 19 (1983): 291.
128 Brief an den Autor, 1993.
129 Telefongespräch mit dem Autor, 1993.
130 Milos, M. & Macris, D., »Circumcision: A Medical or a Human Rights Issue?« *Journal of Nurse-Midwifery* 37 (Beilage 1992): 93S.
131 NOCIRC-Newsletter, Herbst 1990, 3.

und ohne zu erleben. Es gibt Empfindungen, die man einfach nicht haben kann, wenn man keine Vorhaut hat. [132]

Nach dreißig Jahren im natürlichen Zustand ließ ich mich von einem Arzt überreden, die Vorhaut entfernen zu lassen – nicht wegen irgendwelcher Probleme zu der Zeit, sondern weil nach Ansicht des Arztes in der Zukunft Probleme auftreten könnten. Das war vor fünf Jahren und ich bereue, dass ich es habe machen lassen … Die Empfindlichkeit in der Eichel hat um mindestens 50 Prozent abgenommen. So ist sie jetzt, ungeschützt, reibt sich ständig am Stoff von allem, was ich trage. In gewissem Sinne ist sie schwielig geworden … Anscheinend habe ich jetzt einen relativ unsensiblen Stock, wo ich einmal ein Geschlechtsorgan hatte. [133]

Wie lässt es sich erklären, dass das fehlerhafte Denken in den medizinischen Behauptungen und die Diskrepanzen in den Überzeugungen vieler Ärzte über Beschneidungsschmerz und Vorhaut weiter anhalten? Ein Grund ist, dass Menschen Kohärenz und Konsistenz in ihren Überzeugungen und Erfahrungen haben wollen. Wenn Inkonsistenz auftritt, die wir kognitive Dissonanz nennen, neigen wir dazu, unsere Überzeugungen an unsere Erfahrung anzupassen. [134] Die Erfahrung vieler Ärzte bezüglich Beschneidung ist, dass sie sie viele Male durchgeführt haben. Die Beschneidung ist eine ernste Entscheidung. Nachdem eine solche Wahl getroffen wurde, neigen die Menschen dazu, die gewählte Alternative zu schätzen und die abgelehnte Alternative abzuwerten. [135] Als ein Ergebnis werden Überzeugungen angenommen, um mit der Erfahrung übereinzustimmen und die Entscheidung zur Beschneidung zu unterstützen. Inkonsistenz kann auch dadurch ausgeglichen werden, dass wir unsere Erfahrung ändern. Das heißt, wir dürfen nur Informationen wahrnehmen und akzeptieren, die unseren Überzeugungen entsprechen. Die Tendenz, neue Informationen zu meiden, nimmt zu, wenn die Diskrepanz zwischen Überzeugungen und Erfahrungen zunimmt. [136] (Selbst nachdem sie etwas Neues gelernt haben, erinnern sich Menschen besser an Informationen, die etablierte Überzeugungen unterstützen als widersprüchliche Informationen. [137]) Vermeidung kann zu Starrheit des Denkens und Abhängigkeit von Dogmen führen, um Zweifeln entgegenzuwirken und sie zu bändigen. Ein anderer Ansatz zur Reduzierung der kognitiven Dissonanz besteht darin, diejenigen mit einer gegenteiligen Ansicht zu diskreditieren. Offensichtlich

132 Edell, D., Beschneidungsbericht für Fernsehnachrichten, KGO, San Francisco, 1984.

133 »The Unkindest Cut of All«, LeserbriefLeserbrief, *Playgirl*, Juli 1979, 108.

134 Festinger, L. & Carlsmith, J., »Cognitive Consequences of Forced Compliance«, *Journal of Abnormal and Social Psychology* 58 (1959): 203-10.

135 Brehm, J., »Postdecision Changes in the Desirability of Alternatives«, *Journal of Abnormal and Social Psychology* 52 (1956): 384-9.

136 Kumpf, M. & Gotz-Marchand, B., »Reduction of Cognitive Dissonance as a Function of Magnitude of Dissonance, Differentiation, and Self-Esteem«, *European Journal of Social Psychology* 3 (1973): 255-70.

137 O'Sullivan, C. & Durso, F., »Effect of Schema-Incongruent Information on Memory for Stereotypical Attributes«, *Journal of Personality and Social Psychology* 47 (1984): 55-70.

hat diese Reaktion nichts mit dem Inhalt und den Vorzügen gegensätzlicher Argumente zu tun.

Die Unstimmigkeit von Beschneidungsglauben wird von denen, die an ihm festhalten, nicht anerkannt, da die Doppelmoral die Konsistenz ersetzt. Zum Beispiel war die Mandeloperation ein Routineverfahren, das als Heilmittel für viele Kinderkrankheiten galt. Die Ärzte hörten auf, routinemäßige Mandelentfernungen durchzuführen, als sie erfuhren, dass die Operation keinen Nutzen brachte, ernsthafte Risiken (einschließlich Tod) barg und Gewebe entfernte, das eine Gesundheitsfunktion erfüllte.[138] Es wurde festgestellt, dass statt einer Operation oft eine Behandlung mit Antibiotika ausreichend war. Als der AAP jedoch zu dem Schluss kam, dass keine medizinische Notwendigkeit für eine Beschneidung bestand,[139] ignorierten die Ärzte die Aussage und fuhren fort, zu beschneiden. Ein Teil des Grundes für diese Inkonsistenz war, dass das Verhalten der Ärzte ihren Überzeugungen folgte. Sie glaubten weiterhin, dass die Beschneidung medizinische Vorteile habe oder dass Beschneidung zumindest keinen Schaden anrichten würde.

Innerhalb und außerhalb der medizinischen Gemeinschaft werden offensichtlich mehrere Prinzipien der Logik und der Vernunft verletzt, und einige wichtige Faktoren werden ignoriert, wenn es um die Frage der Beschneidung geht. Falsche Glaubensüberzeugungen werden durch grundlegende Tatsachen ersetzt und im Prozess der Rationalisierung übernommen, um die grundlegende Einstellung zu verteidigen, dass Beschneidung eine gute Sache ist. Diese Überzeugungen können mit rationalen Argumenten angefochten und verändert werden. Aus diesem Grund haben sich medizinische Behauptungen, die die Beschneidung unterstützen, im Laufe der Jahre geändert. Die Unterstützungshaltung zur Beschneidung wird jedoch wegen ihrer Verbindung zu starken Emotionen nicht so leicht beeinträchtigt.

---

138 Bolande, R., »Ritualistic Surgery: Circumcision and Tonsillectomy«, *New England Journal of Medicine* 280 (1969): 591-6; Schwartz, R., Seid, A., & Stool, S., »Tonsillectomy Today: Who Needs It?« *Patient Care* 26 (1992): 173-94.

139 American Academy of Pediatrics, Committee on Fetus and Newborn, *Standards and Recommendations for Hospital Care of Newborn Infants*, 5. Ausgabe (Evanston, IL: AAP, 1971): 71.

2.2 Emotionale Faktoren

Medizinische Behauptungen zur Verteidigung der Beschneidung zu benutzen, kann eine unbewusste Möglichkeit für Ärzte sein, das emotionale Unbehagen zu vermeiden, wenn sie ihre eigene Beschneidung in Frage stellen müssten. Eine Umfrage unter zufällig ausgewählten Hausärzten ergab, dass die Beschneidung häufiger von älteren, männlichen und beschnittenen Ärzten unterstützt wurde.[140] Andere Forschungen haben gezeigt, dass Menschen beharrlich werden, sobald sie Zeit und Mühe investiert haben.[141] Dr. Anand nimmt an (siehe »2.1.2 Annahmen über Schmerzempfinden bei Kindern« weiter oben in diesem Kapitel), dass vielleicht auch einige beschneidende Ärzte Schuldgefühle vermeiden, die mit Beschneidungen verbunden sind, die sie im Laufe der Jahre durchgeführt haben.

Die Verteidigung der Beschneidung mit medizinischen Ansprüchen entspricht auch der Tendenz zu präventiven medizinischen Interventionen. Dieser Ansatz basiert oft auf Angst. Eine Säuglingsschwester dachte über ihr Geburtstraining nach: »Ich kann nicht vergessen, wie sehr ich trainiert wurde, dass etwas schief gehen *wird* ... Ich wurde darauf getrimmt, Angst zu haben.«[142] Wenn der Arzt befürchtet, dass etwas schief geht, wenn er nicht beschneidet, dann trägt diese Angst weiter zur Unterstützung der Praxis bei.

Es gibt zusätzliche Beweise, dass emotionale Faktoren die Meinung der Ärzte über die Beschneidung beeinflussen. Anne Briggs, Geburtshelferin, Forscherin und Autorin eines Buchs über die Beschneidung, schrieb, dass »offene Feindseligkeit unter Ärzten keine ungewöhnliche Reaktion ist, wenn sie mit dem Beschneidungsdenken konfrontiert werden.«[143] Diese Art von Antwort bestätigt, dass einige Ärzte, die Beschneidungen ausführen, emotional gezwungen sind, damit weiter zu machen. Eine Mutter meldete sich beim Circumcision Resource Center, um mitzuteilen, dass sie von Geburtshelfern wegen Beschneidung »verfolgt« wurde, nachdem sie die Beschneidung für ihren neugeborenen Sohn abgelehnt hatte.

Eltern müssen sich auch mit emotionalen Faktoren auseinandersetzen. Einer kürzlichen Studie zufolge ist die Entscheidung, zu beschneiden, »eher eine emotionale als eine rationale Entscheidung«.[144] Oft basiert sie entweder auf der Befürchtung, dass ihr Sohn nicht sozial akzeptiert wird – ein soziales Anliegen;

---

140 Stein, M. et al., »Routine Neonatal Circumcision: The Gap between Contemporary Policy and Practice«, *Journal of Family Practice* 15 (1982): 47-53.

141 Arkes, H. & Blumer, C., »The Psychology of Sunk Cost«, *Organizational Behavior and Human Decision Processes* 35 (1985): 124.

142 Arms, S., *Immaculate Deception* (New York: Bantam Books, 1975), 300.

143 Briggs, A., *Circumcision: What Every Parent Should Know* (Earlysville, VA: Birth and Parenting Publications, 1985), 141.

144 Brown, M. & Brown, C., »Circumcision Decision: Prominence of Social Concerns«, *Pediatrics* 80 (1987): 219.

oder sie befürchten, dass er eine Krankheit oder Infektion bekommt – eine medizinische Sorge. Wenn die medizinischen Bedenken die Eltern nicht überzeugen«, werden einige Ärzte, die sich stark für die Beschneidung aussprechen, oftmals auf soziale Belange hinweisen (mehr dazu in Kapitel 3), eine Reaktion, die eindeutig Fragen umfasst, die über ihr Fachgebiet hinausgehen.

Angst-Appelle funktionieren oft besser als andere Methoden der Überzeugung.[145] Dies gilt insbesondere, wenn die Quelle eine hohe Glaubwürdigkeit hat. Im Allgemeinen wird Angst eher von Befürwortern geschürt, um die Entscheidungen anderer zu beeinflussen, wenn die eigenen Argumente schwach sind. In einer Radio-Talk-Show von 1993 verteidigte der ehemalige Chirurg C. Everett Koop die Beschneidung mit der Warnung:

> Wenn du einen kleinen Jungen in deiner Familie hast, der bereits beschnitten ist, solltest du den zweiten kleinen Jungen besser auch beschneiden, denn wenn du es nicht tust, wird keiner wissen, welcher normal ist.[146]

Obwohl einige Eltern aufgrund mangelnden Wissens über die Beschneidung anfällig sind, profitieren andere von ihren eigenen Erfahrungen. Steven Dion, Vater eines älteren beschnittenen Sohnes und eines jüngeren intakten Sohnes, erklärte seine letzte Beschneidungsentscheidung in einem Fernseh-Interview. »Unser Gefühl war: ›Warum denselben Fehler zweimal machen?‹«[147] Dion änderte seine Meinung über die Beschneidung, nachdem er mehr darüber erfahren hatte.

2.2.1 Männer-Meinungen zur Beschneidungsentscheidung

In einer Studie über elterliche Einstellungen zur Beschneidung, bei der die Eltern der Beschneidung widersprachen, war es in der überwältigenden Mehrheit der Fälle (89 Prozent) der Vater, der beschneiden wollte.[148] Daher sind es in Studien, in denen sowohl die Ansicht der Ärzte (siehe »2.2 Emotionale Faktoren«) als auch die der Eltern betrachtet werden, vor allem die Männer, die die Beschneidung aufrecht erhalten wollen. Warum ist das so?

Um herauszufinden, warum Männer sich beschneiden lassen, führte ich eine vorläufige Umfrage über die Einstellung der Männer zur Beschneidung durch. Mein Fragebogen wurde an Männer verteilt, die 1993 an einer Wochenend-Männerkonferenz namens *Massachusetts Men's Gathering* teilnahmen. An der Konferenz nahmen etwa 90 Männer teil, die meisten zwischen 30 und 60 Jahre

---

145 Higbee, K., »Fifteen Years of Fear Arousal: Research on Threat Appeals, 1953-1968«, *Psychological Bulletin* 72 (1969): 426-44.

146 Koop, C., Interview im Radiosender WBZ, Boston, 1993.

147 Dion, S., in S. Werner, Beschneidungsbericht für die Fernsehnachrichten, WSBK Channel 56, Boston, August 1993.

148 Brodbar-Nemzer, J., Conrad, P., & Tenanbaum, S., »American Circumcision Practices and Social Reality«, *Sociology and Social Research* 71 (1987): 275-9.

alt. Sechsundfünfzig Männer gaben den Fragebogen zurück (siehe Anhang B für den Beispielfragebogen).

Aufgrund der Antworten auf den Fragebogen können für diese Männergruppe folgende Schlüsse gezogen werden:

1. Beschnittene Männer entscheiden sich viel eher als intakte Männer für die Beschneidung ihres Sohnes.
2. Beschnittene Männer wissen viel weniger wahrscheinlich als intakte Männer, dass die Vorhaut ein paar Funktionen hat, die der sexuellen Empfindung zugute kommen.
3. Beschnittene Männer, die den Zweck der Vorhaut nicht kennen, wählen eher die Beschneidung für ihren Sohn als diejenigen, die den Zweck der Vorhaut kennen.
4. Beschnittene Männer, die den Zweck der Vorhaut nicht kennen, neigen dazu, die Größe der Vorhaut herunterzuspielen.
5. Beschnittene Männer, die dazu neigen, die Größe der erwachsenen Vorhaut zu gering einzuschätzen, entscheiden sich eher für die Beschneidung ihres Sohnes.
6. Wie ein Mann über seine eigene Beschneidung denkt, hat einen starken Einfluss darauf, wie er zur Beschneidung seines Sohnes steht. Diejenigen, die sich wegen ihrer eigenen Beschneidung besser fühlen, werden ihren Sohn viel eher beschneiden.
7. Die beschnittenen Männer, die sich in ihrer eigenen Beschneidung besser fühlen, neigen dazu, zu glauben, dass sie besser über die Beschneidung informiert sind.
8. Einige beschnittene Männer, die glauben, über die Beschneidung gut informiert zu sein, sind tatsächlich nicht gut informiert.
9. Eine Beschneidung mit anzusehen, kann bewirken, dass es weniger wahrscheinlich ist, dass ein beschnittener Mann beschließen wird, seinen Sohn zu beschneiden.

Es scheint, dass diejenigen, die sich in Bezug auf ihre eigene Beschneidung besser fühlen, eher übersehen, was ihnen fehlt. Sich gegen die Beschneidung des eigenen Sohnes zu entscheiden, würde eine Missbilligung ihrer eigenen Beschneidung nahelegen, ein Schritt, zu dem sie nicht bereit sind. Frauen müssen offensichtlich nicht mit der psychologischen Wirkung von Beschneidung rechnen, wenn sie eine Entscheidung für ihren Sohn treffen.

Diese vorläufige Umfrage legt nahe, dass die Unterstützung oder eine neutrale Haltung gegenüber der Beschneidung zumindest teilweise auf mangelndem Wissen über die Beschneidung und Akzeptanz des Beschneidungsglaubens der allgemeinen Kultur beruhen. In diesem Fall, wenn mehr Männer die Fakten über die Beschneidung erfahren, wird ihre Unzufriedenheit mit der Beschneidung zunehmen. Dies kann zu einer Abnahme der Beschneidungsrate führen.

2.3   Verhaltensfaktoren

Während Väter aufgrund von Überzeugungen und Einstellungen die Beschneidung wählen können, gibt es für den Arzt Kontingenzen, die die Beschneidung unterstützen, von denen finanzielle Belohnung eine ist. Einige Ärzte glauben, dass Beschneidungen so lange durchgeführt werden, so lange Ärzte für den Eingriff bezahlt werden. Wie erwartet, bestätigt die Forschung, dass das Erwarten von etwas Positivem (oder Negativem) durch eine erwartete Vorgehensweise die Motivation beeinflusst.[149] Der Chirurg Thomas Ritter, der ein Buch über Beschneidung geschrieben hatte, versuchte, die Praxis mit anderen Ärzten seines Krankenhauses zu besprechen. Zu den Reaktionen gehörte: »Die meisten Eltern wollen die Operation. Ich kann zusätzliche 200 Dollar verdienen. Warum sollte ich versuchen, sie davon abzubringen?« Ein Geburtshelfer argumentierte: »Wenn ich es nicht tue, wird es der Kinderarzt machen, und er wird das Geld bekommen.«[150] Selbst Wiswell, der die Praxis der Beschneidung aufgrund seiner Forschungen über Harnwegsinfekte verteidigt, bemerkte im Jahr 1987, dass er Ärzte kannte, die »eine Vorhaut betrachten und quasi ein 125-Dollar-Preisschild sehen. Verdammt, wenn du 10 pro Woche machst, dann sind das über 1.000 Dollar pro Woche, und sie benötigen nicht viel Zeit.«[151] Natürlich beeinflusst der finanzielle Anreiz einige Ärzte und ist ein wichtiger Teil des Problems.

Ein anderer Faktor, der das Verhalten des Arztes beeinflussen kann, ist, dass es negative Konsequenzen für einen Arzt geben kann, der einer Anfrage nach Beschneidung nicht nachkommt. Eine solche Reaktion kann die Eltern verärgern und eine ausführliche Diskussion erfordern. In anderen Situationen kann eine Weigerung des Arztes zu Spannungen mit der Krankenhausverwaltung oder Kollegen führen.

2.4   Kommunikationsfaktoren

Mentale, emotionale und Verhaltensfaktoren haben Auswirkungen auf die Kommunikation in Bezug auf die Beschneidung. Die entscheidende Auswirkung der Kommunikation auf die Entscheidung, zu beschneiden, wird in einer Studie von 133 Familien, die erst kürzlich männliche Geburten hatten, veranschaulicht.

---

149 Bolles, R., »Reinforcement, Expectancy, and Learning«, *Psychological Review* 79 (1972): 394-409.

150 Ritter, *Say No to Circumcision*, 27-1.

151 Wiswell, T., zitiert in B. Lehman, »The Age-Old Question of Circumcision«, *Boston Globe*, 22. Juni 1987, 43.

Bei jenen Paaren, die mehr Diskussion über die Beschneidung hatten, gab es eine Tendenz, sich dagegen zu entscheiden.[152]

2.4.1 Zwischen Ärzten und Eltern

Der traditionell niedrigere Status der Eltern in ihrer Beziehung zum Arzt beeinflusst die Diskussion über die Beschneidung. Der humanistische Psychologe Abraham Maslow schrieb: »Ein Zustand der Schwäche oder der Unterordnung oder des niedrigen Selbstwertgefühls hemmt das Bedürfnis, zu wissen.«[153] Folglich neigen die meisten Eltern dazu, sich der medizinischen Autorität zu beugen. Die allgemeine hohe Glaubwürdigkeit der Ärzte spielt ebenfalls eine Rolle. Eine Informationsquelle, die als sehr glaubwürdig angesehen wird, kann trotz schlechter Argumente überreden.[154] Mit den Worten einer bedauernden Mutter: »Der Arzt war dafür. Er sagte, es gäbe damit überhaupt keine Probleme. Es schien, als ob es das Richtige wäre.« Einige Ärzte verlassen sich ihrerseits auf ihre Autorität, um Laien zu beeinflussen und können so bewusst oder unbewusst Fragen vermeiden.

Aufgrund der emotionalen Natur des Themas genügt die Kommunikation zwischen Ärzten und Eltern über die Beschneidung oft nicht den Anforderungen einer »informierten Zustimmung«, die bei anderen chirurgischen Verfahren angewendet wird. »Informierte Zustimmung« bedeutet, dass eine vollständige und umfassende Diskussion mit dem Arzt über mögliche Vorteile, Risiken und Komplikationen der Beschneidung sowie die Diskussion über die Alternative der Beschneidung stattfinden muss, bevor die Eltern die schriftliche Genehmigung für das Verfahren erhalten. Das Ergebnis einer Studie mit Medizinstudenten bestätigt, dass üblicherweise eine umfassende Diskussion fehlt. Beim Erlernen des informierten Einwilligungsprozesses war es den Studenten am wenigsten gelungen, vollständige Informationen in Situationen zu liefern, die einen emotionalen Konflikt mit sich brachten.[155] Im Falle der Beschneidung könnte der Arzt die Risiken und Komplikationen des Eingriffs minimieren und glauben, dass es nichts gibt, was er persönlich durch eine nötige, detaillierte Erklärung für sich gewinnen könnte. Eine vollständige Offenlegung von Fakten könnte sogar Feindseligkeit bei den Eltern hervorrufen und den Arzt beunruhigen. Zum Beispiel waren einige Mütter, die sich für die Beschneidung entschieden hatten, unglücklich darüber, dass ihr Arzt ihnen umfassende Informationen über Beschneidungsrisiken und -komplikationen zukommen ließ.[156]

---

152 Brodbar-Nemzer, Conrad, & Tenanbaum, »American Circumcision Practices«, 275-9.

153 Maslow, A., *Toward a Psychology of Being* (New York: Van Nostrand, 1968), 63.

154 Luchock, J. & McCrosky, J., »The Effect of Quality of Evidence on Attitude Change and Source Credibility«, *Southern Speech Communication Journal* 43 (1978): 371-83.

155 Johnson, S. et al., »Teaching the Process of Obtaining Informed Consent to Medical Students«, *Academic Medicine* 67 (1992): 598-600.

Folglich gehen Ärzte und Eltern oft den Weg des geringsten Widerstands. Ein Arzt könnte das Thema der Beschneidung nicht ansprechen oder er oder sie könnte einen Rat geben, der sich von seinen persönlichen Ansichten unterscheidet, zum Beispiel, die Beschneidung privat abzulehnen, während er neutral gegenüber den Eltern ist. Eine landesweite Studie mit 400 Kinderärzten und Geburtshelfern ergab, dass zwei Drittel der Ärzte bei der Beratung von Eltern eine neutrale Position zur Beschneidung einnahmen.[157] Dieser Ansatz kann dazu führen, dass ein Arzt widersprüchliche Aussagen trifft. Richard Harris, ein Urologe aus Chicago, wurde von einer Radio-Talkshow in Boston zur Beschneidung befragt. In Bezug auf medizinische Leistungen bot er im Rahmen seines kurzen Interviews mit dem Gastgeber folgende Anmerkungen unabhängig voneinander an:

* Es gibt tatsächlich einige Vorteile für die Beschneidung.
* Es gibt wirklich keine echten medizinischen Indikationen.
* Ich sage meinen Patienten nicht, dass es eine wirklich großartige medizinische Indikation gibt.
* Sie hat medizinisch gesehen einige Vorteile.
* Ich weiß nicht, ob man sagen kann, dass es medizinisch gesehen definitiv getan werden sollte.[158]

Eine neutrale oder widersprüchliche Antwort eines Arztes ermutigt Eltern nicht, den Status Quo der Beschneidung in Frage zu stellen, noch hilft es ihnen, eine sichere, informierte Entscheidung zu treffen. Sogar eine klare Aussage, dass eine Beschneidung nicht notwendig ist, spielt keine Rolle, weil Eltern glauben könnten, dass Ärzte, die Beschneidungen vornehmen, die Praxis unterstützen müssen.[159] Die Tatsache, dass Krankenhäuser diese Leistung weiterhin anbieten, trägt ebenfalls zur Überzeugung der Eltern bei, dass dies eine empfehlenswerte Praxis ist.

Von ihrem Standpunkt aus sind Ärzte überzeugt, dass Eltern die Beschneidung sehr wünschen und nicht anders beeinflusst werden können. Dies ist ein selbstwertdienlicher Glaube. Anne Briggs' Forschung und die anderer zeigen, dass die Haltung des Arztes die Beschneidungsentscheidung stark beeinflusst.[160] Wenn der Arzt dringend davon abraten würde, würde die Beschneidungsrate drastisch sinken. In einer Studie betrug die Beschneidungsrate 20 Prozent, wenn Ärzte dagegen waren, und fast 100 Prozent, wenn Ärzte sie unterstützten.[161]

---

156 Christensen-Szalanski, J. et al., »Circumcision and Informed Consent: Is More Information Always Better?«, *Medical Care* 25 (1987): 856-67.

157 Herrera, A., LeserbriefLeserbrief, Pediatrics 71 (1983): 670.

158 Harris, R., Interview von Phyllis Levy im WRKO-Radio, Boston, 21. April 1995.

159 Briggs, *Circumcision: What Every Parent Should Know*, 136.

160 Ebenda, 135.

2.4.2 Zwischen Geburtshelfern und Eltern

Die meisten werdenden Eltern besuchen Geburtsvorbereitungskurse. Wie Pädagogen Eltern über die Beschneidung unterrichten, hängt von der Erfahrung und Einstellung der Pädagogen in Bezug auf die Beschneidung ab. Um etwas über diese Verbindung zu erfahren, bat ich eine kleine Gruppe von Geburtshelfern, einen Fragebogen vor Beginn meiner Workshop-Präsentation über die Beschneidung auszufüllen. Die folgenden Ergebnisse basieren auf 14 zurückgegebenen Fragebögen:

1. Die meisten Befragten hatten eine Beschneidung persönlich gesehen.
2. Auf die Frage, ob sie beschließen würden, einen Sohn zu beschneiden, antwortete nur eine der Erzieherinnen, dass sie ihn aus nichtreligiösen Gründen beschneiden lassen würde (drei waren sich nicht sicher).
3. Diejenigen, die beschnittene Söhne hatten, bedauerten ihre Entscheidung, die, wie sie später folgerten, nicht auf Tatsacheninformationen beruhte.
4. Die meisten Befragten verbrachten weniger als zehn Minuten mit Beschneidungsunterricht in ihren Kursen.
5. Diejenigen, die stärker gegen die Beschneidung waren, verbrachten mehr Zeit damit, darüber zu lehren.
6. Die meisten Befragten waren sich einig, dass ihre Darstellung einer Beschneidung »ausgewogen« sein sollte.

Selbst bei dieser Gruppe von Geburtshelferinnen, die wahrscheinlich die Beschneidung eher hinterfragen oder ablehnen als ihre Altersgenossen (was durch ihre Teilnahme an diesem Workshop gezeigt wurde), ist die Strategie, eine neutrale Haltung zur Beschneidung einzunehmen, der bevorzugte Ansatz zur Erziehung der Eltern. Aufgrund ihrer Antworten gibt es mehrere Gründe für die Neutralität. Geburtshelfer sind vorsichtig, um keine Vorurteile vorgeworfen zu bekommen. Sie glauben, dass es ihre Verantwortung ist, ausgewogene Ansichten zu Geburtsfragen zu präsentieren. Im Fall der Beschneidung sind sie auch sensibel gegenüber den Gefühlen erwartungsvoller jüdischer Eltern. Schließlich, wenn Pädagogen nicht unabhängig sind, sondern für ein Krankenhaus oder eine andere medizinische Organisation arbeiten, sind ihre Möglichkeiten, die Standardpraxis in Frage zu stellen, begrenzt. Infolgedessen gehen einige Pädagogen einen schmalen Grat zwischen ihrem Wunsch, ihre Klienten über die Fakten zu informieren, und ihrer Angst, dass die Fakten ihre Klienten oder ihre Arbeitgeber verärgern werden. Das Ergebnis des ausgewogenen Ansatzes ist in diesem Fall, dass werdende Eltern den Kurs verlassen und denken, dass es vernünftige

---

161 Patel, H., »The Problem of Routine Circumcision«, *Canadian Medical Association Journal* 95 (1966): 578-81.

Argumente auf beiden Seiten der Beschneidungsfrage gibt. (Ein Beispiel eines Informationsblatts zur Beschneidung finden Sie in Anhang A.)

Dient das Angebot ausgewogener Argumente auf beiden Seiten der Beschneidungsfrage notwendigerweise den besten Interessen des Kindes und seiner Eltern? Es mag leichter sein, diese Frage mit Hilfe einer Analogie zu betrachten. Angenommen, wir wollten einen Kurs über die Zweckmäßigkeit des Rauchens anbieten. Die Gefahren des Zigarettenrauchens sind im Gegensatz zur Beschneidung bekannt. Wenn jedoch das Ziel darin bestünde, einen Kurs anzubieten, der eine ausgewogene Sicht auf das Thema Rauchen bietet, müssten die Argumente gegen das Rauchen verringert werden, und die Argumente für das Rauchen müssten erweitert werden. Anstatt zu hören, dass Zigarettenrauchen viele Krankheiten verursacht, hören wir zum Beispiel, dass Zigarettenrauchen in seltenen Fällen zu Lungenproblemen führen kann. Auf der Seite des Rauchens würde es aufgeblasene Argumente geben, dass Rauchen angenehm und populär sei. Der Punkt ist, dass eine »ausgewogene« Überprüfung der Ratsamkeit des Rauchens erfordern würde, die Tatsachen, die darüber bekannt sind, wegzulassen und zu verzerren.

Dies geschieht mit der Beschneidungsausbildung. Das Beschneidungsinformationsblatt (siehe Anhang A) scheint zunächst mehr Argumente zur Unterstützung der Beschneidung als Argumente dagegen zu bieten. Nach dem Lesen des Begleitschreibens, das auf die Fehler und Auslassungen im Faktenblatt hinweist, sieht man jedoch, dass die Argumente für die Beschneidung verschwinden und die Argumente gegen die Beschneidung sich ausweiten. Darüber hinaus befassen sich sowohl das Faktenblatt als auch die Beschneidungsausbildung generell nicht mit psychologischen Problemen, die in späteren Kapiteln diskutiert werden.

Neben der Frage, wie Informationen über die Beschneidung präsentiert werden, geht es auch um eine Position zur Beschneidung (die in Kapitel 8 näher erläutert wird). Einige der Geburtshelfer, die Fragebögen ausgefüllt haben, verwechseln es mit einer Position, in der sie das »Wahlrecht der Eltern« vorwegnehmen. Ganz gleich, was der Geburtshelfer sagt, die Eltern werden ihre eigene Entscheidung treffen. Diese Pädagogen folgen möglicherweise der Leitung der beiden Hauptorganisationen für Kindererziehung, der International Childbirth Education Association und der American Society for Psychoprophylaxis in Obstetrics (ASPO) / Lamaze. Keiner von ihnen bezieht eine Position zur Beschneidung. Im Allgemeinen enthält ihre Literatur eine ausgewogene Darstellung, die werdende Eltern nicht ausreichend vor dem durch die Beschneidung verursachten Schaden warnt (z. B. extreme Schmerzen, Verhaltensänderungen, Risiko von Komplikationen und Verlust von schützendem, empfindlichem Gewebe, was zu verminderter sexueller Lust führt) oder sie bestätigen das Fehlen eines nachgewiesenen Nutzens. Obwohl eine ausgewogene Position in Bezug auf die Beschneidung als nicht voreingenommen wahrgenommen wird, ändert sie die Fakten, um einen anderen Zweck als die Bereitstellung der besten verfügbaren

Informationen zu diesem Thema zu erfüllen. Der andere Zweck des ausgewogenen Ansatzes besteht darin, nicht zu beleidigen. Tatsachen werden vorsätzlich oder unabsichtlich wegen der Gefühle der Menschen zurückgehalten oder verändert. Das Endergebnis ist bekannt: Es wird mehr Schaden angerichtet, indem die Fakten verborgen werden, als indem man sie enthüllt. Im Fall der Beschneidung werden die meisten Säuglinge der Prozedur unterzogen, weil ihre Eltern nicht gut informiert sind.

Für die Gruppe der Geburtshelfer in der Umfrage war das Beobachten einer Beschneidung mit Ablehnung verknüpft. Im Circumcision Resource Center haben wir auch von Erwachsenen gehört, die Beschneidungen beobachtet haben und folglich entschieden haben, ihre Söhne nicht zu beschneiden. Das ist der Grund, warum einige Leute glauben, dass das Betrachten eines Videos einer Beschneidung als Teil der Beschneidungserziehung für werdende Eltern mit aufgenommen werden sollte. Die Bilder würden vermitteln, was keine Worte sagen können.

2.5   Sprachfaktoren

Die Worte, die wir benutzen, und die Worte, die wir vermeiden, wenn wir über die Beschneidung sprechen, verstärken die Praxis. Das Wort »Beschneidung« selbst ist ein Symbol für ein bestimmtes chirurgisches Verfahren, aber auf der Grundlage von Erhebungen über das Wissen von Erwachsenen werden die Bedeutung des Wortes und die Auswirkung des Verfahrens auf das Kind oft nicht klar verstanden. Wir zögern, bestimmte andere Wörter zu verwenden, um zu beschreiben oder zu identifizieren, was Beschneidung ist. Das Wort »Beschneidung« wird in der Tat zu einem Euphemismus, weil es weniger emotionale Auswirkungen auf uns hat als diese anderen Wörter. Wörter, die normalerweise nicht mit der Beschneidung in Verbindung gebracht werden, können unangenehme Gefühle hervorrufen, doch ein genauerer Blick unterstützt die Verbindung, unabhängig von der Absicht des Arztes oder Elternteils.

Verstümmeln bedeutet Beschädigen oder Verletzen durch Entfernen eines oder mehrerer Körperteile. Die Beschneidung entfernt einen normalen, gesunden, funktionierenden Teil des Penis. Sie hinterlässt eine Narbe, ein bleibendes Zeichen, nachdem eine Wunde verheilt ist. Eine Wunde ist eine Verletzung, bei der die Haut durchtrennt oder beschädigt wird. Daher ist die Beschneidung eine Form von Verstümmelung.

Trauma ist ein emotionaler Schock, der oft nachhaltig wirkt. Die Forschung über kindliche Reaktionen auf die Beschneidung und, wie wir in späteren Kapiteln sehen werden, die Traumatheorie und die klinische Erfahrung unterstützen die Ansicht, dass die Beschneidung zu einem Trauma führt.

Amputation bedeutet Abschneiden. Im Allgemeinen werden andere Körperteile nur dann chirurgisch amputiert, wenn ein unheilbarer lokalisierter Zustand vorliegt, der den Rest des Körpers bedrohen oder zu einer schweren irreparablen Verletzung führen kann. Bei der Beschneidung wird die Vorhaut ohne eine solche Rechtfertigung abgeschnitten. Obwohl die Absicht anders ist, ist die Beschneidung eine Vorhautamputation.

Der Begriff »unbeschnitten« weist zudem darauf hin, dass »beschnitten« die Norm, der Standard, sei. Diese Annahme stellt eine amerikanische Ansicht dar. Aus globaler Sicht ist »unbeschnitten sein« normal, natürlich, intakt, wie Jungen geboren werden und wie die meisten Männer der Welt bleiben.

Selbst das Wort »Schmerz« kann unsere Wertschätzung für das, was ein Kind fühlt, einschränken. Per definitionem kann der Schmerz von »mildem Unbehagen oder dumpfem Schmerz bis hin zu akuten, oft unerträglichen Schmerzen« reichen.[162] Befürworter der Beschneidung neigen dazu, den Beschneidungsschmerz mit »mildem Unbehagen« gleichzusetzen, während die Forschung das Gegenteil anzeigt. Wenn die Beschneidung als Schmerz verursachend beschrieben wird, beziehen die Menschen das Wort »Schmerz« im Allgemeinen auf etwas, was sie sich bewusst als schmerzhafte Erfahrung vorstellen, z. B. eine Injektion oder das Einklemmen eines Fingers beim Schließen einer Tür. Eine normalerweise bewusste schmerzvolle Erfahrung wäre jedoch viel weniger schwerwiegend als der überwältigende Schmerz, beschnitten zu werden (siehe Kapitel 1). Der Beschneidungsschmerz ist wie jeder ähnliche Schmerz zu extrem, um einem bewusst zu sein.

Wörter, die sich auf das Kind beziehen, können auch die Beschneidung unterstützen. Unsere Gesellschaft neigt oft dazu, Babys eher als Eigentum denn als Menschen zu betrachten, und unsere Sprache spiegelt dies manchmal wider. Anstatt den kleinen Samuel oder Robert beim Namen zu nennen, sagen wir oft »Wo ist das Baby?« oder bezeichnen das Neugeborene als »es«. Wir ersetzen das Persönliche durch das Unpersönliche. Die Entmenschlichung von Säuglingen trägt zur Verschlechterung unseres Schutzinstinkts ihnen gegenüber bei. Im Gegensatz dazu hat die Forschung in einem allgemeineren Ansatz gezeigt, dass die wahrgenommene Ähnlichkeit mit den Opfern unsere Bereitschaft erhöht, ihnen zu helfen.[163] Zu erkennen, dass Säuglinge uns in vielerlei Hinsicht ähnlich sind, wird unsere Haltung ihnen gegenüber und der Beschneidung beeinflussen.

---

162 Gove, P., Hrsg., *Webster's Third International Dictionary* (Springfield, MA: Merriam-Webster, 1981).
163 Krebs, D., »Empathy and Altruism«, *Journal of Personality and Social Psychology* 32 (1975): 1134-46.

2.6   Abwehrmechanismen

Freud schrieb: »Die Tendenz, das Unangenehme zu vergessen, scheint mir ziemlich allgemein zu sein.«[164] Das Thema der Beschneidung ist so »unangenehm«, dass viele Menschen es bewusst und unbewusst vermeiden. In der psychoanalytischen Theorie sind Abwehrmechanismen unbewusste Möglichkeiten, mit dem »unangenehmen«, inneren emotionalen Schmerz und der externen Erfahrung, die emotionalen Schmerz stimuliert, umzugehen. Zwei gemeinsame Abwehrmechanismen sind Verdrängung und Verleugnung. Verdrängung bezieht sich auf das Bewahren von Erinnerungen, Gefühlen oder Impulsen aus bewusster Wahrnehmung (siehe Kapitel 4 und 5). Verleugnen umfasst die Weigerung, bestimmte Aspekte der Erfahrung anzuerkennen.

In unterschiedlichem Maße kann man offen und bewusst für Erfahrungen sein oder sich Erfahrungen verschließen und gefühllos sein. Unser Bewusstseinsgrad kann einer unbewussten Kontrolle unterliegen. Zum Beispiel können wir eine potentielle Bedrohung oder unangenehme Situation ablehnen oder vermeiden, ohne uns dessen bewusst zu sein. Auf diese Weise vermeiden wir Angst und Stress. Wir fühlen uns sicherer, aber unsere Wahrnehmung ist jetzt verzerrt und eingeschränkt und unsere emotionale Kapazität und Spontaneität sind vermindert.

Verleugnung kann erstaunlich effektiv sein. Der Kinderarzt Paul Fleiss hat zehn Jahre lang beschnitten und sagt: »Ich habe das Baby nie weinen gehört.«[165] Dr. Gregory Skipper, ein zukünftiger Vater, erkannte seine Verleugnung, nachdem er eine Beschneidung beobachtet hatte.

> Ich sah zu, wie eine Beschneidung durchgeführt wurde, und wusste sofort, ohne jede Frage, dass ich meinen neugeborenen Sohn nicht auf diese Weise foltern lassen konnte. Es schien das erste Mal zu sein, dass ich den Vorgang wirklich wahrgenommen hatte, obwohl ich mehrere Dutzend in der medizinischen Fakultät mitgemacht hatte. Das Baby war absolut panisch und zeigte das schrillste und verzweifeltste Verhalten, das man sich vorstellen kann! Der Kinderarzt, der die Prozedur durchführte, setzte seine Verstümmelung fort, als ob nichts geschehen wäre. Ich habe mich fast übergeben.[166]

Die Verwendung von Abwehrmechanismen durch Ärzte und Eltern dient teilweise dazu, ihr Selbstwertgefühl zu schützen. Zu erkennen, dass sie einem Kind schaden, könnte dazu führen, dass sie sich unwohl fühlen. Da der Schutz des Selbstwertgefühls manchmal Vorrang vor Genauigkeit oder Korrektheit hat,

164 Freud, S., Psychopathology of Everyday Life, in A. Brill, Hrsg. und Übers., *The Basic Writings of Sigmund Freud* (New York: Modern Library, 1938), 101.
165 Unterhaltung mit dem Autor, College Park, MD, Mai 1994.
166 Romberg, *Circumcision: The Painful Dilemma*, 367.

können potenziell bedrohliche Informationen neu interpretiert oder zurückgewiesen werden.[167] Dies kann unbewusst passieren.

Es ist schwierig, überzeugende empirische Belege für eine Verleugnung zu sammeln, da es das Beweismaterial selbst ist, das abgelehnt oder interpretiert wird, um etwas anderes zu bedeuten. Ein besonders bemerkenswerter Beweis für die Existenz der Verleugnung ist daher ein Eingeständnis eines Leugners. Ein Fall ist im Zuge meiner Forschung zu Beschneidungseinstellungen aufgetreten. Eine Mutter berichtete, sie habe die Beschneidung ihres Sohnes gewählt, weil »der Arzt sagte, es sei das Beste. Wir vertrauten diesen Informationen.« Jahre später, nachdem sie mehr über die Beschneidung erfahren hatte, sagte diese Frau: »Ich fühle mich, als wäre ich aus der Verleugnung erwacht und bin traurig und fühle mich schuldig wegen der Beschneidung meines Sohnes.« Sie bedauerte es nicht, dass sie neue Informationen über die Beschneidung erhielt.

Leugnen umfasst, wie bereits erwähnt, oft das Festhalten an bestimmten Überzeugungen. Es kann eine Tendenz enthalten, das Problem zu minimieren oder zu trivialisieren. Dies erklärt das Verhalten und die Reaktionen einiger Ärzte, die den Schmerz für den Säugling minimieren oder die Funktion der Vorhaut ignorieren. Als ich den Herausgeber des *New England Journal of Medicine* über die Beschneidung in einem öffentlichen Forum befragte, antwortete er, dass »es keinen Unterschied macht«, was bedeutet, dass es keinen Unterschied macht, ob man beschnitten ist oder nicht. Eltern, die die Vorhaut als »nur ein Stückchen Haut« bezeichnen, benutzen die gleiche Abwehr gegen Angst.

Peg Guerra lehnte es ab, die Beschneidung ihres Sohnes zu beobachten, weil der Gedanke sie »etwas zimperlich« machte. Sie erklärte: »Ich habe Angst davor. Ich habe immer gesagt, dass es nicht schlimmer sein kann als bei meiner Tochter, die die Ohrlöcher durchstochen bekam, als sie 3 Monate alt war.«[168] Es scheint, dass sie versucht hat, sowohl ihre eigenen Gefühle als auch die Erfahrung ihres Sohnes zu minimieren. Eltern, die sich für die Beschneidung entscheiden, wollen nicht glauben, dass sie ihrem Kind große Schmerzen zufügen.

Diejenigen, die Beschneidungen beobachten, können ihre Erfahrung leugnen. Hinweise auf diese Ablehnung können empirisch in Form einer reduzierten physiologischen Reaktion nachgewiesen werden.[169] In extremen Fällen kann eine Person körperlich durch Ohnmacht abschalten. Dies wurde bei rituellen Beschneidungen und Krankenhausbeschneidungen beobachtet.[170]

---

167 Raynor, J. & McFarlin, D., »Motivation and the Self-System«, in R. Sorrentino & E. Higgins, Hrsg., *Handbook of Motivation and Cognition: Foundations of Social Behavior* (New York: Guilford, 1986); Steele, C. & Liu, T., »Dissonance Processes as Self-Affirmation«, *Journal of Personality and Social Psychology* 45 (1983): 5-19.

168 Walsh, M., »Circumcision: Should You or Shouldn't You?« *Burlington (VT) Free Press*, 5 Februar 1995, 5D.

169 Lazarus, R., Kanner, A., & Folkman, S., »Emotions: A Cognitive-Phenomenological Analysis«, in R. Plutchick & H. Kellerman, Hrsg., *Emotion: Theory, Research, and Experience*, Bd. 1, *Theories of Emotion* (New York: Academic Press, 1980).

Studien, persönliche Berichte und unsere Erfahrung bestätigen, dass die Fähigkeit von Erwachsenen, Erfahrung zu leugnen, gut entwickelt ist. Allerdings können Kinder die Realität nicht so einfach leugnen, weil ihre Abwehrkräfte schwächer sind. Ich kenne zwei Erwachsene, die beschnitten wurden, als sie Kinder waren; beide waren damals etwa acht Jahre alt. Ich traf Zipora Schulz im Anschluss an meinen Vortrag über die Beschneidung auf einer jüdischen Konferenz. Sie erzählte diese Geschichte ihrer Kindheitserfahrung bei einer rituellen Beschneidung.

> Ich kam aus Versehen in den Raum. Ich sah, wie es [die Beschneidung] passierte. Ich erinnere mich an das Baby, das lange schrie und weinte. Die Leute schienen sich darüber zu freuen. Es kam mir schrecklich und wahnsinnig vor.[171]

Sie besteht darauf, dass sie ihn nicht beschneiden wird, falls sie in Zukunft einen Sohn hat.

Jeffrey Felshman war auch bei einer jüdischen rituellen Beschneidung.

> Ein Detail bleibt mir auch fast 30 Jahre später noch in Erinnerung. Schreien. Das Schreien war mit nichts vergleichbar, das ich zuvor oder danach von einem Baby gehört habe. Der Großvater meines Cousins war Arzt … und er versicherte uns Kinder, dass das Baby keinen Schmerz fühlen würde. Es war auch das erste Mal, dass ein Arzt eine Meinung äußerte, auf die ich schweigend antwortete: »Bullshit«.[172]

Diese Erfahrung trug dazu bei, dass Felshman, der jüdisch ist, den Mut hatte, seinen eigenen Sohn intakt zu lassen.

---

170 Walsh, M., »›Part of Our Tribe‹: Circumcision and Jewish Identity«, *Burlington (VT) Free Press*, 5. Februar 1995, 1D, 5D; Foley, J., »The Unkindest Cut of All«, *Fact*, Juli 1966, 3; Northrup, C., Telefongespräch mit dem Autor, 1994.
171 Unterhaltung mit dem Autor, New York, November 1994.
172 Felshman, J., »The Foreskin Flap: Is Circumcision Really Worth It?«, *Chicago Reader*, 10. März 1995, 17.

Eine Untersuchung einschlägiger medizinischer und psychologischer Literatur, einschließlich Befragungen von Eltern, Ärzten und Geburtshelfern, hilft dabei, die Entscheidung zur Beschneidung zu erklären.

WARUM ELTERN UND ÄRZTE SICH ENTSCHEIDEN, SÄUGLINGE ZU BESCHNEIDEN

1. Eltern werden gebeten, die Beschneidungsentscheidung zu treffen, aber es fehlt ihnen das richtige Wissen. Sie neigen dazu, auf das angebliche Wissen des Arztes zu verzichten.
2. Eltern fürchten, dass die Konsequenzen für intakte Jungen in Bezug auf soziale Missbilligung und Krankheit unerwünscht sind.
3. Es wird angenommen, dass gesundheitsfördernde Behauptungen zur Unterstützung der Beschneidung vorliegen, obwohl sie auf mangelhaften Studien und fehlerhaften Begründungen beruhen.
4. Die falschen kulturellen Vorstellungen von Ärzten und Eltern, dass die Beschneidung nicht sehr schmerzhaft sei und dass die Vorhaut keinen Zweck habe, sind von zentraler Bedeutung für die Aufrechterhaltung der Praxis.
5. Aufgrund von Unwohlsein und Mangel an Wissen bei sich selbst bieten viele Ärzte und Geburtshelfer den Eltern keine genauen und vollständigen Informationen.
6. Die Verwendung und der Ausschluss bestimmter Wörter helfen, die öffentliche Unterstützung für die Beschneidung aufrechtzuerhalten.
7. Sowohl Ärzte als auch Eltern unterliegen einer emotionalen Verdrängung und Leugnung der Beschneidung.
8. Finanzieller Anreiz ist ein motivierender Faktor für einige Ärzte, zu beschneiden.

3
Soziale und kulturelle Faktoren: Das Fortsetzen der Beschneidung in Amerikaner

Niemand kennt seine eigene Kultur, der nur seine eigene Kultur kennt.

— *Gordon Allport,*
Psychologe, Forscher und Autor

Wir sind das einzige Land der Welt, das die meisten seiner männlichen Säuglinge aus nichtreligiösen Gründen beschneidet.[173] Warum ist das der Fall? Wie konnte dies geschehen? Ein Rückblick auf den historischen Hintergrund unserer Beschneidungspraxis trägt zum Verständnis der Beschneidungsfrage in Amerika bei.

3.1   Historischer Zusammenhang

Die Beschneidung wurde ursprünglich in den Vereinigten Staaten in den 1870er Jahren gefördert.[174] Um die Gründe zu verstehen, ist es hilfreich, die sozialen Bedingungen jener Zeit zu untersuchen. »Demokratie in Amerika«, von Alexis de Tocqueville 1840 veröffentlicht, ist besonders nützlich für diesen Zweck. Es gilt immer noch als einer der besten Berichte der amerikanischen Gesellschaft, die je geschrieben wurden. De Tocquevilles Arbeiten werden häufig in *»The Horrors of the Half-Known Life«* (»Die Schrecken des halb bekannten Lebens«) von G. J. Barker-Benfield und *»Habits of the Heart«* (»Gewohnheiten des Herzens«) von Robert Bella und seinen Kollegen zitiert, zwei zeitgenössische soziokulturelle Studien der amerikanischen Überzeugungen und Einstellun-

---

173 Ritter, *Say No to Circumcision*, 16-1.
174 Wallerstein, *Circumcision: An American Health Fallacy*, 27.

gen.[175] Der amerikanische Mann des 19. Jahrhunderts wurde von de Tocqueville als unempfindlich, kalt und unerbittlich beschrieben.

Ihm wurde nachgesagt, in erster Linie durch finanzielle Belohnung angetrieben zu werden und wenig Sorge für seine Zerstörung der Umwelt in der Verfolgung solcher Belohnungen zu haben. Menschliche Beziehungen wurden als sekundär betrachtet, um die männliche Autonomie zu bewahren. Vielleicht am wichtigsten war, dass die Kindererziehungspraktiken Unabhängigkeit, Selbstkontrolle, Selbstverleugnung betonten und den Willen des Kindes brachen.

De Tocqueville beobachtete auch eine Neigung der Amerikaner zur Isolation. Er benutzte ein neues Wort, »Individualismus«, um zu beschreiben, was er als eine Art des Denkens und Seins ansah, die potentiell bedrohlich und schädlich für die sich entwickelnde Gesellschaft war. Der Aufsatz »Self-Reliance« (»Selbstvertrauen«) von Ralph Waldo Emerson aus dem Jahr 1841 illustriert das Thema, das de Tocqueville beunruhigte.

Im 18. Jahrhundert hatte die Familie noch auf dem Bauernhof oder im Geschäft zusammengearbeitet. Jetzt, im neunzehnten Jahrhundert, arbeiteten Männer außerhalb des Hauses, getrennt von den Frauen. Viele Männer reisten nach Westen, während die Frauen im Osten blieben. Als die Männer die Grenzen eroberten, hatten Männer und Frauen weniger Kontakt miteinander. Vielleicht führte die verstärkte Trennung der Geschlechter zu erhöhter Masturbation. Jedenfalls gab es als Teil dieses sich wandelnden sozialen Umfelds Verbote gegen Selbstbefriedigung.

Die Masturbationsphobie dauerte von etwa 1830 bis 1930, angetrieben von männlichen Ideen, die aus viktorianischen Einstellungen, allgegenwärtigen puritanischen Werten, sexuellen Schuldgefühlen, Selbstzweifeln und einer feindseligen öffentlichen Meinung entstanden. Die Menschen waren immer weniger in der Lage, ihrer Familie persönliche Gefühle zu offenbaren. Stattdessen konsultierten sie Ratschläge in Zeitungen und Handbüchern und stützten sich auf Berater und Ärzte. Bestseller-Bücher von männlichen Ärzten, Klerikern und Industriellen warnten vor den angeblichen Gefahren der Masturbation und verschärften Ängste in der Öffentlichkeit.[176]

Es scheint, dass einige sich entschieden, die Situation für persönlichen Profit auszunutzen. So schrieb Sylvester Graham 1848, dass Krankheit mit Sexualität zusammenhänge. Er erklärte seine Ideen in einem Buch und befürwortete sein eigenes Heilmittel für abnormale sexuelle Praktiken und Exzesse: Graham-Cracker und Graham-Mehl.[177] 1888 schrieb John Harvey Kellogg auch über Sexualität und Krankheit. Er machte ein Vermögen, indem er Bücher verkaufte, die die Leute davon überzeugten, dass Masturbation eine »Krankheit« sei. Er

---

175 Barker-Benfield, G., *The Horrors of the Half-Known Life* (New York: Harper & Row, 1976); Bella, R. et al., *Habits of the Heart* (New York: Harper & Row, 1985).

176 Haller, Jr., J. & Haller, R., *The Physician and Sexuality in Victorian America* (New York: Norton, 1974), x.

177 Graham, S., *A Lecture to Young Men on Chastity, Intended also for the Serious Consideration of Parents and Guardians*, 10. Ausg. (Boston: C. H. Pierce, 1848).

machte Masturbation für einunddreißig verschiedene Leiden verantwortlich und identifizierte »Symptome« von Masturbation wie Schüchternheit und Schlaflosigkeit. Kellogg »entdeckte« zwei Heilmittel: Kellogg-Frühstücksflocken und, für hartnäckige Selbstbefriediger, Beschneidung.[178]

Es dauerte nicht lange, bis die Beschneidung für Säuglinge empfohlen wurde, um die Masturbation zu verhindern, anstatt sie zu heilen. Der Herausgeber des *Journal of the American Medical Association* nahm diese Position 1928 ein.[179] Es wurde angenommen, dass ein beschnittener Knabe weniger mit seinem Penis beim Reinigen oder als Reaktion auf eine mit der Vorhaut verbundene Irritation in Berührung kam. Es wurde auch vermutet, dass viele körperliche und seelische Krankheiten, die durch Masturbation verursacht wurden, durch die Beschneidung verhindert werden könnten.[180] Da wenig über die Entstehung verschiedener Krankheiten bekannt war, war es schwierig, Behauptungen, die mit Masturbation in Zusammenhang stehen, zu widerlegen. Obwohl die Substanzlosigkeit der ursprünglichen Masturbationstheorien Jahre später anerkannt wurde, war die Beschneidung zu einer etablierten Praxis in den oberen Klassen geworden, aus der die meisten Ärzte kamen. Kein Wunder, dass neue medizinische Behauptungen aufgestellt wurden, um sie weiter zu rechtfertigen.[181] Die Vorhaut selbst wurde damals für verschiedene Krankheiten verantwortlich gemacht. Es ist bemerkenswert, dass sowohl das Befürworten der Beschneidung, um »Masturbationswahnsinn« (eine historische Annahme), als auch, um Harnwegsinfekte (eine zeitgenössische Behauptung) zu verhindern, fehlerhafte Logik und irrationale Angst enthalten und keine nachgewiesene Ursache-Wirkung-Beziehung etablieren, um die Operation zu rechtfertigen. Während sich die spezifischen Überzeugungen ändern können, tut dies der psychologische Prozess nicht.

Andere Ansichten über den menschlichen Körper wurden um die Jahrhundertwende öffentlich akzeptiert. Das Wachstum der Werbung hatte viel mit dieser Veränderung zu tun. Zwischen 1865 und 1900 haben sich die Werbeausgaben verzehnfacht. Bis zum Jahr 1919 betrug der Werbeaufwand fünfmal so viel wie 1900, also mehr als eine halbe Milliarde Dollar pro Jahr.[182] Die Psychologie war ein neues und unverzichtbares Werkzeug, das Werbetreibende lernten und verwendeten, um zu manipulieren, wie Menschen über sich selbst denken. Ziel war es, Nachfrage nach Konsumgütern zu schaffen. Um eine höchst profitable Produktgruppe für die persönliche Hygiene zu vermarkten, wurde den Leuten zuerst die Vorstellung verkauft, dass ihre Körper dreckig waren und häufig gereinigt werden mussten. Ängste über den Kontakt mit »schmutzigen« Einwanderern nährten den Wunsch nach Sauberkeit. (Der Produktanreiz wurde ver-

178 Kellogg, J., *Plain Facts for Old and Young* (Burlington, IA: F. Segner, 1888).
179 Editor, »Routine Circumcision at Birth?«, *Journal of the American Medical Association* 91 (1928): 201.
180 Wallerstein, *Circumcision: An American Health Fallacy*, 125, 32-40.
181 Romberg, *Circumcision: The Painful Dilemma*, 235-76.
182 Schlereth, T., *Victorian America: Transformations in Everyday Life*, 1876-1915 (New York: Harper Collins, 1991), 157.

stärkt, wenn er »unberührt von menschlichen Händen« war, bevor er den Verbraucher erreichte.) Daher wurde alles bewertet, was helfen könnte, einen zu reinigen, und ein weiteres Argument für die Beschneidung wurde angenommen. Den Menschen wurden auch die Idee verkauft, dass der menschliche Körper eine »Maschine« sei. »Wie eine Maschine zu funktionieren« hieß, bei guter Gesundheit zu sein.[183] Das Betrachten des Körpers auf diese Weise erleichterte die Akzeptanz einer »Designverbesserung« des Penis.

Veränderungen in den Geburtspraktiken trugen ebenfalls zur wachsenden Akzeptanz der Beschneidung bei. Im späten 19. Jahrhundert übernahmen männliche Geburtshelfer die Geburtshilfe von Hebammen. Die angewandten Methoden waren einfach und effektiv: Propaganda und Gesetzgebung. Laut Barker-Benfield waren Männer motiviert durch »Ängste um sich selbst, ihre Angst vor dem sich verändernden Status von Frauen und ihren Wunsch, die innerste Kraft der Natur zu erobern und zu kontrollieren«.[184] Frauen waren davon überzeugt, dass Geburt gefährlich sei und einen anwesenden Arzt benötigen würde.

Männliche Ärzte stärkten ihre Kontrolle über den Geburtsvorgang, indem sie den Geburtsort veränderten. Im Jahr 1900 waren weniger als 5 Prozent der Geburten in Krankenhäusern. In den 1930er Jahren fanden 60 - 75 Prozent aller Geburten in Städten in Krankenhäusern statt.[185] Mit der Zunahme der Krankenhausgeburten in den Vereinigten Staaten nahm auch die Zahl der Beschneidungen zu. Bereits 1920 war die Beschneidungsrate auf etwa 50 Prozent angestiegen (siehe Abb. 1, Einleitung).

Später im Jahrhundert, als amerikanische Familien voneinander und von Verwandten isoliert wurden, nahm das Wissen über die Kinderbetreuung weiter ab. Neue Eltern hatten wenig Erfahrung mit Kindern und wandten sich an »Experten«, die Bücher über Kinderbetreuung geschrieben hatten. Dadurch konnten einzelne Autoren einen enormen Einfluss haben. Wie auch im Jahrhundert davor waren die Informationen und Ratschläge in diesen Büchern eine Funktion des zeitgenössischen kulturellen Umfelds.[186] Zum Beispiel hat Benjamin Spock im Jahre 1946, wie im vorigen Kapitel erwähnt, die Beschneidung befürwortet. Zu seiner Ehrenrettung sei gesagt, dass er seine Position 1976 änderte, aber zu dieser Zeit waren Millionen von Eltern seinem früheren Rat gefolgt.

---

183 Ebenda, 165.

184 Barker-Benfield, *The Horrors of the Half-Known Life*, 62.

185 Romberg, *Circumcision: The Painful Dilemma*, 100-101.

186 Young, K., »American Conceptions of Infant Development from 1955 to 1984: What the Experts are Telling Parents«, *Child Development* 61 (1990): 17-28.

3.2 Beschneidung in anderen Ländern

Die Vereinigten Staaten sind nicht das einzige Land, das jemals die Beschneidung von männlichen Säuglingen in großem Maßstab durchführte. Früher im 20. Jahrhundert wurde die Beschneidung in England, Kanada, Australien und Neuseeland eingeführt, alles englischsprachige Länder. Nicht englischsprachige Länder lehnten Argumente für die Beschneidung offenbar als falsch ab. Die britische Beschneidungsrate erreichte ihren Höhepunkt mit etwas über 30 Prozent und fiel dann in den 1950er Jahren drastisch zurück. 1972 betrug die Rate weniger als 1 Prozent. Die wahrscheinliche Erklärung ist, dass britische medizinische Studien, die der Beschneidung kritisch gegenüber stehen, den National Health Service dazu veranlassten, die Zahlung dafür zu beenden.[187]

In den 1970er Jahren betrugen die Beschneidungsraten in Kanada, Australien und Neuseeland etwa die Hälfte der amerikanischen Rate. Die Beschneidung wurde weiterhin von ihren nationalen Gesundheitsdiensten abgedeckt, und die Raten fielen nach dem Höhepunkt langsam. Der Unterschied bestand darin, dass britische Eltern für die Beschneidung bezahlen mussten, während die anderen englischsprachigen Länder dies nicht taten.[188] Die Notwendigkeit, für das Verfahren zu bezahlen, war offenbar ein bedeutender Faktor bei der Abnahme der Ersuchen der Eltern um Beschneidung in England. Dieser Zusammenhang wird von anderen unterstützt. In einer Studie von 90 Paaren, die sich für die Beschneidung entschieden hatten und Versicherungsschutz hatten, hätten sich nur 20 ohne Versicherungszahlung dafür entschieden.[189] Ein Bericht in einem medizinischen Journal fand heraus, dass die Beschneidung zweieinhalbmal wahrscheinlicher war, wenn sie von der Versicherung bezahlt wurde.[190] Obwohl einige amerikanische Versicherungsgesellschaften die Kostenerstattung für Beschneidungen eingestellt haben, haben die meisten ihre Kostendeckung für Beschneidungen beibehalten. Eine HMO (Health Maintenance Organization, privates Krankenversicherungsmodell in den USA; *der Übersetzer*) erklärt, dass »solche Kostenerstattung von der überwiegenden Mehrheit unserer Mitglieder bevorzugt wird ... In der Tat würde es wahrscheinlich eine erhebliche negative Reaktion der Verbraucher geben, wenn wir uns weigern würden, diese durchzuführen.«[191]

Wirtschaftliche Faktoren unterstützten die amerikanische Beschneidung, aber auch kulturelle Faktoren trugen dazu bei.

---

187 Wallerstein, *Circumcision: An American Health Fallacy*, 28.

188 Ebenda, 30.

189 Briggs, *Circumcision: What Every Parent Should Know*, 135.

190 Mansfield, C. & Hueston, W., »Neonatal Circumcision: Associated Factors and Length of Hospital Stay«, *Journal of Family Practice* 41 (1995): 370-6.

191 Brief einer Versicherungsgesellschaft an den Fragesteller, 1994. Die Freigabe von Namen wurde nicht gestattet.

3.3 Sexualität, Leugnung und Normalität

Die kulturellen Ursachen der Beschneidung in Amerika können mit bestimmten weit verbreiteten Werten und Ängsten zusammenhängen. In einer von puritanischer Ethik und Sexualität geprägten Gesellschaft wurden sexuelle Freuden traditionell als unmoralisch oder gefährlich angesehen; Zölibat und Jungfräulichkeit wurden als Tugenden angesehen. Im Allgemeinen neigt unsere Kultur dazu, Vergnügen nicht zu schätzen. Oft steht das, was angenehm ist, im Konflikt mit dem, was als richtig akzeptiert wird. Bedenken über die Sexualmoral können eine Tarnung für tiefe Ängste der Erwachsenen bezüglich Sex sein. Die sexuelle Erfahrung hat das Potenzial, unser höchstes physisches, emotionales und spirituelles Vergnügen zu sein. Das Scheitern, diese befriedigende Gipfelerfahrung aufgrund einer Vielzahl persönlicher und sozialer Hemmfaktoren zu erreichen, kann mit ungelöster Spannung und unterdrücktem emotionalen Schmerz verbunden sein.

Denjenigen, die vorherrschende Werte akzeptiert haben und die sich weiterhin sexuellem Vergnügen verweigern oder Konflikte wegen sexueller Freuden erleben, tut es weh, an ihr verweigertes Vergnügen erinnert zu werden, und es ist schwierig, denjenigen zu erlauben, etwas zu genießen, die es sich selbst nicht erlauben oder nicht erlauben können. Insbesondere neigen viele Erwachsene dazu, die sexuellen Gefühle der Kinder zu kontrollieren. Zum Beispiel können einige Eltern verhindern, dass Säuglinge ihre eigenen Genitalien berühren. Auf diese Weise können gesellschaftliche Einstellungen und Handlungen die sexuellen Aktivitäten von Kindern hemmen. Eltern und Ärzte können die Kontrolle des sexuellen Vergnügens auf unterschiedliche Weise an Kinder weitergeben. Beschneidung ist eine davon. Da die Vorhaut ein erogenes Gewebe mit sexuellen Funktionen ist (siehe Kapitel 2), wirkt sich die Entfernung negativ auf das sexuelle Vergnügen aus. Obwohl Eltern und Ärzte zweifellos widersprechen würden, verdient die Verbindung zwischen der Beschneidung und der Kontrolle der sexuellen Lust ernsthafte Beachtung.

Gesellschaftliche sexuelle Ängste tragen auch zu Missverständnissen der Eltern über die Beschneidung bei. Im Allgemeinen ist es den Menschen unangenehm, ernsthaft über Sex zu reden. Sie vermeiden es oder scherzen darüber. Dies gilt insbesondere für den Penis. Spezifische Fragen zu stellen wird als zu peinlich betrachtet. Infolgedessen sind bestimmte Informationen, Ideen und Gefühle vom gesellschaftlichen Bewusstsein ausgeschlossen.

Soziale Bedingungen sind oft eine Erweiterung der familiären Bedingungen. Familien, die sich unbehaglich über Sex unterhalten, reflektieren und verstärken die gleiche Einschränkung in der Gesellschaft. Wie kann es sein, dass Kinder nicht mit ihren Eltern über Sex reden? Es wird nicht angesprochen, aber es wird implizit kommuniziert. Das Gleiche gilt für die Beschneidung. Es ist selten, dass Kinder mit ihren Eltern über die Beschneidung sprechen. Wenn sie es wagen, das

Thema zu erwähnen, würde die Antwort ihnen wahrscheinlich klarmachen, es nicht noch einmal zu erwähnen. Kleine Kinder, denen beigebracht wird, Gefühle über die Beschneidung zu unterdrücken, werden zu Erwachsenen, die weiterhin einen Teil ihrer eigenen Erfahrung bestreiten.

Familien neigen dazu, nicht über bestimmte Dinge zu sprechen, die sexuell oder schockierend sind, weil sie eine zu hohe emotionale Ladung tragen und die Stabilität bedrohen. Gleichermaßen bleibt, während die Gesellschaft weiterhin männliche Kinder der Beschneidung aussetzt, die Gesellschaft stumm. Ein solches Verhalten zeigt, dass Verleugnung und Unterdrückung sowohl für Familien als auch für die Gesellschaft und für Individuen gelten.

Diese familiäre und soziale Leugnung ist eine Form der Absprache, in der wir stillschweigend zustimmen, Beschneidung nicht zu hinterfragen oder davon zu erzählen. Sie dient dazu, die mit der Praxis verbundenen Ängste und Schmerzen zu kapseln und zu verbergen. Stattdessen sagen wir uns, dass die Beschneidung »normal« sei, aber sexuelle Normalität spiegelt Gruppenwerte wider. Wie Gordon Allport sagte: »Was vertraut ist, neigt dazu, ein Wert zu werden.«[192] Die Beschneidung ist heute bekannt, weit verbreitet und weiterhin die bevorzugte Wahl der Kultur. In einer Studie mit 145 Erstgebärenden z. B. bevorzugten die meisten von ihnen beschnittene Männer für verschiedene sexuelle Aktivitäten.[193] (Nicht zufällig wählten die Probandinnen mit überwältigender Mehrheit die Beschneidung für ihre Söhne.) Diese amerikanische Vorliebe steht in starkem Kontrast zu den Kommentaren einer Frau, die aus Schweden in die Vereinigten Staaten immigrierte, wo sie nicht beschnitten wird. Sie schrieb:

> Als ich anfing, mich hier zu treffen, war ich überrascht, verwirrt, schockiert und enttäuscht, weil fast alle Männer hier beschnitten sind. Ich habe die Beschneidung immer als barbarisch und hässlich angesehen. Es gibt vieles im Amerikanischen, das ich immer noch nicht verstehe, und vielleicht verspüre ich immer noch einen Kulturschock, aber ein intakter Penis kann nicht *so* schlimm sein, oder?[194]

Es gibt noch einen anderen kulturellen Faktor, der Erwähnung verdient. Obwohl sich die Amerikaner im Allgemeinen als unabhängig und frei von Konformitätsforderungen sehen, steht unser Verhalten oft im Widerspruch zu dieser Sichtweise. Im Falle der Beschneidung trägt Konformität, vielleicht ebenso wie jeder andere soziale Faktor, zur Aufrechterhaltung der Praxis bei. Lassen Sie uns dieses mächtige menschliche soziale Phänomen untersuchen.

---

192 Allport, G., *The Nature of Prejudice* (Cambridge, MA: Addison-Wesley, 1954), 29.
193 Williamson, M & Williamson, P., »Women's Preferences for Penile Circumcision in Sexual Partners«, *Journal of Sex Education and Therapy* 14 (1988): 8-12.
194 LeserbriefLeserbrief, *Playgirl*, März 1974.

3.4   Angepasstheit

Die Bedeutung der Konformität bei der Entscheidung, zu beschneiden, wird durch eine Umfrage der Eltern von 124 neugeborenen Knaben veranschaulicht, die in einem Krankenhaus in Denver geboren wurden. Die Ergebnisse zeigten, dass für Eltern, die die Entscheidung zur Beschneidung trafen, soziale Bedenken die medizinischen Bedenken überwogen. Die Gründe der Eltern für Beschneidungen basierten hauptsächlich auf dem Interesse, dass das Baby wie sein Vater, seine Brüder und Freunde aussieht. Nur 23 Prozent der genital intakten Väter hatten beschnittene Söhne. Im Gegensatz dazu hatten 90 Prozent der beschnittenen Väter beschnittene Söhne. Väter wollten, dass ihre Söhne »zusammenpassen«, und es gab den Glauben, dass der Junge das auch wollen würde. Die Autoren kamen zu dem Schluss, dass die Beschneidungsentscheidung eine starke Grundlage in sozialen und kulturellen Fragen hat.[195]

Soziale Bedenken waren auch ein wichtiger Aspekt bei Eltern, die die Beschneidung in einer Studie in einem Krankenhaus in Baltimore beschlossen und in *Pediatrics* veröffentlicht haben. Eine Gruppe von Eltern erhielt spezielle Informationen über die Beschneidung, basierend auf der Ad-hoc-Taskforce der American Academy of Pediatrics zum Beschneidungsbericht von 1975, in dem festgestellt wurde, dass die Beschneidung medizinisch nicht notwendig ist. (Es gab keine Informationen über signifikante Schäden, die durch die Beschneidung verursacht wurden.) Eine Kontrollgruppe in der Studie erhielt keine speziellen Informationen zur Beschneidung. Die Beschneidungsraten der beiden Gruppen waren statistisch nicht unterschiedlich. Eltern fanden soziale Gründe allein ausreichend, um die Beschneidung zu wählen. Die Forscher folgerten: »Beschneidung ist eine Gewohnheit in unserer Gesellschaft; die Einstellung dazu zu ändern ist keine leichte Aufgabe.«[196]

Der ärztliche Beruf nutzt diese Tendenz zur Anpassung manchmal aus. Zum Beispiel schreibt die American Academy of Pediatrics in ihrer Elternbroschüre »Beschneidung: Vor- und Nachteile«, dass »viele Eltern beschließen, ihre Söhne beschneiden zu lassen, weil ›alle anderen Männer in der Familie beschnitten wurden‹ oder weil sie nicht wollen, dass ihr Sohn sich ›anders‹ fühlt.« Diese Art von Aussage wird häufig in der Literatur für Eltern verwendet. Manchmal wird eine aufgeblähte Zirkumzisionsrate angegeben (z. B. 80 Prozent statt 60 Prozent), um die Neigung zur Beschneidung zu erhöhen, basierend auf der Tendenz zur Anpassung (siehe Anhang A). Vermutlich sollte die Ärzteschaft zu diesem chirurgischen Eingriff einen medizinischen Rat geben, der die Meinungen von Laien nicht kopiert oder verzerrt.

---

195 Brown & Brown, »Circumcision Decision«, 215-9.
196 Herrera, A. et al., »Parental Information and Circumcision in Highly Motivated Couples with Higher Education«, *Pediatrics* 71 (1983): 234.

Der folgende persönliche Bericht zeigt auch, wie die Ärzteschaft die Neigung nutzt, sich den Eltern anzupassen.

> Als meine Frau ein Baby erwartete, war ich unentschlossen über die Beschneidung, während sie dagegen war. Nachdem mein Sohn geboren wurde, fragte mich der Arzt, ob ich ihn beschneiden lassen wolle. Er gab mir Argumente zur Hygiene und Gesundheit, aber ich war immer noch nicht überzeugt. In einem letzten Versuch, mich zu überzeugen, fragte er: »Wollen Sie nicht, dass Ihr Sohn so aussieht wie Sie?« Diese Frage reichte aus, um mir bei der Entscheidung zu helfen. Ich sagte ihm: »Ich bin nicht beschnitten.«

Ob ein Kind beschnitten ist oder nicht, der Vorteil für den Sohn, »seinem Vater« zu gleichen, ist vielleicht mehr vorgestellt als real, wie diese Geschichte von einer Mutter namens Lori Whitmore zeigt. Als sie mit ihrem Sohn schwanger war, wollte ihr Ehemann die Beschneidung und sie wollte es nicht. Während des Abendessens mit ihren Schwiegereltern kam das Thema auf, und ihr Ehemann verteidigte seine Position, indem er erklärte: »Mein Vater ist beschnitten. Ich bin beschnitten. Ich möchte, dass mein Junge wie wir beschnitten wird.« Der Vater ihres Mannes antwortete: »Moment mal. Ich bin nicht beschnitten.« Trotz seiner Verlegenheit hielt der Ehemann an seiner Position fest.[197]

Eltern untersuchen selten die Logik dieser Probleme. Einer von ihnen war Jeffrey Felshman, ein beschnittener Mann, der seinen Sohn intakt hielt. Felshmans Freund hatte argumentiert, dass Vater und Sohn »zusammenpassen« sollten.

> Ich dachte darüber nach, und erkannte, dass, obwohl mein Freund kein Dussel war, sein Argument dumm war. Natürlich würde das Kind anders aussehen. Ich sollte ihn unter das Messer legen, damit wir uns ähnlicher aussahen? Das letzte Mal, dass ich den Penis meines Vaters gesehen habe, war, als ich ein Kind war, aber wenn das Gedächtnis mich nicht täuscht, sahen unsere Dinger verdammt unterschiedlich aus. Seins war größer. Ich weiß nicht, ob das immer noch so ist (er würde es wahrscheinlich so sagen), aber es machte für mich keinen großen Unterschied.[198]

Der Autor Edward Wallerstein fragt: »Wenn der Vater eines Jungen tätowiert ist oder eine Blinddarmnarbe hat oder eine Brille trägt, sollte das Kind in ähnlicher Weise zugerichtet werden?«[199] Was ist mit dem Sohn, der dem unterschiedlichen Beschneidungsstatus eines möglichen Stiefvaters oder Gleichaltrigen in einer anderen Gemeinschaft entspricht, wenn die Familie umzieht? Weil Beschnei-

---

197 Unterhaltung mit dem Autor, Newton, MA, 1995.
198 Felshman, »The Foreskin Flap«, 17.
199 Wallerstein, *Circumcision: An American Health Fallacy*, 48.

dungen leichter in Frage zu stellen sind als Gründe, nicht zu beschneiden (extreme Schmerzen, medizinisch unnötig, Risiko von Komplikationen usw.), haben Eltern, die sich beschneiden (Konformität ist der dominierende Grund) weniger Vertrauen in ihre Entscheidung als Eltern, die wählen, nicht zu beschneiden.[200] Die Sorge der Eltern, dass ihr Sohn mit Gleichaltrigen zusammentrifft, verdient jedoch eine weitere Prüfung.

Es wäre hilfreich, die Gefühle intakter Männer zu kennen, die nicht mit ihren Altersgenossen übereinstimmen. 1992 unternahm *Journeymen*, eine vierteljährlich erscheinende Zeitschrift für Männer in den USA, eine Bestandsaufnahme seiner Leser. Von 30 intakten Männern, die antworteten, berichtete nur einer, dass er mit seinem intakten Status unzufrieden sei. Da die meisten dieser Männer in der Umkleidekabine in der Minderheit gewesen wären, widerspricht ihre scheinbare Zufriedenheit den elterlichen Erwartungen.

Um die Gefühle intakter Männer zu untersuchen, die unglücklich sind, habe ich fünf Männer befragt, die sich an das Circumcision Resource Center gewandt haben. Alle fünf hatten entweder überlegt oder erwogen, sich beschneiden zu lassen. Der Vorteil, den sie von der Beschneidung erfuhren, war typischerweise »mehr angepasst zu sein« oder »attraktiver auszusehen«. Drei der fünf waren sich der Nachteile einer Beschneidung nicht bewusst. Wenn sie sich erinnerten, war das erste Bewusstsein ihrer Unterschiede ungefähr im Alter von zehn bis zwölf, außer einem, der sich ungefähr im Alter von sechs Jahren bewusst war. Zwei der fünf erinnerten sich an negative Kommentare von anderen über ihren intakten Penis. Dieselben zwei Männer erinnerten sich auch an negative Kommentare von Sexualpartnern. Vier der Männer hatten noch nie mit jemandem über diese Gefühle gesprochen. Ein Mann hatte einmal mit seinen Eltern gesprochen und berichtete, er sei frustriert und unzufrieden mit dieser Unterhaltung. Drei der fünf hatten beschnittene Väter. Einer von diesen drei hatte auch fünf intakte Brüder. Ein anderer mit einem intakten Vater hatte einen beschnittenen Bruder.

Drei Männer gaben an, der einzige intakte Junge in ihrem Sportunterricht zu sein. Ein anderer berichtete, dass vielleicht einer von zwanzig oder fünfundzwanzig intakt war. Einer berichtete, dass etwa zehn Prozent nicht beschnitten waren. Der extreme Minderheitenstatus war eine hinreichende Bedingung, um zu negativen Gefühlen für einen Mann zu führen. Er hat nicht von negativen Kommentaren von anderen berichtet und war sich der Vorteile bewusst, intakt zu sein.

Interessanterweise schien der Beschneidungsstatus des Vaters keine Rolle zu spielen. Zwei Männer behaupteten, sie hätten ihren Vater nie nackt gesehen. Die anderen drei hatten ihren Vater selten nackt gesehen und waren zu jung, um den Unterschied zu bemerken. Als sie alt genug waren, um sich des Unterschieds bewusst zu werden, sahen sie ihren Vater nie wieder nackt.

---

200 Brodbar-Nemzer, Conrad, & Tenanbaum, »American Circumcision Practices«, 275-9.

Die drei Männer, die sich der Beschneidung nicht bewusst waren, erhielten faktische Informationen über die Zwecke der Vorhaut, die Geschichte der amerikanischen Beschneidungspraxis und die negativen Gefühle einiger beschnittener Männer. Diese Männer wurden einige Monate später kontaktiert. Sie berichteten von einer signifikanten Abnahme des Unbehagens, intakt zu sein, mit einigen verbleibenden Ambivalenzen. Die anderen beiden Männer, die sich der Nachteile der Beschneidung bewusst waren, berichteten von anhaltenden »Hin- und Her-Gefühlen«.

Ein weiterer intakter Mann, der das Zentrum kontaktierte, wuchs mit negativen Kommentaren über seinen Status auf.

> Als ich ungefähr siebzehn war, dachte ich, dass Frauen keinen Penis mit Vorhaut mögen würden. Dann dachte ich, ich wäre vielleicht sexuell inadäquat. Jahrelang war das ziemlich okay für mich … Ich war in den 1970er und 1980er Jahren etwas unsicher. Nachdem ich geheiratet hatte, genoss meine Frau es, aber ich hatte immer noch dieses unbehagliche Gefühl. Ich hatte sogar ein Problem damit, in Gegenwart anderer Männer zu urinieren. Als ich Mitte der 80er Jahre mehr darüber erfuhr, änderte sich das grundlegend. Jetzt bin ich so dankbar, dass ich sie noch habe.

Aufgrund einschlägiger Informationen können aus sozialen oder »übereinstimmenden« Gründen folgende Schlussfolgerungen in Bezug auf die Beschneidungsentscheidung gezogen werden:

1. Der Beschneidungsstatus des Vaters ist einem männlichen Kind nicht unbedingt bekannt oder wichtig.
2. Ein beschnittener Mann, der zu anderen »passt«, mag dennoch negative Gefühle haben, beschnitten zu werden (siehe Kapitel 5).
3. Es ist nicht möglich, vor der Beschneidung vorherzusagen, wie sich ein Junge später fühlen wird.
4. Es gibt Anzeichen dafür, dass viele intakte Männer glücklich sind, so zu sein, auch wenn sie in der Minderheit sind.
5. Ein intakter Mann, der darüber unglücklich ist, kann beschließen, beschnitten zu werden, aber das wird selten getan. Die geschätzte Rate der Erwachsenenbeschneidung in den Vereinigten Staaten beträgt 3 von 1.000.[201]
6. Ein intakter Mann, der über seinen Status unglücklich ist, kann sich anders fühlen, nachdem er mehr über die Beschneidung erfahren hat.
7. Der extreme Minderheitenstatus war der wichtigste gemeinsame externe Faktor, der zu negativen Gefühlen bei den intakten Männern, die ich interviewte, beitrug. Dieser Faktor ist für Jungen, die heute geboren werden,

---

201 Wallerstein, *Circumcision: An American Health Fallacy*, 131.

wegen der niedrigeren Beschneidungsrate (ungefähr 60 Prozent national, unter 40 Prozent in einigen Bundesstaaten[202]) viel weniger ein Problem.

Diese beiden Berichte von Müttern mit intakten Söhnen fügen der Diskussion über die Wahl der Beschneidung aus sozialen Gründen eine andere Perspektive hinzu.

> Mein jüngster Sohn [sieben Jahre alt] ist völlig zufrieden damit, »anders« zu sein als sein Vater und seine drei älteren Brüder. Als ich ihm die Beschneidung erklärte, bekam sein Gesicht einen verängstigten Ausdruck, als er seine Hände über seine Genitalien legte und laut erklärte: »Das wird mir nie passieren !!«[203]

> Als mein achtjähriger Sohn fünf Jahre alt war, bemerkte er einen Unterschied im Aussehen der Penisse der anderen Jungen. Ich sagte ihm, das sei, weil ihre Vorhaut abgeschnitten wurde. Er sagte: »Das ist schrecklich.« Er ist hierbei sehr unnachgiebig.[204]

Ich fragte die zweite Mutter, ob ich mit ihrem Sohn Michael sprechen könnte. Weil er in einer Gegend mit sehr hoher Beschneidungsrate lebt, ist er der einzige Junge in seiner Klasse, der nicht beschnitten ist.

RG: Wie hast du zum ersten Mal von der Beschneidung erfahren?

Michael: Meine Mutter hat es mir gesagt, als ich klein war, und sie wollte nicht, dass mir das passiert.

RG: Wie fühlst du dich, dass sie dir das nicht antun will?

Michael: Ich bin froh, weil es unheimlich ist. Es ist unheimlich für ein Baby.

RG: Haben die anderen Kinder in der Schule eine Vorhaut, oder sind sie beschnitten?

Michael: Sie sind beschnitten.

RG: Wie fühlst du dich, wenn du siehst, dass sie beschnitten sind?

Michael: Etwas traurig, weil sie ihnen abgeschnitten wurde.

RG: Bemerken die anderen Jungs, dass du eine Vorhaut hast und sie nicht?

Michael: Äh, jaa. Und sie sagen, mein Penis sieht komisch aus.

RG: Was denkst du, wenn sie das sagen?

Michael: Ich sage: »Nein, tut es nicht. Eure sehen komisch aus.« Dann erzähle ich ihnen, warum meiner immer noch von Haut bedeckt ist und ihre nicht.

RG: Was sagen sie dann?

Michael: Manche sagen, dass sie es nicht glauben. Manche gehen einfach weg.[205]

---

202 Nationales Zentrum für Gesundheitsstatistik, Telefongespräch mit dem Autor, 1995. Die Rate gilt für 1993.
203 Romberg, R., »Circumcision Feedback« (LeserbriefLeserbrief), *Mensa Bulletin*, Mai 1993.
204 Huggins, R., Telefongespräch mit dem Autor, Februar 1996.
205 Huggins, M., Telefongespräch mit dem Autor, Februar 1996.

Es scheint, dass, wenn einem intakten Jungen die richtigen Informationen gegeben werden, es möglich ist, eine negative Auswirkung des extremen Minderheitenstatus in einer Gruppe von beschnittenen Jungen zu verhindern.

Eine begründete Bewertung des Konformitätsfaktors durch die Eltern ist unwahrscheinlich. Folglich wird die Konformität wahrscheinlich ein Hauptbestandteil der Beschneidungsentscheidung bleiben. Da sie häufig das Verhalten beeinflusst, haben Sozialwissenschaftler das Problem der Konformität ausführlich untersucht und bestätigt, was wir vermuten: Gruppendruck kann dazu führen, dass Menschen ihr eigenes Urteilsvermögen aufgeben und sich anpassen. In einer bekannten Studie stimmten 76 Prozent der Probanden dem falschen Konsens einer Gruppe zu, obwohl dieser Konsens durch visuelle Beweise widerlegt wurde.[206] Im Fall der Beschneidung kennen die meisten Eltern keinen starken Grund, einen Jungen intakt zu halten. Daher ist die Konformität verständlich. Wenn eine Situation mehrdeutig ist, werden die Menschen besonders von der Gruppe beeinflusst, und je größer die Mehrdeutigkeit, desto größer ist der Einfluss der Gruppe auf das Urteil einzelner Mitglieder.[207] Die Grundregel im sozialen Kontakt besteht darin, Unterschiede zu minimieren und sich anzupassen. Zu den Risiken der Nichtkonformität gehören Abneigung und Ächtung. Konformisten erhalten eher Lob und Popularität. Unser Bedürfnis nach sozialer Anerkennung treibt uns dazu, uns anzupassen.

Es hat sich gezeigt, dass die Einhaltung der Gruppenpraxis wahrscheinlicher ist, wenn die Gruppe groß ist.[208] Da Eltern allgemein wissen, dass die Beschneidung eine im Lande übliche Praxis ist, fühlen sie sich nicht qualifiziert, sie zu hinterfragen. Ein Verbündeter hilft Menschen, sich der Konformität zu widersetzen,[209] aber aus einer Vielzahl von Gründen erhalten die meisten Eltern von Freunden, Familie, Erziehern und Ärzten meist nur wenig oder gar keine Unterstützung, weil sie ihr Kind intakt halten. Für sich allein gelassen, finden Eltern es schwer, dem impliziten Konformitätsdruck zu widerstehen.

Soziale Sorgen des Sohnes können Projektionen der eigenen Unsicherheiten der Eltern sein. Vielleicht sind es die Eltern, die fürchten, anders zu sein oder andere Entscheidungen für ihren Sohn zu treffen. Ein Vater drückte es gut aus, als er sagte:

---

206 Asch, S., »Studies of Independence and Conformity: A Minority of One against a Unanimous Majority«, *Psychological Monographs* 70 (1956): 9.

207 Sherif, M., »Conformity-Deviation, Norms, and Group Relations«, in I. Berg & B. Bass, Hrsg., *Conformity and Deviation* (New York: Harper, 1961), 59-181; Keating, J. & Brock, T., »Acceptance of Persuasion and the Inhibition of Counterargumentation under Various Distraction Tasks«, *Journal of Experimental Social Psychology* 10 (1974): 301-9; Luchins, A., »Focusing on the Object of Judgment in the Social Situation«, *Journal of Social Psychology* 60 (1963): 231-49.

208 Gerald, H., Wilhelm, R., & Conelley, E., »Conformity and Group Size«, *Journal of Personality and Social Psychology* 8 (1968): 79-82.

209 Asch, S., »Effects of Group Pressure upon the Modification and Distortion of Judgements«, in H. Guetzkow, Hrsg., *Groups, Leadership, and Men* (Pittsburgh: Carnegie Press, 1951), 177-90.

> Was so schwer war, meinen Sohn intakt zu lassen, war nicht, dass mein Sohn sich in einer Umkleidekabine anders fühlen würde, sondern dass ich mich anders fühlen würde als er. Ich müsste dann akzeptieren, dass ich ein Amputierter aus den Kriegen einer vergangenen Generation bin.[210]

Auch Ärzte und Pflegepersonal unterliegen dem Konformitätsdruck. Viele von ihnen haben Beschneidungen in Krankenhäusern miterlebt oder daran teilgenommen. Dies kann dazu führen, dass sie das Verfahren in Frage stellen, aber wie bei allen Gruppen gibt es eine Verteilung der Verantwortung.[211] Je größer die Anzahl der Menschen ist, die einen Notfall sehen, desto unwahrscheinlicher ist es, dass irgendeine Person involviert wird. Es würde seltenen Mut und Überzeugung erfordern, einzugreifen.

3.5   Weibliche Genitalverstümmelung

Die Tendenz, sich der gesellschaftlich akzeptierten Praxis anzupassen, gilt natürlich für alle Kulturen. Diese kulturelle Verzerrung kann die Wahrnehmung verzerren und das Verständnis einschränken. Manchmal können wir durch die Auseinandersetzung mit anderen Kulturen mehr über unsere eigene Kultur erfahren. Insbesondere die Untersuchung von Praktiken in Bezug auf die Beschneidung in anderen Kulturen bietet eine wertvolle Perspektive. Weibliche Genitalverstümmelung (*Female Genital Mutilation*, FGM) ist eine andere Praxis, bei der man eine Person niederhält und die Genitalien mit Gewalt schneidet. Mindestens 110 Millionen Frauen und Mädchen sind Opfer von FGM in Afrika, dem Persischen Golf und der südlichen arabischen Halbinsel. Weibliche Säuglinge in Äthiopien und Nigeria sind Opfer dieser Praxis.[212] Die Verstümmelungen erfolgen ohne Betäubung und mit groben Schneidwerkzeugen.[213] Es gibt verschiedene Arten.

Frauenbeschneidung (der Begriff wird manchmal verwendet, um sich auf alle Arten von FGM zu beziehen) ist der am wenigsten verbreitete Typ und umfasst die Entfernung der Klitorishaube, die analog zur männlichen Vorhaut ist. Klitoris-Entfernung oder Exzision schneidet die Klitoris ab. Infibulation, auch pharaonische Beschneidung genannt, ist die Entfernung der Klitoris und der Schamlippen und das Zunähen des Genitalbereichs, um Geschlechtsverkehr zu

---

210 NOCIRC-Newsletter, Frühling/Sommer 1987, LeserbriefLeserbrief, 3.

211 Latane, B. & Neda, S., »Ten Years of Research on Group Size and Group Helping«, *Psychological Bulletin* 89 (1981): 308-24.

212 Hosken, F., *The Hosken Report* (Lexington, MA: Women's International Network News, 1993), 8, 35; Odujinrin, O., Akitoye, C., & Oyediran, M., »A Study on Female Circumcision in Nigeria«, *West Africa Journal of Medicine* 8 (1989): 183-92.

213 Lightfoot-Klein, H., *Prisoners of Ritual* (Binghamton, NY: Harrington Park Press, 1989), 36.

verhindern. Die Autorin Hanny Lightfoot-Klein, die seit 16 Jahren weibliche Genitalverstümmelung studiert, erklärt:

> Wenn es passiert, passiert es schnell. Sie [ein junges Mädchen] wird von mehreren Frauen ergriffen und niedergehalten, die ihre Arme und Beine auf den Boden drücken. Die Operation wird in der Regel von Hebammen unter der Leitung von Frauenältesten durchgeführt ... In einer Gesellschaft, in der alle Frauen auf diese Weise in der frühen Kindheit behandelt wurden, wird ihr Zustand von ihnen natürlich als nichts anderes als normal angesehen.[214]

In den Städten jener Länder, in denen sie praktiziert wird, unterstützen und praktizieren lokale Ärzte häufig FGM. Die biologischen Fakten über weibliche Genitalien sind nicht bekannt.[215] Es ist aufschlussreich, die Überzeugungen zu kennen, die zur Rechtfertigung dieser Praktiken« verwendet werden und ob Männer oder Frauen sie unterstützen. FGM wird typischerweise mit Gründen wie Tradition, Religion, Ästhetik und falschen Vorstellungen über Sauberkeit und Gesundheit verteidigt.[216] Auf der Grundlage von Interviews mit über 400 sudanesischen Männern und Frauen über die Auswirkungen von FGM unterstützten beide Geschlechter zum Beispiel die Gründe für Tradition, Ehre und Sauberkeit trotz nachteiliger Auswirkungen auf die körperliche und psychische Gesundheit. Nebenwirkungen werden anderen Ursachen zugeschrieben. Komplikationen von FGM können zum Tod führen.[217]

Eine Untersuchung von zwei nigerianischen Gemeinschaften zeigte, dass, obwohl beide Geschlechter die Praxis unterstützten, FGM wegen der kulturellen Tradition für Väter und Großväter am wichtigsten war, weil es die sexuelle Reaktion reduziert und angeblich die Geburt erleichtert.[218] Diejenigen, die den letzten Punkt als Grund angegeben haben, glaubten, dass zusätzliche Schnitte mit einer Klitoridektomie die Vaginalöffnung vergrößerten.

In einer Studie mit sudanesischen College-Studenten bevorzugten Frauen FGM mehr als Männer, indem sie Sitte und Religion zur Rechtfertigung verwendeten.[219] In einer Umfrage unter 290 somalischen Frauen, die irgendeine Art von

---

214 Lightfoot-Klein, H., *A Woman's Odyssey into Africa: Tracks across a Life* (New York: Haworth Press, 1992), 50.
215 Hosken, *The Hosken Report*, 33.
216 Ebenda, 35-42.
217 Lightfoot-Klein, H., »Rites of Purification and Their Effects: Some Psychological Aspects of Female Genital Circumcision and Infibulation in an Afro-Arab Islamic Society«, *Journal of Psychology and Human Sexuality* 2 (1989): 79-91.
218 Ebomoyi, E., »Prevalence of Female Circumcision in Two Nigerian Communities«, *Sex Roles* 17 (1987): 139-51.
219 Lowenstein, L., »Attitudes and Attitude Differences to Female Genital Mutilation in the Sudan: Is There a Change on the Horizon?«, *Acta Ethnographica Academiae Scientiarum Hungaricae* 29 (1980): 216-23.

FGM hatten, verteidigte eine Mehrheit die Praxis mit religiösen Gründen, und alle sagten, dass sie auch ihre Töchter unterwerfen würden.[220]

Eine Umfrage unter Männern im Sudan ergab, dass über 50 Prozent glaubten, dass FGM eine muslimische religiöse Anforderung sei, obwohl dies laut islamischen Theologen falsch ist.[221] FGM wird im Koran nicht erwähnt.[222] In der gleichen Umfrage verteidigten die Befragten die Praxis, weil sie die Sauberkeit fördere, Unmoral verhindere und die Aussichten auf eine Heirat verbessere. Die Einstellung der Frau ist eindeutig davon abhängig, dass Männer die Exzision zur Voraussetzung für die Ehe machen. Männer wollen die Treue von Frauen durch Kontrolle des weiblichen sexuellen Vergnügens sicherstellen. Wo Infibulation praktiziert wird, wird es von Männern verlangt, weil es Jungfräulichkeit sicherstellt. Nach der Hochzeit werden die Frauen zum Geschlechtsverkehr aufgeschnitten.[223] Die Mythen, die benutzt werden, um FGM zu rechtfertigen, verschleiern den wahren Grund für die Praxis: Sie gibt Männern die Kontrolle über Frauen.[224] Frauen haben diese Mythen akzeptiert, wie ihre Unterstützung für die Praxis zeigt.

Eine in Somalia geborene Amerikanerin wurde in der Fernsehsendung *Day One* interviewt. Obwohl sie infibuliert worden war, bestand sie darauf, dass es keine sexuellen Auswirkungen hätte. »Das spielt keine Rolle. Meine Sexualität ist nicht anders.« In der Sendung wurde auch bemerkt, dass afrikanische Frauen, die FGM ausgesetzt sind, wegen des starken Tabus selten darüber sprechen.[225]

Psychische Probleme, die durch FGM verursacht werden, umfassen sexuelle Angst und Angst, Vermeidung von Sex, zwanghaften Sex und geringes Selbstwertgefühl.[226] Angst wird durch die Erfahrung eines sudanesischen Mannes nahegelegt, der sexuelle Erfahrung mit verstümmelten und intakten Frauen hatte. Er berichtete, dass die verstümmelten Frauen mehr daran interessiert waren, ihn zu befriedigen, und dass die natürlichen Frauen kommunikativer über ihre Vorlieben waren.[227] Die psychologischen Auswirkungen von FGM werden von verstümmelten Frauen aufgrund von Verleugnung und kultureller Konditionierung normalerweise nicht offenbart. Solche Auswirkungen können chronische Depressionen, Ängste um die Genitalien und Angst vor Unfruchtbarkeit sein.[228]

---

220 Dirie, M. & Lindmark, G., »Female Circumcision in Somalia and Women's Motives«, *Acta Obstetricia Et Gynecologica Scandinavica* 70 (1991): 581-5.

221 Rushwan, H., »Female Circumcision«, *World Health*, April/ Mai 1990, 24.

222 Lightfoot-Klein, *Prisoners of Ritual*, 42.

223 Hosken, *The Hosken Report*, 32-39.

224 Hosken, *The Hosken Report*, 35-42.

225 Aasen, S., Produzent, Day One, Report on Female Genital Mutilation, New York: ABC News, 20. September 1993.

226 Bengston, B. & Baldwin, C., »The International Student: Female Circumcision Issues«, *Journal of Multicultural Counseling and Development* 21 (1993): 168-73.

227 Lightfoot-Klein, *Prisoners of Ritual*, 280.

228 Toubia, N., »Female Circumcision as a Public Health Issue«, *New England Journal of Medicine* 331 (1994) 712-16.

3.5.1 FGM in den Vereinigten Staaten

Die Praxis von FGM ist nicht auf Afrika und den Nahen Osten beschränkt. Weibliche Beschneidung, die Klitorishaube entfernend, war in den Vereinigten Staaten zwischen den späten 1880er Jahren und 1937 »weit verbreitet«, um Masturbation zu verhindern.[229] Sie wurde an Frauen jeden Alters bis zur Menopause durchgeführt[230] und wurde gelegentlich verwendet, um Masturbation in den 1940er und 1950er Jahren zu stoppen.[231] (Die Beschneidung von Männern hat die Beschneidung von Frauen überdauert, weil die Entscheidung weitgehend von beschnittenen männlichen Ärzten und Vätern beeinflusst wird, die sie unterstützen. Die männliche Beschneidung als Fehler zu erkennen, spiegelt sich bei beschnittenen Männern wider. Siehe Kapitel 2. Es gibt auch die Auswirkungen von Traumata, die in späteren Kapiteln diskutiert werden.)

Laien-Literatur in den 1970er Jahren befürwortete die weibliche Beschneidung als eine fehlgeleitete Behandlung zur Verbesserung der sexuellen Reaktion.[232] Als Ergebnis wurden in den Krankenhäusern der USA jährlich schätzungsweise dreitausend weibliche Beschneidungen durchgeführt und noch mehr in Arztpraxen.[233] Noch im Jahr 1973 wurde in einer medizinischen Zeitschrift die Beschneidung von Frauen zur Behandlung von Frigidität vorgeschlagen.[234] Nach Angaben der Weltgesundheitsorganisation waren die Vereinigten Staaten 1976 das einzige medizinisch fortgeschrittene Land der Welt, das die Beschneidung von Frauen praktizierte. Das Verfahren wurde bis 1977 von Blue Shield abgedeckt.[235]

In den Vereinigten Staaten wurde zwischen 1870 und 1910 Klitoridektomie durchgeführt, um die Masturbation zu stoppen und »Hypersexualität« und Krebs zu behandeln.[236] Die weibliche Kastration, die Entfernung der Eierstöcke, wurde von 1872 bis 1910 und bis 1946 zur Behandlung von »psychischen Störungen« durchgeführt.[237] Barker-Benfield glaubt, dass die Operation dazu verwendet wurde, Frauen an ihrem Platz zu halten. Hysterektomien begannen 1895. Frauen stimmten diesen Operationen zu, weil sie den männlichen Glauben akzeptierten, dass sie psychologische Probleme hätten, die durch ihre Geschlechtsorgane verursacht würden.[238]

---

229 Wallerstein, *Circumcision: An American Health Fallacy*, 48.

230 Barker-Benfield, *The Horrors of the Half-Known Life*, 120.

231 Wallerstein, *Circumcision: An American Health Fallacy*, 176; Milos, M., Gespräch mit dem Autor, 1993.

232 Isenberg, S. & Elting, L., »A Guide to Sexual Surgery«, *Cosmopolitan* 181 (November 1976): 104-8.

233 Wallerstein, *Circumcision: An American Health Fallacy*, 183.

234 Wollman, L., »Female Circumcision«, *Journal of the American Society of Psychosomatic Dentistry and Medicine* 20 (1973): 130-1.

235 Wallerstein, *Circumcision: An American Health Fallacy*, 185.

236 Wallerstein, *Circumcision: An American Health Fallacy*, 174; Barker-Benfield, *The Horrors of the Half-Known Life*, 89.

237 Barker-Benfield, *The Horrors of the Half-Known Life*, 121.

238 Ebenda, 131.

3.5.2   Beschneidung und FGM im Vergleich

Es kann sehr nützlich sein, die amerikanische Praxis der Beschneidung von männlichen Säuglingen und FGM zu vergleichen. Die folgende Tabelle enthält eine Zusammenfassung:

BESCHNEIDUNG UND FGM

Ähnlichkeiten

1. Etwa 100 Millionen Eingriffe wurden an aktuellen Populationen durchgeführt.
2. Der Eingriff ist unnötig und äußerst schmerzhaft.
3. Er kann nachteilige sexuelle und psychische Auswirkungen haben (siehe Kapitel 5).
4. In der Regel wird er bei Kindern gewaltsam ohne Narkose durchgeführt.
5. Die Praxis wird von lokalen Ärzten unterstützt.
6. Relevante biologische Fakten sind nicht allgemein bekannt, wo solche Eingriffe praktiziert werden.
7. Das Verfahren wird mit Gründen wie Tradition, Religion, Ästhetik, Sauberkeit und Gesundheit verteidigt.
8. Die Begründung für das Verfahren wurde mit der Kontrolle der sexuellen Lust verbunden.
9. Es wird angenommen, dass es keine Auswirkungen auf die normale sexuelle Funktion hat.
10. Die Praxis wird von denen akzeptiert und unterstützt, die sie selbst erfahren haben.
11. Die Entscheidung wird von Männern kontrolliert.
12. Die Wahl kann durch zugrundeliegende psychosexuelle Gründe motiviert sein.
13. Kritische öffentliche Diskussion ist im Allgemeinen tabu, wo der Eingriff vorgenommen wird.
14. Das Verfahren kann zu schwerwiegenden Komplikationen führen, die zum Tod führen können.
15. Die Auswirkungen sind durch Verdrängung und Leugnung verdeckt.

Unterschiede

1. FGM wird unter schlechteren Betriebsbedingungen durchgeführt.
2. FGM hat mehrere Formen und ist typischerweise viel gravierender.
3. FGM ist oft eine Voraussetzung für die Ehe.
4. FGM führt zu offensichtlicheren Nebenwirkungen.
5. FGM wird bei Menschen verschiedenster Altersgruppen durchgeführt.

Während einer Network-Fernsehsendung über FGM stellte der Reporter fest, dass das Verfahren »nicht vergleichbar zur männlichen Beschneidung« ist.[239] Doch wie wir in der Tabelle sehen können, gibt es viel mehr Ähnlichkeiten als Unterschiede zwischen den beiden Praktiken. Es ist bemerkenswert, dass Amerikaner die Beschneidung von männlichen Säuglingen generell ohne Frage akzeptieren, doch beim Thema FGM entsetzt sind. Die Tatsache, dass die beiden Praktiken mit vielfach gleichen Gründen in unserer Kultur und anderen verteidigt werden, wirft zusätzliche Zweifel an der Gültigkeit dieser Gründe auf und unterstreicht die Macht des kulturellen Einflusses auf persönliche Überzeugungen und Einstellungen.

> *In quantitativer Hinsicht* übersteigt das Ausmaß der Genitalgewebezerstörung bei der überwiegenden Mehrheit der rituell verstümmelten Frauen bei weitem den körperlichen Schaden, der bei der männlichen Beschneidung festgestellt wurde. Auf qualitativer Ebene haben wir es jedoch mit ein und derselben Sache zu tun.
>
> — Hanny Lightfoot-Klein,
> Autorin von *»Prisoners of Ritual: An Odyssey into Female Genital Mutilation in Africa«*.

3.6 Wissenschaft, Medizin und kulturelle Werte

Die amerikanische Sexualchirurgie an Männern und Frauen basiert auf vermeintlich »rationalen« Faktoren, weil Amerikaner (Männer mehr als Frauen) den Intellekt gegenüber Emotionen bevorzugen. Diese Vorliebe entspricht unserer allgemeinen Schwierigkeit, Gefühle wahrzunehmen und auszudrücken. Eine der Konsequenzen dieser Bedingung ist, dass unser Denken beeinträchtigt ist, wenn wir uns nicht fühlen. Übermäßiges Vertrauen auf den Intellekt ist ein Fehler, weil unterdrückte Gefühle unsere Erfahrung einschränken und als falsche Überzeugungen auftauchen können. Der Psychiater Wilhelm Reich schrieb:

---

239 Aasen, S., Report on Female Genital Mutilation.

> Intellektuelle Tätigkeit hat oft eine solche Struktur und Richtung, daß sie als
> äußerst geschickter Apparat gerade für die Vermeidung von Tatsachen als eine von
> der Wirklichkeit wirklich ablenkende Tätigkeit beeindruckt.[240]

Dies scheint bei der Beschneidung der Fall zu sein. Wenn sie die Beschneidung stark unterstützen, können Ärzte einfach neue Informationen ablehnen, die ihrer Ansicht widersprechen.[241]

Im Einklang mit der kulturellen Überrelation des Intellekts waren wir geneigt, die Wissenschaft als den großen Vermittler zwischen Fakten und Fiktionen zu betrachten. Dieser systematische Ansatz zur Auswertung unserer Erfahrungen ist wertvoll, zumal die Forschung gezeigt hat, dass eine überraschende Anzahl von Erwachsenen nicht logisch argumentiert.[242] Dennoch ist totaler Verlass auf die Wissenschaft nicht gewährleistet. Obwohl die wissenschaftliche Methode dazu dient, die wissenschaftliche Gemeinschaft und die Öffentlichkeit vor fehlerhaften Begründungen zu schützen, hat die fehlerhafte Argumentation angeblich seriöser Studien zu der Verwirrung in der Beschneidungsfrage beigetragen.

Unsere Wissenschaft ist von unseren kulturellen Werten beeinflusst. Wie bereits erwähnt, spiegelt die Beschneidung einen kulturellen Wert wider, und eine grundlegende Methode zur Bewahrung kultureller Werte besteht darin, sie als Wahrheiten zu tarnen, die auf wissenschaftlicher Forschung beruhen. Diese »Forschung« kann dann verwendet werden, um medizinische Praktiken zu unterstützen. Dies erklärt die behaupteten medizinischen »Vorteile« der Beschneidung.

Die Beschneidung ist nicht die einzige fragwürdige medizinische Prozedur, die derzeit im Zusammenhang mit der Geburt durchgeführt wird. Die International Childbirth Education Association gibt an:

> Eine wachsende Zahl von Forschungsarbeiten macht alarmierend deutlich, dass
> jeder Aspekt der traditionellen amerikanischen Krankenhauspflege während der
> Geburt und der Geburt nun in Frage gestellt werden muss, was mögliche Aus-
> wirkungen auf das zukünftige Wohlergehen sowohl der geburtshilflichen Patientin
> als auch ihres ungeborenen Kindes haben könnte.[243]

Beispiele sind Geburt mit der Mutter auf dem Rücken, Anwendung von Betäubungsmitteln, Zangengeburten, routinemäßige Dammschnitte und Kaiserschnittgeburten. Der Forscher und Anthropologe Robbie Davis-Floyd argumentiert,

---

240 Reich, W., *Character Analysis*, 3. Ausg., T. Wolfe, Übers., (New York: Farrar, Strauss and Giroux, 1949),
312.

241 Briggs, *Circumcision: What Every Parent Should Know*, 141.

242 Kuhn, D., Phelps, E., & Walters, J., »Correlational Reasoning in an Everyday Context«, *Journal of Applied
Developmental Psychology* 6 (1985): 85-97.

243 Haire, D. *The Pregnant Patient's Bill of Rights* (Broschüre), Minneapolis, MN: International Childbirth
Education Association, 1975.

dass routinemäßige geburtshilfliche Verfahren kulturelle Rituale sind, »die den Frauen die Grundwerte der amerikanischen Gesellschaft zur Geburt vermitteln sollen«.[244] Die Kernwerte sind nach Davis-Floyd ein patriarchalisches System, das wissenschaftliche Erkenntnisse für Zwecke der Kontrolle verwendet.

Kulturelle Werte bestimmen auch, was wir studieren und was wir ignorieren. In der medizinischen Gemeinschaft wird die biologische Wissenschaft viel ernster genommen als die Sozialwissenschaften.[245] Der Psychiater, Kindheitsforscher und Autor Daniel Stern denkt über seinen Wechsel von der pharmakologischen Forschung zur Verhaltensforschung nach:

> Es gibt eine Annahme unter medizinischen Leuten, dass, wenn man ein einzelnes Verhalten auf einer biochemischen Basis erklären kann, dann habe man es verstanden. Und es dauerte lange, bis ich erkannte, dass die Verhaltensebene nicht in Bezug auf die andere erklärbar war, dass sie eine Ebene für sich war und genauso gültig war. Schließlich habe ich die ganze Sache abgehakt und gesagt, dass ich auf der Verhaltensebene arbeiten möchte. Was sich komischerweise wie eine Rebellion anfühlte.[246]

Die meisten Forschungen und Debatten im Zusammenhang mit der Beschneidung betrafen medizinische Behauptungen, die »biologische« Komponente. Die Praxis der Beschneidung kann jedoch nur verstanden werden, wenn man die Untersuchung die psychologischen und sozialen Aspekte dazunimmt.

Die Tatsache, dass viel Forschung von staatlichen und privaten Stiftungen finanziert wird, schränkt auch die Art von Projekten ein, die Unterstützung erhalten. Diese Quellen neigen dazu, bestimmte Themen zu vermeiden, die kontrovers, unkonventionell oder emotional sind. Zum Beispiel fanden Forscher, die an einer umfassenden nationalen Sexualerhebung teilnahmen, dass Widerstand gegen die Finanzierung solcher Projekte mit »einer spürbaren Angst vor dem, was Sexualforscher entdecken könnten«, verbunden ist.[247] Dies könnte ein Grund sein, warum die Langzeiteffekte der Beschneidung nicht untersucht wurden.

Darüber hinaus gab es Probleme bei der Qualitätskontrolle, was in der medizinischen Literatur veröffentlicht wird. Tatsächlich hat die medizinische Gemeinschaft selbst eingeräumt, dass sie in ihren veröffentlichten Arbeiten keine sehr hohen Standards eingehalten hat. Die Forscher und Autoren Charles und Daphne Maurer zitieren einen Leitartikel, der im *Journal der American Medical Association* veröffentlicht wurde:

---

244 Davis-Floyd, R., »The Role of Obstetrical Rituals in the Resolution of Cultural Anomaly«, *Social Science and Medicine* 31 (1990): 176.
245 Kleinman, A., *Rethinking Psychiatry* (New York: Free Press, 1988), 144.
246 Quinn, »The Competence of Babies«, 57.
247 Michael, R. et al., *Sex in America: A Definitive Survey* (Boston: Little Brown, 1994), 11.

> In einer Studie von 149 zufällig ausgewählten Artikeln aus zehn viel gelesenen und hoch angesehenen medizinischen Zeitschriften ... haben weniger als 28 % ausreichende statistische Unterstützung für gezogene Schlussfolgerungen.[248]

Maurer und Maurer erklären, warum so viel »Unsinn« veröffentlicht wird: (1) Experimentelles Design und statistische Analyse werden typischerweise nicht in der medizinischen Fakultät unterrichtet; und (2) die medizinische Fakultät ermutigt nicht, Behörden zu befragen.

Medizinische Autoren sind nicht ausgebildet, Forschung durchzuführen und darüber zu berichten. Kollegen wissen nicht, wie sie Berichte richtig und kritisch überprüfen. Selbst wenn die Rezensenten an der Arbeit eines anderen etwas bemängeln, ist es »nicht wünschenswert, geschweige denn höflich«, die Behörden über ihre Arbeit zu befragen.[249] Der Druck, sich der Behörde zu unterwerfen, führt dazu, dass sich junge Ärzte aus der kritischen Analyse zurückziehen.

Die medizinische Ausbildung beeinflusst die Art und Weise, wie Mediziner insbesondere mit der Beschneidung umgehen. Nach Angaben des Kinderarztes Paul Fleiss: »Wir haben in der medizinischen Ausbildung nichts über Vorhaut oder Beschneidung gelernt. Ich habe eine gesehen. Das war's.«[250] Mehrere andere Ärzte haben bestätigt, dass sie in der Regel weniger als eine Stunde Anleitung zur Beschneidung in der medizinischen Fakultät erhalten haben. Was ihnen beigebracht wurde (z. B., dass Säuglinge keinen Schmerz fühlen würden, oder dass das Verhindern von Peniskrebs die routinemäßige Beschneidung rechtfertigen würde), wurde durch weitere Überprüfung und nachfolgende Studien widerlegt. Dr. Thomas J. Ritter zitiert mehrere maßgebende medizinische Texte, die Fehlinformationen enthalten und fälschlicherweise zur Beschneidung raten.[251] Ich besuchte den Buchladen der Harvard Medical School. Lehrbücher waren zu diesem Thema oft unvollständig oder ungenau. Ein klares Bild oder eine Illustration eines natürlichen, intakten Penis in einem Anatomie-Buch war selten. Taylor, Lockwood und Taylor, die über die Vorhautstruktur berichteten, bemerkten auch »die gegenwärtige Tendenz, die Vorhaut aus Anatomie-Lehrbüchern zu entfernen«.[252]

Der Mangel an angemessener medizinischer Ausbildung beeinträchtigt das medizinische Wissen und die medizinische Praxis. In einer Studie an zwei Krankenhäusern in Salt Lake City gaben Chirurgen Phimose (nicht zurückziehbare Vorhaut nach der Pubertät) als Grund für 65 Prozent der Beschneidungen bei Jungen an, die älter als einen Monat waren.[253] Da die Vorhaut eines Jungen normalerweise bei der Geburt mit der Eichel verklebt ist und möglicherweise

---

248 Maurer, D. & Maurer, C., *The World of the Newborn* (New York: Basic Books, 1988), 240.
249 Ebenda, 241.
250 Unterhaltung mit dem Autor, College Park, MD, Mai 1994.
251 Ritter, *Say No To Circumcision*, 26-1.
252 Taylor, Lockwood, & Taylor, »The Prepuce«, 294.
253 Larsen, G. & Williams, S., »Postneonatal Circumcision: Population Profile«, *Pediatrics* 85 (1990): 808-12.

98

erst in der Jugend zurückziehbar ist, kann eine echte Phimose bei einem jungen Knaben nicht diagnostiziert werden.[254] Dennoch sind einige Ärzte verdächtig schnell damit, die Beschneidung von Jungen zu empfehlen. Eine Mutter, die ihren Jungen zu einem Arzt brachte, berichtete: »Als ich ihm sagte, dass das Baby einen älteren [intakten] Bruder habe, sagte er: ›Ich muss ihn auch sehen. Er wird wahrscheinlich innerhalb des nächsten Jahres beschnitten werden müssen.‹ Das, ohne ihn gesehen zu haben!«

Wallerstein bemerkt zwei Umfragen von Ärzten und Berichten: »Viele, wenn nicht sogar die meisten amerikanischen Ärzte kennen die richtige Pflege der Vorhaut nicht.«[255] Offenbar stimmte der Herausgeber von *Pediatrics* zu, als er meinen Brief unter dem Titel »Wer weiß das nicht?«[256] veröffentlichte. Dieser erklärte die richtige Behandlung der Vorhaut und den Schaden, der von Ärzten verursacht wurde, die das Zurückziehen der Vorhaut erzwingen. Der Brief war eine Reaktion auf häufige Anrufe von Müttern von Jungen im Circumcision Resource Center, die berichteten, dass ihr Kinderarzt die Vorhaut ihres Sohnes zurückgezogen hatte.

Wegen des allgemeinen Mangels an Wissen über die Beschneidung und die Vorhaut haben Ärztemeinungen über die Beschneidung oft wenig oder keine klinische oder wissenschaftliche Grundlage. Forscherin Anne Briggs erzählt,

> Ich habe mit mehr als einem Arzt gesprochen, der den Beschneidungsvorgang mit Eifer verteidigt und völlig unbekümmert zu sein scheint von der Tatsache, dass er dies ohne einen Hauch von Fakten tut, um seine Position zu stützen.[257]

Der Öffentlichkeit sind Mängel in der medizinischen Praxis im Allgemeinen nicht bekannt. Ein Grund dafür ist, dass Ärzte ab dem Zeitpunkt des Medizinstudiums lernen, wie ein Student mal sagte: »Wir müssen gute Schauspieler sein, das Bild des Selbstvertrauens vermitteln, dass du alles weißt.«[258] Ein weiterer Faktor ist, dass die Ärzteschaft Kontrolle über viel Wissen hat, das Leute hilfreich finden würden. Die medizinische Einrichtung geht nicht immer offen mit diesen Informationen um, wie der Soziologe Laurel Richardson festgestellt hat.

> Indem sie der Öffentlichkeit – wenn auch vielleicht unbeabsichtigt – Informationen vorenthalten, verhindern medizinische und halbmedizinische Institutionen, dass Individuen ihren Körper, ihre Gefühle und damit auch sich selbst verstehen.[259]

---

254 American Academy of Pediatrics, *Newborns: Care of the Uncircumcised Penis*.

255 Wallerstein, *Circumcision: An American Health Fallacy*, 129.

256 Goldman, R., LeserbriefLeserbrief, *Pediatrics* 91 (1993): 1215.

257 Briggs, *Circumcision: What Every Parent Should Know*, 140.

258 Haas, J. & Shaffir, W., »The Cloak of Competence«, in J. Henslin, Hrsg., *Down To Earth Sociology* (New York: Free Press, 1993), 439.

259 Richardson, L., *The Dynamics of Sex and Gender* (New York: Harper & Row, 1988), 123.

Im Falle der Beschneidung ist das Zurückhalten von Informationen manchmal beabsichtigt. Dr. Christiane Northrup hat ihre Geburtshilfepraxis eingestellt. Sie berichtet:

> Ich habe in den Geburtsvorbereitungskursen im Krankenhaus darüber gesprochen, warum man die Beschneidung nicht machen sollte. Was passierte, war, dass in der Abteilung die Information ankam, Dr. Northrup lasse die Leute sich schlecht fühlen. [Werdende Eltern, die beschneiden wollten, fühlten sich unbehaglich.] Also luden sie mich nicht mehr zu Vorträgen ein. Das passierte auch einem männlichen Geburtshelfer, der das Gleiche tat.[260]

Im Jahr 1984 veröffentlichte die American Academy of Pediatrics (AAP) eine Broschüre namens *»Neugeborene: Pflege des unbeschnittenen Penis«*, die darauf hinwies, dass die Funktionen der Vorhaut den Schutz der Eichel und Harnröhreöffnung vor Reizungen und Infektionen umfassen. Durch das Auslassen dieses Abschnitts aus späteren Versionen der Broschüre scheint es, dass der AAP nützliche Informationen über die Vorhaut versteckt, die die Beschneidungsentscheidung beeinflussen könnten. Ich kontaktierte die AAP, um eine Erklärung für die Streichung einzufordern, aber sie konnten keinen Grund nennen.[261]

Das Brigham and Women's Hospital in Boston hat die höchste jährliche Geburtenzahl aller Krankenhäuser in New England. 1991 schickte ich einen Brief mit dokumentierten Referenzen, die auf Fehler und Auslassungen in ihrem Beschneidungsinformationsblatt hinweisen, die sie an werdende Eltern verteilen (siehe Anhang A). Dr. Steven Ringer, der Autor des Blattes, nannte die bereitgestellten Informationen »angemessen« und fügte hinzu, dass es die Wahl der Eltern einschränken würde, wenn eine eindeutige Position zur Beschneidung dargestellt würde. Dieser Grund ähnelte einigen Antworten von Geburtshelfern (siehe Kapitel 2). Er tat meinen Brief ab mit den Worten: »Sie lesen unser Informationsblatt anders, als wir unser Informationsblatt lesen.« 1995 wurde das gleiche ungenaue Informationsblatt noch verteilt.

Die medizinische Gemeinschaft hält auch Informationen vor sich selbst zurück. Studien und Meinungen, die der Beschneidung kritisch gegenüberstehen, sind schwieriger zu veröffentlichen als Studien und Meinungen, die die Beschneidung unterstützen. Zum Beispiel veröffentlichte *Ca – A Cancer Journal for Clinicians* einen Meinungsartikel mit dem Titel »Die Beziehung zwischen Beschneidung und Peniskrebs«.[262] Der Artikel argumentiert, dass die Prävention von Peniskrebs ein guter Grund sei, Säuglinge routinemäßig zu beschneiden. Obwohl entgegengesetzte Standpunkte als Antwort eingesandt wurden, wurden keine solchen Ansichten veröffentlicht. Meine Untersuchung in dieser Ange-

---

260 Telefongespräch mit dem Autor 1994:

261 Brief der AAP an den Autor, Februar 1996.

262 Schoen, E., »The Relationship between Circumcision and Cancer of the Penis«, *Ca—A Cancer Journal for Clinicians* 41 (1991): 306-9.

100

legenheit wurde von den Mitarbeitern der Zeitschrift und den Mitarbeitern der American Cancer Society und den Mitgliedern des Beirats ignoriert. Die Unterdrückung der Debatte ist unvereinbar mit einer gesunden wissenschaftlichen Umgebung und widerspricht einer Aussage des Herausgebers der Zeitschrift in einer früheren Ausgabe: »*Ca* möchte die Diskussion kontroverser Themen nicht ausschließen.«[263]

Dr. John Taylor, der sich mit der Anatomie der Vorhaut beschäftigte (siehe Kapitel 2), entschied sich, seine Arbeit bei einer britischen medizinischen Fachzeitschrift einzureichen. Er hatte mehrere Gründe, aber dazu gehörte auch die Wahrnehmung, dass die Wahrscheinlichkeit der Annahme und Veröffentlichung mit einer britischen Veröffentlichung besser wäre als mit einer amerikanischen Zeitschrift. Der Mangel an routinemäßiger Beschneidung in England erklärt eine andere kulturelle Einstellung dazu.[264]

Es ist angebracht, sich daran zu erinnern, dass jede Institution oder jeder Beruf seine Probleme und Mängel hat. Die hier beschriebene und mit der medizinischen Gemeinschaft verbundene psychologische und soziale Dynamik tritt auch in anderen Berufen auf. Wie andere Berufe und Institutionen ist die medizinische Gemeinschaft ein Spiegelbild der größeren Gesellschaft, der sie dient. Sie nimmt die Standards an, die die größere Gemeinschaft erwartet. Sie vermeidet die unangenehmen Probleme, die die Gesellschaft vermeidet. Das ist eine Frage des Überlebens. Andernfalls würde sie riskieren, Glaubwürdigkeit und Akzeptanz zu verlieren. Folglich gestalten die Menschen, die in der Medizin arbeiten, ihre Berufe so, dass sie unserer Kultur entsprechen. In gewissem Sinne sind sie wir. Sie haben unsere Werte und handeln in den meisten Fällen so, wie wir es in derselben Situation tun würden. Wie viele von uns sind bereit, vorherrschende Überzeugungen und Praktiken in unseren Berufen zu hinterfragen? Im Allgemeinen neigen auch wir dazu, gedankenlos der Autorität zu gehorchen, uns an alte Denkgewohnheiten zu klammern und neue Informationen abzulehnen, die unsere Überzeugungen bedrohen.

Zu diesem Zeitpunkt habe ich dokumentiert, dass etwa 3.500 Kinder täglich unnötigen, extremen Schmerzen und dem Risiko von chirurgischen Komplikationen ausgesetzt sind. Ein Langzeitergebnis dieses Eingriffs ist verminderte sexuelle Empfindlichkeit. Verhaltensänderungen, die bei Säuglingen beobachtet werden, sind von unbekannter Dauer. Es ist an der Zeit, die möglichen langfristigen psychologischen Auswirkungen der Beschneidung zu untersuchen.

---

263 Holleb, A., Herausgeber-Kommentar, *Ca—A Cancer Journal for Clinicians* 39 (1989): 127.
264 Telefongespräch mit dem Autor, März 1996.

4
Langfristige psychologische Auswirkungen der Beschneidung:
I. Frühe Traumata und Erinnerung

Meine Klienten hatten immer wieder Erinnerungen an die Geburt, etwas, von dem ich nicht wusste, dass es möglich war.

— *David Chamberlain, Psychologe und Präsident der Gesellschaft für prä- und perinatale Psychologie und Gesundheit*

Die Atmosphäre der Verleugnung und Unterdrückung in Bezug auf die Beschneidung hat die Forschung in Bezug auf die langfristigen Auswirkungen der Praxis erstickt. Eine Suche nach psychologischer und medizinischer Literatur ergab keine Studien zu diesem Thema, abgesehen von der Untersuchung von Säuglingen im Alter von vier bis sechs Monaten, in denen beschnittene Säuglinge nach Impfungen länger schrien als intakte Säuglinge (siehe Kapitel 1). Forscher der Universität von Cambridge in England und der Georgetown University Medical School bezeichneten diesen Mangel an Studien als »besonders besorgniserregend«. In ihrem Artikel, der in *Developmental Psychobiology* veröffentlicht wurde, schrieben sie:

Angesichts der Beweise, die langfristige verhaltensbezogene, physiologische, anatomische und sogar neuropharmakologische Wirkungen von »kleinen« Ereignissen in der frühen Tierentwicklung zeigen, wären wir unklug, ohne empirische Beweisführung davon auszugehen, dass die Beschneidungseffekte kurzlebig sind.[265]

Auf der Basis der verfügbaren Informationen folgerten sie, dass die Beschneidung »langfristige physiologische und verhaltensbedingte Konsequenzen haben kann«.[266]

---

265 Richards, Bernal, & Brackbill, »Early Behavioral Differences«, 91.
266 Ebenda, 93.

Unter Berufung auf frühere Forschungsergebnisse über das Gedächtnis von Neugeborenen gelangten andere Forscher an der School of Medicine der University of Washington in einem Zirkumzisionsartikel, der in *Infant Behaviour and Development* veröffentlicht wurde, zu einem ähnlichen Schluss: »Es scheint daher unangemessen, ohne direkte Beweise die Annahme dafür zu treffen, es gäbe *keine* langfristigen Konsequenzen der Beschneidungserfahrung.«[267]

4.1 Gründe für Untersuchungsmängel

Der Vorschlag zur Erforschung der Langzeiteffekte der Beschneidung wurde gemacht und praktisch niemand antwortete. Warum? Die Antwort kann eine Kombination kultureller und emotionaler Faktoren sein. Es gibt die verbreitete Annahme, dass Säuglinge noch keine vollwertigen Menschen seien, nicht ausreichend entwickelt, um die Bedeutung eines solchen Ereignisses zu registrieren, und dass alles, was wir ihnen in diesem Stadium antun, keine langfristige Bedeutung habe. Dieser Glaube wird durch die Tatsache unterstützt, dass sich Menschen normalerweise nicht an ihre Kindheit erinnern. Was nicht erinnert wird, wird als belanglos angenommen.

Diese Sichtweise vernachlässigt die mächtige Wirkung des Unbewussten. Seit Freud ist es eine allgemein akzeptierte Idee in der Psychologie, dass die Vergangenheit die gegenwärtige Erfahrung beeinflusst. Das tägliche Leben und die klinische Arbeit bestätigen diesen Zusammenhang, und in einer Langzeitstudie wurde ein Zusammenhang zwischen der kindlichen Umwelt und der psychischen Gesundheit von Erwachsenen festgestellt.[268] Obwohl man weiß, dass manche Psychopathologie aus der Kindheit stammt, wird der langfristige Einfluss von Erfahrungen im Säuglingsalter in der allgemeinen psychologischen Theorie und Praxis nicht allgemein anerkannt und gewürdigt. Bemühungen, wichtige Arbeiten in diesem Bereich in amerikanischen Zeitschriften zu veröffentlichen, stoßen auf Widerstand.[269] Vorherrschende Einstellungen und Annahmen waren große Hindernisse.

Die Überspezialisierung der Berufspraxis trägt auch dazu bei, dass die Beschneidung als Forschungsthema vernachlässigt wird. Beschneidung ist eine medizinische Prozedur, und die medizinische Gemeinschaft ist im Allgemeinen nicht in den psychologischen Verzweigungen ihrer Arbeit ausgebildet oder sensibel dafür. Umgekehrt betrachten Psychiater im Allgemeinen routinemäßige

267 Marshall, R. et al., »Circumcision: I. Effects upon Newborn Behavior«, *Infant Behavior and Development* 3 (1980): 13.

268 Vaillant, G., »Natural History of Male Psychological Health: II. Some Antecedents of Healthy Adult Adjustment«, *Archives of General Psychiatry* 31 (1974): 15-22.

269 Chamberlain, D., »The Significance of Birth Memories«, *Pre and Perinatal Psychology Journal* 2 (1988): 208-226.

medizinische Verfahren im Kindesalter nicht als mögliche Ursache der Psychopathologie für Erwachsene.

Die Erforschung der langfristigen Auswirkungen von Beschneidung schließt potentiell hemmende emotionale Faktoren mit ein, die mit der eigenen Beschneidung zusammenhängen. Forscher untersuchen typischerweise Individuen und Gruppen, die sich selbst ausschließen. Dies steht im Einklang mit der traditionellen wissenschaftlichen Idee des »objektiven« Beobachters und bietet auch eine sichere emotionale Distanz zu den Versuchspersonen. Im Falle der Beschneidung sind die meisten Forscher jedoch selbst beschnitten. Darüber hinaus arbeiten viele in Berufen und Institutionen, die regelmäßig Beschneidungen durchführen. Die Untersuchung der negativen Langzeiteffekte der Beschneidung könnte persönlich, beruflich und kulturell unbequem werden. Eine solche Studie könnte die Praxis in Frage stellen, eine bedrohliche Option für Forscher und finanzielle Förderer, die man leichter vermeidet, als sich mit ihr zu konfrontieren. Dass praktisch niemand bereit ist, die langfristigen psychologischen Auswirkungen der Beschneidung zu untersuchen, ist selbst eine langfristige Konsequenz der Beschneidung.

Kultureller Widerstand gegen Beschneidungsforschung wird durch die Tatsache verstärkt, dass ein Teil der Forscher jüdisch ist. Sie sind vielleicht noch weniger bereit, eine Praxis in Frage zu stellen, die mit ihrem ethnischen und religiösen Erbe identifiziert wird. Nichtjüdische Forscher könnten sensibel sein, wenn sie Juden mit einer Forschung kritisieren, die als kritisch für die Praxis angesehen werden könnte. In Bezug auf die Einstellung der medizinischen Berufe zur Beschneidung stellt Dr. Steven Ringer vom Brigham and Women's Hospital in Boston fest, dass »der religiöse Aspekt der Beschneidung eine bedeutende Rolle spielt«. Laut Ringer würde die Einschränkung der Beschneidung die Ärzte »in die Lage versetzen, den religiösen Glauben anzugreifen.«[270] Diese Haltung mag eine Methode von Religion sein, um andere Motivationen zu verschleiern (siehe Kapitel 2), aber sie zeigt, dass der religiöse Faktor das Thema komplizierter macht.

Schließlich, und das ist am wichtigsten, gibt es bisher kaum irgendein öffentliches Problembewusstsein. Es wird stillschweigend angenommen, dass beschnittene Männer entweder froh sind oder sich nicht dafür interessieren, dass sie beschnitten sind, und dass es keinen Zusammenhang zwischen ihrem gegenwärtigen psychologischen Zustand und der Tatsache gibt, dass sie beschnitten wurden.

---

270 Interview durch den Autor, Boston, MA, 1992.

4.2 Geburt als Trauma in der Psychoanalyse

Während es keine Studien über langfristige Auswirkungen der Beschneidung gegeben hat, gibt es solche Studien zur Geburt. Daher werden wir den Zusammenhang zwischen Geburt und Trauma betrachten, der langfristige Auswirkungen hat. Wenn es für ein neugeborenes Kind plausibel ist, ein Trauma bei der Geburt zu erleben, ist es plausibel, dass andere extrem schmerzhafte Ereignisse der Kindheit, wie die Beschneidung, auch als Traumata erlebt werden. Das Konzept des Traumas, die psychische und emotionale Reaktion auf ein unkontrollierbares, überwältigendes Ereignis, wird in einem späteren Abschnitt dieses Kapitels erörtert.

Die Idee der Geburt als Trauma ist nicht neu. 1920 schrieb Freud, dass »der Akt der Geburt die Quelle und der Prototyp des Affektes der Angst ist«.[271] Ganz allgemein erklärte er:

> Die Bedeutung infantiler Erfahrungen sollte nicht völlig vernachlässigt werden … Im Gegenteil, sie erfordern besondere Aufmerksamkeit. Sie sind um so folgenreicher, als sie in Zeiten unvollständiger Entwicklung auftreten und gerade deshalb traumatische Wirkungen haben können.[272]

Otto Rank schrieb auch über das Geburtstrauma. *(Zeitgenössische Kliniker kommen zu dem Schluss, dass Geburt nicht von Natur aus traumatisch ist. Ein Geburtstrauma wird durch viele Faktoren verursacht, die normalerweise mit einer medizinischen Störung verbunden sind. Einige Babys werden entspannt geboren und lächeln kurz nach der Geburt.[273])* Als Psychoanalytiker und Freund von Freud dachte er auch, dass Geburt das erste Trauma sei, und er entwickelte die Idee weiter. Rank glaubte, »die Angst vor der Geburt bildet die Grundlage jeder Angst oder Furcht«,[274] daher verband er das Geburtstrauma mit vielen Zuständen wie Phobien, Atembeschwerden und epileptischen Anfällen. Rank schlug vor, das Geburtstrauma zu wiederholen, um seine Auswirkungen zu behandeln. Seine Ideen sind für verschiedene Fachleute und Laien interessant geblieben. Viele Psychoanalytiker haben einige von Ranks Behauptungen in Frage gestellt, aber viele haben auch geglaubt, dass die Erfahrung der Geburt nachhaltige Auswirkungen hat.[275]

Es gibt erneut Interesse an der Arbeit von Donald Winnicott, einem englischen Kinderarzt und Psychoanalytiker. Seine Erfahrung umfasste die Teilnahme bei vielen Geburten, die regelmäßige Beobachtung von Säuglingen, das Hören

---

271 Freud, S., *Introductory Lectures on Psychoanalysis*, J. Strachey, Hrsg. und Übers., (1920; Nachdruck, New York: Norton, 1966), 493.
272 Ebenda, 449.
273 Leboyer, F., *Birth Without Violence* (New York: Knopf, 1975), 114.
274 Rank, O., *The Trauma of Birth*, (1929; Nachdruck, New York: Harper & Row, 1973), 17.
275 Reber, A., *The Penguin Dictionary of Psychology*, (New York: Penguin Books, 1985), 95.

mütterlicher Berichte über die Entwicklung von Kindern und das psycho-analytische Arbeiten mit Kindern und Erwachsenen. Er kam zu dem Schluss, dass eine traumatische Geburt schwerwiegende Folgen hat und in Erinnerung bleibt. 1949 schrieb er:

> Wenn das Geburtstrauma signifikant ist, wird jedes Detail der Auswirkung und der Reaktion sozusagen in das Erinnerungsvermögen des Patienten eingeprägt, in der Art und Weise, wie wir uns daran gewöhnen, wenn Patienten traumatische Erfahrungen des späteren Lebens wieder erleben.[276]

Winnicott fand eine Verbindung zwischen Geburtstrauma und sowohl Verhalten als auch psychosomatischen Problemen.

4.3 Neurologische Entwicklung bei Kindern und Erinnerungsvermögen

Der Widerstand gegen die Vorstellung eines Geburtstraumas steht im Allgemeinen im Zusammenhang mit Meinungsverschiedenheiten über den Grad der neurologischen Entwicklung und der Gedächtnisfähigkeit des Neugeborenen. Hat ein Neugeborenes eine ausreichende Entwicklung, um ein Trauma zu erleben, und könnte dieses Erlebnis nachhaltig wirken?

Frühe Literatur über neurologische Entwicklung behauptete, dass die Fähigkeiten des Säuglings sehr begrenzt seien.[277] Selbst noch in jüngster Zeit haben einige Autoren behauptet, dass Neugeborene nicht in der Lage sind, sich zu erinnern und dass ihre Erfahrung keine nachhaltige Wirkung habe.[278] Es ist aber bemerkenswert, dass diese Aussagen nicht durch Forschung, Dokumentation oder klinische Erfahrung unterstützt werden. Sie haben nur den Status einer Meinung. Solche Behauptungen ähneln denen, die verwendet werden, um kindlichen Schmerz zu verleugnen: »Das Schmerzempfinden eines Babys ist mit ziemlicher Sicherheit trüber als das eines Erwachsenen.«[279] Wie im ersten Kapitel erwähnt, steht dieser Glaube im Widerspruch zu den neuesten Studien und gemeinsamen Beobachtungen von Säuglingen durch ihre Mütter.

Die Teile des Gehirns, die für das Langzeitgedächtnis benötigt werden, wurden identifiziert.[280] Anand und Hickey berichten in ihrer oft zitierten Literatur-

---

276 Winnicott, D., »Birth Memories, Birth trauma, and Anxiety«, in *Through Paediatrics to Psycho-Analysis*, (New York: Brunner/Mazel, 1992), 183.

277 McGraw, M., *The Neuromuscular Maturation of the Human Infant* (New York: Columbia University Press, 1943).

278 Maurer & Maurer, *The World of the Newborn*, 51; Stern, *The Interpersonal World of the Infant*, 23.

279 Maurer & Maurer, *The World of the Newborn*, 33.

280 Squire, L., »Mechanisms of Memory«, *Science* 232 (1986): 1612-19.

übersicht über Kleinkinderschmerz, dass diese Strukturen »während der Neuge-
borenenzeit gut entwickelt und funktionstüchtig sind«.[281] Basierend auf fünf
Literaturstellen zur Säuglingsforschung kommen sie zu dem Schluss:

> Auf lange Sicht könnten schmerzhafte Erfahrungen bei Neugeborenen möglicher-
> weise zu psychologischen Folgen führen, da mehrere Forscher gezeigt haben, dass
> Neugeborene eine viel größere Gedächtniskapazität haben als bisher angenom-
> men.[282]

Es ist auch wichtig, daran zu denken, dass es verschiedene Arten von Gedächtnis
gibt, sowohl bewusstes als auch unbewusstes.[283] Wenn Sie zum Beispiel beim
Mittagessen an die Farbe des Hemds eines Freundes denken, dann verwenden
Sie eine andere Art von Erinnerung als die, wie Sie Ihre Schuhe binden oder sich
daran zu erinnern, wo Sie waren, als Sie von einem schockierenden politischen
Attentat gehört haben. Wie wir im nächsten Abschnitt sehen werden, kann nicht
nur der Intellekt mit dem Gedächtnis in Verbindung gebracht werden, sondern
auch Emotionen und der Körper.

Die Debatte über das Langzeitgedächtnis bei Kleinkindern könnte in eine
andere Perspektive gerückt werden, indem verwandte Literatur zu anderen Arten
berücksichtigt wird. Das Langzeitgedächtnis wurde bei Affen, Ratten, Küken,
Wandervögeln, Schnecken, Fruchtfliegen und Ameisen verhaltensbasiert nachgewiesen.[284] Wenn diese einfacheren Tiere ein Langzeitgedächtnis haben, wäre
es biologisch und rational inkonsequent, die Fähigkeit des Langzeitgedächtnisses
bei Neugeborenen zu leugnen.

Es scheint, dass neugeborene Kinder aus entwicklungs- und neurologischer
Sicht in der Lage sind, ein Trauma zu erleben und eine Erinnerung daran zu
behalten. Wir haben unsere eigene Unfähigkeit projiziert, uns bewusst an unsere
frühe Kindheit zu erinnern. Wir speichern Erinnerungen an unsere Kindheit, aber
im Allgemeinen haben wir keinen Zugang zu ihnen. In einer Umfrage unter
Psychologen stimmte die Mehrheit zu, dass das Vergessen auf einen Abruffehler

---

281 Anand & Hickey, »Pain and Its Effects«, 1326.

282 Ebenda, 1325.

283 Kihlstrom, J., »The Cognitive Unconscious«, *Science* 237 (1987): 1445-52; Tulving, E., »How Many
Memory Systems Are There?«, *American Psychologist* 40 (1985): 385-98.

284 Menzel, C., »Cognitive Aspects of Foraging in Japanese Monkeys«, *Animal Behavior* 41 (1991): 397-402;
Gorman, L., Shook, B., & Becker, D., »Traumatic Brain Injury Produces Impairments in Long-Term and
Recent Memory«, *Brain Research* 614 (1993): 29-36; Rickard, N., Ng, K., & Gibbs, M., »A Nitric Oxide
Agonist Stimulates Consolidation of Long-Term Memory in the 1-Day-Old Chick«, *Behavioral
Neuroscience* 108 (1994) 640-44; Godard, R., »Long-Term Memory of Individual Neighbors in A Migratory
Songbird«, *Nature* 350 (1991): 228-9; Kandel, E., »Genes, Nerve Cells, and the Remembrance of Things
Past«, *Journal of Neuropsychiatry and Clinical Neurosciences* 1 (1989): 103-25; Tully, T., Cambiazo, V., &
Kruse, L., »Memory through Metamorphosis in Normal and Mutant Drosophila«, *Journal of Neuroscience*
14 (1994): 68-74; Errard, C., »Long-Term Memory Involved in Nestmate Recognition in Ants«, *Animal
Behavior* 48 (1994): 263-71.

und nicht auf den Verlust von Informationen aus dem Speicher zurückzuführen war.[285]

4.4 Klinische Erfahrung mit körperorientierten Therapien und Forschung über Geburtsaufwand

Frühe Erinnerungen wurden bei Erwachsenen im Verlauf der Behandlung mit verschiedenen körperorientierten Psychotherapien abgerufen. Wilhelm Reich war der erste Kliniker, der einen biophysikalischen Ansatz zur Behandlung von Personen entwickelte, die psychologische Probleme berichteten. Er entwickelte diese Theorie und Praxis in den späten 1920er Jahren. Reich hat zum Beispiel verstanden, dass Worte die Ehrlichkeit des Körperausdrucks verdecken können und dass die Art und Weise, wie eine Person redet, wichtiger ist als das, was eine Person gesagt hat.

Reich zufolge »können psychische Spannung und Entspannung nicht ohne eine somatische Repräsentation sein, denn Spannung und Entspannung sind biophysikalische Prozesse.«[286] Er nannte die Spannung und Abwehr des Körpers gegen den emotionalen Ausdruck »Schutzpanzer«. Reich beachtete und reagierte auf den biologischen Ausdruck von Schutzpanzern.

> Der totale Ausdruck des gepanzerten Individuums ist das »Zurückhalten«. Dieser Ausdruck muss wörtlich genommen werden: *Der Organismus drückt aus, dass er sich zurückhält.* Die Schultern werden zurückgezogen, der Thorax hochgezogen, das Kinn starr gehalten, die Atmung ist flach, der untere Rücken ist gewölbt, das Becken ist eingezogen und »tot«, die Beine sind steif ausgestreckt oder fern jeden Ausdrucks; dies sind einige der wichtigsten Einstellungen der totalen Zurückhaltung.[287]

Reich fand heraus, dass der Körper verdrängte Gefühle und Erinnerungen enthält. Obwohl Reichs spätere Arbeit eine Kontroverse hervorrief, haben Mainstream-Forscher seine frühen Beobachtungen bestätigt.[288] Mit der Aufgabe des Schutzpanzers und dem Ausdruck von Emotionen werden unbewusste Erinnerungen wieder abrufbar.

---

285 Loftus, E. & Loftus, G., »On the Permanence of Stored Information in the Brain«, *American Psychologist* 35 (1980): 409-20.

286 Reich, *Character Analysis*, 343.

287 Ebenda, 364-5.

288 Anthi, P., »Reconstruction of Preverbal Experiences«, *Journal of the American Psychoanalytic Association* 31 (1983): 33-58; Bernstein, A. & Blacher, R., »The Recovery of a Memory from Three Months of Age«, *Psychoanalytic Study of the Child* 22 (1967): 156-61; Terr, L., »Children of Chowchilla: A Study of Psychic Trauma«, *Psychoanalytic Study of the Child* 34 (1979): 547-623.

Diese Prinzipien und Praktiken wurden in jüngerer Zeit von anderen Klinikern verwendet, insbesondere im Zusammenhang mit dem Zugang zu der Geburtserfahrung.[289] Die Idee der Geburt als traumatisch und mit Langzeitwirkung wurde von Arthur Janov untersucht. Der international bekannte Psychologe und Autor Janov ist Direktor des *Primal Training Centre* in Los Angeles und arbeitet seit 40 Jahren im Bereich der psychischen Gesundheit. In seiner Arbeit konzentriert er sich auf tiefe emotionale Freisetzung im Gegensatz zu mentalen Behandlungsansätzen.[290]

In der sogenannten Primärtherapie erleben die Patienten frühe schmerzhafte Szenen einschließlich der Geburtserfahrung. Dieses Wiedererleben des Ereignisses nennt Janov einen Urschmerz. Er wird durch den Therapeuten erleichtert, der dem Klienten hilft, Gefühle auszudrücken und den vielen Abwehrmechanismen entgegenzuwirken, die das Gefühl blockieren. Wie Reich fand Janov, dass die damit verbundenen verdrängten Erinnerungen zugänglich werden, wenn die Gefühle vollständig erfahren und der emotionale Zustand reproduziert wird.

Diese Verbindung zwischen Gefühlserleben und Gedächtnis wurde von vielen Forschern bestätigt.[291] Die Berichte von Laien geben weitere Unterstützung. Becky Wakefield, eine Mutter, die das Circumcision Resource Center kontaktierte, erzählte, dass ihr sechsjähriger Sohn durch einen Tunnel aus Schnee kroch, als er sagte: »Das fühlt sich an, als ob ich geboren wurde.« Auf eine ähnliche Weise kann manchmal ein Urschrei ausgelöst werden, indem man die Erfahrung simuliert, wie zum Beispiel den Kopf aus einer liegenden Position gegen ein Kissen zu drücken. Die Simulation der Geburtserfahrung, um Zugang zu dem Trauma zu bekommen, wurde zuerst vom Psychoanalytiker Nandor Fodor vorgeschlagen.[292]

Zwei Jahre, nachdem Janov zum ersten Mal gesehen hatte, dass Klienten die Geburt wiedererlebten, hielt er die Erfahrungen für »symbolisch« und nicht echt. Er hatte keinen konzeptionellen Rahmen, um zu verstehen, was er sah. Im Laufe der Zeit entwickelte er Theorien, die diesen klinischen Beobachtungen und Klientenberichten entsprachen.

Janov kommt zu dem Schluss, dass Traumata, die durch geburtshilfliche Eingriffe und andere Gründe verursacht werden, nachhaltige Auswirkungen haben können. Er glaubt, dass »die gesamte Person durch unterdrückten Schmerz verändert wird, und jede Ebene des Bewusstseins beteiligt ist«.[293] *(Janov verwen-*

---

289 Orr, L. & Ray, S., *Rebirthing in the New Age* (Millbrae, CA: Celestial Arts, 1977).

290 Janov, A., *The Primal Scream* (New York: Dell Publishing, 1970); Janov, A., *Imprints: The Lifelong Effects of the Birth Experience* (New York: Coward-McCann, 1983).

291 Weingartner, H., Miller, H., & Murphy, D., »Mood-State Dependent Retrieval of Verbal Associations«, *Journal of Abnormal Psychology* 86 (1977): 276-84; Perris, E., Myers, N., & Clifton, R., »Long-Term Memory for a Single Infancy Experience«, *Child Development* 61 (1990): 1796-1807; Eich, J., »The Cue Dependent Nature of State Dependent Retrieval«, *Memory and Cognition* 8 (1980): 157-68; Bower, G., »Mood and Memory«, *American Psychologist* 36 (1981): 129-48.

292 Fodor, N., *The Search for the Beloved* (New York: University Books, 1949).

293 Ebenda, 69.

det ein großes P, um einen verweigerten, getrennten, unerträglichen Schmerz, d. h. ein Trauma, zu bezeichnen.) Die drei Ebenen sind die somatische, die emotionale und die intellektuelle. »Schmerzen« zu unterdrücken ist notwendig, weil wir sonst entweder bei der Geburt gestorben wären oder den überwältigenden »Schmerz« ständig spüren würden. Der »Schmerz« wird im Körper als Spannung gespeichert, während das repressive System uns davor schützt, indem er es unbewusst hält. Es gibt eine sehr große Bandbreite, wie dieser »Schmerz« das Individuum beeinflusst. Viele verschiedene pathologische Folgen, die Verhalten, Physiologie und Persönlichkeit beeinflussen, sind möglich.

Laut Janov bestätigen Geburtshelfer, die Filme und Videoaufnahmen von Urschrei-Geburtserlebnissen gesehen haben, dass »die Bewegungen, Mimik, Atemmuster und Geräusche die des Neugeborenen sind«.[294] Patienten, die mit einer Saugglocke geboren wurden, zeigen eine entsprechende Markierung am Kopf, wenn sie ihre Geburt wieder erleben.[295]

In seinem jüngsten Buch berichtet Janov:

> Ich habe viele hundert Patienten gesehen, die im Laufe der Jahre verschiedene Arten von Geburtstraumata durchlebt haben. Diese Patienten aus etwa zwanzig Ländern haben bestimmte Episoden des Nacherlebens durchlaufen, die nicht gefälscht werden können. Dies wurde beispielsweise durch die Art und Weise nachgewiesen, in der die Füße und Zehen in bestimmten Positionen verriegelt sind, sei es ein Japaner oder ein Schwede, die sich dem Wiedererleben unterziehen. Wir haben während der Wiedererlebenssitzung elektronische Messungen des Pulses, des Blutdrucks, der Körpertemperatur und der Gehirnwellen durchgeführt und festgestellt, dass alle Messwerte enorm ansteigen. In einigen Fällen verdoppelt sich die Amplitude der Gehirnwellen, der Puls steigt auf 200 und der Blutdruck auf 220, die Temperatur um einige zwei oder drei Grad in wenigen Minuten – all das bei einer Person, die ziemlich still liegt, aber im Klammergriff der Erinnerung.[296]

Ein weiterer innovativer Theoretiker und Praktiker ist der Psychiater Stanislav Grof. Er hat über 30 Jahre lang Bewusstseinsforschung betrieben und sowohl mit psychedelischen als auch mit nicht-medikamentösen Therapieansätzen gearbeitet. Grof war auch skeptisch gegenüber frühen klinischen Berichten von Klienten, die mit ihren Geburten in Verbindung standen, aber weitere Erfahrungen führten ihn zu dem Schluss: »In der experimentellen Tiefen-Psychotherapie wird biographisches Material nicht erinnert oder rekonstruiert; es kann tatsächlich vollständig durchlebt werden.«[297] Grof akzeptiert nun, dass viele Arten von Psy-

294 Ebenda, 19.
295 Janov, A., *The New Primal Scream: Primal Therapy 20 Years On* (Wilmington, DE: Enterprise Publishing, 1991), 63.
296 Ebenda, 145-6.
297 Grof, S., *The Adventure of Self-Discovery* (Albany: State University of NY Press, 1988), 4.

chopathologie mit der Geburtserfahrung verbunden sind. Als jemand, der seine eigenen frühen Erfahrungen wiedererlebt hat, schließt Grof: »Wir wurden nur anatomisch geboren und haben diesen Prozess nicht wirklich vollständig abgeschlossen und integriert.«[298]

Einige der von Janov und Grof vorgestellten Theorien und klinischen Beweise ähneln denen von Leslie Feher, der Psychotherapeutin und Präsidentin der *Association of Birth Psychology*. Ihre Klienten erleben die Geburtserfahrung wieder und verbinden die Gefühle mit der aktuellen Erfahrung in der von ihr als Geburtshilfe bezeichneten Therapie. Die folgende Tabelle basiert auf ihrer Zusammenfassung der klinischen Erfahrung:[299]

Geburtserfahrung	Tendenzen Erwachsener
Zangengeburt	Abhängigkeit, Kopfschmerzen
verzögerte Geburt	Ungeduld, sich gefangen fühlen
Kaiserschnitt-Geburt	undefinierte Grenzen, Lernschwierigkeiten
Frühgeburt	Widerstand gegen Veränderung, Klammern
Atemnot	Asthma
großes Trauma	Selbstmord, Todesangst

Feher weist darauf hin, dass diese Zusammenhänge vorläufig sind und nur auf wenigen Probanden in jeder Gruppe basieren. Trotz der Einschränkungen ist sie der Ansicht, dass die Konsistenz des beobachteten Verhaltens die Berichterstattung rechtfertigt. In einer anschließenden Studie mit 71 Erwachsenen führte Feher einen Standard-Persönlichkeitsfragebogen und einen Geburtsfragebogen durch. Die Ergebnisse zeigten signifikante Korrelationen zwischen dem Typ der Geburt und der Persönlichkeit des Erwachsenen. Profile wurden für sechs Geburtskategorien zusammengestellt: natürlich, unter Narkose, als Zangengeburt, Frühgeburt, Kaiserschnitt und Steißgeburt.[300]

Thomas Verny, ein Psychiater, Forscher und Autor aus Toronto, hat Hunderte von Patienten behandelt, die von traumatischen perinatalen Erfahrungen betroffen sind. Sein klinischer Ansatz und seine Erfahrung mit Erwachsenen sind denen von Leslie Feher ähnlich. Zum Beispiel hat er bemerkt, dass Menschen, die durch Kaiserschnitt geboren wurden, ein intensives Bedürfnis nach Körperkontakt haben; diejenigen, die bei der Geburt Probleme mit der Nabelschnur hatten, entwickelten Halsschmerzen, Schluckbeschwerden oder Sprachprobleme; und Frühgeborene fühlen sich chronisch gehetzt.[301]

---

298 Ebenda, 21.
299 Feher, L., *The Psychology of Birth* (New York: Continuum, 1980), 187-203.
300 Feher, L., »Birth Conditions and the Adult Personality«, *Birth Psychology Bulletin* 10 (1989): 108.
301 Verny, *The Secret Life of the Unborn Child*, 101-3.

Es gibt eine weitere Unterstützung für eine Verbindung zwischen Geburtserfahrung und erwachsenem Verhalten. Forscher untersuchten den Zusammenhang zwischen Geburtstrauma und Suizidmethode für 412 Suizidfälle. Die Ergebnisse zeigten, dass diejenigen, die eine Form der Erstickung als Selbsttötung gewählt hatten, bei der Geburt häufiger Atembeschwerden hatten; diejenigen, die mechanische Mittel wählten, hatten wahrscheinlicher ein mechanisches Problem bei der Geburt (z. B. Steißlage, Verwendung von Zangen); und diejenigen, die Drogen wählten, wurden eher von einer Mutter geboren, die während der Wehen Narkotika erhielt.[302]

Die größte und umfassendste Studie über die langfristigen Auswirkungen der Geburt wurde von zwei Forschern berichtet: Emanuel Friedman, Professor für Geburtshilfe und Gynäkologie an der Harvard Medical School und Geburtshelfer-Gynäkologe im Beth Israel Hospital in Boston; und Raymond Neff, Assistant Professor für Biostatistik an der University of California in Berkeley. Die Studie umfasste 58.006 Geburten aus 14 verschiedenen Krankenhäusern. Die Kinder wurden acht Jahre lang mit Tests zur mentalen, motorischen und neurologischen Entwicklung sowie mit Sprach-, Sprach- und Hörfähigkeitsuntersuchungen begleitet. Die Ergebnisse zeigten, dass die Geburtsbedingungen das Kind mindestens in den ersten acht Lebensjahren betreffen können. Zum Beispiel wurden nachteilige Wirkungen für die Steißgeburt und Kaiserschnittgeburt, Frühgeburt und Übertragung, Nabelschnurkomplikationen und die Verwendung von Medikamenten und Saugglocken während der Wehen und der Geburt gefunden.[303]

4.5   Weitere Berichte perinataler Erinnerungen

Es gibt viele Fälle, in denen Hypnose verwendet wurde, um auf perinatale Erinnerungen zuzugreifen. David Cheek, ein pensionierter Geburtshelfer und Hypnotherapeut, war in dieser Hinsicht besonders erfolgreich. Er hypnotisierte zehn Erwachsene, deren Geburt er begleitet hatte, und bat sie, ihre Kopf- und Schulterpositionen bei der Geburt zu beschreiben. Cheek verglich ihre Berichte mit seinen Notizen, die er bei ihrer Geburt gemacht hatte, aber seit über zwanzig Jahren nicht mehr gesehen hatte. In allen Fällen entsprachen die Berichte der Patienten, die ihm mitgeteilt wurden, den schriftlichen Aufzeichnungen.[304]

Der Psychologe David Chamberlain hat Hunderte von Berichten über Geburtserinnerungen in seiner klinischen Praxis gehört. Er testete die Genauig-

302 Jacobson, B. et al., »Perinatal Origin of Adult Self Destructive Behavior«, *Acta Psychiatrica Scandinavia* 76 (1987): 364-71.

303 Friedman, E. & Neff, R., *Labor and Delivery: Impact on Offspring* (Littleton, MA: PSG Publishing, 1987).

304 Cheek, D., »Maladjustment Patterns Apparently Related to Imprinting at Birth«, *American Journal of Clinical Hypnosis* 18 (1975): 75-82; Cheek, D., »Sequential Head and Shoulder Movements Appearing in Age Regression in Hypnosis to Birth«, *American Journal of Clinical Hypnosis* 16 (1974): 261-6.

keit dieser Erinnerungen, die unter Hypnose abgerufen wurden, indem er mit zehn Mutter-Kind-Paaren experimentierte. Die Kinder, meist Teenager und im Alter von neun bis dreiundzwanzig Jahren, hatten keine bewussten Erinnerungen an ihre eigene Geburtserfahrung und hatten sie nicht mit ihren Müttern abgesprochen. Die Kinder und Mütter wurden unabhängig voneinander hypnotisiert und über die Geburt befragt. Es gab keine leitenden Fragen und die Probanden sprachen frei.

> Mutter-Kind-Berichte stimmten miteinander überein, enthielten viele Fakten, die konsistent und zusammenhängend waren, und waren in Bezug auf Einstellungen, Charaktere und Sequenzen angemessen ähnlich. Die unabhängigen Erzählungen verzahnten sich an vielen Punkten wie eine Geschichte, die aus zwei Blickwinkeln erzählt wurde. In einigen Fällen war die Übereinstimmung unheimlich.[305]

Rima Laibow ist Psychiaterin in Westchester County, New York, die Menschen durch expressive, erfahrungsbasierte Ansätze behandelt, die das Auffinden von perinatalen Erinnerungen erleichtern. Sie berichtet, dass, als diese Erinnerungen untersucht wurden, »die medizinischen und anderen Faktoren, auf die in den Erinnerungen angespielt wird, immer durch Geburtsberichte, historische und soziale Faktoren, die die Geburt des Kindes umgeben, bestätigt wurden.«[306] Laibow fügt hinzu, dass diese Erinnerungen spontan, unerwartet und nicht gefordert worden waren.

Weitere Beispiele für frühes Gedächtnis stammen von kleinen Kindern und wurden in verschiedenen psychologischen Zeitschriften erwähnt.[307] Zum Beispiel erinnerte sich eine Zweijährige mündlich an eine traumatische Erfahrung, als sie drei Monate alt war.[308] Andere zweijährige Kinder haben nach Ereignissen gefragt, die mit ihrer Geburt zusammenhängen. Sie fragten sich, warum ihnen in die Ferse gestochen wurden (um eine routinemäßige Blutprobe zu bekommen) und warum sie in eine Plastikbox (kleines Bett im Wöchnerinnenzimmer) gesteckt wurden.[309] Laibow erzählt von ihrem zweieinhalbjährigen Sohn, der sie über den Fleck auf den Gesichtern der Menschen, das Licht im Kreißsaal, über Nasenabsaugung und andere Ereignisse im Zusammenhang mit der Geburt befragte.[310]

---

305 Chamberlain, *Babies Remember Birth*, 106.
306 Laibow, R., »Toward a Developmental Nosology Based on Attachment Theory«, *Pre and Perinatal Psychology Journal* 3 (1988): 12.
307 Fitzgerald, J., »A Developmental Account of Early Childhood Amnesia«, *Journal of Genetic Psychology* 152 (1991): 159-71.
308 Bernstein & Blacher, »Recovery of a Memory«, 156-61.
309 Chamberlain, »The Significance of Birth Memories«, 208-26.
310 Laibow, R., »Birth Recall: A Clinical Report«, *Pre and Perinatal Psychology Journal* 1 (1986): 78-81.

Die folgende Liste fasst die vorhergehenden Informationen in diesem Kapitel bezüglich des Geburtstraumas und des Geburtsgedächtnisses zusammen.

GEBURTSTRAUMA UND ERINNERUNG

Empirische Forschung an Neugeborenen
* Neurologische Strukturen sind gut entwickelt und funktionieren.
* Speicherfähigkeit wurde nachgewiesen.

Geburtserinnerungen von kleinen Kindern
* Kinder, in der Regel zwei bis vier Jahre alt, haben sich verbale Erinnerungen an ihre Geburt erinnert.
* Dokumentierte Berichte ihrer Aussagen enthalten manchmal das Hinterfragen von Krankenhausprozeduren.

Empirische Forschung zu Langzeitwirkungen der Geburt
* Eine umfassende Studie hat langfristige Entwicklungseffekte im Zusammenhang mit der Geburtserfahrung gezeigt.
* Eine Studie hat einen Zusammenhang zwischen der Art der wichtigsten Geburtstraumata und Suizidmethode gezeigt.
* Vorläufige Korrelation wurde zwischen Geburtserfahrung und Erwachsenen-Verhaltensmustern und Persönlichkeitstypen aufgezeigt.

Klinische Erfahrung in körperorientierten Therapien
* Einige Praktiker haben Klienten beobachtet, die geburtsbezogene Ereignisse wiedererleben.
* Messungen bestätigen, dass physiologische Veränderungen das Gedächtnis begleiten.
* Geburtserinnerungen werden durch Geburtsaufzeichnungen bestätigt.

Klinische Erfahrung in der Hypnotherapie
* Geburtsbewegungen wurden in Erinnerung behalten und stimmten mit der schriftlichen Aufzeichnung der Geburt überein.
* Geburtsberichte von Mutter und zugehörigen älteren Kinder stimmen überein.

4.6   Beschneidungserinnerungen

Wenn es Menschen möglich ist, perinatale Erinnerungen zu haben, dann ist es vernünftig, anzunehmen, dass beschnittene Männer Beschneidungserinnerungen haben können, da die Beschneidung kurz nach der Geburt durchgeführt wird. Obwohl es keine empirische Forschung zu Beschneidungstrauma und Gedächtnis gibt, können die anderen vier Kategorien von Beweisen in der vorherigen Liste, die Geburtstrauma und Geburtsgedächtnis stützen, auf die Beschneidung angewendet werden. Zum Beispiel kontaktierte Betsy Melber, eine kalifornische Mutter eines siebenjährigen Jungen, das Circumcision Resource Center und berichtete von einem Gespräch mit ihrem Sohn:

> Mein Sohn erinnerte sich seiner Beschneidung, als er drei war. Wir haben darüber gesprochen, wie es war, als er geboren wurde. Er erinnerte sich an alle möglichen Details. Er sagte: »Ich habe geweint, weil sie mich von dir weggebracht haben« und »Ich habe geweint, als der Doktor meinen Pipimann mit einer Schere zerschnitt.« Er sagte, es tat weh und er mochte es nicht.

Becky Wakefields Sohn sprach auch davon, dass sein Penis geschnitten wurde, als er sich im Alter von sechs Jahren an seine Geburt erinnerte.

Die Autorin Anne Briggs berichtet, dass zwei Mütter sie über die von ihren Kindern berichteten Beschneidungserinnerungen kontaktierten. Ein vierjähriger Junge wurde gefragt, ob er sich an seine Geburt erinnere. Er sagte: »Nein, Mama, das Einzige, an das ich mich erinnere, ist, mein Penis tut wirklich weh.«[311] Ein anderer Junge, der viereinhalb Jahre alt war, verletzte seinen Penis, als er stolperte und hinfiel. Im anschließenden Gespräch mit seiner Mutter erinnerte er sich an Einzelheiten seiner Beschneidung. Sein Bericht umfasste die Position der Gurte, die ihn gesichert hatten, und dass ihm nach dem Eingriff etwas zu saugen gegeben wurde. Beobachtungen des Jungen wurden bestätigt.

David Chamberlain stellt fest, dass einige Männer sich bewusst an ihre Beschneidung erinnern können. Andere erinnern sich unter Hypnose. Einer seiner Klienten gab diesen Bericht in einer hypnotischen Sitzung:

> Es gibt eine Empfindung, die ich noch nie zuvor erlebt habe. Da ist was in meinem Rücken, ich bin in einer Form, hineingezogen. Ich weiß nicht, wo ich bin, aber ich habe das Gefühl, dass meine Schulterblätter nicht bequem ruhen und meine Schultern nach unten drücken. Ich kann sie nicht verbiegen; ich bin auf etwas Hartem und Kaltem! Ich spüre jetzt, wie sich mein ganzer Körper wölbt. Ich weiß nicht, was los ist. Ich höre Babys weinen und ich weine auch. Ich weiß nicht warum. Oh! Sie ziehen an meinem Penis und ich habe Schmerzen.
>
> *(Siehe Abb. 10.)*

---

311 Briggs, Circumcision: *What Every Parent Should Know*, 122.

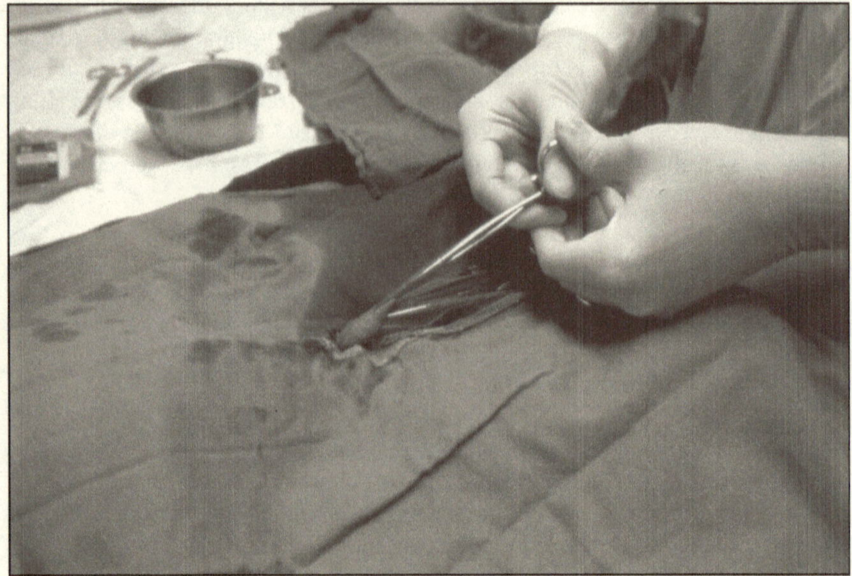

Abbildung 10: Nachdruck mit Genehmigung von The Saturday Evening Post

> Es tut weh. Ich bin mir nicht sicher, warum. Da ist eine weiße Robe; es ist ein Arzt. Sie halten meine Beine gesenkt und mein Rücken ist gewölbt. Sie schneiden meinen Penis und es tut weh. Es schmerzt! Ich fühle, wie mein Penis gezogen wird. Ich fühle dort scharfe Punkte. Ich bin verletzt und mein Rücken ist stramm. Jemand holt mich ab und hält mich fest. Ich kann mich nicht entspannen. Ich bin steif. Mein Penis tut weh; es brennt … Ich bin jetzt müde. Ich weinte heftig. Ich habe alles herausgeschrien. Ich versuche, einzuschlafen.[312]

Die Autorin und Geburtshelferin Rosemary Romberg interviewte einen Vater, der seine eigene Beschneidung erlebt hatte:

> Als ich in Therapie war, ging ich durch eine Art Visualisierung, ein Wiedererleben meiner eigenen Beschneidung. Ich kann mich nicht mehr genau erinnern, was es war, aber ich weiß, dass es ziemlich schrecklich war. Ich fühlte zu der Zeit, dass ich kaum die Oberfläche dessen berührte, was ich erlebte. Denken Sie einfach nur daran, ein Mann oder ein Junge zu sein, der ein bisschen älter ist und da ist jemand, der Sie niederdrückt und das Ende Ihres Penis hochhält. Es ist nicht anders. Manche Leute haben eine verrückte Idee, dass Babys weniger fühlen und weniger erfahren als jemand, der älter ist !! … Es ist ein Gefühl von Wut und Zorn, das dabei herauskam.[313]

---

312 Chamberlain, D., »Babies Remember Pain«, *Pre and Perinatal Psychology Journal* 3 (1989): 304.
313 Romberg, *Circumcision: The Painful Dilemma*, 82.

116

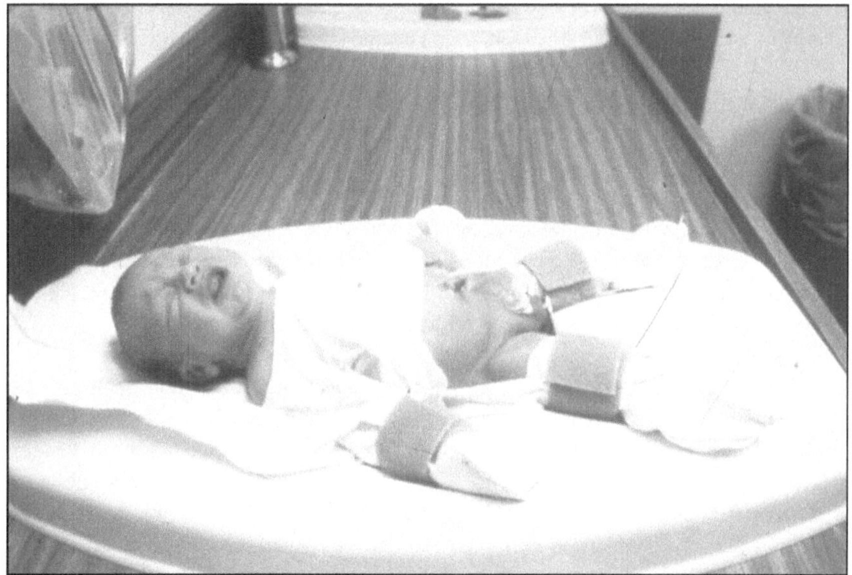

Abbildung 11: Nachdruck mit Genehmigung von The Saturday Evening Post

Ein anderer Mann, der seine Beschneidung wiedererlebt hatte, hatte ähnliche Gefühle.

> Wut ist ein blasser Euphemismus für das, was ich fühlte. Zutreffender wäre über-
> wältigende Wut, Wut und Verlangen nach Rache, das Verlangen, jemanden zu
> quälen, zu verstümmeln und völlig zu zerstören, der jemals etwas damit zu tun
> hatte, Beschneidungen auszuführen, zu bestellen oder zu fordern.[314]

Richard Schwartzman und Charles Konia sind Psychiater in Ost-Pennsylvania, die Menschen bei der Lösung vergangener Traumata helfen. Sie praktizieren eine von Wilhelm Reich entwickelte Therapieform. Schwartzman schreibt: »Ich habe Patienten gehabt, die die Erfahrung [Beschneidung] nacherlebt haben, wie durch die starken Schmerzen an der Stelle, an der die Vorhaut abgeschnitten wurde, belegt wurde.« Schwartzman berichtet, dass er insgesamt zwölf Klienten hatte, die ihre Beschneidung wiedererlebt haben.[315] Konia schreibt:

> Ich kann Ihnen sagen, dass aus meiner klinischen Erfahrung die Behandlung von
> Patienten, die ihre Beschneidung durchlebten, sowie die Beobachtung, dass Neu-

---

314 Pong, T., »Circumcision: The Pain and the Trauma«, dem Autor zugesandter autobiografischer Entwurf, 1993.
315 Brief an den Autor, 1989; Telefongespräch mit dem Autor, 1993.

> geborene im Kreißsaal beschnitten wurden, *alptraumhafte Erfahrungen sind.* Ich
> schaudere jedes Mal, wenn ich sehe, wie Patienten durch den Horror gehen.[316]

Der Psychologe John Breeding erzählt von seiner persönlichen Therapiesitzung,
bei der er seine Beschneidung wiedererlebt hat.

> Die emotionale Erfahrung … war schrecklich. Ich fühlte überwältigende Angst,
> schwitzte und zitterte lange Zeit. Zuweilen kam auch heftige Wut auf. Ich wollte
> mich schützen, aber ich konnte nicht … Ich fühlte mich … schrecklich traurig,
> eingehüllt in Trauer, Verzweiflung und Hilflosigkeit. Ich habe über eine Stunde
> lang emotional losgelassen und war schließlich geschafft, traurig.[317]

Das Circumcision Resource Center hatte Kontakt mit mehreren Männern, die
ihre Beschneidung wiedererlebt haben. Sie fühlen nicht nur Schmerz, Trauer und
Wut, sondern fragen sich auch: »Warum?« Und »Warum ich?« Diese Fragen
werden häufig von Kindern gestellt, die bereits andere Traumata erlebt haben.[318]
Sie versuchen, ihre Erfahrung zu verstehen. Für Opfer von Traumata ist es besonders schwierig zu akzeptieren, dass jemand ihre Erfahrung verursacht hat.

4.7   Beschneidung als Trauma

Wenn ein neugeborenes Kind ein Trauma erleben kann und die Beschneidung in
Erinnerung bleiben kann, kann die Beschneidung ein Trauma verursachen und
nachhaltige Auswirkungen haben? Das *Diagnostic and Statistical Manual of
Mental Disorders* (DSM-IV), veröffentlicht von der American Psychiatric Association und die Bibel von Psychologen und Forschern, könnte hilfreich sein, um
diese Frage zu beantworten. Seine Beschreibung der posttraumatischen Belastungsstörung (PTBS) umfasst die folgenden Punkte, ist aber nicht darauf beschränkt:

* Sie resultiert aus »Exposition gegenüber einem extremen traumatischen Stres-
  sor«. Dies ist ein Ereignis, das jenseits der üblichen menschlichen Erfahrung
  liegt.
* Die Reaktion muss »intensive Angst, Hilflosigkeit oder Entsetzen« enthalten.

316 Brief an den Autor, 1989.
317 Breeding, J., »The Unkindest Cut: Altering Male Genitalia«, *Man!*, Winter 1991, 26
318 Terr, L., »Childhood Traumas: An Outline and Overview«, *American Journal of Psychiatry* 148 (1991): 10-
     20.

- Beispiele für traumatische Ereignisse sind Körperverletzung (sexuell oder körperlich), Folter und eine Bedrohung für die körperliche Unversehrtheit.[319]

Ein Angriff ist eine physische Misshandlung. Folter ist starker Schmerz oder Angst. Sie berücksichtigt nicht notwendigerweise die Absicht oder den Zweck des Täters, sondern konzentriert sich auf den Akt selbst und die Erfahrung des Opfers.

Aus der Perspektive des Säuglings beziehen sich alle Elemente in dieser *DSM-IV*-Beschreibung traumatischer Ereignisse auf die Beschneidung eines männlichen Säuglings: Die Prozedur umfasst zwangsweise Zurückhaltung, einen abgeschnittenen Teil des Penis und extreme Schmerzen. Basierend auf der Art der Erfahrung und der Reaktion des Kindes traumatisiert die Beschneidung das Kind und kann zu einer Form von PTBS führen.

Die Frage nach der Fähigkeit eines Säuglings, ein Trauma zu erfahren, muss betont werden. John Wilson, ein Autor mit nationalem Ruf für seine Forschung zu PTBS, unterstützt die Ansicht, dass PTBS »an jedem Punkt im Lebenszyklus, von der Kindheit und Jugend bis zu den schwindenden Jahren des Lebens auftreten kann.«[320] Darüber hinaus stellt die *DSM-IV* fest, dass die Störung »in jedem Alter auftreten kann«.[321]

Kliniker haben dokumentiert, dass Kinder besonders anfällig für Traumata sind.[322] Psychisches Trauma scheint eine bleibende Auswirkung auf Kinder zu haben, egal wie jung sie sind, wenn sie traumatisiert sind. Darüber hinaus nimmt die Psychopathologie zu, wenn das Alter des Kindes zum Zeitpunkt des Traumas niedriger ist.[323]

Ein wichtiger Langzeiteffekt des Traumas ist erlernte Hilflosigkeit. Das Erleben eines traumatischen Ereignisses, bei dem keine Handlung helfen kann, kann zu einer chronischen Handlungsunfähigkeit führen. Dies wurde bei Ratten nachgewiesen.[324] Da Ratten weniger entwickelt sind als Säuglinge und ältere Kinder entwickelter sind als Säuglinge, widerspricht die Leugnung von Traumata bei Säuglingen dem Erkennen der Auswirkungen von Traumata bei Ratten und älteren Kindern.

---

319 American Psychiatric Association, *Diagnostic and Statistical Manual of Mental Disorders*, 4. Ausg., (Washington, DC: Author, 1994), 424.

320 Wilson, J., *Trauma, Transformation, and Healing*, (New York: Brunner/Mazel, 1989), 201.

321 American Psychiatric Association, *Diagnostic and Statistical Manual*, 426.

322 Terr, L., *Too Scared To Cry* (New York: Harper & Row, 1990); Eth, S. & Pynoos, R., »Developmental Perspective on Psychic Trauma in Childhood«, in C. Figley, Hrsg., *Trauma and Its Wake* (New York: Brunner/Mazel, 1985), 36-52.

323 Green, A., »Dimensions of Psychological Trauma in Abused Children«, *Journal of the American Association of Child Psychiatry* 22 (1983): 231-7.

324 Flannery, R., »From Victim to Survivor: A Stress Management Approach in the Treatment of Learned Helplessness«, in B. van der Kolk, *Psychological Trauma* (Washington, DC: American Psychiatric Press, 1987), 217-32; Musty, R., Jordon, M., & Lenox, R., »Criterion for Learned Helplessness in the Rat: A Redefinition«, *Pharmacology, Biochemistry and Behavior* 36 (1990): 739-44.

Weil Trauma die Reaktion auf überwältigende Stress-Ereignisse ist, ist es vernünftig zu erwarten, dass praktisch alle Organismen eine Grenze für die Menge und die Art der belastenden oder schädlichen Erfahrung haben, die sie assimilieren können. Eine derartige Erfahrung über diese Grenze hinaus würde zu einem Trauma führen. Basierend auf Forschungsstudien an vielen beschnittenen Säuglingen (siehe Kapitel 1) überschreitet die Beschneidung diese Grenze.

Wenn die Beschneidung beim Säugling ein Trauma verursacht, ist es sicherlich ein physisches Trauma. Grof weist darauf hin, dass aufgrund seiner umfangreichen klinischen Erfahrung ...

> Erinnerungen an physische Traumata von größter Wichtigkeit zu sein scheinen ... und ihre Bedeutung übertrifft bei weitem die der üblichen Psychotraumen. Die verbleibenden Emotionen und physischen Empfindungen aus Situationen, die das Überleben oder die Integrität des Organismus bedrohten, scheinen eine bedeutende Rolle bei der Entwicklung verschiedener Formen von Psychopathologie zu spielen, die von der akademischen Wissenschaft bisher nicht erkannt wurden.[325]

Grof nennt Ängste, Phobien und sexuelle Dysfunktionen als Beispiele für Probleme im Zusammenhang mit physischer Traumatisierung.

Auch die klinische Erfahrung des Kinderpsychiaters und Autors Lenore Terr aus dem Norden Kaliforniens stützt die Schlussfolgerung, dass körperliche Traumata besonders schädigend sind. Der Schock einer solchen Erfahrung ist so stark, dass langfristige Symptome oft eine Vielzahl von Merkmalen aufweisen, die im Allgemeinen nicht nebeneinander bestehen. Traumata mit Entstellungen gehören zu denen, die »höchstwahrscheinlich tiefe Depressionen und große Charakterveränderungen fördern werden«.[326]

4.8 Beschneidung älterer Kinder

4.8.1 Literaturberichte

Die Möglichkeit, dass die Beschneidung bei älteren Kindern traumatische Auswirkungen hat, kann besser erforscht werden durch leichteren Zugang zum Gedächtnis und dank der Sprachfähigkeit des Kindes. Zwei Berichte haben das Ritual untersucht, wie es bei Kindern in der Türkei ohne Betäubung praktiziert wurde. Im ersten Bericht ergab das Testen von Versuchspersonen zwischen vier und sieben Jahren kurz vor und nach dem Ritual folgendes Ergebnis: »Die

---

325 Grof, *The Adventure of Self-Discovery*, 5-6.
326 Terr, *Too Scared To Cry*, 106.

Beschneidung wird vom Kind als aggressiver Angriff auf seinen Körper wahrgenommen, der ihn beschädigte, verstümmelte und in einigen Fällen sogar total zerstörte.«[327] Nach dieser Studie führte die Beschneidung zu einer erhöhten Aggressivität und schwächte das Ego, was zu Rückzug und reduzierter Funktionsweise und Anpassung führte. Rückzug ist eine Verteidigungsreaktion, die Individuen verwenden, um sich vor weiteren Angriffen zu schützen.

In der zweiten Studie wurde beobachtet, dass Kinder während des Eingriffs »furchtbar verängstigt« waren und dass »jeder Junge unmittelbar nach der Beschneidung seinen Penis anschaute, als ob er sicherstellen wollte, dass nicht alles abgeschnitten wurde«.[328] Ein achtjähriger Junge wurde während des Schneidens »bewusstlos« und entwickelte daraufhin ein Stotterproblem. Einige Wochen später berichteten die befragten Eltern, dass ihre Kinder verstärkt aggressiv waren und Alpträume hatten. In demselben Bericht wurden Erwachsene interviewt, die sich an Kastrationsangst und andere ernsthafte Ängste im Zusammenhang mit ihrer Beschneidung in der Kindheit erinnerten, insbesondere wenn sie von den Eltern getäuscht oder gezwungen wurden, sich dem Verfahren zu unterziehen. Freud, der die Beschneidung stark kritisiert hatte, glaubte, dass sie ein »Ersatz für die Kastration« sei.[329] Kastrationsangst infolge der Beschneidung könnte mit der Feststellung zusammenhängen, dass die aus Traumata resultierenden Symptome oft Angst vor einer Wiederholung des Traumas mit einschließen.[330]

Die traumatischen Auswirkungen von Operationen auf Kinder sind gut belegt. Zum Beispiel dokumentiert die psychiatrische Literatur ernste langfristige Wirkungen, die sich aus der Mandeln-Entfernung im Kindesalter ergeben.[331] Der Psychiater David Levy überprüfte die Krankengeschichten von 124 Kindern, bei denen sich psychologische Probleme nach einem chirurgischen Eingriff entwickelten. Er beobachtete, dass, je jünger das Kind, desto größer die Wahrscheinlichkeit von Nebenwirkungen auf eine Operation. Die schwersten Angstreaktionen hatten zwei Jungen, von denen jeder eine Operation an seinem Penis hatte. Ein Junge hatte eine Meatotomie (chirurgische Vergrößerung der Harnröhreöffnung an der Unterseite) im Alter von vier, und der andere hatte eine Beschneidung im Alter von sechs Jahren. Beide zeigten destruktives Verhalten und suizidale Impulse. Der beschnittene Junge wiederholte: »Sie schneiden meinen Penis« und »Ich wünschte, ich wäre tot.«[332]

327 Cansever, G., »Psychological Effects of Circumcision«, *British Journal of Medical Psychology* 38 (1965): 328.

328 Ozturk, O., »Ritual Circumcision and Castration Anxiety«, *Psychiatry* 36 (1973): 55.

329 Freud, *Introductory Lectures on Psychoanalysis*, 165.

330 Krupnick, J. & Horowitz, M., »Stress Response Syndromes«, *Archives of General Psychiatry* 38 (1981): 428-35.

331 Lipton, S., »On Psychology of Childhood Tonsillectomy«, *Psychoanalytic Study of the Child* 17 (1962): 363-417; Jessner, L., Blom, G., & Waldfogel, S., »Emotional Implications of Tonsillectomy and Adenoidectomy in Children«, *Psychoanalytic Study of the Child* 7 (1952): 126-69.

332 Levy, D., »Psychic Trauma of Operations in Children«, *American Journal of Diseases of Children* 69 (1945): 22,

4.8.2   Persönliche Berichte

Jüngste Berichte über beschnittene Männer als ältere Kinder unterstützen die Literaturberichte über Langzeitwirkungen. Einige dieser Berichte stammen von beschnittenen Männern, die sich an das Circumcision Resource Center gewandt haben, um nach einem sicheren Ort zu suchen, wo sie ihre Gefühle zur Beschneidung zum Ausdruck bringen können. Ich leitete eine Selbsthilfegruppe für beschnittene Männer, zu der zwei Männer gehörten, die als ältere Kinder beschnitten wurden. Ein Mann wurde im Alter von zehn ohne vorherige Warnung oder Wissen beschnitten. Er war im Krankenhaus, um wegen eines anderen medizinischen Problems behandelt zu werden, und fand, als er aufwachte, einen Verband an seinem Penis.

> Ich hatte weder mündlich noch psychisch die Fähigkeit, zu wissen und auszudrücken, was vor sich ging. Es war zu überwältigend zu der Zeit. Ich wusste einfach nicht, wie ich damit umgehen sollte. Ich war zu jung. Ich habe die Wirkung erst später im Leben verstanden. Es hat mich weniger vertrauensvoll gemacht. Der Terror und die Traurigkeit wurden nie verarbeitet, da das Ereignis nie anerkannt wurde. Diese beiden Dinge hatten eine konsequente Auswirkung auf jede Beziehung. Es machte, dass ich als Person weniger emotional sein konnte.

Ein anderer Mann in der Gruppe wurde im Alter von vier Jahren beschnitten. Er erinnert sich an den Schock und den Schmerz. Wegen der Angst, sich vor anderen zu entkleiden, vermeidet er Umkleideräume. Dieser Mann hat wiederkehrende, ärgerliche Gedanken über seine Beschneidung und Schwierigkeiten mit Beziehungen. Wie die meisten anderen Männer hat er noch nie mit jemandem über seine Gefühle bezüglich der Beschneidung gesprochen.

Ein türkischer Immigrant in den Vereinigten Staaten beschrieb 1992 in einem Telefongespräch seine Beschneidung als »schlimmer als Folter« und stellte fest, dass späteres Misstrauen und Aggressivität mit dem Ereignis zusammenhingen.

Basierend auf den verfügbaren Informationen können wir folgende Aussagen zum Beschneidungstrauma und Gedächtnis machen:

BESCHNEIDUNGSTRAUMA UND ERINNERUNG

- Nach Kriterien der American Psychiatric Association in der *DSM-IV* ist die Beschneidung ein traumatisches Ereignis.
- Weil die Beschneidung ein physisches Trauma ist, das am häufigsten in der Kindheit auftritt, kann es sich besonders schädlich auswirken.
- Beschneidung und verwandte Gefühle können unter besonderen Umständen, in der Regel in einer therapeutischen Umgebung, erinnert oder wiedererlebt werden.
- Kleine Kinder haben sich an ihre Beschneidungserfahrung und die damit verbundenen Gefühle und Details erinnert.
- Die Beschneidung älterer Kinder hat zu erhöhter Aggressivität, Entzug und reduzierter Anpassung geführt.

5
Langfristige psychologische Auswirkungen der Beschneidung:
II. Emotionaler Einfluss im Erwachsenenalter

Forschungen zur neurologischen Entwicklung von Säuglingen, Studien und etablierten Trauma-Theorien sowie klinische Erfahrungen deuten darauf hin, dass die Beschneidung von Säuglingen langfristige psychologische Auswirkungen haben kann. Welche sind diese Effekte? Ein kritischer Teil der Untersuchung dieser Frage besteht darin, zuzuhören, was Männer, die als Säuglinge beschnitten wurden, über ihre Beschneidung zu sagen haben. Dann werden wir untersuchen, wie diese Berichte mit den bekannten Auswirkungen anderer Traumata verglichen werden.

5.1 Einstellungen von Männern zu ihrer eigenen Beschneidung

Über die amerikanische männliche Einstellung zur Beschneidung ist wenig bekannt. Um etwas über diese Einstellung zu erfahren und was das erklärt, führte ich in einer Gruppe von Männern, die an einer Konferenz namens *Massachusetts Men's Gathering* teilnahmen, die kein besonderes Interesse an dem Thema hatte, eine vorläufige Untersuchung der männlichen Einstellung zur Beschneidung durch. (Dies ist dieselbe Umfrage, die ich in Kapitel 2 besprochen habe.)

124

Sechsundfünfzig von neunzig Männern auf der Konferenz gaben den Fragebogen zurück (siehe Anhang B für einen Beispielfragebogen). Siebenunddreißig
Männer (66 Prozent) berichteten, dass sie beschnitten waren. Von dieser Gruppe
gaben dreizehn Männer (35 Prozent), die auf die entsprechende Frage antworteten, an, dass sie lieber nicht beschnitten wären. Diese Antwortquote ist eventuell höher als die der allgemeinen Bevölkerung, da in dieser Gruppe möglicherweise ein größeres Problembewusstsein besteht. Teilnehmer an einer Männerkonferenz sind wahrscheinlich sensibler für Männerfragen und hatten Kontakt zu
Männerpublikationen, die über die Beschneidung diskutiert haben könnten.
Nichtsdestotrotz deuten die Ergebnisse darauf hin, dass die Unzufriedenheit mit
der Beschneidung häufiger als erwartet ist.

Auf der Grundlage von Fragebogenantworten hatten alle beschnittenen Männer, die lieber nicht beschnitten sein wollten, erfahren, dass die Vorhaut einen
Zweck hatte. Ein deutlich geringerer Anteil von Männern (42-58 Prozent), die
entweder froh waren oder sich nicht darum kümmerten, dass sie beschnitten
waren, berichtete, dass die Vorhaut einen Zweck hatte. Bei Männern, die froh
waren, beschnitten zu sein, waren auch wahrscheinlicher, dass sie die Größe der
erwachsenen Vorhaut herunterspielen. Diese Ergebnisse legen nahe, dass, je
mehr Bewusstsein ein Mann über die Auswirkungen der Beschneidung hat (d. h.,
dass sie den Verlust einer signifikanten Menge an Gewebe mit einem Zweck
umfasst), desto wahrscheinlicher wäre er mit der Beschneidung unzufrieden.
Umgekehrt waren diejenigen, die weniger über die Auswirkungen der Beschneidung Bescheid wussten, eher froh (oder es war ihnen egal), dass sie beschnitten
waren. In der Umfrage waren die meisten Männer in dieser Kategorie.

5.2 Psychologische Wirkung der Beschneidung auf Männer

5.2.1 *Gefühle von Unzufriedenheit und geschädigt worden zu sein*

Die Unzufriedenheit einiger beschnittener Männer kann detailliert beschrieben
werden. Sie wurde in einer zunehmenden Anzahl von Briefen von Männern im
ganzen Land an das Circumcision Resource Center und an verschiedene andere
Organisationen (siehe »Quellen«), die die Öffentlichkeit über die Beschneidung
informieren, zum Ausdruck gebracht. Darüber hinaus unterzeichneten in einer
kürzlichen Ausgabe einer großen medizinischen Fachzeitschrift zwanzig Männer
einen Brief, in dem stand: »Wir alle sind erwachsene Männer, die glauben, dass

wir durch Beschneidung verletzt wurden.«[333] Wir wissen nicht, wie verbreitet die Unzufriedenheit ist, aber dass diese Gefühle überhaupt existieren, ist eine bemerkenswerte Entwicklung und Anlass zur Sorge.

Im Folgenden sind einige Aussagen über die Beschneidung aufgeführt, die aus Briefen entnommen wurden, die von unzufriedenen beschnittenen Männern geschrieben und vom Circumcision Resource Center erhalten wurden:

Ich habe lange Zeit eine tiefe Wut darüber empfunden.

Mein Penis fühlt sich unvollständig, deformiert, verstümmelt an.

Die Beschneidung hat meinem Leben einen sehr abwertenden und beschämenden Beigeschmack gegeben.

Das eine traumatischste Ereignis in meinem Leben mit dem größten psychologischen Schaden war meine Beschneidung als Säugling.

Beschneidung: Es hat mich gelehrt, wie man hasst.

Beschnitten zu sein, hat mein Sexualleben ruiniert.

Ich fühle mich verletzt und misshandelt.

Ich habe mich mein ganzes Leben lang deswegen unglücklich gefühlt.

Ich bin sehr wütend und ärgerlich darüber. Ich hatte viele physische, psychische und emotionale Probleme in meinem ganzen Leben.

Niemand hatte das Recht, meine Vorhaut abzuschneiden!

Ich fühle mich betrogen darüber, dass ich meines natürlichen Geburtsrechts beraubt worden bin.

Ich habe es meinen Eltern gegenüber nie erwähnt.

Ich habe immer das Gefühl gehabt, dass ich normale männliche Erfahrungen vermisse, und es ist mir peinlich, wenn ich in öffentlichen Umkleideräumen bin.

Ich fühle mich, als ob der beste Teil von mir von meinem Körper getrennt wurde, und ich habe hässliche Narben, die mich daran erinnern. Ich bin so WÜTEND!!

---

333 Warren, J. et al., »Circumcision of Children«, *British Medical Journal* 312 (1996): 377.

Die Reaktionen von Männern, die mit ihrer Beschneidung unzufrieden sind, umfassen mindestens eines der folgenden Gefühle:

- Wut, Groll, Rache, Zorn, Hass
- Verlustgefühl, Mangel, vermindertes Körperbild
- Unglaube, Unverständnis, Verwirrung
- Verlegenheit, Scham
- das Gefühl, Opfer gewesen zu sein, betrogen, ausgeraubt, vergewaltigt, verletzt, misshandelt, verstümmelt, deformiert worden zu sein
- Angst, Misstrauen, Rückzug
- Trauer, Traurigkeit, Schmerz
- Neid, Eifersucht auf intakte Menschen

Ähnliche Gefühle wurden in einer vorläufigen Umfrage berichtet, in der über 300 beschnittene Männer, die sich selbst dafür entschieden hatten, auf eine Bitte reagierten, die schädlichen Auswirkungen ihrer Beschneidung zu dokumentieren.[334] Über 80 Prozent der Befragten gaben emotionalen Schaden an. Berichte über negative Reaktionen von Männern auf die Beschneidung sind überraschend für diejenigen, die davon ausgehen, dass die Beschneidung ein gutartiges Verfahren ist. Wie kann die Existenz solcher Berichte mit der Tatsache in Einklang gebracht werden, dass die Mehrheit der beschnittenen Männer diese Gefühle über ihre Beschneidung nicht ausdrückt?

Wenn die Beschneidung eine langfristige psychologische Auswirkung hat, warum hören wir nicht viel mehr von beschnittenen Männern darüber, wie sie sich wirklich fühlen? Es gibt vier mögliche Gründe:

1. Das Akzeptieren von Beschneidungsglauben und kulturellen Annahmen verhindert, dass Männer ihre Unzufriedenheit erkennen und fühlen. Eine typische Antwort lautet: »Als ich jung war, wurde mir gesagt, dass dies aus gesundheitlichen Gründen notwendig sei. Ich glaube, ich habe das einfach nicht in Frage gestellt. Ich nahm an, dass das so war.«
2. Die mit der Beschneidung verbundenen Emotionen, die auftauchen können, sind sehr schmerzhaft. Sie zu unterdrücken, schützt die Menschen vor diesen Schmerzen. Ein beschnittener Mann erinnerte sich: »Es war etwas, das ich gerade nicht untersucht habe. Ich lege es in meinem Hinterkopf weg, wie es viele Leute tun.« Wenn die Gefühle bewusst werden, können sie immer noch unterdrückt werden. Nachdem er mehr über Beschneidung erfahren hatte, sagte ein anderer Mann: »Ich möchte mich nicht darüber ärgern.«

---

334 Hammond, T., *Awakenings: A Preliminary Poll of Circumcised Males* (San Francisco: NOHARMM, 1994), A9-A30

3. Diejenigen, die Gefühle wegen ihre Beschneidung haben, haben generell Angst, sie auszudrücken, weil ihre Gefühle abgewiesen oder lächerlich gemacht werden können. Auf die Frage, warum er seine Beschneidungsgefühle noch nicht offenbart habe, sagte ein Mann: »Ich würde als seltsam angesehen werden, oder die Leute würden es leichtfertig abtun.« Ein anderer sagte: »Es ist nichts, worüber irgendjemand spricht. Wenn es angesprochen wird, dann in einer kichernden, komischen Art, die ich beunruhigend finde. Die Leute lachen darüber, als ob etwas Lustiges vor sich geht.«

4. Der verbale Ausdruck von Gefühlen erfordert bewusstes Bewusstsein. Da frühe Traumata im Allgemeinen unbewusst sind, werden assoziierte Gefühle nonverbal durch verhaltensbezogene, emotionale und physiologische Formen ausgedrückt.[335] Einstellungen zu Menschen, Leben und Zukunft können ebenfalls betroffen sein. Ein Beispiel für eine Haltung, die sich aus einem Kindheitstrauma ergibt, ist: »Du kannst dich nicht auf etwas oder jemanden verlassen, der dich beschützt.«[336]

Mangelndes Bewusstsein und Verständnis für Beschneidung, emotionale Unterdrückung, Angst vor Offenlegung und nonverbaler Ausdrucksfähigkeit helfen, die Gefühle wegen der Beschneidung geheim zu halten. John Breeding erklärt sein neues Bewusstsein und Verständnis, nachdem er seine Beschneidung wiedererlebt hat:

> Ich hatte ein klares Bewusstsein, dass ich schon ein oder zwei Tage alt war, als ich eine Dualität erlebte. In gewisser Weise gab es eine Trennung, zumindest eine rudimentäre Trennung von Geist und Körper, in der ich mir wünschte, ja mich sogar verpflichtet fühlte, mich selbst zu schützen. Dass ich das nicht konnte, auch noch Jahre später nicht, ändert nichts an der Situation … Obwohl ich in meiner Praxis als Psychologe täglich ähnliche Prozesse sehe, erstaunt es mich immer noch, dass ich eine so intensive Erfahrung so vollständig verdrängen konnte. Ich bin noch mehr erstaunt, wenn ich mich bei meinen Mitmenschen umsehe, mir bewusst, dass die meisten von ihnen beschnitten sind und sich des starken Traumas in ihren Psychen nicht bewusst sind.[337]

5.2.2 Körperbild, Selbstachtung und Scham

Obwohl Männer sich der Auswirkungen der Beschneidung nicht bewusst sind, ist die Angst, dass ihr Penis irgendwie defizitär ist, in unserer Kultur weit ver-

---

335 Terr, L., »What Happens to Early Memories of Trauma?«, *Journal of the American Academy of Child and Adolescent Psychiatry* 27 (1988): 96-104; van der Kolk, B., »The Compulsion to Repeat the Trauma: Re-Enactment, Revictimization, and Masochism«, *Psychiatric Clinics of North America* 12 (1989): 389-411.
336 Terr, »Childhood Traumas«, 14.
337 Breeding, »The Unkindest Cut«, 26.

breitet.[338] Kommerzielle Interessen haben auf diese Bedenken reagiert. Eine 1995 erschienene Ausgabe eines populären nationalen Männermagazins enthielt zehn Anzeigen zur Penisvergrößerung mit verschiedenen Methoden. (Die American Urological Association kommt zu dem Schluss, dass sie nicht sicher und wirksam sind.) Eine ganzseitige Anzeige verkündete: »Kein Mann muss sich je wieder unangemessen fühlen.« Eine andere fragte: »Ist es nicht Zeit, sich besser zu fühlen?« Die männliche Beschäftigung mit dem Penis spiegelt sich auch in einer Umfrage wider, was Männer denken, das Frauen bei Männern attraktiv finden. Die Daten zeigten, dass Männer die Bedeutung der Penisgröße als physisches Attribut, das Frauen anzieht, stark überbewertet haben.[339]

Negative Gefühle über den Penis sind mit der Idee des Körperbildes verbunden. Unser Körperbild umfasst Werturteile darüber, wie wir meinen, dass unser Körper für andere aussieht und kann großen Einfluss darauf haben, wie wir unser Leben leben.[340] Darüber hinaus sind die Konzepte von Selbst- und Körperbild miteinander verbunden und beeinflussen unsere persönliche Psychologie. Ein vermindertes Körperbild kann das soziale und sexuelle Leben einer Person negativ beeinflussen. Wer einen körperlichen Verlust hat, fürchtet das Urteil anderer und die Schwächung persönlicher Beziehungen. Zum Beispiel wurden bei Frauen nach einer Brustamputation psychologische, sexuelle und soziale Auswirkungen berichtet. Sie fühlten sich weniger attraktiv, weniger begehrenswert und hatten nach ihrer Operation weniger sexuelle Befriedigung.[341] Ein schlechtes Körperbild kann auch die Motivation beeinflussen und Gefühle von Kompetenz, Status und Macht reduzieren. Darüber hinaus wurden Depression und Selbstmordgedanken festgestellt.[342] Obwohl zwischen den Umständen und dem Alter zum Zeitpunkt des Verlustes Unterschiede bestehen, ist das Gefühl, dass ein wichtiger Teil des Körpers fehlt, bei Brustamputation und Beschneidung (für einige Männer) üblich. Das Gefühl, »kein ganzer Mann zu sein«, kann besonders belastend sein. Vielleicht helfen die Auswirkungen des schlechten Körperbildes, zu erklären, warum ein unglücklich beschnittener Mann seine Gefühle zusammenfasste, indem er sagte: »Ich frage mich oft, wie anders mein Leben gewesen wäre, wenn ich nicht beschnitten wäre.« Ein anderer nannte die Beschneidung »diese eine überwältigende Erfahrung, die mein ganzes Leben geprägt hat.«

---

338 Toussieng, P., »Men's Fear of Having Too Small a Penis«, *Medical Aspects of Human Sexuality* 11 (1977): 62-70.

339 Gagnon, J., Hrsg., *Human Sexuality in Today's World* (Boston: Little, Brown, 1977).

340 Toussieng, »Men's Fear«, 62-70.

341 Jones, D. & Reznikoff, M., »Psychosocial Adjustment to a Mastectomy«, *Journal of Nervous and Mental Disease* 177 (1989): 624-31; Margolis, G., Goodman, R., & Rubin, A., »Psychological Effects of Breast-Conserving Cancer Treatment and Mastectomy«, *Psychosomatics* 31 (1990): 33-9.

342 Van Heeringen, C., Van Moffaert, M., & De Cuypere, G., »Depression after Surgery for Breast Cancer: Comparison of Mastectomy and Lumpectomy«, *Psychotherapy and Psychosomatics* 51 (1990): 175-9; De Leo, D., Predieri, M., Melodia, C., & Vella, J., »Suicide Attitude in Breast Cancer Patients«, *Psychopathology* 24 (1991): 115-9.

Ein Aspekt von sich selbst kann mit einem bestimmten Körperteil identifiziert werden, so wie Männlichkeit typischerweise mit dem Penis identifiziert wird. Wenn dieser Teil verwundet wird, gibt es oft eine entsprechende psychische Wunde für das Selbst, einen Verlust des Selbstwertgefühls. Ungefähr 60 Prozent der Befragten, die an der zuvor erwähnten Befragung von selbstgewählt beschnittenen Männern teilgenommen hatten, in der sie aufgefordert wurden, die schädlichen Auswirkungen ihrer Beschneidung zu dokumentieren, berichteten, dass sie sich nicht natürlich, normal und ganz fühlten.[343] Es erscheint logisch, sich zu fragen, wie groß der Zusammenhang zwischen niedrigem männlichem Selbstwertgefühl und Beschneidung sein könnte.

Selbstwertgefühl ist ein wesentlicher Bestandteil des psychischen Wohlbefindens, ein grundlegendes menschliches Bedürfnis, das für eine normale und gesunde Entwicklung notwendig ist. Diejenigen mit einem niedrigen Selbstwertgefühl versuchen eher Schmerz zu vermeiden als Freude zu empfinden, tendieren dazu, die Sicherheit vertrauter Umgebungen zu bevorzugen und Menschen mit einem Selbstwertgefühl zu suchen, das ihrem eigenen ähnlich ist.[344] Die von einigen Männern berichtete Verbindung zwischen Beschneidung und geringem männlichem Selbstwertgefühl legt nahe, dass die Beschneidung einen erheblichen psychologischen Einfluss auf das Leben eines Mannes haben könnte.

Wenn wir oft unter geringem Selbstwertgefühl leiden, fühlen wir uns beschämt und projizieren es, indem wir das Selbstwertgefühl anderer angreifen. Weil Schamgefühl uns veranlasst, uns zu verstecken, schmerzt es uns mindestens so sehr wie jede andere Emotion. Scham isoliert uns von anderen und uns selbst. Wir lehnen uns ab, bevor andere uns ablehnen können. Wir fühlen uns fehlerhaft und nicht liebenswert. Von einem Teil von uns abgeschnitten zu sein, wird Teil unserer Selbstidentität.

Ein körperlicher Verlust wie die Beschneidung kann eine Quelle für Schamgefühle sein. Solche Gefühle werden oft in Briefen beschnittener Männer erwähnt. Der folgende Bericht, der von einem Mann über seine therapeutische Sitzung geschrieben wurde, in der er seine Beschneidung nacherlebte, bietet ein weiteres Beispiel für die Verbindung zwischen Beschneidung und Scham.

> Mir wurde plötzlich klar, dass Scham eine Spaltung war, die der ganzen Menschheit gemeinsam war … Ich hatte das starke Gefühl, dass Scham bei der Geburt mitgegeben wird und irgendwas Wichtiges mit Geschlechtsorganen zu tun hat … Und dann spürte ich einen brennenden und juckenden Schmerz um meinen Penis herum und erkannte, dass ich die Beschneidung durchmachte … Dies war die tiefe Quelle des Schamgefühls! … Ich schämte mich zutiefst … Ich schäme mich so sehr, dass ich mich schäme, mich zu schämen![345]

---

343 Hammond, *Awakenings*, 76.
344 Branden, N., *The Power of Self-Esteem* (Deerfield Beach, FL: Health Communications, 1992), 9.
345 Grof, *The Adventure of Self-Discovery*, 83.

Weil Scham selbst geheimgehalten wird, ist dies ein weiterer Grund, warum wir von beschnittenen Männern nicht hören, wie sie sich fühlen.

5.2.3 Neurologische Effekte

Die Beschneidung kann auch neurologische Folgen haben. Ein Trauma führt zu einer Dissoziation, einer Abtrennung oder Trennung der traumatischen Erfahrung und damit verbundenem emotionalen Schmerz vom Bewusstsein.[346] Dissoziation ist eine psychologische Überlebensreaktion, die in gewisser Weise mit der Betäubung oder Abschwächung eines Teils des Körpers einhergeht, um einen qualvollen körperlichen Schmerz zu stoppen. Um die Verbindung zur Mutter zu bewahren, verändert ein Kind, das ein Trauma erlitten hat, die Realität und glaubt, dass das Trauma nie stattgefunden hat.[347] Durch Veränderung der Realität wird das Kind auch verändert. Die neurologische Forschung zeigt, dass schmerzhafte Erfahrungen und Traumata in der Kindheit zu langfristigen physiologischen Veränderungen des zentralen Nervensystems und neurochemischen Veränderungen führen können.[348] Zwei Gehirnscan-Studien bei Erwachsenen mit Geschichten von sexueller Misshandlung als Kinder berichteten von einer reduzierten Größe des Hippocampus, einem Teil des Gehirns, der mit Gedächtnis assoziiert ist, und in einem Test des verbalen Kurzzeitgedächtnisses hatten Erwachsene, die sexuell misshandelt worden waren, niedrigere Werte.[349]

James Prescott, ein Entwicklungsneuropsychologe und ehemaliger Administrator der National Institutes of Health, behauptet, dass die Beschneidung die Entwicklung des Gehirns beeinflusst. Der Schmerz der Beschneidung, sagt er, »begrenzt und qualifiziert alle nachfolgenden Freudenerlebnisse«, die »auf einem Hintergrund genitalen Schmerzes erfahren werden, der jetzt tief im unterbewussten / unbewussten Gehirn vergraben ist.«[350] Ähnliche Forschungsergebnisse deuten darauf hin, dass das Vorhandensein eines hohen Niveaus des Stresshormons Cortisol in der Blutbahn mit einer tiefen Gedächtnisprägung bei Tieren korreliert.[351] Wie in Kapitel 1 berichtet wurde, erhöht sich nach der Beschnei-

346 Noyes, R., »Depersonalization in Response to Life Threatening Danger«, *Comprehensive Psychiatry* 18 (1977): 375-84.

347 Chu, J. & Dill, D., »Dissociative Symptoms in Relation to Childhood Physical and Sexual Abuse«, *American Journal of Psychiatry* 147 (1990): 887-92.

348 Ciaranello, R., »Neurochemical Aspects of Stress«, in N. Garmezy & M. Rutter, Hrsg., *Stress, Coping, and Development* (New York: McGraw Hill, 1983); van der Kolk, B., »The Biological Response to Psychic Trauma: Mechanisms and Treatment of Intrusion and Numbing«, *Anxiety Research* 4 (1991): 199-212; Anand, K. & Carr, D., »The Neuroanatomy, Neurophysiology, and Neurochemistry of Pain, Stress, and Analgesia in Newborns and Children«, *Pediatric Clinics of North America* 36 (1989): 795-822; Putnam, F., »The Psychophysiological Investigation of Multiple Personality Disorder«, *Psychiatric Clinics of North America* 7 (1984): 31-41.

349 Bower, B., »Child Abuse Leaves Mark on Brain«, *Science News* 147 (1995): 340.

350 Prescott, J., »Genital Pain vs. Genital Pleasure: Why the One and Not the Other?« *The Truth Seeker*, Juli/ August 1989, 15.

351 Pitman, R., »Animal Models of Compulsive Behavior«, *Biological Psychiatry* 26 (1989): 189-98.

dung der Blutcortisolspiegel um den Faktor drei bis vier im Vergleich zu vor der Beschneidung. Könnte eine solche tiefe Gedächtnisprägung erklären, warum empirische Forschung zeigt, dass viele Männer durch sexuelle Bilder geweckt werden, die Gewalt und Schmerz enthalten, und warum pornografische Magazine immer mehr gewalttätige Bilder enthalten?[352]

5.3 Beschneidung entdecken

Die überwiegende Mehrheit der beschnittenen Männer wurde als Neugeborene beschnitten. Die Erinnerung an dieses Ereignis ist nicht in ihrer bewussten Wahrnehmung. Folglich kann die Verbindung zwischen gegenwärtigen Gefühlen und der Beschneidung nicht klar sein. Zum Beispiel sagte ein beschnittener Mann, der sich über seine Auswirkungen wunderte:

> Es scheint mir, dass es eine Verbindung zwischen der Beschneidung und dem Gefühl für meine Genitalien und meine Sexualität geben muss. Es ist einfach nicht vernünftig für mich, dass es dort keine Verbindung geben würde. Ich denke, es ist etwas, das so tief vergraben ist, dass ich mich noch mehr erforschen muss, um mit ihm in Kontakt zu kommen. Es ist ziemlich beunruhigend, dass die Beschneidung die erste sexuelle Erfahrung war, die ich jemals hatte.

Auch die zuvor zitierten Männer schreiben ihrer Beschneidung viele negative Gefühle zu. Ist diese Zuschreibung korrekt und wie ist sie entstanden? Ich ging dieser Frage nach, indem ich Männer interviewte, die sich an das Circumcision Resource Center gewandt hatten und sie fragte, wann und wie sie ihre Gefühle zum ersten Mal erkannten. Basierend auf ihren Rückmeldungen liegt die Antwort darin, wie sich Entdeckung der Beschneidung als Kind auswirkt. Wenn ein Kind in einer Gemeinschaft aufwächst, die Kinder mit unterschiedlichen Beschneidungsstatus hat, ist es wahrscheinlich, dass der Tag kommen wird, an dem ein beschnittener Junge den Unterschied bemerken wird. Unter gewissen Umständen kann diese Erkenntnis Folgen wie ein Trauma haben, wie wiederkehrende unerwünschte Gedanken und Bilder.

Ein Mann erzählte von einer unauslöschlichen Szene, als er vier war. Er war bei einem intakten Jungen, der ihm seinen Penis zeigte und ihm die Beschneidung erklärte. Er war schockiert und beschämt darüber, was man ihm angetan hatte und dachte: »Warum sollte mir jemand das antun wollen? Sie haben es

---

352 Malamuth, N., Heim, M., & Feshback, S., »Sexual Responsiveness of College Students to Rape Depictions: Inhibitory and Disinhibitory Effects«, *Journal of Personality and Social Psychology* 38 (1980): 399-408; US-Justizministerium, Attorney General's Commission on Pornography, Schlussbericht (Washington, DC: Juli 1986).

einfach abgehackt. Es ergab für mich keinen Sinn.« Als Erwachsener denkt er darüber nach, »jedes Mal, wenn ich dusche oder uriniere.«

Joanne Dion erzählte von einem Zwischenfall mit ihrem dreijährigen beschnittenen Sohn. Während sie ihm seine Babybilder zeigte, bemerkte er eines mit intaktem Penis und fragte danach. Nachdem seine Mutter erklärt hatte, was geschehen war, drückte er sein Missfallen aus, indem er sagte: »Ärzte sollten keine Schere haben.«[353]

Der Mann, der am Anfang dieses Kapitels sagte, dass die Beschneidung »das eine traumatischste Ereignis in meinem Leben« sei, bezog sich auf diese Erfahrung:

> Mein erstes Bewusstsein kam, als ich ungefähr fünf Jahre alt war und mit dem Jungen spielte, der auch in der Straße lebte. Ich entdeckte, dass er diese Haut hatte und ich nicht. Ich erinnere mich nicht daran, dass wir uns darüber verbal ausgetauscht hätten. Es ist jetzt sechzig Jahre später, und die Erinnerung ist immer noch sehr lebendig, wir beide sitzen auf seinem Badezimmerboden. Es hatte eine tiefgreifende Wirkung, eine Prägung in meinen Gedanken. Dann, als ich ungefähr dreizehn war, ging ich mit einem Freund an einem der örtlichen Seen schwimmen. Als wir unsere Badesachen anzogen, wurde mir klar, dass er unbeschnitten war. Das war wiederum eine starke Prägung. Wahrscheinlich waren diese zwei frühen Erfahrungen genug, um ein sehr starkes Bild in meinem Kopf zu sein und eine Erkenntnis meines Verlustes zu verursachen. Ich hatte damals keine Ahnung, wie traumatisch es war. Ich wusste nur, dass da etwas anders ist und ich habe jeden Tag so viel darüber nachgedacht.

Ein anderer Mann erinnerte sich an die Entdeckung in seiner Kindheit:

> Seit ich sechs Jahre alt war, habe ich mich darüber geärgert, beschnitten zu sein. Ich ging mit meinem älteren Bruder und seinem Freund in den Wald. Wir alle mussten den Baum benutzen. Mein Bruder sagte zu seinem Freund: »Was stimmt nicht mit dir?« Sein Freund sagte: »Mit mir ist alles in Ordnung. Mit euch stimmt was nicht.« Seine Mutter war eine Krankenschwester, und sie wusste es besser, als es ihm anzutun. Wir wussten die Fachbegriffe nicht. Wir haben es nicht verstanden, aber er hat uns gesagt, dass wir so geboren wurden, wie er war, und dann hat jemand einen Teil von uns abgeschnitten. Ich habe im Laufe der Jahre nicht mehr mit meinem Bruder darüber gesprochen, aber mein ganzes Leben lang strebe ich nur danach, die Chance zu bekommen, den Arzt in die Finger zu bekommen, der mir das angetan hat.

Ein typischer Fall, wie der Unterschied entdeckt wird, ist die folgende Geschichte:

---

353 Telefongespräch mit dem Autor, 1994.

> Der Schock und die Überraschung meines Lebens kam, als ich in der Junior High
> School war, und ich war in den Duschen nach dem Fitness-Studio ... Ich fragte
> mich, was mit diesen Penissen los war, die anders aussahen als meine ... Ich
> erkannte bald, dass man einen Teil bei mir entfernt hatte. Ich fühlte mich unvoll-
> ständig und sehr frustriert, als mir klar wurde, dass ich niemals so sein konnte wie
> ich war, als ich geboren wurde – intakt. Diese Frustration hält bei mir bis heute an.
> Während meines ganzen Lebens habe ich meine Beschneidung bedauert. Jeden
> Tag wünsche ich, ich wäre ganz.

Ein Mann, der seine Unzufriedenheit mit der Beschneidung erstmals als Erwachsener erkannte, berichtete:

> Was mein Gefühl bezüglich der Beschneidung veränderte, war, zu erkennen, dass
> mir dies ohne mein Einverständnis zu einer Zeit angetan wurde, als ich nichts tun
> konnte, um es aufzuhalten. Ich finde nichts Falsches daran, eine Wahl zu haben.
> Mir gefällt einfach nicht, dass jemand diese Entscheidung für mich getroffen hat.
> Ich werde nie wissen, wie es sich anfühlt, unbeschnitten zu sein.

Der Schock eines englischen Jungen, als er seine Beschneidung entdeckt, ist in
diesem Bericht seines Freundes offensichtlich.

5.3.1   Ein siebenjähriger Junge erfährt, dass er beschnitten ist

> In den letzten Jahren, seit er eingezogen ist, bin ich der beste Freund eines acht-
> jährigen Jungen, Gary, der neben mir lebt. Ich bin jetzt siebzehn, aber trotz der
> Altersunterschiede verstehen wir uns sehr gut miteinander, und ich habe genauso
> viel, wenn nicht sogar mehr Respekt für ihn als für Freunde meines Alters. Ich
> hoffe, dass wir diese Freundschaft fortsetzen können, wenn er erwachsen wird.
> Vor ungefähr einem Jahr, als Gary sieben war, begann für ihn und mich eine Reihe
> von Ereignissen, die keiner von uns jemals vergessen wird.
>   Wir hatten uns auf eine Radtour im Wald begeben, und ich hatte auf einem der
> vielen Waldpicknicktische einen kleinen Imbiss eingenommen. Er beobachtete
> mich beim Urinieren und fragte nervös, warum sein Penis sich von meinem und
> denen seiner Freunden in der Schule unterschied. Wir hatten uns beide oft nackt
> beim Schwimmen oder Sport gesehen und auch beim Baden, während ich für sei-
> ne Eltern auf ihn aufpasste. Ich hatte ziemlich früh bemerkt, dass er beschnitten
> war, aber ich nahm an, dass er wusste, dass er beschnitten war, da er es vorher nie
> erwähnt hatte. Er bestand jedoch darauf, mir seinen Penis zu zeigen und was er
> meinte. Er wollte wissen, warum seine »Haut so viel kürzer war als meine«, und
> er war sich offensichtlich der Tatsache nicht bewusst, dass eine große Menge da-
> von abgeschnitten worden war.
>   Ich wollte ihm nicht auf die Nerven gehen, ich merkte, dass er sich Sorgen
> machte, und erzählte ihm, dass er eine kleine Operation gehabt hätte, als er jünger

war, und erwartete, dass es damit gut sei. Er war jedoch fasziniert und wollte wissen, was genau getan wurde. Ich zögerte zu antworten, weil ich nicht wusste, warum es ihm angetan worden war. Als der sensible Junge, der er war, bemerkte er das und bat mich, es weiter zu erklären. Ich konnte sehen, dass er sich jetzt nicht von der Tatsache abwenden konnte, also begann ich zu erklären, was die Beschneidung war und dass es getan worden war …

Ich musste nun erklären, dass ein Teil seines Penis abgeschnitten worden war, keine leichte Aufgabe. Ich dachte, dass er sich vielleicht an die Operation erinnern würde, da ich davon ausgegangen bin, dass sie in letzter Zeit gemacht wurde, da sie überhaupt nicht religiös sind. [In England sind üblicherweise nur jüdische männliche Säuglinge beschnitten.] Er hatte keine Erinnerung daran, und so kam ich zu dem Schluss, dass dies in sehr jungen Jahren geschehen sein musste. Die einzige nette Art, an die ich zu der Zeit denken konnte, war zu sagen, dass ein Arzt es getan hat, weil es notwendig war.

Er glaubte mir nicht, dass ein Arzt »so etwas mit einer Person machen würde«, und wollte »die Wahrheit« wissen (es scheint sogar ein Siebenjähriger zu erkennen, wie barbarisch es ist). Sein Zustand verschlimmerte sich zunehmend, und weil ich glaube, dass die Beschneidung ein unnötiger, grausamer, schmerzhafter und erniedrigender Vorgang für einen Jungen ist und ihn nicht in die Irre führen wollte, erzählte ich ihm die Wahrheit über das, was man ihm angetan hatte. Ich war vorsichtig, da ich ihn nicht aufregen wollte, aber zu erfahren, dass man dem wertvollsten Teil seines Körpers das Ende abgeschnitten hatte, musste ihn aufregen. [Für viele Männer erstreckt sich die Vorhaut über die Spitze der Eichel hinaus und ist das »Ende« des Penis.] Gary begann zu schluchzen, und ich konnte ihn nur trösten, als sich die Schluchzer in einen starken Tränenfluss verwandelten, bis er sich wieder beruhigte. Dies dauerte fast zehn Minuten. Er war offensichtlich sehr verärgert und ich denke, er war auch wütend. Ich fühlte mich jetzt schuldig, weil ich diese Aufregung verursacht hatte. Wir redeten weiter, und während ich seine Tränen wegwischte, bat er mich, seinen Eltern nicht zu sagen, dass er geweint hatte, worauf ich einwilligte. Wir sind dann nach Hause zurückgekehrt.

Später am Abend, während des Abendessens, bei dem Gary mich aufgefordert hatte, zu bleiben, stand er auf, rief seinen Eltern zu: »Ich hasse euch«, brach in Tränen aus und rannte in sein Schlafzimmer. Da ich fast sicher wusste, worum es ging, ging ich ihm nach und sagte seinen Eltern, dass ich nachsehen würde, was mit ihm nicht stimmt. Er wollte zuerst nicht darüber reden, aber ich fand es wichtig, dass er mit jemandem redete. Er war jetzt mehr wütend als nur verärgert, dass seine Eltern ihm so etwas antun würden.

Es ist nun fast ein Jahr her, seit alles begann, aber Gary kommt jetzt gut zurecht … Es war eine bewegende Zeit für mich, einen so jungen und ansonsten sehr fröhlichen Jungen in solch einem Ausmaß betrübt zu sehen, aber Gary versteht jetzt praktisch alles, was mit den sozialen und physischen Aspekten der Beschneidung zu tun hat, obwohl ich einige Teile vereinfachen musste. Er sagt oft, wie sehr er sich wünscht, er sei nicht beschnitten und fragt mich, wie es sich anfühlt,

> »normal« zu sein ... Es scheint eine solche Verschwendung von Kindheit zu sein,
> sich Sorgen zu machen ... wegen einer unnötigen Operation, die er jetzt sicherlich
> übel nimmt und die an dem empfindlichsten Teil seines Körpers ohne seine
> Zustimmung durchgeführt wurde.

5.4   Symptome von posttraumatischem Stress; Störung im Zusammenhang mit Beschneidung

Um die psychologischen Auswirkungen der Beschneidung auf Erwachsene weiter zu untersuchen, verweise ich, aufbauend auf der Diskussion in Kapitel 4, erneut auf das Modell der posttraumatischen Belastungsstörung (PTBS) im *Diagnostischen und Statistischen Manual Psychischer Störungen (DSM-IV).*[354] Nach dem *DSM-IV* können die Symptome der PTBS in drei Gruppen eingeteilt werden:

1 Wiedererleben des Traumas durch wiederkehrende und quälende Gedanken, Träume, Illusionen und Handlungen oder psychologische Belastungen und physiologische Reaktionen, die sich aus der Exposition gegenüber irgendetwas ergeben, das einem Aspekt des Ereignisses ähnelt. Die Symptome können akut, chronisch oder verzögert sein.
2 Vermeidung oder emotionale Betäubung, einschließlich der Vermeidung von Situationen, Reizen, Gedanken und Gefühlen im Zusammenhang mit dem Trauma oder einem generalisierten Rückzug von anderen und verminderter emotionaler Reaktion. Die Symptome sind in der Regel chronisch oder verzögert.
3 Erhöhte Schlafschwierigkeiten, Neigung zu Reizbarkeit und Wut, Hypervigilanz und übertriebene Schreckreaktion. Die Symptome sind in der Regel akut oder chronisch.

Akute Symptome sind definiert als weniger als drei Monate dauernd. Wenn die Symptome drei Monate oder länger andauern, werden sie als chronisch bezeichnet. Symptome, die mindestens sechs Monate nach dem traumatischen Ereignis beginnen, werden als verspätet bezeichnet. Es kann Jahre dauern, bis verspätete Symptome auftreten.

Die Symptome der PTBS resultieren aus einer Vielzahl belastender Ereignisse. Entstehen einige von ihnen auch aus der Beschneidung? Betrachten wir die Symptome nach Gruppen.

---

354 American Psychiatric Association, *Diagnostic and Statistical Manual*, 424-429.

5.4.1 Erste Gruppe von Symptomen

Ein erneutes Erleben des Traumas des Beschneidungsereignisses wäre eher ein akutes oder kurzfristiges Symptom für den Säugling als eine gemeinsame Langzeitwirkung, da das Ereignis vom Erwachsenen nicht bewusst erinnert wird. Wie jedoch zuvor gezeigt wurde, sind Männer, die gravierende Kindheitserfahrungen haben oder später von der Beschneidung erfahren, anfällig für wiederkehrende Gedanken und Schwierigkeiten in Bezug auf die Beschneidung. Diese Erfahrung ist eine verzögerte Reaktion auf das Trauma.

Träume wurden mit Kindheitstraumata in Verbindung gebracht. Drei Männer, die das Circumcision Resource Center kontaktierten, berichteten von wiederkehrenden, quälenden Träumen, die ihrer Meinung nach mit ihrer Beschneidungserfahrung verbunden waren. Der Traum eines Mannes enthielt eine plötzliche Veränderung:[355]

> Ich spüre eine warme Sonne, einen klaren, sauberen See, ein paar kühlende Brisen, Bäume, Blumen, freundliche Kreaturen hier und da. Ich fühle, wie ich sanft gleite, erotisch in einem leichten Kanu, oder vielleicht plansche oder träge schwimme. Plötzlich verwandelt sich der See in ein festes Glas, das gleichzeitig zerbricht, um meinen Körper herum zerbricht, durch meinen Körper dringt und in mein Herz, meine Kehle, meinen Kopf, in das Zentrum meines Gehirns eindringt. Es ist ein mahlender, knirschender, nie endender Horror, der bis in die Ewigkeit zunimmt.
>
> Die Albträume kehren seit Jahren wieder, das Thema immer gleich: liebliche erotische flüssige Glätte, fließendes Leben, ein neues Universum, plötzlich verwandelt in den erschütternden, mahlenden, knirschenden Horror. Die spezifischen Träume variierten stark, aber der Gefühlsgehalt war unverkennbar. Zu diesem Zeitpunkt oder zu irgendeinem anderen Zeitpunkt meines ganzen Lebens gab es keine Hinweise auf die Erklärung, bis ich schließlich zur Beschneidungserinnerung selbst vordrang. Dann und nur dann fiel der ganze Horror auf mich ein.[356]

Die Verbindung zwischen sadomasochistischem Verhalten und Verletzungen oder Verfahren bei Kindern wurde in der psychiatrischen Literatur festgestellt.[357] Bedeuten diese Störungen manchmal ein erneutes Erleben der Umstände der Beschneidung? Zu den gemeinsamen Elementen des sadomasochistischen Verhaltens und der Beschneidung gehören Schmerz und Leid, Zurückhaltung oder Knechtschaft und sexueller Kontext. Ein beschnittener Mann, der glaubt, dass es da eine Verbindung gibt, berichtete:

---

355 Dowling, S., »Dreams and Dreaming in Relation to Trauma in Childhood«, *International Journal of Psychoanalysis* 63 (1982): 157-66.

356 Pong, »Circumcision: The Pain and the Trauma«

357 Stoller, R., »Consentual Sadomasochistic Perversions«, in H. Blum, E. Weinshel, & F. Rodman, Hrsg., *The Psychoanalytic Core* (New York: International Universities Press, 1989).

> Ich habe S-M (sadomasochistische) Phantasien gehabt, solange ich mich erinnern kann. Ich glaube nicht, dass es für 4-Jährige »normal« ist, diese Art von Fantasien zu haben, es sei denn, sie wurden in irgendeiner Weise verletzt. Obwohl ich nach anderen Erklärungen suchte, schien die Beschneidung das einzige Trauma zu sein, das diese Art von Reaktion in mir hervorgebracht haben könnte.[358]

Natürlich gibt es andere Faktoren, die mit sadomasochistischen Verhaltensweisen in Zusammenhang stehen, da auch Frauen davon betroffen sind. Zum Beispiel fand der Psychiater Thomas Verny heraus, dass die durch den Fötus hervorgerufene Geburtsarbeit im Mutterleib mit der sexuellen Perversion korrelierte, wenn das Kind gereift war.[359] Nichtsdestoweniger sind die meisten Menschen, die an sadomasochistischen Praktiken teilnehmen, Männer, und jede Erklärung des Verhaltens muss frühe Erfahrungen einschließen, die besonders bei Jungen üblich sind.[360] Beschneidung gehört dazu. (Die Tatsache, dass einige intakte Männer auch diese Verhaltensweisen praktizieren, schließt nicht die Möglichkeit aus, dass die Beschneidung die Chancen erhöht, dass ein Mann diese Verhaltensweisen zeigt.)

Physiologische Reaktionen, die klinisch mit PTBS-Reaktionen einhergingen, zeigten sich bei einigen beschnittenen Männern, die meine Frage beantworteten: »Haben Sie besondere Reaktionen, wenn Sie Messer oder Scheren sehen?« Ein Mann sagte: »Ich zittere vor Angst, wenn ich darüber nachdenke – ich schätze, ich zucke zusammen.« Ein anderer erklärte: »gelegentliche Ängste davor, fies geschnitten zu werden, auch mit scharfem Glas und Rasierklingen.« Ein dritter beschnittener Mann antwortete auf meine Frage wie folgt:

> Ich habe eine starke Abneigung gegen Messer oder Scheren. Irgendwann, als ich meine Messer in einem Messerblock in der Küche hatte, wurde mir klar, dass ich diese Messer lose herumliegend ertragen konnte.

Andere Männer antworteten mit Aussagen, die auf physiologische Reaktionen hindeuteten: »Meine größte Angst ist bis heute, dass jemand ein Messer gegen mich zückt.« Für manche Männer haben die Worte »Zirkumzision« (Beschneidung) oder »beschnitten« Auswirkungen: »Ich hasse dieses Wort. Die Silbe ›Zir...‹ macht, dass ich erschaudere.« Ein Mann enthüllte: »Adrenalin durchläuft mich, wenn ich das Wort ›beschnitten‹ höre. Ich erstarre.«[361] Ein anderer Mann sagte: »Ich könnte nicht im gleichen Raum sein, in dem über die Beschneidung geredet wird. Es liefe mir kalt über den Rücken.«

---

358 Leloo, M., »Circumcision: An Unnecessary Trauma?« *Journey*, September 1994, 5.
359 Verny, *The Secret Life of the Unborn Child*, 119.
360 Luria, Z., *The Psychology of Human Sexuality* (New York: Wiley, 1979), 332.
361 Erickson, J., *Making America Safe for Foreskins.* (Biloxi, MS: Autor, 1992), 13.

Eine extreme physiologische und emotionale Reaktion wurde von einem Mann berichtet, dem einige Artikel und Bücher über die Beschneidung gegeben wurden.

> Ich lese die Materialien und bin schockiert ... Als ich endlich das ganze Entsetzen über das, was mir angetan worden war, verstehen konnte, war ich ungefähr zwei Wochen lang wie verrückt. Ich fühlte mich wie eine rohe Wunde, mein ganzer Körper und Geist. Ich bemerkte, dass ich krummbeinig herumlief, als hätte ich kochendes Wasser in meinen Schritt geschüttet. Ich verbrachte meine Zeit damit, in meiner Wohnung auf und ab zu gehen oder mich im Bett zusammenzurollen. Ich konnte kaum denken oder essen.[362]

5.4.2 Zweite Gruppe von Symptomen

Einer der Gründe, warum die Symptome dieser Gruppe auftreten, ist eine Verteidigung, die darauf abzielt, die Entwicklung der ersten Gruppe von Symptomen zu verhindern. Die mit der Beschneidung verbundenen Vermeidungssymptome erfüllen diesen Zweck. Die allgemeine mangelnde Neugier auf die Beschneidung ist kein Zufall. Es besteht eine Abneigung gegen das Lernen potenziell bedrohlicher neuer Informationen. Einige Männer, die das Circumcision Resource Center anrufen, vermeiden es absichtlich, das »Z-Wort« zu erwähnen. Sie fragen, ob sie das »Resource Center« erreicht haben. Wir haben Briefe erhalten, die an das »C. Resource Center« adressiert waren. Im Allgemeinen bereitet den meisten beschnittenen Männer das »Z-Wort« Unbehagen und sie vermeiden es. Ein Mann erzählte die folgende Geschichte:

> Ich fuhr im Verkehr auf einer mehrspurigen Autobahn, auf der sich die Autos meilenweit stauten. Wir waren Stoßstange an Stoßstange und kamen nur langsam voran. Dann bemerkte ich in meinem Rückspiegel, dass es eine große Lücke ohne Autos in der Spur unmittelbar hinter mir gab. Über einen Zeitraum von einer halben Stunde nahm ich wahr, dass sich kein Auto in meiner Spur hinter der Lücke von hinten auf mein Auto zu bewegen wollte. Einige wechselten auf eine andere Spur. Dann erinnerte ich mich, dass ich einen Autoaufkleber mit der Aufschrift »Stoppt die Beschneidung von Säuglingen« hatte. Ich fragte mich, ob die Fahrer ihren Abstand beibehielten, damit sie oder ihre Beifahrer meine Botschaft nicht lesen mussten.

Reduzierte Kapazität für emotionalen Ausdruck oder betäubende Reaktion ist ein wahrscheinliches PTBS-Symptom, da die Zeit nach dem traumatischen Ereignis zunimmt.[363] Dieses Ergebnis unterstützt die Idee, dass Symptome der zweiten

---

362 Brief an den Autor, 1996.
363 Flannery, »From Victim To Survivor«, 217.

Gruppe bei beschnittenen Männern häufiger auftreten, da seit ihrer Beschneidung eine beträchtliche Zeit vergangen ist. Der Grad der Betäubung hängt mit der Intensität des Traumas zusammen. Je stärker die unausgesprochenen Gefühle sind, desto stärker muss die nachfolgende Betäubung sein. Basierend auf physiologischen und verhaltensbezogenen Studien (siehe Kapitel 1) sind die Gefühle eines Säuglings, die mit der Beschneidung in Zusammenhang stehen, extrem. Ein Kleinkind kann von ihnen überwältigt werden. Entweder zieht er sich völlig zurück und gerät in einen Schockzustand oder er drückt aus, was er kann, bis er erschöpft ist und einschläft. Sicherlich kann es bei beschnittenen Männern viele Gründe für einen reduzierten emotionalen Ausdruck geben. Wie wir jedoch im letzten Kapitel gesehen haben, als wir die Worte des Mannes lasen, der im Alter von zehn Jahren beschnitten wurde (»Es machte, dass ich als Person weniger emotional sein konnte«) und die anderer, könnte die Beschneidung ein wichtiger Faktor sein.

5.4.3   Dritte Gruppe von Symptomen

Gereiztheit und Wut sind für einige Männer auch mit der Beschneidung verbunden. Eines der vorherrschenden Gefühle, die eine Person hat, wenn ein Teil ihres Penis erzwungen abgeschnitten wird, ist Wut. Aussagen beschnittener Männer bestätigen, dass einige von ihnen weiterhin tiefe Wut, Hass und Groll über ihre Beschneidung empfinden. (»Ich habe lange Zeit eine tiefe Wut darüber empfunden.«) Diese Wut zu speichern, erfordert ein Leben mit starken Gegenkräften. Wenn die Eindämmung unzureichend ist, kann es Episoden übermäßiger und unangemessener Wut oder sogar Gewalt geben. Diejenigen, die verletzt wurden, haben in der Regel ein Problem mit der Wut und richten sie entweder nach innen auf das Selbst oder nach außen auf andere.[364] Offensichtlich können viele verschiedene Erfahrungen mit einem Gefühl der Verletzung verbunden sein. Für einige Männer ist die Beschneidung eine solche Erfahrung.

5.4.4   Andere Symptome

Zu den assoziierten Merkmalen der PTBS nach *DSM-IV* gehören »beeinträchtigte Affektmodulation, selbstzerstörerisches und impulsives Verhalten, dissoziative Symptome, somatische Beschwerden, Gefühle der Wirkungslosigkeit, Scham, Verzweiflung oder Hoffnungslosigkeit; das Gefühl, dauerhaft geschädigt zu sein; Verlust früherer Überzeugungen, Feindseligkeit, sozialer Rückzug; Gefühle ständiger Bedrohung, beeinträchtigte Beziehungen zu anderen oder eine Veränderung der früheren Persönlichkeitsmerkmale des Individuums.«[365]

---

364 van der Kolk, »The Compulsion to Repeat the Trauma«, 389-411.
365 American Psychiatric Association, *Diagnostic and Statistical Manual*, 425.

Zumindest einige dieser Symptome wurden von beschnittenen Männern berichtet oder gezeigt. Janov stellt fest, dass die Beschneidung »prototypischen Schmerz« (Kerntrauma mit langfristigen Auswirkungen) verursachen kann, und kommt zu dem Schluss, dass es zu Angst im Zusammenhang mit dem Penis und zu Verhaltensweisen wie zwanghafter Masturbation und zwanghaftem Sex oder zur Vermeidung von Sex führen kann.[366]

5.5 Sex-bezogene Auswirkungen der Beschneidung

5.5.1 Impotenz

Der Zusammenhang zwischen der Beschneidung von Erwachsenen, dem Verlust von Sensibilität und Impotenz wurde in der medizinischen Literatur festgestellt.[367] Da die Säuglingsbeschneidung auch die sexuelle Sensibilität verringert (siehe Kapitel 2), ist es möglich, dass die Beschneidung bei den hohen Impotenzraten bei amerikanischen Männern ein unerkannter Faktor ist und sich durch Verbindungen auch negativ auf die männliche psychische Gesundheit auswirkt. Laut einer randomisierten Studie von 1.290 Männern im Alter zwischen 40 und 70 Jahren berichteten 52 Prozent über einen Grad an Impotenz von minimal bis vollständig. Diese Rate variierte von ungefähr 40 Prozent im Alter von vierzig bis 67 Prozent im Alter von siebzig Jahren. Höhere Impotenzgrade waren mit einem erhöhten Grad an Wut und Depression verbunden. Bei impotenten Männern wurde auch ein geringeres Selbstwertgefühl gefunden.[368] Die psychologische Reaktion auf Impotenz würde bereits bestehende psychologische Symptome, die bereits diskutiert wurden, noch verstärken.

5.5.2 Probleme im psychosexuellen Verhalten

Als ich bei einer Freundin das Thema Beschneidung ansprach, sagte sie: »Ich bin nicht interessiert. Ich bin kein Mann.« Die Verbindung zwischen der Beschneidung und ihrer möglichen Wirkung auf Frauen wird nicht erkannt. Es gibt jedoch Anzeichen dafür, dass Untersuchungen gerechtfertigt sind. *Medical Aspects of Human Sexuality* (»Medizinische Aspekte der menschlichen Sexualität«) führte

---

366 Janov, *Imprints*, 97.

367 Stinson, J., »Impotence and Adult Circumcision«, *Journal of the National Medical Association* 65 (1973): 161.

368 Feldman, H. et al., »Impotence and Its Medical and Psychosocial Correlates: Results of the Massachusetts Male Aging Study«, *Journal of Urology* 151 (1994): 54-61; Cogen, R. & Steinman, W., »Sexual Function and Practice in Elderly Men of Lower Socioeconomic Status«, *Journal of Family Practice* 31 (1990): 162-6.

eine Umfrage unter mehr als 400 Ärzten zum Thema männliche Beiträge zur weiblichen sexuellen Dysfunktion durch.[369] Die Ergebnisse zeigten, dass die sexuelle Reaktion der Frau oft von der psychischen Reaktionsfähigkeit des Mannes abhängt. Eine erhebliche Anzahl von Befragten war der Meinung, dass die mangelnde männliche Sensibilität und männliche Ausdrucksfähigkeit die sexuelle Reaktion der Frau negativ beeinflusste. Obwohl andere Faktoren sicherlich beteiligt sind, wissen wir nicht, in welchem Ausmaß potentielle psychologische Effekte der Beschneidung auch die Interaktion hemmen würden.

Kommunikation wird allgemein als wichtiger Bestandteil der sexuellen Erfahrung anerkannt. Indem sie einen angenehmen Kontext bieten, erleichtern sexuelle Beziehungen das Aufdecken anderer Aspekte von sich selbst. Diese Offenlegung ist potentiell befriedigend, stärkt Intimität und wird besonders von Frauen geschätzt. Basierend auf der Untersuchung von 186 Gesellschaften sind Freude und Offenheit grundlegend für menschliche Beziehungen.[370]

Sprechen über Sex insbesondere zwischen Partnern trägt zur sexuellen Zufriedenheit bei. Es hat auch einen positiven Bezug zur Zufriedenheit mit der Beziehung.[371] Da Männer in dieser Kultur im Allgemeinen weniger ausdrucksstark sind als Frauen, kann der Grad der Intimität in einer Beziehung durch die Bereitschaft des Mannes, sich selbst zu offenbaren, begrenzt sein. Wie ein Mann offenbarte: »Egal, wie nah ich mich einer Frau fühle, es gibt einen Teil von mir, der nur mir gehört, den ich nicht teilen werde. Ich erfülle niemals die Erwartungen einer Frau an die totale Intimität.«[372] Männliche Selbstentblößung korreliert mit geringem Selbstwertgefühl.[373] Es ist möglich, dass Selbstentblößung und ungelöste Probleme in Bezug auf sexuelle Angelegenheiten in einigen Fällen mit der Beschneidung zusammenhängen und sexuelle Erfahrung und Beziehungsqualität negativ beeinflussen können.

Es kann für einen Mann schwierig sein, ehrlich und persönlich zu sprechen, wenn er aus Gründen, die die Intimität nicht verbessern, Sex hat. Zum Beispiel kann er Sex hauptsächlich ausüben, um sein niedriges sexuelles Selbstwertgefühl zu steigern. Darüber hinaus glaubt eine große Mehrheit der Befragten in der Studie über männliche Beiträge zur weiblichen sexuellen Dysfunktion, dass einige Männer zu sehr mit der Häufigkeit der Orgasmen ihrer Partner beschäftigt

---

369 Pietropinto, A., »Male Contributions to Female Sexual Dysfunction«, *Medical Aspects of Human Sexuality* 20 (1986): 84.

370 Reiss, I., »Society and Sexuality: A Sociological Theory«, in K. McKinney & S. Sprecher, Hrsg., *Human Sexuality: The Societal and Interpersonal Context* (Norwood, NJ: Ablex Publishing, 1989); Rubin, Z. et al., »Self-Disclosure in Dating Couples«, *Journal of Marriage and the Family* 42 (1980): 305-18; Reiss, I., »A Sociological Journey into Sexuality«, *Journal of Marriage and the Family* 48 (1986): 233-42.

371 Masters, W., Johnson, V., & Kolodny, R., *Sex and Human Loving* (Boston: Little Brown, 1986); Yelsma, P., »Marriage vs. Cohabitation: Couples' Communication Practices and Satisfaction«, *Journal of Communication* 36 (1986): 94-107.

372 Klein, C., *Mothers and Sons* (Boston: Houghton Mifflin, 1984), 93.

373 Dosser, D., Balswick, J., & Halverson, C., »Male Inexpressiveness and Relationships«, *Journal of Social and Personal Relationships* 3 (1986): 241-58; Ichiyama, M. et al., »Self-Concealment and Correlates of Adjustment in College Students«, *Journal of College Student Psychotherapy* 7 (1993): 55-68.

142

sind.[374] Wenn die Beschneidung zu einem niedrigen sexuellen Selbstwertgefühl beiträgt, können beide Bedingungen in einigen Fällen mit der Beschneidung auf einer tieferen Ebene in Verbindung gebracht werden.

Es gibt viel zu lernen, wie die Beschneidung Frauen sexuell beeinflusst. Wissen und Verständnis für diese Frage müssen warten, bis die Forscher diesen Bereich untersuchen. Die Auswirkungen der Beschneidung auf schwule Beziehungen sind ebenfalls ein unerforschtes Thema.

Zusammenfassend, basierend auf den PTBS-Symptomen, wie im *DSM-IV* beschrieben, sowie der klinischen Erfahrung, verwandter Forschung und Aussagen von beschnittenen Männern, die eine Anzahl von Symptomen im Zusammenhang mit PTBS berichten, haben wir die folgende Liste:

POTENTIELLE LANGFRISTIGE PSYCHOLOGISCHE WIRKUNGEN DES BESCHNEIDUNGSTRAUMAS

1. Verringerter emotionaler Ausdruck
2. Unbehagen im Zusammenhang mit dem Thema Beschneidung
3. Vermeidung von Intimität
4. Misstrauen
5. Niedrige Selbstachtung
6. Übermäßige oder unangemessene Wut
7. Wiederkehrende Gedanken und Not
8. Sexuelle Ängste, Phobien und Dysfunktionen
9. Begrenzte Kapazität für Vergnügen
10. Physiologische Reaktionen
11. Vermindertes Körperbild
12. Schamgefühle

Andere frühe traumatische Erfahrungen können zu diesen Symptomen beitragen, und einige beschnittene Männer haben möglicherweise keine solchen Symptome. Mit weiteren Untersuchungen in diesem Bereich können wir lernen, wie die Beschneidung die Prävalenz dieser Symptome beeinflusst.

---

374 Pietropinto, »Male Contributions to Female Sexual Dysfunction«, 84.

6

Beschneidung und die Mutter-Kind-Beziehung

Die Bindung ist stärker als die zwischen Vater und Sohn und Vater und Tochter …
Die Bindung ist auch komplexer als die zwischen Mutter und Tochter. Für eine
Frau bietet ein Sohn die beste Chance, das mysteriöse männliche Dasein zu
erfahren.

— Carole Klein,
Autorin von »Mothers and Sons«

Das Vermeiden von Intimität ist eine der wichtigsten potenziellen langfristigen
psychologischen Auswirkungen von Beschneidungstrauma. Um näher zu untersuchen, wie es sich entwickeln kann, werden wir die erste und fundamentale
intime Beziehung untersuchen: die zwischen Mutter und Kind. Obwohl andere
für das Kind sorgen können, kann die Qualität der Mutter-Kind-Beziehung nicht
kopiert werden, und ihre primäre Bedeutung kann nicht geleugnet werden, insbesondere während der Zeit unmittelbar nach der Geburt. Die Beziehung beginnt
während der Schwangerschaft, wenn sich das Bewusstsein, die Sensibilität und
die Reaktionsfähigkeit des Neugeborenen entwickeln, und der Fötus und die
Mutter kommunizieren physiologisch. Es ist kein Zufall, dass Neugeborene das
Gesicht ihrer Mutter in wenigen Minuten erkennen und ihre Stimme und ihren
Geruch bevorzugen, während das Anerkennen des Vaters und anderer später erfolgt (siehe Kapitel 1). Obwohl die Beziehung des Kindes zum Vater und zu
anderen wichtig ist, hat die Qualität dieser prinzipiellen Beziehung weitreichende langfristige Konsequenzen.

Die emotionale Bindung, die das Kind und die Mutter verbindet, wird Bonding genannt. Die Bedeutung des Bondings ist in der Literatur seit Jahrzehnten
gut belegt. Eine starker Bund zwischen Mutter und Kind trägt zur geistigen und
sozialen Entwicklung des Kindes bei. Die Säuglings-Mutter-Beziehung ist ein
Modell für Beziehungen zwischen Kindern und Gleichaltrigen.[375] Darüber

---

375 Bowlby, J., »Grief and Mourning in Infancy and Early Childhood«, *Psychoanalytic Study of the Child* 15
(1960): 9-52; Ainsworth, M. & Bell, S., »Mother-Infant Interaction and the Development of Competence«, in

hinaus zeigt die Forschung, dass Säuglinge mit einem sicheren Bonding im Alter von zwei, drei und fünf Jahren neugieriger und kontaktfreudiger sind. Das Selbstbewusstsein und die Empathie des Kindes hängen auch mit der Qualität der Beziehung zur Mutter zusammen.[376] Bonding beeinflusst sowohl den Körper als auch das Verhalten. Säuglinge mit sicherem Bonding sind physiologischer im Einklang mit ihren Müttern, haben eine verbesserte Immunfunktion und einen niedrigeren Stresslevel.[377]

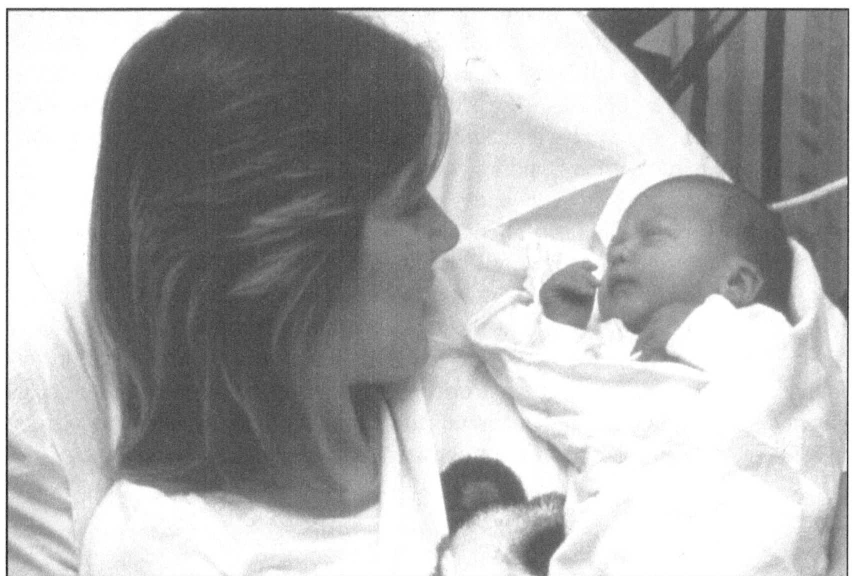

Abbildung 12: Nachdruck mit Genehmigung von The Saturday Evening Post

Viele Faktoren können die Mutter-Kind-Bindung stören. Zum Beispiel kann sie durch Mutter-Kind-Trennung gestört werden (einschließlich Trennungen aufgrund von Krankenhausrichtlinien). Zahlreiche Studien an Affen haben gezeigt, dass die Trennung von Mutter und Kind beim Säugling signifikant mehr Stress

K. Connelly & J. Bruner, Hrsg., *The Growth of Competence* (New York: Academic Press, 1974); Vandell, D., »Sociability with Peers and Mothers in the First Year«, *Developmental Psychology* 16 (1980): 355-61.

376 Arend, R., Gove, F., & Sroufe, L., »Continuity of Individual Adaptation from Infancy to Kindergarten: A Predictive Study of Ego-Resiliency and Curiosity in Preschoolers«, *Child Development* 50 (1979): 950-59; Marshall, W., »The Role of Attachments, Intimacy, and Loneliness in the Etiology and Maintenance of Sexual Offending«, *Sexual and Marital Therapy* 8 (1993): 109-21; Kestenbaum, R., Farber, E., & Sroufe, L., »Individual Differences in Empathy Among Preschoolers: Relation to Attachment History«, *New Directions for Child Development* 44 (1989): 51-64.

377 Donovan, W. & Leavitt, L., »Physiologic Assessment of Mother-Infant Attachment«, *Journal of the American Academy of Child Psychiatry* 24 (1985): 65-70; Spangler, G. & Schieche, M., »Biobehavioral Organization in One-Year-Olds: Quality of Mother-Infant Attachment and Immunological and Adrenocortical Regulation«, *Psychologische Beiträge* 36 (1994): 30-5.

verursacht (gemessen an der Höhe des Stresshormons Cortisol im Blut) als bei der Mutter, so dass selbst eine dreißigminütige Trennung für den Säugling sehr belastend ist, dass trotz des Weinens hoher Stress vorhanden sein kann, dass der Kontakt des Säuglings mit anderen Affen während der Trennung diesen Stress nicht lindert und dass die Auswirkungen der Trennung noch lange nach der Wiedervereinigung mit der Mutter anhalten können.[378] Darüber hinaus wurde gezeigt, dass menschliche Säuglinge und Kinder und Affen-Säuglinge ähnliche Verhaltens- und physiologische Reaktionen auf die Trennung der Mutter haben.[379] Die Forscher haben herausgefunden, dass die Reaktion von kleinen Kindern auf Trennung zwei Phasen hat: Protest, gefolgt von Verzweiflung. Andere Reaktionen umfassen Hilflosigkeit, Hypervigilanz, Entzug, verringerte Aktivität und Herzfrequenz, höheres Stresslevel und unterdrückte Immunreaktion.[380] Neben der Trennung sind Misshandlung und Traumatisierung in der Kindheit auch mit einem schlechten Bonding verbunden.[381]

Die Beschneidung ist vor allem wegen des überwältigenden Schmerzes traumatisch. Darüber hinaus schließt sie typischerweise eine Trennung (in einem anderen Raum) von der Mutter mit ein, die die Hauptquelle für physischen und emotionalen Komfort und Kontakt ist. Für ein kleines Kind, das ein Trauma erlebt, können sich ein paar Minuten endlos anfühlen. Trennung von der Mutter trägt zu dem Terror und der emotionalen Bedrängnis bei, die kleine Kinder erfahren, die chirurgische Verfahren erleben.[382] Darüber hinaus kann Mangel an angemessener Unterstützung während einer traumatischen Kindheitserfahrung langfristige Auswirkungen auf die Anpassung und das Funktionieren haben.[383]

---

378 Vogt, J. & Levine, S., »Response of Mother and Infant Squirrel Monkeys to Separation and Disturbance«, *Physiology and Behavior* 24 (1980): 829-832; Levine, S., Coe, C., & Smotherman, W., »Prolonged Cortisol Elevation in the Infant Squirrel Monkey after Reunion with Mother«, *Physiology and Behavior* 20 (1978): 7-10; Levine, S., Wiener, S., & Coe, C., »Temporal and Social Factors Influencing Behavioral and Hormonal Responses to Separation in Mother and Infant Squirrel Monkeys«, *Psychoneuroendocrinology* 18 (1993): 297-306; Coe, C. et al., »Mother-Infant Attachment in the Squirrel Monkey: Adrenal Response to Separation«, *Behavioral Biology* 22 (1978): 256-63; Hinde, R., »Mother-Infant Separation in Rhesus Monkeys«, *Journal of Psychosomatic Research* 16 (1972): 227-8.

379 Laudenslager, M., »The Psychobiology of Loss: Lessons from Human and Nonhuman Primates«, *Journal of Social Issues* 44 (1988): 19-36; Harlow, H., Gluck, J., & Soumi, S., »Generalization of Behavioral Data between Nonhuman and Human Animals«, *American Psychologist* 27 (1972): 709-16.

380 Hollenbeck, A. et al., »Children with Serious Illness: Behavioral Correlates of Separation and Isolation«, *Child Psychiatry and Human Development* 11 (1980): 3-11; McCabe, P. & Schneiderman, N., »Psychophysiological Reactions to Stress«, in N. Schneiderman & J. Tapp, Hrsg., *Behavioral Medicine: The Biopsychosocial Approach* (Hillsdale, NJ: Erlbaum, 1984).

381 Youngblade, L. & Belsky, J., »Child Maltreatment, Infant-Parent Attachment Security, and Dysfunctional Peer Relationships in Toddlerhood«, *Topics in Early Childhood Special Education* 9 (1989): 1-15; Lyons-Ruth, K. et al., »Infants at Social Risk: Relations among Infant Maltreatment, Maternal Behavior, and Infant Attachment Behavior«, *Developmental Psychology* 23 (1987): 223-32; van der Kolk, B., Perry, J., & Herman, J., »Childhood Origins of Self-Destructive Behavior«, *American Journal of Psychiatry* 148 (1991): 1665-71; Schmidt, E. & Eldridge, A., »The Attachment Relationship and Child Maltreatment«, *Infant Mental Health Journal* 7 (1986): 264-73.

382 Levy, »Psychic Trauma of Operations in Chißdren«, 7-25.

383 Eth & Pynoos, »Developmental Perspective on Psychic Trauma in Childhood«, 36-52.

146

Studien haben bereits gezeigt, dass Beschneidung die Mutter-Kind-Bindung beeinträchtigen kann.[384] Wie in Kapitel 1 erwähnt, können beschnittene Säuglinge reizbarer sein. Da kindliche Reizbarkeit am zweiten Tag mit einem unsicheren Bonding nach vierzehn Monaten[385] in Verbindung gebracht werden konnte, kann die Auswirkung der Beschneidung auf das Bonding mehr als nur vorübergehend sein.

Die langfristigen Auswirkungen von beeinträchtigter Bindung haben nicht die Aufmerksamkeit erhalten, die sie verdienen. Einige Forscher haben gemutmaßt, dass eine gestörte Bindung in der Kindheit zu einer Psychopathologie beim Erwachsenen führen kann.[386] Es kann zudem auch psychobiologische und neurobiologische Konsequenzen geben.[387] Die Forschung bezüglich der Auswirkungen von unterbrochenen Bindungsbindungen kann wie folgt zusammengefasst werden:

> Eine vorzeitige oder unangemessene plötzliche Störung des Bondings kann, abgesehen davon, dass sie subjektiv schmerzhaft ist, zu psychischen Störungen, physiologischer Desorganisation und kranker Gesundheit führen. Störungen des Bondings an sich können zu einer verzerrten affektiven Entwicklung, einer beeinträchtigten Erziehung und möglichen anderen Formen der Psychopathologie, einschließlich Kindesmisshandlung, führen.[388]

Die Langzeiteffekte von unterbrochenem Bonding infolge der Beschneidung sind schwer zu beurteilen, könnten aber sehr wichtig sein. Die folgenden klinischen Berichte, persönliche Auskünfte und Verweise auf empirische Studien beschreiben, wie sich die Beschneidung auf die Mutter-Kind-Beziehung auswirken kann. Vorschläge für Ausrichtungen zukünftiger Forschung sind ebenfalls enthalten.

---

384 Marshall et al., »Circumcision: II. Effects upon Mother-Infant Interaction«, 367-374; Osofsky, J., »Neonatal Characteristics and Mother-Infant Interaction in Two Observational Situations«, *Child Development* 47 (1976): 1138-47.
385 Calkins, S. & Fox, N., »The Relations among Infant Temperament, Security of Attachment, and Behavioral Inhibition at Twenty-Four Months«, *Child Development* 63 (1992): 1456-72.
386 Bowlby, J., »Attachment Theory and Its Therapeutic Implications«, in S.C. Feinstein and P.L. Giovacchini, Hrsg., *Adolescent Psychiatry: Developmental and Clinical Studies* (Chicago: University of Chicago Press, 1978), 5-33; Reite, M. & Capitanio J., »Child Abuse: A Comparative and Psychobiological Perspective« (Thesenpapier vorgestellt auf der Conference on Biosocial Perspectives on Child Abuse and Neglect, Social Sciences Research Council, Mai 1984).
387 van der Kolk, B., *Psychological Trauma* (Washington, DC: American Psychiatric Press, 1987): 32, 51.
388 Reite, M. & Capitanio, J., »On the Nature of Social Separation and Social Attachment«, in T. Field & M. Reite, Hrsg., *The Psychobiology of Separation and Attachment* (New York: Academic Press, 1985), 223.

6.1   Mütterliche Angst

Der Einfluss der Beschneidung auf das Kind kann bereits vor der Geburt beginnen. Die Forscher haben eine Beziehung zwischen der pränatalen mütterlichen Angst, die mit der Geburtserfahrung verbunden ist, und der kindlichen Reizbarkeit gefunden.[389] Ein Ereignis, das für die Mutter als »sehr belastend« beschrieben wird, ist die Beschneidung, wenn sie über die Entscheidung streitet und befürchtet, dass sie ihr Kind unnötigen, extremen Schmerzen aussetzen muss.[390] Mütterliche Angst vor der Beschneidung ist besonders wahrscheinlich, wenn das Problem nicht zwischen Mutter und Vater gelöst wird. Auch die familiären und kulturellen Anforderungen wirken sich aus. Eine Mutter, die Beschneidung infrage stellte, sagte: »Meine Mutter war so überzeugt von der Beschneidung, dass sie meine Freundinnen drängte, mich bei meiner Babydusche dazu zu bringen.« Natalie Bivas, eine jüdische Mutter, schrieb: »Ich habe den größten Teil meiner Schwangerschaft mit Weinen, Erbrechen, Grübeln und Lesen über die Beschneidung verbracht.«[391] Was auch immer der Grund ist, wenn Mutterangst und Säuglingsreizbarkeit miteinander verbunden sind, kann eine Mutter, die besorgt wegen der Beschneidung ist, eher ein reizbares Kind haben. Von keinem dieser emotionalen Zustände wird erwartet, das Bonding zu erleichtern.

Die Beschneidung kann sich auf andere Weise auf das Kind auswirken. Die Forschung hat gezeigt, dass die Angst der Mutter während der Schwangerschaft die Geburt selbst und den Ausgang des Kindes beeinflusst.[392] Die Auswirkungen können sich in einer Reihe von Möglichkeiten manifestieren, einschließlich verlängerter Wehen, Komplikationen bei der Geburt und niedrigem Geburtsgewicht. Die folgende Geschichte veranschaulicht die möglichen Auswirkungen der Angst der Mutter hinsichtlich der Beschneidung auf die Lieferung:

> Eine Hebamme besuchte eine sehr schwierige Hausgeburt. Das Baby wollte sich nicht ins Becken absenken. Sie waren kurz davor, von der häuslichen Umgebung in ein Krankenhaus umzuziehen, obwohl beide die Hausgeburt wollten. In ihrer Weisheit verstand die Hebamme, dass dieses Paar die Entscheidung nicht abgestimmt hatte, ob sie ihr Baby beschneiden sollten oder nicht. Der jüdische Vater

---

389 Korner, A., Gabby, T., & Kraemer, H., »Relation between Prenatal Maternal Blood Pressure and Infant Irritability«, *Early Human Development* 4 (1980): 35-9; Vaughn, B. et al., »Maternal Characteristics Measured Prenatally are Predictive of Ratings of Temperamental ›Difficulty‹ on the Carey Infant Temperament Questionnaire«, *Developmental Psychology* 23 (1987): 152-61.

390 Simkin, P., »Stress, Pain, and Catecholamines in Labor: II. Stress Associated with Childbirth Events: A Pilot Survey of New Mothers«, *Birth Issues in Perinatal Care and Education* 13 (1986): 234-40.

391 Brief an den Autor, 1991.

392 Crandon, A., »Maternal Anxiety and Neonatal Wellbeing«, *Journal of Psychosomatic Research* 23 (1979): 113-5; McDonald, R., »The Role of Emotional Factors in Obstetrical Complications: A Review«, *Psychosomatic Medicine* 30 (1968): 222-37.

148

wollte den Jungen beschneiden. Die ebenfalls jüdische Mutter wollte ihr Baby beschützen. Also flüsterte die Hebamme dem Ehemann zu: »Sag ihr, dass du deine Meinung geändert hast. Wir werden das Baby nicht beschneiden.« Er tat es. Das Baby hat sich gesenkt. Die Geburt war spontan. Er ist ein intakter Sohn.[393]

6.2 Mutter-Säugling-Interaktion

Experimente mit Ziegen zeigen, dass, wenn Mutter und Kind für kurze Zeit nach der Geburt getrennt sind, die Mutter ihre eigenen Nachkommen vernachlässigen oder ablehnen kann.[394] In ähnlicher Weise können frühe Ereignisse, die die menschliche Mutter-Kind-Beziehung beeinflussen, langfristige Auswirkungen auf das Verhalten der Mutter und die Entwicklung des Kindes haben. Zum Beispiel wurde ein verringerter Mutter-Kind-Kontakt nach der Geburt (z. B. ein Blick und dann eine 30-minütige Fütterung alle vier Stunden gegenüber einer Kontaktstunde nach der Geburt, dem gleichen Fütterungsplan und fünf zusätzlichen Kontaktstunden während des Tages) mit Unterschieden im mütterlichen Verhalten gegenüber dem Säugling nach einem Jahr und mit Unterschieden in den mütterlichen Sprechmustern und dem kindlichen Sprach- und Sprachverständnis nach fünf Jahren in Zusammenhang gebracht.[395] Darüber hinaus ist die Mutter-Kind-Trennung überdurchschnittlich mit Kindesmisshandlung in Verbindung gebracht worden.[396]

Wie in Kapitel 1 erwähnt, wurden Veränderungen der Mutter-Kind-Interaktion in den ersten 24 Stunden nach der Beschneidung beobachtet. Wir kennen die möglichen langfristigen Auswirkungen dieser Veränderungen nicht.

Die Auswirkung der Beschneidung auf die Mutter-Kind-Interaktion zeigt sich in diesem Bericht von Mary Milvich über ihre Erfahrungen mit der Geburt ihres ersten Kindes:

Ich teilte ein Krankenhauszimmer mit einer Mutter, deren Sohn einige Stunden nach meiner Tochter geboren wurde. Meine Zimmergenossin und ich staunten

---

393 Baker, J., Kommentare zur Zusammenfassung der Präsentation von R. Laibow, *Circumcision and Its Relationship to Attachment Impairment*, Second International Symposium on Circumcision, San Francisco, 1991.

394 Hersher, L., Moore, A., & Richmond, J., »Effect of Post-Partum Separation of Mother and Kid on Maternal Care in the Domestic Goat«, *Science* 128 (1958): 1342.

395 Kennell, J. & Klaus, M., »Early Mother-Infant Contact: Effects on the Mother and the Infant«, *Bulletin of the Menninger Clinic* 43 (1979): 69-78; Kennell, J. et al., »Maternal Behavior One Year after Early and Extended Post-Partum Contact«, *Developmental Medicine and Child Neurology* 16 (1974): 172-9; Ringler, N. et al., »The Effects of Extra Postpartum Contact and Maternal Speech Patterns on Children's IQ's, Speech and Language Comprehension at Five«, *Child Development* 49 (1978): 862-5.

396 Klein, M. & Stern, L., »Low Birthweight and the Battered Child Syndrome«, *American Journal of Diseases of Children* 122 (1971): 15.

> über die identischen Persönlichkeitsmerkmale unserer Neugeborenen. Beide waren vollkommen ruhig, weinten nie und starrten unbeirrt auf unsere Gesichter, wenn wir sie hielten. Wir haben die mütterliche Nähe erlebt, die die Mutter empfindet, wenn sie erkennt, dass ihr Baby sie erkennt und sie als die Sorgende akzeptiert … Das Entzücken an unserer neu gefundenen Freude der Mutterschaft wurde am nächsten Morgen zerstört. Das Baby meiner Zimmergenossin hatte sich verändert. Er weigerte sich, zu stillen; er weinte; er wollte nicht gehalten werden. »Er will mich nicht«, sagte meine Mitbewohnerin bedauernd zu der Krankenschwester. »Es ist nur die Beschneidung«, sagte die Schwester tröstend.[397]

Forscher haben bestätigt, dass die Beschneidung dazu beitragen kann, dass ein Säugling sich nicht stillen kann.[398] Die Bedeutung des Stillens für die emotionale und körperliche Gesundheit des Säuglings wird oft nicht gewürdigt. Die Vorteile des Stillens gegenüber der Flaschenernährung umfassen eine verbesserte Bindung, kurz- und langfristige Gesundheitsvorteile sowie eine verbesserte intellektuelle und neurologische Entwicklung (gemessen im Alter von zehn Jahren).[399] Wenn die Beschneidung das Stillen stört, gehen diese Vorteile verloren.

Einige beschnittene Kinder weinen längere Zeit und scheinen untröstlich zu sein. Diese Reaktion ist möglicherweise den Symptomen der aufdringlichen, posttraumatischen Belastungsstörung (PTBS) mit der Beschneidung geschuldet. Forschung und klinische Erfahrung haben gezeigt, dass das Weinen von Säuglingen ein wertvoller physiologischer Prozess ist, der hilft, frühere Traumata zu lösen.[400] Das verlängerte Weinen kann jedoch das Toleranzniveau der Mutter überschreiten und dazu führen, dass sich ihre Reaktionstendenz von einem einfühlsamen zu einem egoistischen Verhalten ändert.[401] Mit anderen Worten, sie könnte mehr daran interessiert sein, ihre eigene Not (das Schreien hören zu müssen) zu lindern als die ihres Kindes.

Wenn eine Mutter glaubt, dass sie nicht in der Lage ist, die Ursache des Leidens ihres Kindes zu lindern, fühlt sie sich möglicherweise unfähig und reagiert darauf weniger oder gar nicht. Sie kann sich auch vorstellen, dass das Kind ein

---

397 Milvich, M., *Circumcision: An American Custom*, Snowmass, CO: Autor, 1995, 44.

398 Howard, Howard, & Weitzman, »Acetaminophen Analgesis in Neonatal Circumcision«, 641-6.

399 Anholm, P., »Breastfeeding: A Preventive Approach to Health Care in Infancy«, *Issues in Comprehensive Pediatric Nursing* 9 (1986): 1-10; Temboury, M. et al., »Influence of Breastfeeding on the Infant's Intellectual Development«, *Journal of Pediatric Gastroenterology and Nutrition* 18 (1994): 32-6; Fitzsimmons, S. et al., »Immunoglobulin A Subclasses in Infants' Saliva and in Saliva and Milk from Their Mothers«, *Journal of Pediatrics* 124 (1994): 566-73; Polluck, J., »Long-Term Associations with Infant Feeding in a Clinically Advantaged Population of Babies«, *Developmental Medicine and Child Neurology* 36 (1994): 429-40.

400 Solter, A., »Why Do Babies Cry?« Pre and Perinatal Psychology Journal 10 (1995): 21-43; Emerson, W., »Psychotherapy with Infants and Children«, *Pre and Perinatal Psychology Journal* 3 (1989): 190-217.

401 Hoffman, M., »Developmental Synthesis of Affect and Cognition and Its Implications for Altruistic Motivation«, *Developmental Psychology* 11 (1975): 607-22.

150

»schwieriges« Temperament hat und diesen Glauben als einen Grund benutzen, nicht zu antworten.[402]

Umgekehrt, wenn ein Säugling sich wegen des Traumas der Beschneidung zurückzieht, wird er seine Bedürfnisse nicht mitteilen, die Mutter wird annehmen, dass er zufrieden ist, und seine Bedürfnisse werden nicht befriedigt werden. Die Interaktion zwischen Mutter und Kind wird für die Mutter frustrierend und weniger lohnend sein, weil sie nur eine eingeschränkte Antwort von ihrem Kind erhält. Offensichtlich ist die Mutter-Kind-Beziehung eine zweiseitige soziale Beziehung, die von der Reaktionsfähigkeit beider abhängt. Wenn entweder die Mutter oder das Kind nicht reagiert, leidet die Beziehung, und emotionale Störungen können auftreten.[403]

Das Ausmaß, in dem eine Mutter das Verhalten ihres Kindes erkennt und darauf reagiert, beeinflusst die Qualität der Mutter-Kind-Bindung. Eine starke Bindung erfordert, dass die Mutter sensibel ist und auf Vokal-, Gesichts- und Körperausdrücke reagiert.[404] Die verminderte Reaktionsfähigkeit der Mutter korreliert mit einer hohen Häufigkeit von Säuglingsschreien, unsicherer Bindung und verzögerter geistiger und sozialer Entwicklung des Kindes.[405] Jede Auswirkung, die die Beschneidung auf das Verhalten der Säuglinge und die darauf folgende mütterliche Reaktionsfähigkeit hat, stört daher die Mutter-Kind-Bindung.

Natürlich beeinflussen andere Faktoren die Qualität der Mutter-Kind-Beziehung. Die Persönlichkeitsmerkmale der Mutter beeinflussen die Bindung,[406] und die Reaktionsfähigkeit der Mutter ist sowohl in den Gesellschaften als auch in der Person unterschiedlich. Zum Beispiel ignorierten amerikanische Mütter in einer Studie über die Reaktionsfähigkeit von Müttern in den ersten drei Monaten fast die Hälfte der Fälle, in denen ihr erstes Kind weinte.[407] Wenn sie reagierten, waren manchmal neun Minuten vergangen. In Jäger-Sammler-Kulturen reagierten die Mütter in der Regel innerhalb von Sekunden auf Schreie von Säuglingen.[408] Weinen ist, wie bereits erwähnt, eine bedeutungsvolle Kommunikation, die dem Sorgenden signalisiert, zu helfen, irgendeine Art von Stress abzubauen.

---

402 Donovan, W., »Maternal Learned Helplessness and Physiologic Response to Infant Crying«, *Journal of Personality and Social Psychology* 40 (1981): 919-26; Campbell, S., »Mother-Infant Interaction as a Function of Maternal Ratings of Temperament«, *Child Psychiatry and Human Development* 10 (1979): 67-76.

403 Field, T., »Models for Reactive and Chronic Depression in Infancy«, *New Directions for Child Development* 34 (1986): 47-60.

404 Ainsworth, M. & Wittig, B., »Attachment and Exploratory Behavior of One-Year-Olds in a Strange Situation«, in B. Foss, Hrsg., *Determinants of Infant Behavior* IV (London: Methuen, 1969).

405 Bell, S. & Ainsworth, M., »Infant Crying and Maternal Responsiveness«, *Child Development* 43 (1972): 1171-90; Ainsworth, M. et al., Patterns of Attachment: *A Psychological Study of the Strange Situation* (Hillsdale, NJ: Erlbaum, 1978); Beckwith, L. et al., »Caregiver-Infant Interaction and Early Cognitive Development in Preterm Infants«, *Child Development* 47 (1976): 576-87.

406 Izard, C. et al., »Emotional Determinants of Infant-Mother Attachment«, *Child Development* 62 (1991): 906-17.

407 Bell & Ainsworth, »Infant Crying and Maternal Responsiveness«, 1171-90.

408 Devore, I. & Konner, M., »Infancy in a Hunter-Gatherer Life: An Ethological Perspective«, in N. White, Hrsg., *Ethology and Psychiatry* (Toronto: University of Toronto Press, 1974).

In extremen Fällen wurde das Fehlen einer angemessenen Ansprechbarkeit mit Elternproblemen wie Kindesmisshandlung und Entwicklungsproblemen beim Kind in Verbindung gebracht.[409] Wenn zum Beispiel das Kind übermäßig weint, könnten die Eltern Gewalt anwenden, um zu versuchen, es zu stoppen. Eine eingeschränkte Reaktionsfähigkeit des Säuglings kann auch dazu führen, dass ein Elternteil ihn misshandelt.[410] Beschnittene Säuglinge neigen dazu, weniger ansprechbar und reizbarer zu sein. Wir wissen nicht, in welchem Ausmaß die Beschneidung zusammen mit anderen Faktoren zu Kindesmisshandlung beiträgt.

6.3   Vertrauensverlust

Erik Eriksons Theorie der psychosozialen Entwicklung umfasst acht chronologische Phasen. In der ersten Phase besteht das Kernproblem in einem grundlegenden Vertrauen in die Betreuungsumgebung.[411] Diese Theorie wird durch die klinische Erfahrung der Psychiaterin Rima Laibow unterstützt, die hochmoderne Techniken und Berichte verwendet:

> Ereignisse, die sich auf die Fähigkeit des Kindes auswirken, der Mutter zu vertrauen, können in allen Bereichen des Wachstums und der Entwicklung langfristige Folgen haben … Wenn ein Kind unerträglichen, überwältigenden Schmerzen ausgesetzt ist, nimmt es die Mutter als Mittäterin und verantwortlich wahr, unabhängig von der Absicht der Mutter … Die Folgen für eine beeinträchtigte Bindung sind signifikant … Die Beschneidung ist ein enormes Hindernis für die Entwicklung eines grundlegenden Vertrauens zwischen Mutter und Kind.[412]

Diese Aussage, die auf mehr als zwanzig Jahre klinischer Beobachtungen von Kindern und Erwachsenen, die perinatale Erfahrungen wiedererlebt haben, basieren, fordert uns auf, die Welt durch die Augen des Neugeborenen zu sehen. Diese Welt dreht sich um die Mutter. Selbst wenn der Arzt beschneidet und der Vater die endgültige Entscheidung zur Beschneidung getroffen hat, verbindet das neugeborene Kind die Erfahrung mit der Mutter. Weil die Erfahrung unterdrückt wird, wird auch die Verbindung zwischen dem Ereignis und der Mutter unter-

---

409 Ainsworth, M., »Attachment and Child Abuse«, in G. Gerbner, C. Ross, & E. Zigler, Hrsg., *Child Abuse: An Agenda for Action* (New York: Oxford University Press, 1980).

410 Sherrod, K. et al., »Child Health and Maltreatment«, *Child Development* 55 (1984): 1174-83; Field, T., »Attachment as Psychobiological Attunement: Being on the Same Wavelength«, in T. Field and M. Reite, Hrsg., *The Psychobiology of Attachment and Separation* (Academic Press: Orlando, FL, 1985), 415-54.

411 Erikson, E., *Childhood and Society* (New York: Norton, 1963), 249.

412 Laibow, R., »Circumcision and Its Relationship to Attachment Impairment«, in *Syllabus of Abstracts*, the Second International Symposium on Circumcision, San Francisco, 1991, 14.

drückt. Der Vertrauensverlust und die Unterbrechung der Bindung sind miteinander verknüpft.[413] Misstrauen ist auch mit neurobiologischen Veränderungen verbunden.[414]

In einer typischen Krankenhausbeschneidung ist die Mutter nicht Zeugin der Schmerzen und hilflosen Schreie ihres kleinen Sohnes. Folglich ist ihr nicht bewusst, wie das Verfahren auf ihn wirkt oder wie es ihre Beziehung beeinflusst. Im Allgemeinen wird die Beziehung durch das resultierende Misstrauen und die emotionale Distanz beeinträchtigt, wenn eine Person als verantwortlich dafür wahrgenommen wird, dass einem anderen Schmerzen zugefügt werden. Selbst wenn eine Person den Vorfall nicht bemerkt, wird die Reaktion mit Rückzug und Misstrauen durch den Empfänger die andere Person beeinflussen. Zwangsläufig entwickelt sich das Misstrauen gegenüber einer Person in gegenseitiges Misstrauen und Trennung. Es scheint, je tiefer der Schmerz, desto tiefer das Misstrauen. Der extreme Schmerz der Beschneidung kann zu tiefem Misstrauen führen.

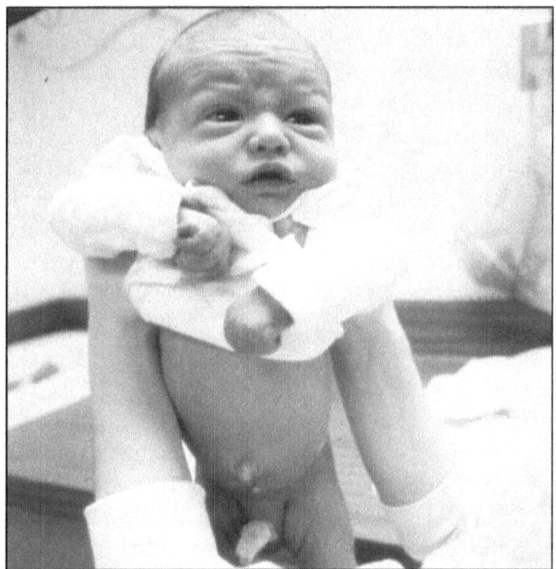

Abbildung 13: Nachdruck mit Genehmigung von The Saturday Evening Post

Beachten Sie den Ausdruck auf dem Gesicht dieses Säuglings, während er gehalten wird, nachdem er beschnitten wurde.

---

413 van der Kolk, *Psychological Trauma*, 35.
414 Hartman, C. & Burgess, A., »Information Processing of Trauma«, *Child Abuse and Neglect* 17 (1993): 47-58.

Die Säuglinge selbst haben nach der Beschneidung ein Verhalten gezeigt, das auf Misstrauen schließen lässt. Der folgende persönliche Bericht bezieht sich auf die Fähigkeit des Säuglings, angemessen auf die Beschneidungserfahrung zu reagieren. Mary Conant, eine geburtshilfliche Krankenschwester, hat beschnittene Säuglinge beobachtet, die ihre Genitalien mit ihren Händen bedecken, wenn ihre Windeln gewechselt werden. Intakte Säuglinge tun dies nicht. Daraus kann man plausibel schließen, dass beschnittene Säuglinge weitere Schädigungen ihrer Genitalien fürchten und ihrer Pflegeperson nicht vertrauen können.

Vertrauen ist eine Voraussetzung für Intimität. Die Beschneidung kann die Entwicklung des Grundvertrauens in der Kindheit stören und das Potential für Intimität im späteren Leben beeinträchtigen. Ein beschnittener Mann berichtete dem Circumcision Resource Center: »Wenn ich tiefer schaue, stelle ich fest, dass meine primäre und vorrangige Reaktion auf Frauen einfach Angst ist, und ich sehe die gleiche Angst in fast allen Männern unserer Kultur.« Die mögliche Verbindung zwischen Beschneidung und Schwierigkeiten mit Intimität ist im Einklang mit Theorie und klinischer Erfahrung im Zusammenhang mit Trauma. Das Sich-Zurückziehen oder Vermeiden von Gefühlen, die mit Intimität verbunden sind, ist in der zweiten Gruppe von PTBS-Symptomen enthalten (siehe Kapitel 5).

Der psychologischen Literatur zufolge können die Auswirkungen der Beschneidungserfahrung auf die Gefühle des Kindes gegenüber der Mutter mehr sein als Rückzug und Misstrauen. Ein dreizehnjähriger Junge in der Psychoanalyse war von seiner Beschneidung mit zwei Jahren und acht Monaten tief betroffen und betrachtete seine Mutter als bösartige Angreiferin.[415] In einer Studie von zwölf türkischen Jungen, die zwischen dem vierten und siebten Lebensjahr beschnitten waren, nahmen die Kinder ihre Mütter als Verstümmlerin wahr und richteten ihre Aggressionen auf sie.[416] Weitere Berichte und Studien wären hilfreich, aber sie sind noch nicht verfügbar.

Einige Männer berichten von negativen Gefühlen gegenüber ihren Eltern wegen ihrer Beschneidung. Eine Analyse von Informationen von 301 Männern, die mit der Beschneidung unzufrieden waren, zeigte, dass 52,7 Prozent es ihren Eltern übel nahmen, weil sie der Meinung waren, dass ihre Eltern eine Wahl hatten und ihren Sohn nicht beschützten.[417] Obwohl dieser Bericht uns nicht sagt, wie verbreitet dieses Gefühl unter allen Männern ist, bestätigt es, dass dieses Gefühl existiert, eine bemerkenswerte Entwicklung.

---

415 Kennedy, H., »Trauma in Childhood: Signs and Sequelae as Seen in the Analysis of an Adolescent«, *Psychoanalytic Study of the Child* 41 (1986): 209-19.
416 Cansever, »Psychological Effects of Circumcision«, 328.
417 Bigelow, *The Joy of Uncircumcising!*, 116.

6.4   Mütter, die Beschneidung mit ansahen

Die typische Krankenhausbeschneidung erfolgt außerhalb der Sicht der Mutter in einem separaten Raum. Einige werden jedoch von den Eltern beobachtet, und viele jüdische rituelle Beschneidungen werden in den Häusern der Eltern durchgeführt und von Familie und Freunden beobachtet. Obwohl einige Eltern berichten, dass dies eine positive Erfahrung ist, ist dies nicht immer der Fall. Frauen berichten häufiger über Not, wenn sie ein weinendes Kind hören, als Männer.[418] Bezüglich der Beschneidung bestreitet der Vater eher den Schmerz seines Sohnes, weil er ihn an seine eigenen Beschneidungsgefühle erinnern könnte. Daher kann das Bezeugen der Beschneidung und der Reaktion des Kindes besonders schockierend auf die Mutter wirken. Erst kürzlich waren einige Eltern bereit, ihre quälend schmerzhaften Erfahrungen bei der Beschneidung ihres Sohnes zu beschreiben. Obwohl weitere Forschung notwendig ist, um uns zu sagen, wie häufig diese Antworten sind, ist die Tatsache, dass sie überhaupt existieren, Grund zur Sorge und Reflexion.

Einige Mütter haben im vergangenen Jahr über ihre Erfahrungen mit der Beschneidung berichtet. »Es war so nah an der Hölle, wie ich niemals sein möchte!«, schrieb eine. Ein anderer schilderte diese Erinnerung:

> Mein kleiner Sohn und ich weinten herzzerreißend … Nach all den Anstrengungen, Joseph im Mutterleib zu tragen und zu pflegen, ihn trotz großer Schwierigkeiten zu Hause zu haben und ihn von Geburt an ständig an meiner Seite zu haben, ihn zu stillen, wann immer er Nähe und Nahrung brauchte – war die Beschneidung eine schreckliche Verletzung all dessen, von dem ich fühlte, dass wir es teilten. Ich habe anschließend tagelang geweint.[419]

Sieben Monate, nachdem sie die (nicht-rituelle) Beschneidung ihres Sohnes mitangesehen hatte, hatte Melissa Morrison eine schwere Zeit:

> Ich merke, dass ich immer mehr davon besessen bin. Es ist absolut schrecklich. Ich wusste nicht, wie schrecklich es sein würde. Es war das Grausamste, was ich je in meinem Leben gesehen habe. Ich sagte dem Arzt, sobald er fertig war, wenn ich eine Waffe hätte, hätte ich ihn getötet. Ich schwöre, ich wäre heute im Gefängnis, wenn ich eine Waffe hätte.[420]

Zwei andere Mütter haben dem Circumcision Resource Center berichtet, dass die Beschneidung ihres Sohnes »der schlimmste Tag meines Lebens« sei. Eine

---

418 Frodi, A. & Lamb, M., »Sex Differences in Responsiveness to Infants: A Developmental Study of Psychophysical and Behavioral Responses«, *Child Development* 49 (1978): 1182-8.
419 O'Mara, P., Hrsg., *Circumcision: The Rest of the Story* (Santa Fe, NM: Mothering, 1993), 75-6.
420 Telefongespräch mit dem Autor, 1995.

andere Mutter bemerkte, dass sie immer noch Schmerzen hatte, als sie sich an die Erfahrung etwa ein Jahr später erinnerte. Sie schrieb an ihren Sohn:

> Ich habe noch nie solche Schreie gehört … Werde ich jemals wissen, welche Narben dies deiner Seele zufügt? … Was ist das für ein neuer Blick in deinen Augen? Ich kann Schmerz sehen, eine gewisse Traurigkeit und einen Vertrauensverlust.[421]

Andere Mütter erinnern sich deutlich an die Beschneidung ihres Sohnes nach vielen Jahren. Miriam Pollack berichtete fünfzehn Jahre nach dem Ereignis: »Die Schreie meines Babys bleiben in meinen Knochen und gehen mir durch den Kopf.« Später fügte sie hinzu: »Sein Schrei klang, als würde er abgeschlachtet. Ich habe meine Milch verloren.«[422]

Nancy Wainer Cohen erinnerte sich an ihre Gefühle im Zusammenhang mit der Beschneidung ihres Sohnes, der jetzt zweiundzwanzig ist:

> Ich hörte ihn schreien, während sie ihn beschneiden. Das, was mich am meisten beunruhigt, ist, dass ich immer noch seine Schreie hören kann … Es war ein Angriff auf ihn, und in gewisser Weise war es ein Angriff auf mich. … Ich werde das mit ins Grab nehmen, dieses schreckliche Kreischen hören, mich mit verantwortlich fühlen, fühlen, dass es mein Mangel an Sensibilität war, mein Mangel an Bewusstsein. Ich habe mein Bestes gegeben und es war nicht gut genug.[423]

Elizabeth Pickard-Ginsburg erinnerte sich lebhaft an die Beschneidung ihres Sohnes und ihre Auswirkung auf sie:

> Jesse kreischte und die Tränen liefen über mein Gesicht … Er schrie und es gab keinen Zweifel in seinem Schrei, dass er wollte, dass Mutter oder eine mütterliche Person käme und ihn vor diesem Schmerz beschütze!! … Jesse schrie so laut, dass da plötzlich kein Geräusch mehr war! So etwas habe ich noch nie gehört!! Er schrie gellend hoch und dann gab es kein Geräusch mehr und sein Mund war einfach nur offen und sein Gesicht war voller Schmerz!! Ich erinnere mich, dass etwas in mir passiert ist … Die Intensität war, wie wenn eine Sicherung explodiert! Es war zu viel. Wir wussten, dass etwas vorbei war. Ich glaube nicht, dass es jemals wirklich heilte … Ich glaube nicht, dass ich mich davon erholen kann. Es ist eine Narbe. Ich habe viel Energie in den Versuch investiert, mich zu erholen. Ich habe geweint und wir haben eine Therapie gemacht. Es gibt immer noch eine Menge Gefühle, die blockiert sind. Es war zu intensiv … Wir hatten diesen wunderschönen Jungen und sieben wunderschöne Tage und dieser schöne Rhythmus hatte angefangen, und es war, als wäre etwas zerbrochen!! … Zunächst,

---

421 Friederich, L., Brief in O'Mara, *Circumcision: The Rest of the Story*, 79.
422 Pollack, M., »Jewish Feminist Perspective« (Thesenpapier präsentiert beim Third International Symposium on Circumcision, College Park, MD, Mai 1994; Unterhaltung mit dem Autor, College Park, MD, Mai 1994.
423 Interview durch den Autor, Needham, MA, 1994.

> als er geboren war, gab es eine Bindung mit meinem Jungen, meinem Neuge-
> borenen. Und als die Beschneidung passierte, *musste ich die Verbindung ab-
> schneiden,* um es zuzulassen. Ich musste meine natürlichen Instinkte abschneiden
> und *dadurch schnitt ich viele Gefühle für Jesse ab.* Ich schnitt sie ab, um den
> Schmerz zu unterdrücken und den natürlichen Instinkt zu unterdrücken, die
> Beschneidung zu stoppen.[424]
>
> *(Hervorhebungen hinzugefügt)*

Nach mehreren Jahren sagt Pickard-Ginsburg, dass sie immer noch »ein Element
der Loslösung« gegenüber ihrem Sohn fühlen kann. Ihr Bericht ist besonders
aufschlussreich. Dass sie die Gefühle gegenüber ihrem Sohn »abschneidet«, indem sie seine Beschneidung *beobachtet,* deutet darauf hin, dass ihr Sohn ihr
gegenüber vielleicht ähnlich reagiert hat, indem er seine Beschneidung *erlebt*
hat. Weil sie bereit war, die Intensität ihres Schmerzes zu fühlen und mitzuteilen,
haben wir außerdem einen Hinweis darauf, warum mehr Mütter, die die Beschneidung ihres Sohnes beobachten, solche Schmerzen nicht melden. Verleugnung und Verdrängung können diesen extremen Schmerz aus ihrem Bewusstsein
heraushalten.

Die Beobachtung der Beschneidung ihres Sohnes hat einige Eltern mit einem
tiefen Bedauern zurückgelassen. Die folgenden Zitate sind typisch:

> Es tut mir so leid, dass ich über die Beschneidung so unwissend war. Hätte ich
> zuerst eine Beschneidung miterlebt, hätte ich niemals zugestimmt, meinen Sohn
> beschneiden zu lassen.[425]

> Im Hinterkopf dachte ich stets: »Ich wünschte, er wäre nicht beschnitten worden.«
> Ich habe mich mehrfach bei ihm entschuldigt.[426]

> Wenn ich das je gewusst hätte, hätte ich es in einer Million Jahren nicht getan.[427]

> Ich fühlte mich, als ob ich beim Anblick meines dort liegenden Sohnes ohn-
> mächtig werden könnte, unfähig, sich zu bewegen oder sich zu verteidigen. Seine
> Schreie zerrissen mein Herz, als seine Vorhaut herzlos von seinem Penis gerissen
> wurde. Zu spät, um umzukehren, wusste ich, dass dies ein schrecklicher Fehler
> war und dass das etwas war, was niemand, schon gar nicht Neugeborene, jemals
> ertragen sollte. Eine Welle des Schocks durchströmte mich – mein Körper fühlte
> sich ekelhaft krank an vor Schuld und Scham. Alles, woran ich denken konnte,
> war, mein Kind zu halten und zu trösten, aber sein Schmerz fühlte sich untröstlich

---

424 Romberg, *Circumcision: The Painful Dilemma,* 78-84.
425 Sexty, L., Brief in O'Mara, *Circumcision: The Rest of the Story,* 84.
426 Cohen, N., interviewt durch den Autor, Needham, MA, 1994.
427 Northrup, C., Telefongespräch mit dem Autor, 1994.

> an – sein Körper war starr vor Angst und Wut – seine Augen füllten sich mit Trä-
> nen des Verrats.[428]

Einige Mütter, die die Beschneidung nicht miterlebt haben, bedauern seither, es zugelassen zu haben:

> Die Krankenschwester kam, um das Baby zur Beschneidung abzuholen. Ich habe
> diesen Moment immer wieder erlebt. Wenn ich die Zeiger der Zeit zurückdrehen
> könnte, wäre das der einzige Moment, zu dem ich zurückgehen und sagen würde:
> »Ich denke nicht, dass es eine gute Idee ist. Ich brauche einen weiteren Tag, um
> darüber nachzudenken« und hielte ihn einfach fest, weil ich mir nicht sicher war.
> Ich denke, wenn ich ihn gehalten hätte, wäre es vielleicht anders ausgegangen. Ich
> hätte ihn einfach nicht gehen lassen sollen, als ich so ambivalent war. Nachdem
> sie ihn mitgenommen hatten, ging ich unter die Dusche und ich weinte.[429]

> Als sie ihn zu mir brachten, konnte ich sehen, dass er geweint hatte und einen
> glasigen, wilden Blick in seinen Augen hatte. Ich denke, es war Terror. Ich wusste
> nicht, was man ihm angetan hatte, aber ich wusste, was auch immer es war, es tat
> weh. Ich werde diesen Blick nie vergessen. Wahrscheinlich haben sie jedes Ver-
> trauen zerstört, das er hatte. Ich bin sehr wütend darüber. Das hätte ich meinem
> eigenen Sohn nie angetan. Keine Mutter würde ein Messer an ihr Kind anlegen.
> Als ich seinen Penis anschaute, tat es mir sofort wieder leid, dass ich es zuge-
> lassen hatte.[430]

Selbst wenn eine Mutter die Beschneidung ihres Sohnes nicht beobachtet, muss sie seinen verletzten Penis jedes Mal ansehen, wenn sie seine Windel wechselt. Eine Mutter berichtete: »Ich konnte mich nicht dazu überwinden, ihn anzusehen, als sie ihn zurückbrachten. Jedes Mal, wenn ich seine Windel wechselte, weinte ich. Es war so rot und roh.« Eine andere Mutter erinnerte sich: »Sein Penis war so lange rot. Es sah einfach schrecklich für mich aus.« Haben diese mütterlichen Gefühle gegenüber seinem Penis eine Auswirkung auf das Kind?

Wir erfahren Schuld, wenn wir eine andere Person verletzt oder eine Regel verletzt haben. Das Circumcision Resource Center hat Briefe von Müttern erhalten, die ein tiefes Schuldgefühl empfinden, weil sie zugelassen haben, dass ihre Söhne beschnitten werden. Mit den Worten einer Mutter: »In mir brodelt eine Menge, weil ich nicht gegen etwas aufgestanden bin, von dem ich intuitiv wuss-te, dass es falsch war.« Eine Mutter von drei Söhnen erzählte diese Geschichte:

---

428 Raisbeck, B., »Circumcision: A Wound Which Lasts a Lifetime«, *Healing Currents*, 1993, 21.
429 Dion, J., Telefongespräch mit dem Autor, 1995.
430 Miller, C., Telefongespräch mit dem Autor, 1995.

> Beim Ersten wusste ich es nicht, aber ich hätte mich selbst informieren sollen. Beim Zweiten hätte ich mich gegen die Beschneidung aussprechen sollen. Beim Dritten widerstand ich. So einfach war das. Dann bekam auch meine Schwester Kinder. Ich sprach mit ihr über die Beschneidung und brachte ihr jedes Mal vorher Artikel zum Lesen. Sie hatte sechs Jungen. Sie ließ fünf beschneiden. Bei ihrem letzten ließ sie es nicht zu. Sie merkte schließlich, dass es barbarisch ist. Endlich war der Groschen gefallen. Jetzt fühlt sie sich schuldig und beklagt sich bei mir, dass ich nicht darauf bestanden habe, dass sie die anderen nicht beschneidet.

Donna Bigony, Mutter eines vierjährigen Jungen, schrieb:

> Es gibt eine tiefe Wunde der Schuld in meinem Herzen wegen der Beschneidung meines Sohnes. Obwohl es nicht der einzige Fehler ist, den ich bei der Erziehung gemacht habe, ist es sicherlich der schwerwiegendste Fehler und der, den ich mir selbst am wenigsten vergeben kann ... Ich habe viele Male wegen der Beschneidung meines Sohnes geweint. Irgendwie denke ich, ich hätte es besser wissen müssen. Wie kann ich mir das verzeihen? Und wie kann mein Sohn mir vergeben? Wie kann ich es wiedergutmachen? ... Ich bin wütend auf mich selbst. Ich bin wütend auf unsere Gesellschaft, die diese Genitalverstümmelung duldet und fördert ... Mir wurde gerade klar, dass die Beschneidung meines Sohnes mich ebenso verletzte wie ihn. Ich trage sowohl seinen Schmerz als auch meine Schuld.[431]

Das *Diagnostische und Statistische Manual Psychischer Störungen (DSM-IV)* führt die folgenden persönlichen Erfahrungen auf, die zu PTBS führen können: »Zeuge eines Ereignisses zu sein, das ... eine Bedrohung für die körperliche Unversehrtheit einer anderen Person einschließt; oder zu erfahren über unerwarteten oder ... ernsthaften Schaden, ... oder Verletzung, die ein Familienmitglied erlebt hat.«[432] Die Beschreibung der Beschneidung des eigenen Sohnes passt zu dieser Beschreibung, und einige der früheren Aussagen von Müttern deuten darauf hin, dass sie eindringliche PTBS-Symptome haben. Eine Mutter beschrieb die Beschneidung ihres Sohnes tatsächlich als »eine sehr traumatische Erfahrung« für sich.[433]

Die starken emotionalen Reaktionen einiger Mütter auf die Beschneidung werfen die Frage auf, welche möglichen Auswirkungen ihre Gefühle auf ihr Verhalten gegenüber ihren Söhnen haben. Verhaltensänderungen können zum Beispiel Überprotektion in Verbindung mit Schuld oder Entzug, verbunden mit ihren eigenen Schmerzen, umfassen.

---

431 Brief an den Autor, 1994.
432 American Psychiatric Association, *Diagnostic and Statistical Manual*, 424.
433 Parsons, M., »The Beginning«, Ashbury (NY) Park Press, 3. Februar 1996, B1.

Ob sie es bezeugen oder nicht, die Mütter, die der Beschneidung zustimmen, fragen sich oft, wie sich das auf ihren Sohn auswirkt. Wenn das Kind aufwächst, fragen sich manche Mütter: »Warum ist mein Sohn nur so distanziert von mir?« Basierend auf den Berichten über die Reaktionen von Müttern und Säuglingen in diesem Kapitel, kann die Beschneidung Teil der Antwort auf diese Frage sein.

7

Der Einfluss der Beschneidung auf die amerikanische Gesellschaft

Was Kindern angetan wird, wird der Gesellschaft angetan.

— Karl Menninger,
Psychiater, Autor und Gründer der Menninger-Klinik

Was uns psychologisch betrifft, betrifft uns auch sozial. Insbesondere, wenn die Beschneidung langfristige psychologische Auswirkungen im Zusammenhang mit der posttraumatischen Belastungsstörung (PTBS) hat und die Mutter-Kind-Bindung stört, dann ist unsere Gesellschaft von dieser kulturellen Praxis massiv betroffen. Das ergibt sich, weil die meisten amerikanischen Männer beschnitten sind und wir eine patriarchalische Kultur haben. Darüber hinaus können die Symptome der PTBS, wie Gerüchte, auf andere übertragen werden.[434] Wenn bestimmte Verhaltensweisen, Einstellungen, Ängste und Überzeugungen unter beschnittenen Männern vorherrschen, dann betreffen sie auch diejenigen, die nicht beschnitten sind, sowohl männliche als auch weibliche Personen.

Die soziale Kontraktion von PTBS-Symptomen wird von erwachsenen Überlebenden von Kindheitstraumata unterstützt, die ihre Symptome an andere weitergeben möchten. Diese Tendenz hat verschiedene Schriftsteller und Künstler beeinflusst. Zum Beispiel gibt Stephen King zu: »Ich mag es, Menschen zu erschrecken.« Kinderpsychiater Lenore Terr bezieht dieses Verlangen auf einen Kindheitsereignis. Als King vier Jahre alt war, wurde er traumatisiert, als er Zeuge wurde, wie ein junger Freund von einem Zug getötet wurde. Kings Mutter erinnert sich an die Angst in den Augen ihres Sohnes nach dem Ereignis. King selbst hat keine bewusste Erinnerung daran.[435]

Die Verbreitung von PTBS-Symptomen wird auch durch die Tatsache erleichtert, dass Menschen allgemein und bereitwillig den Standards ihrer sozialen Umgebung entsprechen. Normalerweise werden diese Standards in diesem Land

---

434 Terr, *Too Scared To Cry*, 26, 317.
435 Ebenda, 331.

von beschnittenen Männern festgelegt. So wie sich Individuen nicht bewusst sind, wie die Beschneidung sie beeinflusst, ist sich die Gesellschaft nicht bewusst, wie die Beschneidung uns alle betreffen könnte. Wenn dieses Bewusstsein jedoch zunimmt, werden die möglichen sozialen Auswirkungen der Beschneidung deutlicher werden.

Es ist wichtig zu verstehen, dass die Beschneidung nicht das einzige mögliche frühkindliche Ereignis ist, das zu PTBS führen könnte und daher soziale Auswirkungen hat. Zum Beispiel können Geburtsbedingungen (z. B. Frühgeburtlichkeit, Kaiserschnitt oder Steißgeburt, die Verwendung von Zangen oder Narkotika) eine signifikante Auswirkung auf die Persönlichkeit des Erwachsenen haben (siehe Kapitel 4).[436] Früh gestörte Bindungen, die aus der Trennung von Mutter und Kind resultieren, können auch zu späteren psychologischen Problemen beitragen (siehe Kapitel 6). *Da frühes Trauma häufig ist, sind PTBS-Symptome häufig und nicht notwendigerweise mit der Beschneidung verbunden. Da zudem so viele Faktoren die Persönlichkeit eines Menschen prägen, haben manche beschnittenen Männer möglicherweise nicht die zu besprechenden Merkmale und Verhaltensweisen.* Wir müssen jede Person als Individuum sehen und nicht die Persönlichkeit eines Menschen stereotypisieren, nur weil er eine bestimmte Erfahrung gemacht hat.

Verantwortliche Forscher haben gelernt, Behauptungen der Gewissheit zu vermeiden und ihre Aussagen zu qualifizieren, um unbekannte Faktoren und Möglichkeiten zu berücksichtigen. Dies ist ein Zeichen für einen offenen investigativen Geist. Anstatt die folgenden Ideen zu akzeptieren oder abzulehnen, lade ich Sie ein, die Möglichkeit offen zu lassen. Tatsache ist, dass wir die Gültigkeit dieser Ideen nicht kennen. Ein geeigneter Test wäre, einfach eine beschnittene Gruppe von Männern mit einer passenden Gruppe von intakten Männern für die verschiedenen Merkmale und Verhaltensweisen zu vergleichen. Aber wir müssen die Fragen stellen, bevor sie beantwortet werden können. Und um die Forschung zu fördern, müssen die Fragen plausibel sein. Dementsprechend habe ich versucht, durch entsprechende Studien Plausibilität zu schaffen.

Bevor es weitergeht, kann es hilfreich sein, einige Punkte der Logik und Bedeutung zu klären, damit es zu keinen Missverständnissen kommt.

1. Bei einer Aussage, dass die Beschneidung zum Verhalten oder zum sozialen Zustand beitragen kann oder könnte, bedeutet X nur, dass diese Beziehung eine Möglichkeit ist. *Es ist eine Spekulation, keine Schlussfolgerung.* Und obwohl die Möglichkeit als klein wahrgenommen wird, bleibt sie eine Möglichkeit, insbesondere wenn es keine einschlägige Studie gibt, die etwas anderes nahelegt.

---

436 Feher, »Birth Conditions and the Adult Personality«

2. Die spekulative Aussage (oder Frage) über die mögliche Wirkung der Beschneidung *schließt das Vorhandensein anderer möglicher Faktoren, die zu X beitragen könnten, nicht aus.*

3. Die Tatsache, dass die Beschneidung in den meisten Fällen nicht zu *X* führt, *widerlegt nicht die spekulative Aussage.* Wenn zum Beispiel die Beschneidung die Inzidenz von *X* von 1 zu 1.000 auf 2 zu 1.000 erhöht, wird die spekulative Aussage unterstützt (und in diesem Beispiel ist die Veränderung signifikant), obwohl *X* in der großen Mehrheit der Einzelfälle nicht als Folge der Beschneidung auftritt.

Wenn im Zusammenhang mit den folgenden Abschnitten Zweifel bestehen, beziehen Sie sich bitte auf diese Punkte.

Während ich Forscher ermutige, die folgenden möglichen Beziehungen zu untersuchen, glaube ich nicht, dass die Zweckmäßigkeit der Beschneidung von einem zukünftigen Forschungsbericht abhängt. Genug ist bereits bekannt, um das Einstellen der Praxis zu rechtfertigen. Ich glaube, die beste Anwendung der vorgeschlagenen Forschung wäre, uns zu lehren, die Beziehung zwischen perinataler Erfahrung und sozialem Verhalten von Erwachsenen wertzuschätzen. Dann wären Fachleute und die Öffentlichkeit möglicherweise motiviert, alle perinatalen Interventionen anders zu bewerten. Lassen Sie uns jetzt Menningers Aussage zu Beginn des Kapitels auf die Beschneidung anwenden, indem wir untersuchen, wie diese Praxis möglicherweise mit einigen aktuellen amerikanischen kulturellen Merkmalen und sozialen Problemen zusammenhängen könnte.

7.1 Auswirkung geringer Selbstachtung bei Männern

Wenn beschnittene Männer lernen, dass die Vorhaut ein wesentlicher Teil ihrer sexuellen Anatomie ist, können sie sich im Vergleich zu intakten Männern unwohl fühlen. Männer, die sich ungünstig mit anderen ihrer Gruppe vergleichen, fühlen niedrigere Selbstachtung. Darüber hinaus hat der männliche Fokus auf sexuelle Leistung viel mit männlichem Selbstwertgefühl zu tun.[437] Wie in Kapitel 5 erwähnt, sind negative Gefühle über den Penis bereits bei Männern vorherrschend. Wenn wir darüber hinaus akzeptieren, was Logik, Forschung und beschnittene Männer als Erwachsene sagen, reduziert die Beschneidung die sexuelle Sensibilität und Funktion (siehe Kapitel 2). Folglich ist ein vermindertes männliches Selbstwertgefühl ein mögliches Ergebnis der Beschneidung, unab-

---

437 Major, B., Sciacchitano, A., & Crocker, J., »In-Group versus Out-Group Comparisons and Self-Esteem«, *Personality and Social Psychology Bulletin* 19 (1993): 711-21; Stimson, A., Stimson, J., & Dougherty, W., »Female and Male Sexuality and Self-Esteem«, *Journal of Social Psychology* 112 (1980): 157-8.

hängig davon, ob die Männer die Fakten über die Beschneidung kennen oder nicht.

Geringes Selbstwertgefühl hat persönliche und soziale Konsequenzen. Menschen mit geringem Selbstwertgefühl haben im Allgemeinen eine geringe Meinung von anderen.[438] Geringes Selbstwertgefühl ist auch mit Beziehungsunzufriedenheit, schlechterem Allgemeinbefinden, hoher Konformität, Depression, Drogenkonsum und Einsamkeit verbunden.[439] In einem Versuch, ihr geringes Selbstwertgefühl zu kompensieren, können einige Männer bestimmte Verhaltensweisen annehmen. Laut einer Studie von Jugendlichen hatten Männer, die ein Kind zeugten, ein geringeres Selbstwertgefühl als diejenigen, die kein Kind hatten.[440] Darüber hinaus sind die Hälfte der Männer, die jugendliche Frauen schwängern, erwachsene Männer. Sie sind oft sechs bis zwölf Jahre älter als ihre Partnerinnen. Einige dieser Männer bevorzugen Mädchen im Alter ab zwölf Jahren bis zu Frauen in ihrem Alter.[441] Dieses Muster deutet auch auf einen Mangel an männlichem Selbstwertgefühl hin. Ist ungeschützter Sex ein symptomatisches Verhalten beschnittener Männer, die ihre Männlichkeit bestätigen und ihr Selbstwertgefühl steigern wollen? Ist die Beschneidung einer der Faktoren, die erklären, warum die Vereinigten Staaten eine der höchsten Raten unerwünschter Teenagerschwangerschaften unter den Industrieländern haben?

Im Allgemeinen versuchen die Männer, ihr Selbstwertgefühl wiederherzustellen, indem sie konkurrieren und sich selbst sagen, dass sie größer oder besser sind als andere. Wenn sie es nicht persönlich glauben, können sie sich einer Gruppe anschließen, die diese Anforderung erfüllt, sei es eine Sportmannschaft, ein Verein oder eine andere Vereinigung. Wie Gordon Allport sagt: »Die einfachste Idee, die man jemandem verkaufen kann, ist die, dass er besser ist als jemand anderer.«[442] Ob es sich um den Penis oder den PC handelt, amerikanische Männer vergleichen und konkurrieren gerne. Mark Macgillivray, ein Unternehmensberater und Computerbesitzer, sagt:

---

438 Allport, *The Nature of Prejudice*, 388.

439 Nelson, E., Hill-Barlow, D., & Benedict, J., »Addiction versus Intimacy as Related to Sexual Involvement in a Relationship«, *Journal of Sex and Marital Therapy* 20 (1994): 35-45; Antonucci, T., Peggs, J., & Marquez, J., »The Relationship between Self-Esteem and Physical Health in a Family Practice Population«, *Family Practice Research Journal* 9 (1989): 65-72; Santee, R. & Maslach, C., »To Agree or Not to Agree: Personal Dissent Amid Social Pressure to Conform«, *Journal of Personality and Social Psychology* 42 (1982): 690-700; Butler, A., Hokanson, J., & Flynn, H., »A Comparison of Self-Esteem Lability and Low Trait Self-Esteem as Vulnerability Factors for Depression«, *Journal of Personality and Social Psychology* 66 (1994): 166-77; Cookson, H., »Personality Variables Associated with Alcohol Use in Young Offenders«, *Personality and Individual Differences* 16 (1994): 179-82; Jackson, J. & Cochran, S., »Loneliness and Psychological Distress«, *Journal of Psychology* 125 (1991): 257-62.

440 Robinson, R. & Frank, D., »The Relation between Self-Esteem, Sexual Activity, and Pregnancy«, *Adolescence* 29 (1994): 27-35.

441 Goodman, E., »Targeting the Men Who Prey on Teen-Age Girls«, *Boston Globe*, 8. Februar 1996, 17.

442 Allport, *The Nature of Prejudice*, 372.

164

> Computer sind die neue lingua franca für Möchtegern-Helden … Ich erinnere mich an krasse Jungs in der Mittelschule, die ihre Hosen runter zogen und »Wer hat den längsten«-Wettbewerbe machten. Nun, so ist es hier [in einer New Yorker Bar]. Jungs beginnen eine Unterhaltung mit »Also, welche Art von Prozessor hast du?«[443]

In diesem Spiel von Wettbewerb und Status, »je mehr Megabyte; je mehr RAM; je größer die Festplatte; je mehr Geschwindigkeit; je mehr ein PC kostet, desto besser«[444] und vermutlich desto höher das Selbstwertgefühl des Besitzers. Obwohl Männer den Status bekommen können, den sie suchen, ist es nie genug, denn was sie wirklich wollen, sind die Zustimmung und Akzeptanz, von der sie denken, dass der Status sie ihnen geben wird. Frauen, die direkter auf diese Bedürfnisse eingehen, suchen die Verbindung mit anderen, eine viel effektivere Möglichkeit, das Selbstwertgefühl zu fördern.

Männliche Konkurrenz hat ihren Preis: sie ist nicht mit Altruismus vereinbar. Im Wettbewerb wird die Sorge um das Wohlergehen anderer, die normalerweise durch Handlungen wie Teilen, Kooperieren und Helfen ausgedrückt wird, durch das Interesse ersetzt, »besser« als andere zu sein und zu »gewinnen«. Amerikanische Kinder lernen diesen Wettkampfmodus sehr früh und haben Schwierigkeiten, aus diesem Modus auszusteigen. Stark konkurrierende Vorschulkinder teilen weniger wahrscheinlich. In einer Studie konkurrierten sieben- bis neunjährige Kinder mit ihren Partnern in kooperativen Spielen.[445]

Eine weitere schädliche Folge des männlichen Fokus auf Erhöhung des Selbstwertgefühls ist, dass es dazu neigt, das weibliche Selbstwertgefühl zu untergraben. Frauen mit einem hohen Selbstwertgefühl können für Männer bedrohlich erscheinen. Eine Möglichkeit, wie Männer weibliches Selbstwertgefühl verringern können, besteht darin, auf einem unrealistischen weiblichen körperlichen Standard zu bestehen. Generell gehen Frauen dann davon aus, dass sie unzureichend sind, wenn sie diesen Standard nicht erfüllen.

Je mehr wir es betrachten, desto mehr sehen wir, dass das Selbstwertgefühl einen signifikanten Einfluss auf das Sozialverhalten hat. Obwohl es viele Ursachen für ein geringes Selbstwertgefühl gibt, könnte die Beschneidung einer von ihnen sein. Wenn die Beschneidung das Selbstwertgefühl des Mannes senkt *(was Kindern angetan wird),* dann wird es eine Motivation geben, das Selbstwertgefühl wiederherzustellen. Dies schließt oft mit ein, das Selbstwertgefühl anderer zu attackieren oder zu verringern *(wird der Gesellschaft angetan).* Die

---

443 Duff, C. & Wells, K., »Forget Cars, Sports or Sex: Guys Today Want to Talk PCs«, *Wall Street Journal*, 28. Januar 1994, 1.

444 Ebenda, 1.

445 Rutherford, E. & Mussen, P., »Generosity in Nursery School Boys«, *Child Development* 39 (1968): 755-65; Kagan, S. & Masden, M., »Rivalry in Anglo-American and Mexican Children of Two Ages«, *Journal of Personality and Social Psychology* 24 (1972): 214-20.

Erforschung möglicher Zusammenhänge zwischen Beschneidung und geringem Selbstwertgefühl könnte besonders fruchtbar sein.

7.2 Vermeidung von Intimität in Mann-Frau-Beziehungen

Die psychologischen Auswirkungen der Beschneidung auf Männer könnten einen weiteren Einfluss auf die Beziehungen zu Frauen haben. *(Einige dieser Diskussionen könnten auch für schwule Beziehungen gelten.)* Zum Beispiel können ein geringes männliches Selbstwertgefühl, Misstrauen und sexuelle Angst die Kommunikation beeinträchtigen und den Grad der Intimität einschränken. Darüber hinaus ist sexuelle Intimität eine Hauptkomponente der Paarbindung, und Untersuchungen haben gezeigt, dass männliche sexuelle Aktivität zunimmt, wenn das Selbstwertgefühl höher ist.[446] Wenn die Beschneidung sowohl das männliche Selbstwertgefühl als auch die sexuelle Sensibilität senkt, würde dies tendenziell die männliche sexuelle Aktivität reduzieren und folglich die Paarbindung schwächen.

Mann-Frau-Beziehungen könnten auch auf andere Weise beeinflusst werden. Einige beschnittene Männer fühlen tief in sich ein nagendes Gefühl, dass ihnen etwas fehlt, aber sie wissen vielleicht nicht genau, was es ist. Wenn ein Mann die Verantwortung für diesen Verlust außerhalb seiner selbst wahrnimmt, ist Ärger eine wahrscheinliche Antwort. Wenn ein Mensch sich selbst als verantwortlich sieht, kann das eine lebenslange Suche nach dem, was fehlt, zur Folge haben. Ein Mann kann versuchen, sich bei Frauen zu holen, was ihm fehlt. Das heißt, ein Mann mag glauben, wenn er die »richtige« Frau findet, wird er sich ganz fühlen oder er wird alles haben, wonach er zu suchen glaubt, zum Beispiel Leidenschaft, Aufregung oder sexuelle Erfüllung. (Frauen mit sexueller Erfahrung vor ihrer Genitalverstümmelung bemerkten eine verminderte sexuelle Befriedigung, aber keinen Zusammenhang. Stattdessen suchten sie erfolglos nach Männern, um sie zu befriedigen.)[447]

Weil keine Frau ihn sich vollständig fühlen lassen kann, kann ein Mann sein Engagement zurückhalten. Ständig neue Frauen zu suchen, gibt ihm Hoffnung. Natürlich wollen Frauen auch Leidenschaft und Aufregung mit Männern, aber wenn die Beschneidung zur emotionalen Betäubung beiträgt, dann sind auch die Gefühle der Frauen betroffen. Infolgedessen können sowohl Männer als auch Frauen spüren, dass in ihren Beziehungen etwas fehlt.

Aus einer weiteren Perspektive wäre es nicht überraschend, wenn sich die Beschneidung negativ auf die zwischenmenschlichen Beziehungen auswirken

---

446 Walsh, A., »Self-Esteem and Sexual Behavior: Exploring Gender Differences«, *Sex Roles* 25 (1991): 441-50.
447 Lightfoot-Klein, *Prisoners of Ritual*, 40-41.

würde, da ein Trauma häufig die Beziehungen eines Menschen zu anderen beeinträchtigt. – Die Harvard-Psychiaterin, Professorin und Autorin Judith Herman schreibt, dass nach einem traumatischen Ereignis »ein Gefühl der Entfremdung, der Trennung, jede Beziehung durchdringt.«[448] Dies ist nicht nur eine klinische Beobachtung. Es ist ein soziales Ergebnis. Zum Beispiel können wir die Erfahrung von Kriegsveteranen betrachten, die an PTBS-Symptomen leiden, die den Symptomen ähnlich sind, die von Menschen erfahren werden, die auf andere Weise traumatisiert wurden. Vietnam-Veteranen, die eine PTBS haben, heiraten seltener und lassen sich häufiger scheiden als Patienten ohne PTBS.[449] Erwachsene mit einer Vorgeschichte sexueller Kindesmisshandlung haben ebenfalls hohe Scheidungsraten.

Allgemeiner gibt es Hinweise auf zunehmend weit verbreitete Beziehungsprobleme zwischen Männern und Frauen. Laut einer landesweiten Umfrage unter 4.500 Frauen waren 84 Prozent von ihnen emotional unzufrieden mit ihren Beziehungen.[450] Über 90 Prozent der geschiedenen Personen gaben an, dass sie die Trennung eingeleitet haben. Der Hauptgrund, den sie angaben, war »Einsamkeit und emotionale Isolierung innerhalb der Ehe«.[451] Sie benötigten ihre Männer, um kommunikativer zu sein.

Studien zu ehelichen Beziehungen stützen diese Feststellung. John Gottman, ein Psychologe an der Universität von Washington, erforscht seit zwanzig Jahren eheliche Beziehungen. Indem er ein Biografiegespräch mit einem Paar durchführt, ist er in der Lage, mit 94 Prozent Genauigkeit vorherzusagen, ob die Ehe in Scheidung enden wird.[452] Insbesondere haben er und seine Kollegen festgestellt, dass die Antworten des Ehemanns im Interview die besten Prädiktoren für den Erfolg oder Misserfolg der Ehe waren. Sie haben durch zusätzliche sorgfältige Beobachtung und Messung von Verhaltens-, emotionalen und physiologischen Reaktionen des Ehemannes und der Ehefrau gelernt, was Ehen funktionieren lässt und was sie zum Scheitern bringt. Ein wichtiger Faktor, der den ehelichen Erfolg beeinflusst, ist eine ausgewogene emotionale Reaktionsfähigkeit, sowohl bei emotionalen Interaktionen auf niedriger als auch auf hoher Ebene. Zum Beispiel folgern sie, dass der Rückzug des Mannes aus einem Konflikt die eheliche Beziehung ernsthaft schwächt.

Die Forschung hat gezeigt, dass Männer eine geringere physiologische Toleranz gegenüber emotionalem Stress haben. Dies würde für die männliche Tendenz verantwortlich sein, bestimmte Situationen zu vermeiden, wie etwa Ehekonflikte. Eine Methode, die Männer verwenden, um ihre Exposition gegenüber

---

448 Herman, J., *Trauma and Recovery* (New York: Basic Books, 1992), 52.
449 Kulka, R., Schlenger, W., & Fairbank, J., *National Vietnam Veteran Readjustment Study*, Zusammenfassung (Research Triangle Park, NC: Research Triangle Institute, 1988).
450 Hite, S., *Women and Love: A Cultural Revolution in Progress* (New York: Knopf, 1987), 804.
451 Ebenda, 459.
452 Gottman, J., *What Predicts Divorce? The Relationship between Marital Processes and Marital Outcomes* (Hillsdale, NJ: Lawrence Erlbaum Associates, 1994), 6.

diesem emotionalen Stress zu kontrollieren, besteht darin, eher rational als emotional zu reagieren. Eine andere Taktik ist, sich während eines Konflikts zurückzuziehen oder zu mauern. Beide Verhaltensweisen können die eheliche Beziehung schwächen, indem sie die Kommunikation einschränken und Konflikte ungelöst lassen.[453]

Die folgende Frage bleibt unbeantwortet: Warum haben Männer eine geringere physiologische Toleranz gegenüber emotionalem Stress als Frauen? Ist es ein natürlicher Unterschied oder ist der Unterschied ein Produkt von Umweltfaktoren? Wenn Umweltfaktoren beteiligt sind (z. B. kulturelle Unterdrückung bestimmter männlicher Emotionen), werden wir vielleicht niemals die Antwort auf diese Frage kennen. Um auf natürliche Unterschiede zu testen, müssten wir die Auswirkungen von Umweltunterschieden ausschließen. Wie können wir Testgruppen von Männern und Frauen finden, die von kulturellen Gendererwartungen und Unterschieden nicht betroffen waren? Diese Exposition beginnt früh. Eltern machen am ersten Tag eine Unterscheidung nach dem Geschlecht der Neugeborenen, und irgendwann ab dem Alter von einem Jahr werden männliche Säuglinge weniger als weibliche Säuglinge von ihren Müttern berührt.[454]

Ein Umweltfaktor, der sich auf die physiologische Toleranz gegenüber emotionalem Stress auswirkt, ist das Trauma. Da emotionale Betäubung sowohl eine psychologische als auch eine biologische Reaktion auf ein Trauma ist,[455] würde sie dazu neigen, die Toleranz einer Person zu reduzieren. Emotionale Betäubung kann zum primären Langzeitmerkmal des traumatisierten Individuums werden.[456] Wie bereits erwähnt, sind die pathologischen Wirkungen umso größer, je jünger das Kind zum Zeitpunkt des Traumas ist.

Könnte die Beschneidung ein Beitrag zu ungelösten Ehekonflikten und anderen Beziehungsschwierigkeiten sein? Schauen wir uns einige nationale Statistiken an, um diese mögliche Verbindung zu untersuchen. Das Alter bei der ersten Ehe nimmt zu, die Scheidungsrate hat sich in den letzten vierzig Jahren verdoppelt, und die Bevölkerungsgruppe der Singles wächst (siehe Abb. 14 und 15). Der Anteil der Erwachsenen, die nie geheiratet haben, stieg zwischen 1970 und 1990 um 37 Prozent. Im Jahr 1994 betrug die Gruppe der Singles und Geschiedenen 32,5 Prozent der Gesamtbevölkerung, gegenüber 19,4 Prozent im

---

453 Gottman, J. & Levenson, R., »The Social Psychophysiology of Marriage«, in P. Noller & M. Fitzpatrick, Hrsg., *Perspectives on Marital Interaction* (Clevedon, England: Multilingual Matters Ltd., 1988), 182-200.

454 Rubin, J., Provenzano, F., & Luria, Z., »The Eye of the Beholder: Parents' Views on Sex of Newborns«, *American Journal of Orthopsychiatry* 44 (1974): 512-9; Clarke-Stewart, K. & Hevey, C., »Longitudinal Relations in Repeated Observations of Mother-Child Interaction from One to Two and One-Half Years«, *Developmental Psychology* 17 (1981): 127-45; Messer, S. & Lewis, M., »Social Class and Sex Difference in the Attachment and Play Behavior of the Year-Old Infant«, *Merrill-Palmer Quarterly* 18 (1972): 295-306.

455 Siehe Ciaranello, Fußnote 348.

456 Glover, H., »Emotional Numbing: A Possible Endorphin-Mediated Phenomenon Associated with Post-Traumatic Stress Disorders and Other Allied Psychopathologic States«, *Journal of Traumatic Stress* 5 (1992): 643-75.

Jahr 1970.[457] Die amerikanische Scheidungsrate ist mehr als doppelt so hoch wie in Westeuropa, wo die Beschneidung im Allgemeinen nicht praktiziert wird.[458] Obwohl andere Faktoren sicherlich beteiligt sind, scheint es einen Zusammenhang zwischen diesen steigenden Raten und vorigen Beschneidungsraten zu geben (siehe Abb. 1, »Einleitung«).

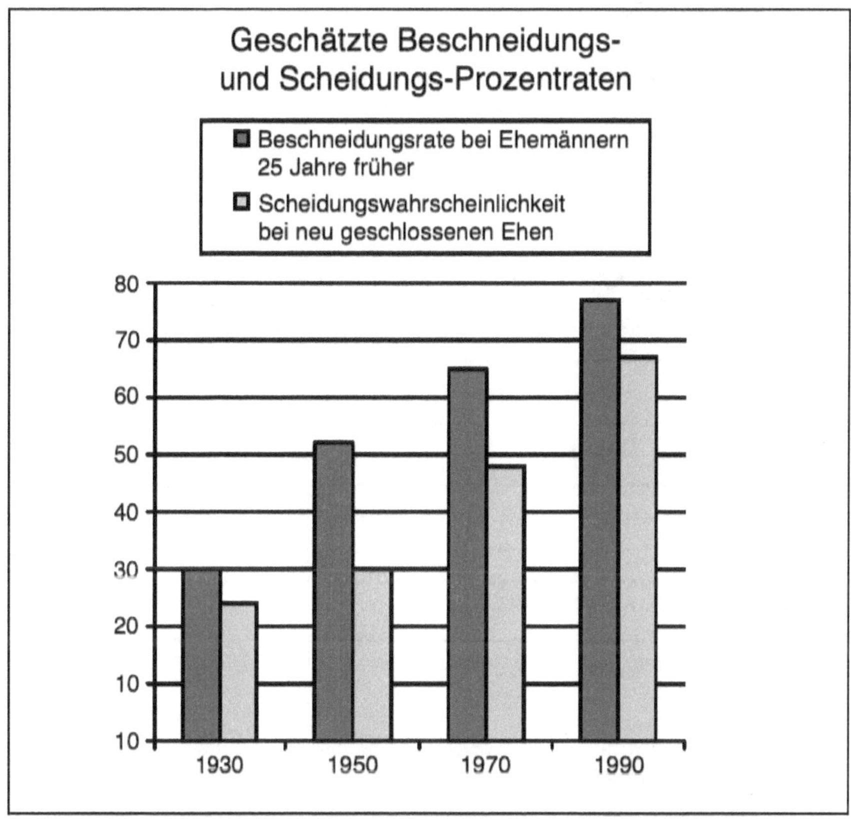

Abbildung 14: Daten von Wallerstein 1980 *und* Gottman 1994

Beispiel: 1970 betrug die Beschneidungsrate für Ehemänner (25 Jahre früher, 1945) 65 % (siehe Abb. 1) und die Wahrscheinlichkeit der Scheidungsrate für Ehen, die 1970 begonnen wurden, betrug 48 %.

Warum auch immer Männer Schwierigkeiten mit Frauen haben, werden Frauen ihren Anteil an den Konsequenzen spüren. In ihrem Wunsch, männliche Aner-

---

457 U.S. Department of Commerce, *Statistical Abstract of the U.S.* (Lanham, MD: Bernan Press, 1994), 55, 103

458 United Nations, 1993 *Demographic Yearbook*, (New York: Autor, 1995), 557-9.

kennung zu erhalten, fühlen sich Frauen vielleicht sogar für einige der Schwierigkeiten verantwortlich, die nicht unbedingt ihre Schuld sind. Wir wissen, dass die Beschneidung die Verbindung zwischen Mutter und Kind stört *(was Kindern angetan wird)*. Es scheint, dass die Beschneidung auch könnte ein Faktor sein, der zu Beziehungsschwierigkeiten zwischen Männern und Frauen beiträgt *(wird der Gesellschaft angetan)*. Da es natürlich viele andere Faktoren gibt, die Individuen und Beziehungen beeinflussen können, sind Schwierigkeiten in den Beziehungen beschnittener Männer nicht notwendigerweise durch die Beschneidung verursacht, und bestimmte Beziehungen mögen solche Schwierigkeiten nicht haben. Mit richtig konzipierten Forschungsstudien konnten wir die Auswirkungen anderer Faktoren minimieren und die möglichen Auswirkungen des Beschneidungsstatus untersuchen.

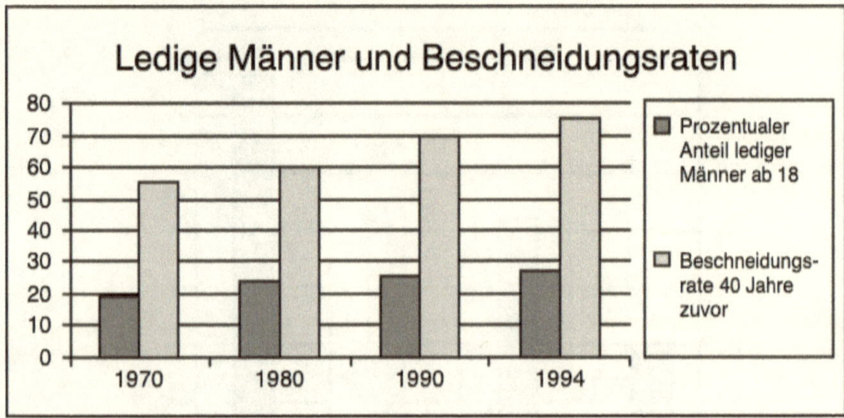

Abbildung 15: Daten aus dem Statistical Abstract of the United States 1995 *und* Wallerstein 1980

Beispiel: Im Jahr 1980 waren 24 Prozent der Männer über 18 ledig. 40 Jahre früher (1940) betrug die Beschneidungsrate 60 Prozent.

7.3   Unnötige Operation

Obwohl einige Operationen notwendig und in einigen Fällen lebensrettend sind, sind sie manchmal unnötig und gefährlich. 1974 berichtete ein Senatsausschuss, dass 2,4 Millionen unnötige Operationen durchgeführt worden seien (ohne Beschneidung), was zu 11.900 Todesfällen führte. Im Jahr 1996 werden voraussichtlich über 30 Millionen chirurgische Eingriffe durchgeführt.[459] Der Vergleich mit den Raten in anderen Ländern unterstreicht das Problem. Die Rate der Herz-Bypass-Operationen in den Vereinigten Staaten ist sechsmal höher als in England. Hysterektomien in den Vereinigten Staaten werden mit einer Rate durchgeführt, die zwei- bis dreimal höher ist als in Europa. Amerikanische Kaiserschnittgeburten werden mit einer Rate durchgeführt, die 50 bis 200 Prozent höher ist als die der meisten Industrieländer.[460] Warum?

Verhalten ist mit Einstellung verbunden. In jemandes Körper zu schneiden, ist ein ernsthaftes Geschäft, doch scheint die Einstellung des medizinischen Personals zur Chirurgie manchmal nicht die entsprechende Sensibilität und Vorsicht mitzubringen. Diese Ansicht wird vom Arzt Robert Mendelsohn unterstützt, der über fünfundzwanzig Jahre lang Medizin praktiziert hatte, als er eine Kritik an seinem Beruf mit dem Titel *»Confessions of a Medical Heretic«* (»Geständnisse eines medizinischen Ketzers«) schrieb. Neben zahlreichen Auszeichnungen für herausragende Leistungen in der medizinischen Praxis und im Unterrichten war er Nationaldirektor des *Medical Consultation Service of Project Head Start* und Vorsitzender des Medical Licensing Committee für den Bundesstaat Illinois. In einem Kapitel mit dem Titel »Rituelle Verstümmelungen« schrieb er:

> Die erste Phase, die ein neuer chirurgischer Eingriff durchläuft, ist eine begeisterte Akzeptanz … Sobald eine Operation *möglich* ist, ist ihre begeisterte Akzeptanz garantiert. Erst nachdem eine Operation schon einige Zeit andauert und die wirkliche Brauchbarkeit und *Un*brauchbarkeit viele Chancen hatten, aus dem Nebel der frühen Begeisterung hervorzutreten, beginnt Skepsis von den Rändern hereinzusickern.[461]

Zusätzlich zu der Gier und Ignoranz der Ärzte bietet Mendelsohn diese Beobachtung, warum es so viele unnötige Operationen gibt:

> Ärzte glauben an Operationen. Es liegt eine gewisse Faszination darin, »unters Messer zu gehen«, und Ärzte nutzen jeden Vorteil, um Menschen dorthin zu bringen. In Amerika *wird* getan, was getan werden *kann*. Ob etwas getan werden *sollte*, ist nebensächlich.[462]

Die Tendenz einiger Ärzte, »an eine Operation zu glauben«, zeigt eine Studie, die feststellte, dass die Chancen auf Beschneidung bei chirurgischen Eingriffen während der Geburt des Kindes stiegen.[463] Diese »Faszination« beim Schneiden

459 Postman, N., *Technopoly: The Surrender of Culture to Technology*, (New York: Knopf, 1992), 105; Foreman, J., »It Helps to Prepare for Surgery«, Boston Globe, 29. April 1996, 26.
460 Ebenda, 94.
461 Mendelsohn, R., *Confessions of a Medical Heretic*, (Chicago: Contemporary Books, 1979), 55.
462 Ebenda, 60.
463 Manfield & Hueston, »Neonatal Circumcision: Associated Factors«, 370-6.

ist kaum eine ernsthafte, vorsichtige Herangehensweise an die Heilung mit der am wenigsten aufdringlichen Behandlung. Wenn der Patient ein Säugling ist, gibt es eine noch größere Unempfindlichkeit gegenüber den Gefühlen des Patienten. Im Allgemeinen scheint es, betrachtet man Verhalten und Einstellung der Ärzte, dass die emotionalen Auswirkungen und der potentielle Schaden einer Operation nicht beachtet werden und dass die zugrunde liegenden psychologischen Faktoren dazu beitragen können, diesen Zustand zu erklären. Zum Beispiel kann es nicht nur Unempfindlichkeit geben, aber vielleicht empfehlen einige Ärzte gelegentlich eine Operation, da dies ihr Selbstwertgefühl erhöht. Das Durchführen »erfolgreicher« Operationen kann das Gefühl für sich selbst verbessern. In jedem Fall müssen wir alle möglichen Faktoren berücksichtigen, die zu unnötigen Operationen beitragen, wenn wir sie minimieren wollen.

Nachteilige psychologische Auswirkungen der Operation wurden untersucht und in der psychologischen Literatur berichtet. Da die Beschneidung einen Körperteil abschneidet, kann es relevant sein, eine Amputation zu betrachten, um etwas über psychologische Reaktionen auf eine Operation zu erfahren. Obwohl die Beschneidungsrate viel geringer ist als bei anderen Amputationen, ist die qualitative und psychologische Bedeutung ähnlich, und der Vergleich kann nützlich sein. Dr. Lawrence Friedmann beschreibt in seinem Buch *»The Psychological Rehabilitation of the Amputee«* (»Die psychologische Rehabilitation des Amputierten«) die emotionalen Reaktionen auf die Amputation. Dazu gehören Angst, Schock, Trauer und Wut. Depression, Misstrauen, Hemmungen und Minderwertigkeitsgefühle sind ebenfalls üblich.[464] Amputierte verinnerlichen die Sicht der Gesellschaft auf sie und können sich aus der Gesellschaft zurückziehen. Der Glaube, dass jemand anderes für die Amputation verantwortlich ist, kann zu starkem Groll führen. Es gibt auch das Gefühl, »keine ganze Person zu sein«. Andere Forscher bemerken einen Verlust des Körperbildes und des Selbstwertgefühls sowie die Angst vor zukünftigen wirtschaftlichen, sozialen und sexuellen Schwierigkeiten.[465] Einige dieser Gefühle können ein Leben lang anhalten.

Das Studieren des emotionalen Zustands bei Amputierten ist sehr schwierig, weil sie es vorziehen, diese schmerzhaften Gefühle zu unterdrücken. Das Leugnen der Bedeutung und der emotionalen Auswirkungen ihrer Behinderung dient dazu, das Selbstwertgefühl der Amputierten zu stärken. Überkompensation und übermäßige Konkurrenzfähigkeit und Streben in beruflichen oder berufsbezogenen Bereichen stehen mit dieser Ablehnung in Zusammenhang.[466]

Viele dieser Gefühle ähneln denen, die von beschnittenen Männern berichtet wurden oder möglicherweise für beschnittene Männer gelten, bis weitere Untersuchungen durchgeführt werden. Darüber hinaus ähneln die medizinischen Ein-

---

464 Friedmann, L., *The Psychological Rehabilitation of the Amputee* (Springfield, IL: Charles C. Thomas, 1978), 18-20.

465 Bhojak, M. & Nathawat, S., »Body Image, Hopelessness and Personality Dimensions in Lower Limb Amputees«, *Indian Journal of Psychiatry* 30 (1988): 161-5.

466 Friedmann, *The Psychological Rehabilitation of the Amputee*, 53-56.

stellungen gegenüber unnötigen Operationen in einigen Fällen denen der Beschneidung. Die Untersuchung anderer Verbindungen zwischen den beiden kann zu weiterem Verständnis führen.

Unnötige Operationen können auch psychoanalytisch betrachtet werden. Der Ausdruck unerwünschter Impulse durch sozial akzeptable Verhaltensweisen wird als Abwehrmechanismus bezeichnet, der Sublimierung genannt wird. Wie bereits erwähnt, hinterließ zum Beispiel Stephen Kings Kindheitstrauma bei ihm den Wunsch, Menschen zu erschrecken. Wenn er gewohnheitsmäßig aus versteckten Orten in einem furchteinflößenden Kostüm Fußgänger anspringen würde, wäre das nicht gesellschaftsfähig. Indem er populäre Grusel-Geschichten schreibt, sublimiert er jedoch seine Angst. Da das Bedürfnis nach sozialer Akzeptanz einen so starken Einfluss auf unser Verhalten hat, würden bei den meisten Menschen unerwünschte Impulse im Zusammenhang mit Beschneidungstraumata eher sublimiert als in antisozialem Verhalten ausagiert. Natürlich helfen viele Faktoren, unnötige Operationen zu erklären. Da jedoch die meisten Chirurgen beschnittene Männer sind, könnten die hohen Operationsraten amerikanischer Ärzte zum Teil eine Form der Sublimierung der Gefühle sein, die mit ihrer eigenen Beschneidung verbunden sind? Mit anderen Worten: Könnte ihr frühes Trauma, geschnitten zu werden *(was Kindern angetan wird)* mit ihrer Einstellung gegenüber anderen Menschen zusammenhängen *(wird der Gesellschaft angetan)?*

7.4   Kontrolle der weiblichen Sexualität

Die Leugnung weiblicher Sexualität in Amerika ist seit vielen Jahren gesellschaftlich akzeptiert. Vor über hundert Jahren dachten amerikanische Männer, Frauen betrachteten Sex nur als »geschmacklose Pflicht« und »etwas, das es zu ertragen gilt«. Sowohl in der Öffentlichkeit als auch in der Ärzteschaft war es nicht akzeptabel, dass Frauen Sex wollen und genießen. Vor allem die frühen Gynäkologen zeigten »tiefe Angst« vor der weiblichen Sexualität.[467] Diese Verweigerung weiblicher Sexualität diente dazu, die in Kapitel 3 beschriebene Entfernung weiblicher Geschlechtsorgane zu begründen. Jahrzehnte später zeigte eine Untersuchung von neun gynäkologischen Lehrbüchern, die zwischen 1963 und 1972 veröffentlicht wurden, dass weibliche Sexualität immer noch abgelehnt wurde. Zwei beschrieben die meisten Frauen als »frigide«.[468]

---

467 Barker-Benfield, *The Horrors of the Half-Known Life*, 125.
468 Scully, D. & Bart, P., »A Funny Thing Happened on the Way to the Orifice: Women in Gynecology Textbooks«, in J. Huber, Hrsg., *Changing Women in a Changing Society* (Chicago: University of Chicago Press, 1973), 283-8.

In unterschiedlichem Maße wird der persönliche Ausdruck weiblicher Sexualität von der amerikanischen Gesellschaft immer noch unterdrückt. Kulturelle Werte, die Sex betreffen, können dazu führen, dass Frauen sich schlecht fühlen. Zum Beispiel können sexuell expressive Frauen den »Respekt« bei Männern verlieren, und Männer können sich bei Frauen, die beim Geschlechtsverkehr die Initiative ergreifen, unbehaglich fühlen.[469] Männer projizieren ihre Beschwerden auf Frauen, die dann das Bedürfnis haben, ihr Verhalten zu ändern, um männliche Akzeptanz zu erlangen. Die Doppelmoral existiert natürlich immer noch im Schlafzimmer. Wenn die Beschneidung einer der Faktoren ist, die mit männlicher sexueller Unsicherheit zusammenhängen, dann kann dies auch mit männlicher Angst vor weiblicher Sexualität zusammenhängen. Die Untersuchung dieser Möglichkeit könnte ein interessantes Forschungsprojekt sein.

Die Doppelmoral existiert auch noch im Operationssaal. Insbesondere Frauen sind in den USA einem übermäßigen Risiko für unnötige Operationen ausgesetzt.[470] Sieben der elf am häufigsten durchgeführten Operationen wurden ausschließlich an Frauen durchgeführt. Die häufigste Operation ist die routinemäßige Episiotomie (Dammschnitt) bei einer Mutter während der Geburt. Eine wachsende Zahl von Frauen betrachten diese Geburtshilfe-Praxis, die keinen nachweisbaren Nutzen und nur negative Auswirkungen hat,[471] als weibliche Genitalverstümmelung. Die Hysterektomie (Gebärmutterentfernung) ist die zweithäufigste große Operation, und über 600.000 Hysterektomien pro Jahr führen zu 650 - 1.100 Todesfällen pro Jahr.[472] Laut dem National Center for Health Statistics umfassten vier geburtshilfliche Verfahren 18 Prozent aller chirurgischen Eingriffe in den USA. Einige Ärzte befürworten sogar »vorbeugende« Mastektomien (Brustentfernung) bei gesunden Brüsten.[473] Von anderen wird berichtet, dass sie ohne das vorherige Wissen oder die Zustimmung des Patienten die weiblichen Genitalien chirurgisch zerstören (siehe Anhang C).

Gibt es einen Zusammenhang zwischen der Kontrolle der weiblichen Sexualität durch sexuelle Chirurgie und der männlichen Beschneidung? Ein paar Fakten deuten darauf hin, dass es eine Beziehung gibt. Praktisch alle Kulturen, in denen weibliche Sexualchirurgie weit verbreitet ist, praktizieren auch eine Form der männlichen Sexualchirurgie, und Männer kontrollieren beide Praktiken. Dies ist in den Vereinigten Staaten der Fall. Außerdem, wie in Kapitel 2 besprochen,

---

469 Astrachan, A., *How Men Feel: Their Responses to Women's Demands for Equality and Power* (Garden City, NY: Anchor Press/Doubleday, 1986), 272.

470 Delaney, L., »When To Say ›Wait‹ When Your Doctor Says ›Cut‹«, *Prevention* 43 (September 1991): 44.

471 Klein, M. et al., »Physicians' Beliefs and Behavior during a Randomized Controlled Trial of Episiotomy: Consequences for Women in Their Care«, *Canadian Medical Association Journal* 153 (1995): 769-79; Fernando, B. et al., »Audit of the Relationship between Episiotomy and Risk of Major Perineal Laceration during Childbirth«, *British Journal of Clinical Practitioners* 49 (1995): 40-1.

472 Bickell, N. et al., »Gynecologists' Sex, Clinical Beliefs, and Hysterectomy Rates«, *American Journal of Public Health* 84 (1994): 1649-52; Behnegar, A., »Hysterectomy Report«, *American Health*, September 1992.

473 Cowley, G., »The Hunt for a Breast Cancer Gene«, *Newsweek*, 6. Dezember 1993, 46-52.

174

verringert die Beschneidung die sexuelle Sensibilität und Lust. Es scheint, dass diejenigen, denen der volle Ausdruck ihrer Sexualität verweigert wurde *(was Kindern angetan wird)* unbewusst nach einem Weg suchen, anderen das Vergnügen zu nehmen *(wird der Gesellschaft angetan),* ob sie nun soziale Moralvorstellungen, Angst, Ignoranz oder Sexualchirurgie benutzen. Schließlich kam eine Studie zu den zugrunde liegenden Gründen für FGM zu dem Schluss, dass die Motivation psychosexuell war und männliche Angst vor weiblicher Sexualität umfasste.[474] Dies ist ein möglicher Effekt der Beschneidung.

Die Beschneidung von Männern kann eine Voraussetzung für den Umgang mit Genitalverstümmelung bei Frauen und unnötige sexuelle Chirurgie sein. Die Erforschung dieser Verbindung ist wichtig, weil diese Praktiken Hunderte von Millionen Menschen weltweit beeinträchtigen.

7.5   Einstellungen zu Schmerz und Stimulation

Chirurgische Operationen an den Genitalien verursachen sowohl bei Männern als auch bei Frauen extreme Schmerzen. In der Bariba-Kultur in Westafrika, wo weibliche Genitalverstümmelung vorherrscht, ist ein sozialer Effekt des Verfahrens, dass Frauen ihre allgemeine Reaktion auf Schmerz unterdrücken.[475] Da Überzeugungen und Einstellungen diesen Mangel an Reaktion begleiten müssen, lernen die Frauen, Gleichgültigkeit gegenüber Schmerz mit Ehre zu verbinden und sie als Teil ihrer kulturellen Identität zu betrachten.

Die Unterdrückung der Schmerzreaktion ist auch ein Merkmal bei einigen afrikanischen Kulturen, die bei jungen Männern, die sich der Pubertät nähern, Beschneidung durchführen.

> Sie müssen sich der Qual des Messers hingeben, ohne zu zögern. Wenn ein Junge weint, während in sein Fleisch geschnitten wird, wenn er nur mit einem Auge blinzelt oder den Kopf wegdreht, wird er sein ganzes Leben als der Männlichkeit unwürdig beschämt, und seine ganze Verwandtschaft wird beschämt als ein Kinderzimmer von Schwächlingen.[476]

Vielleicht ist das Verbot normaler Reaktion auf Schmerz dazu da, jeden davor zu schützen, zu fühlen, was passiert.

---

474 Levin, T., »›Unspeakable Atrocities‹: The Psycho-Sexual Etiology of Female Genital Mutilation«, *Journal of Mind and Behavior* 1 (1980): 197-210.

475 Sargent, C., »Between Death and Shame: Dimensions of Pain in Bariba Culture«, *Social Science and Medicine* 19 (1984): 1299-304.

476 Gilmore, D., *Manhood in the Making: Cultural Concepts of Masculinity* (New Haven, CT: Yale University Press, 1990), 135.

Unsere Sensibilität für den Schmerz anderer hängt mit unserer Sensibilität für unseren eigenen Schmerz zusammen. Wenn ein Säugling dem extremen Schmerz der Beschneidung ausgesetzt ist, ohne dass jemand auf seine Schreie reagiert, erfährt er unsere Unempfindlichkeit gegenüber seinem Schmerz *(was Kindern angetan wird).* Während andere Faktoren auch beteiligt sind, könnte männliche Säuglingsbeschneidung zu der gemeinsamen amerikanischen männlichen Haltung der Gleichgültigkeit gegenüber dem eigenen Schmerz und entsprechend dem Schmerz anderer *(wird der Gesellschaft angetan)* beitragen? Diese Einstellung kann bestimmten gängigen Praktiken zugrunde liegen. Die allgemeine und anhaltende Neigung von Ärzten, geeignete Schmerzmedikamente vor Kindern zurückzuhalten, hängt mit der kulturellen Einstellung zusammen, dass das Tolerieren von Schmerz ein Zeichen für starken Charakter ist.[477]

Jemand, der keinen Schmerz fühlt, kann auch andere Erfahrungen weniger wahrnehmen. Dies steht im Einklang mit dem langfristigen PTBS-Symptom der emotionalen Betäubung. Außerdem müsste jemand, der weniger ansprechbar ist, einen größeren Reiz suchen, um das gleiche Erregungsniveau zu erreichen. Das ist der Grund, warum manche Menschen mit emotionaler Taubheit gefährliche Aktivitäten suchen, um stärkere Empfindungen zu erzeugen, so dass sie etwas fühlen können.[478]

Da die Beschneidung eine übermäßige Stimulierung mit sich bringt *(was Kindern angetan wird)* und darauffolgende potentielle Betäubung, kann sie auch einer der Faktoren sein, die mit dem Verlangen der Männer nach immer größerer Stimulation verbunden sind *(wird der Gesellschaft angetan),* zum Beispiel laute Musik (Männer bevorzugen Musik bei größerer Lautstärke als Frauen), Videobilder (männliche Studenten bevorzugen Hardrock-Videos, während Frauen Softrock-Videos bevorzugen) und rücksichtsloses oder antisoziales Verhalten.[479] Eine weitere Untersuchung dieser Möglichkeiten könnte wertvolle Ergebnisse liefern.

7.6 Passivität

Die Reaktion des Kindes während der Beschneidung ist zwecklos. Wie in früheren Kapiteln berichtet wurde, waren in einigen Studien, in denen das Verhalten

---

477 Schechter, »The Undertreatment of Pain in Children«, 781-94.

478 Brende, J., »Electrodermal Responses in Post-Traumatic Syndromes«, *Journal of Nervous and Mental Disease* 170 (1982): 352-61.

479 Kellaris, J. & Rice, R., »The Influence of Tempo, Loudness, and Gender of Listener on Responses to Music«, *Psychology and Marketing* 10 (1993): 15-29; Toney, G. & Weaver, J., »Effects of Gender and Gender Roles Self-Perceptions on Affective Reactions to Rock Music Videos«, *Sex Roles* 30 (1994): 567-83; Arnett, J., »The Soundtrack of Recklessness: Musical Preferences and Reckless Behavior among Adolescents«, *Journal of Adolescent Research* 7 (1992): 313-31.

von Säuglingen nach der Beschneidung untersucht wurde, einige Kinder weniger aktiv.[480] Andere wurden nach dem Eingriff in einem Schockzustand beobachtet. Die Beschneidung älterer Kinder hat zu einem Rückzug geführt und die Funktionsfähigkeit und Anpassung vermindert.[481] Die Berichte einiger beschnittener Männer weisen auch auf einen Zusammenhang zwischen Beschneidung und Rückzug hin. Dieses Muster von Antworten wirft die Frage nach der möglichen Verbindung zwischen Beschneidung und männlicher Passivität bei Erwachsenen und einem Gefühl der Ohnmacht auf. Natürlich hängt die Passivität einiger mit der übermäßigen Macht anderer zusammen.

Andere Studien deuten ebenfalls auf eine mögliche Verbindung hin. Die erlernte Hilflosigkeit resultiert aus einem Trauma.[482] Sie ist durch die Überzeugung gekennzeichnet, dass die eigenen Reaktionen keine Auswirkungen auf das Ergebnis haben und mit emotionaler Betäubung und geringem Selbstwertgefühl einhergehen.[483] Die erlernte Hilflosigkeit ist auch mit einer pessimistischen Haltung, Passivität und Depression verbunden.[484]

Aufgrund ihrer Natur ist Passivität schwer als soziales Phänomen zu bewerten. Vielleicht könnte die Zunahme des Fernsehens als Symptom zunehmender sozialer Passivität angesehen werden.[485] Natürlich können frühe Erfahrungen außerhalb der Beschneidung sowie nachfolgende Ereignisse zur Passivität beitragen. In jedem Fall bleibt die Beziehung der Beschneidung zur sozialen Passivität eine Möglichkeit, die für Forschungen in Betracht gezogen werden sollte.

7.7 Verringertes Mitgefühl

Empathie ist die universelle menschliche Fähigkeit, die gleichen Emotionen zu erfahren, die ein anderer erlebt. Neugeborene weinen, wenn sie andere Neugeborene weinen hören.[486] Dies ist eine empathische Antwort auf die Not eines anderen. Mit Empathie bestätigen wir: »Ich fühle mich wie du. Ich bin wie du.« Trotz der offensichtlichen Unterschiede sind Erwachsene und Kinder in fundamentaler Hinsicht gleich. Beide sind Menschen, die Liebe und menschlichen Kontakt brauchen. Beide können ein breites Spektrum von Emotionen erfahren,

---

480 Marshall et al., »Circumcision: I. Effects upon Newborn Behavior«.

481 Cansever, »Psychological Effects of Circumcision«.

482 Flannery, »From Victim to Survivor«, 217-32.

483 Peterson, C. & Seligman, M., »Learned Helplessness and Victimization«, *Journal of Social Issues* 39 (1983): 103-16.

484 Alloy, L. & Seligman, M., »On the Cognitive Component of Learned Helplessness and Depression«, *The Psychology of Learning and Motivation* 13 (1979): 219-76.

485 Glenn, N., »Television Watching, Newspaper Reading, and Cohort Differences in Verbal Ability«, *Sociology of Education* 67 (1994): 216-30.

486 Hoffman, M., »Is Altruism Part of Human Nature?«, *Journal of Personality and Social Psychology* 40 (1981) 121-37; Sagi & Hoffman, »Empathetic Distress in the Newborn«, 175-6.

darunter, sich verletzt oder wütend zu fühlen, wenn die Bedürfnisse nicht erfüllt werden. Beide können unter extremen physischen oder emotionalen Schmerzen leiden, die langfristige Auswirkungen haben können.

Empathie ist der Schlüssel zur Einhaltung der goldenen Regel. Wenn wir Empathie fühlen, fühlen wir uns mit anderen verbunden und behandeln sie gut. Ohne Einfühlungsvermögen sind wir von ihnen getrennt und neigen eher dazu, andere zu misshandeln. Es überrascht nicht, dass diejenigen, die Kinder sexuell misshandeln, unfähig zu sein scheinen, den Schaden zu verstehen, den sie ihren Opfern zufügen.[487] Anscheinend haben auch diejenigen, die beschneiden, wenig Empathie für das Kind.

Das Überleben eines Kindes hängt von der Empathie der Erwachsenen ab. Weinen, zusammen mit der damit verbundenen Bewegung des Gesichts und des Körpers, ist alles, was der Säugling der sorgenden Person mitteilen muss. Wenn niemand auf die Schreie des Säuglings reagiert, erhält dieser die Nachricht, dass sich niemand für seine Gefühle interessiert und dass er machtlos und erschreckend allein ist. So ist die Erfahrung des beschnittenen Säuglings. Dieser Mangel an Einfühlungsvermögen hängt mit der begrenzten Fähigkeit einiger Erwachsener zusammen, Gefühle zuzulassen. Wenn wir kein Einfühlungsvermögen für Kinder haben, haben sie möglicherweise kein Einfühlungsvermögen für uns. Vielleicht haben deshalb beschnittene Männer solche Schwierigkeiten, mit beschnittenen Kindern mitzufühlen. Ein männlicher Bekannter bemerkte, nachdem er das erste Kapitel gelesen hatte: »Es tut weh, und das Baby schreit. Na und?« (Es ist gewöhnlich der Vater, der auf Beschneidung besteht. Siehe Kapitel 2.)

Der Grad der Empathie, den Erwachsene empfinden, variiert beträchtlich und ist mit anderen Attributen verbunden. In einer Studie berichteten Männer, die auf einer Macho-Skala höher bewertet wurden, dass sie mehr Wut und weniger Empathie für ein schreiendes Kind empfanden als Männer, die weniger Machos waren.[488] Andere Forschungen bestätigen, dass diejenigen, die wenig Empathie haben, eher Aggressionen zeigen.[489] Niedrige Empathie bezieht sich auch auf allgemeine emotionale Betäubung.[490]

Die natürliche Empathie einer Person wird durch Umwelteinflüsse entweder gefördert oder gehemmt. Einem Kind ein Trauma zuzufügen, führt zu einer verminderten Fähigkeit zur Empathie. Kleinkinder, die sexuell misshandelt wurden, drückten zum Beispiel keine Sorge um die Gleichaltrigen aus und griffen sie

---

487 Summit, R. & Kryso, J., »Sexual Abuse of Children: A Clinical Spectrum«, *American Journal of Orthopsychiatry* 48 (1978): 237-51.

488 Gold, S. et al., »Vicarious Emotional Responses of Macho College Males«, *Journal of Interpersonal Violence* 7 (1992): 165-74.

489 Bryant, B., »An Index of Empathy for Children and Adolescents«, *Child Development* 53 (1982): 413-25; Richardson, D., Hammock, G., & Smith, S., »Empathy as a Cogitive Inhibitor of Interpersonal Aggression«, *Aggressive Behavior* 20 (1994): 275-89.

490 Glover, »Emotional Numbing«.

178

sogar an.[491] Manchmal jedoch sind diejenigen, die schmerzhafte Erfahrungen erlitten haben, anderen gegenüber einfühlsamer. Diese Reaktion ist möglich, wenn der Schmerz bewusst ist. Entweder waren ihre Schmerzen nicht schwer genug, um zu einem Trauma zu führen, oder sie haben Anstrengungen unternommen, um mit ihrem traumatischen Schmerz fertig zu werden (mehr dazu im nächsten Kapitel). Im Allgemeinen ist der Beschneidungsschmerz unbewusst, da er überwältigend schmerzhaft ist. Daher sind die Auswirkungen auf das Verhalten in der Regel nicht bekannt. Die Beschneidung kann einer dieser Umwelteinflüsse sein, die die Empathie reduzieren und folglich die Aggression erhöhen.

7.8 Asoziales Verhalten

Bevor wir weitere mögliche soziale Auswirkungen der Beschneidung untersuchen, ist es wichtig, die Diskussion zu relativieren. Die meisten der folgenden amerikanischen sozialen Probleme existieren in unterschiedlichem Ausmaß auch in Ländern, die keine Beschneidung praktizieren. Manche existierten hier auch schon seit vielen Jahren, bevor Beschneidung das erste Mal praktiziert wurde. Einige sind so alt wie die aufgezeichnete Geschichte. *Diese Probleme sind komplex und werden durch viele voneinander abhängige Faktoren verursacht.* Da die Prävalenz der meisten dieser Probleme in den Vereinigten Staaten so hoch ist und in vielen Fällen immer noch zunimmt, müssen wir alle Bedingungen untersuchen, die dazu beitragen können. Obwohl wir endgültige Studien benötigen, bevor wir feste Schlussfolgerungen ziehen können, können wir das verwenden, wovon man weiß, dass es Forscher in potentiell produktive Richtungen verweist. Lassen Sie uns in diesem Zusammenhang untersuchen, wie sich die Beschneidung auf das kritische amerikanische soziale Problem der Gewalt beziehen kann, unter Berücksichtigung von Menningers Aussage: »Was man Kindern antut, tut man der Gesellschaft an«.

7.8.1 *Beschneidung und Gewalt bei erwachsenen Männern*

Wir sind die gewalttätigste Kultur der Welt. Die amerikanische Tötungsrate bei Männern ist etwa vierzehnmal so hoch wie in Japan und achtmal so hoch wie in den Ländern der Europäischen Gemeinschaft (siehe Abb. 16). Ein Gewaltverbrechen wird in den Vereinigten Staaten alle 16 Sekunden gemeldet. Laut einer nationalen Erhebung gab es 1994 in den Vereinigten Staaten 10,8 Millionen Gewaltverbrechen.[492] Die öffentliche Diskussion über die Gründe für die Prävalenz von Gewaltkriminalität konzentriert sich in der Regel auf soziale Fak-

491 Main, M & George, C., »Responses of Abused and Disadvantaged Toddlers to Distress in Agemates: A
     Study in the Daycare Setting«, *Developmental Psychology* 21 (1985): 407-12.

toren wie Drogen, mangelnde moralische Erziehung, Verfügbarkeit von Waffen, Gewalt im Fernsehen, Abwesenheit von Vätern im Haushalt, schlechte Schulen, Mangel an Arbeitsplätzen, Rassismus und den Niedergang der Religion. Inwieweit könnten die Auswirkungen der Beschneidung auf Männer zu den hohen Raten amerikanischer Gewalt beitragen?

Obwohl es keinen Zweifel gibt, dass die meisten der genannten sozialen Faktoren sich auf das Verhalten auswirken, wird dem Einfluss der Kindheit auf das soziale Verhalten von Erwachsenen wenig Aufmerksamkeit geschenkt. Langzeitstudien haben jedoch einen Zusammenhang nachgewiesen. Das Temperament beeinflusste nicht nur, wie Kleinkinder ihre Umwelt wahrnehmen und auf sie reagieren, sondern auch ihre zukünftige soziale Entwicklung. Zum Beispiel korrelierte ein verärgertes Temperament bei Säuglingen mit einer späteren Aggression im Alter von sechs bis sieben Jahren, während steigende Ängstlichkeit mit später verringerter Aggression in Verbindung gebracht wurde.[493] Darüber hinaus war trotziges Verhalten im Alter von drei Jahren mit aggressivem Verhalten im Alter von sechs Jahren verbunden.[494] Dieser Bericht war konsistent mit früheren Untersuchungen, die herausfanden, dass körperliche Aggression, die auf Gleichaltrige gerichtet war, »in den ersten 10 Lebensjahren sehr stabil war«.[495] Andere Studien hatten ähnliche und komplementäre Befunde. Die Passivität im Alter von drei Jahren wurde mit einem abhängigen, konformen und sozial gehemmten Verhalten in der Adoleszenz in Verbindung gebracht.[496] In einer ausgedehnten Langzeitstudie wurde festgestellt, dass Jungen, die mit acht Jahren aggressiver waren, auch im Alter von 30 Jahren aggressiver waren.[497]

492 Vereinte Nationen, *Human Development Report* (New York: Oxford University Press, 1994), 186; Federal Bureau of Investigation, US-Justizministerium, *Crime in the United States: Uniform Crime Reports 1993* (Washington, DC, 1994), 4; Maguire, K. & Pastore, A., Hrsg., *Sourcebook of Criminal Justice Statistics, 1994* (Washington, DC: US-Justizministerium, Bureau of Justice Statistics, 1995), 231.
493 Rothbart, M., Ahadi, S., & Hershey, K., »Temperament and Social Behavior in Childhood«, *Merrill Palmer Quarterly* 40 (1994): 21-39.
494 Campbell, S. et al., »Correlates and Predictors of Hyperactivity and Aggression: A Longitudinal Study of Parent-Referred Problem Preschoolers«, *Journal of Abnormal Child Psychology* 14 (1986): 217-34.
495 Kagan, J. & Moss, H., *Birth To Maturity* (New York: Wiley, 1962), 87.
496 Ebenda, 276.
497 Huesmann, L., Eron, L., & Lefkowitz, M., »Stability of Aggression over Time and Generations«, *Developmental Psychology* 20 (1984): 1120-34.

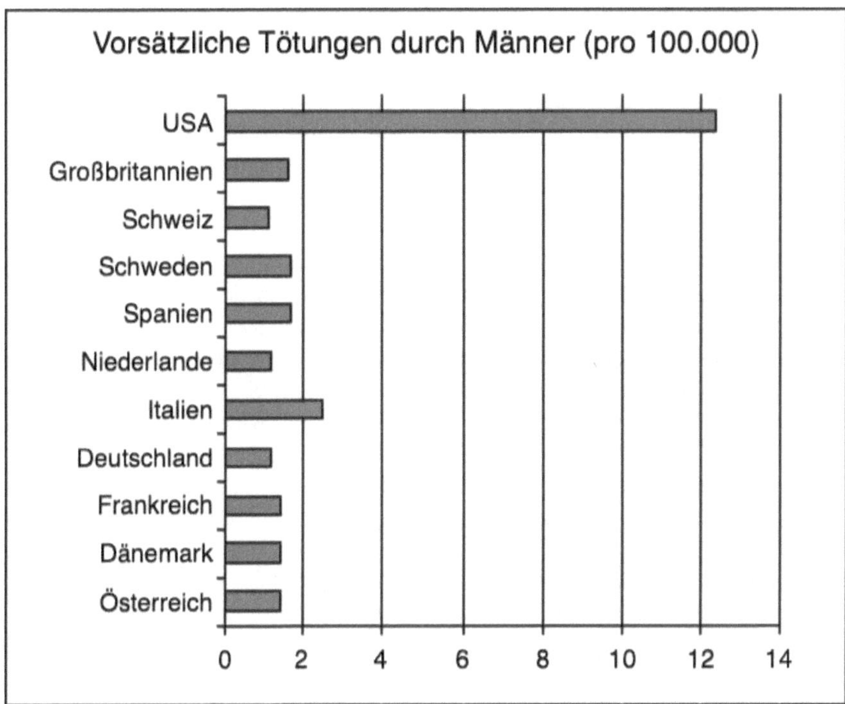

Abbildung 16: Daten aus dem 1994 Human Development Report

Nun wollen wir untersuchen, was ein Kind an erster Stelle aggressiv oder gewalttätig macht. Laut Dorothy Otnow Lewis, einem Psychiater, der seit über zwanzig Jahren Pionierarbeit in Bezug auf die Ursachen von gewalttätigem Verhalten leistet, ist die vorherige Erfahrung eines Kindes der wichtigste Faktor.[498] Zum Beispiel zeigen Untersuchungen, dass Männer, die als Kinder sexuell misshandelt wurden, im späteren Leben eher gewalttätig gegenüber anderen sind.[499] Männliche Kinder als Opfer körperlicher und sexueller Misshandlung sind einem höheren Risiko ausgesetzt, wegen sexueller Straftaten als Erwachsene verhaftet zu werden.[500] Die verhaltensmäßige Nachstellung des Traumas ist ein Zwang einiger Trauma-Opfer.[501]

Probleme während der Geburtserfahrung wurden auch mit Gewalt bei Erwachsenen in Verbindung gebracht. In einer Studie, die landesweit Beachtung fand, verfolgten die Forscher über 4.000 männliche Säuglinge bis zum 18. Le-

---

498 Bass, A., »A Touch for Evil«, *Boston Globe Magazine*, 7. Juli 1991, 12.

499 Carmen, E., Ricker, P., & Mills, T., »Victims of Violence and Psychiatric Illness«, *American Journal of Psychiatry* 141 (1984): 378-83.

500 Widom, C. & Ames, M., »Criminal Consequences of Childhood Sexual Victimization«, *Child Abuse and Neglect* 18 (1994): 303-18.

501 van der Kolk, »The Compulsion to Repeat the Trauma«, 389-411.

bensjahr. Sie fanden heraus, dass diejenigen Säuglinge, die sowohl Geburts-komplikationen als auch frühe Abstoßungsreaktionen der Mutter erlebt hatten, am wahrscheinlichsten gewalttätig waren, als sie erwachsen waren. Die Autoren schlugen vor, dass »perinatale und frühe postnatale Gesundheitsmaßnahmen die Gewalt erheblich reduzieren könnten«.[502] Diese Schlussfolgerung wird von der Studie des National Research Council über Gewalt unterstützt.[503] Andere Studien haben auch herausgefunden, dass perinatale Faktoren mit gewalttätigem Verhalten assoziiert sind.[504]

Zusammengenommen legt diese Arbeit nahe, dass Persönlichkeit im Allgemeinen und gewalttätige Tendenzen im Besonderen in der Kindheit bestimmt und durch perinatale Ereignisse beeinflusst werden können.

Lassen Sie uns betrachten, wie sich die Beschneidung auf die Diskussion bezieht. Ein Säugling erlebt dieses perinatale Ereignis als eine gewalttätige und äußerst schmerzhafte Handlung. Weil es ein Trauma ist, wird der Beschneidungsschmerz im Unbewussten unterdrückt und gespeichert. Die Forschung zeigt, dass Schmerzen bei Tieren und Menschen Aggression auslösen können. Menschen mit Schmerzen sind wahrscheinlich verärgert, obwohl mentale Faktoren ihr Verhalten verändern können.[505]

Darüber hinaus lässt der überwältigende Schmerz der Beschneidung neben anderen Gefühlen Wut zurück, die unterdrückt oder ausgedrückt werden kann. Eine Mutter von zwei beschnittenen jugendlichen Söhnen berichtete: »Ein Sohn ist wütend und weiß es nicht. Ein Sohn ist wütend und weiß es.« Wie bereits in früheren Kapiteln erwähnt, wurden bei beschnittenen Kleinkindern verhaltens-bedingte und temperamentvolle Veränderungen wie erhöhte Reizbarkeit beobachtet, und die Beschneidung älterer Kinder hat zu einer erhöhten Aggressivität geführt. Außerdem haben einige beschnittene Männer ihre Wut über die Beschneidung ausgedrückt: »In den letzten Jahren habe ich unterdrückte Wut entdeckt. Wenn ich die Zeit zurückdrehen könnte, würde ich töten, um mich vor dieser ›schnellen, schmerzlosen, üblichen Prozedur‹ zu schützen.«[506] Mehr als die Hälfte der 313 Befragten in der vorerwähnten vorläufigen Umfrage über freiwillig beschnittene Männer waren wegen der Beschneidung verärgert.[507]

Die wiederholte Assoziation von Reizbarkeit und Wut mit der Beschneidung verdient Aufmerksamkeit. Darüber hinaus sind die langfristigen Auswirkungen

---

502 Raine, A., Brennan, P., & Mednick, S., »Birth Complications Combined with Early Maternal Rejection at Age 1 Predispose to Violent Crime at Age 18 Years«, *Archives of General Psychiatry* 51 (1994): 984.

503 Reiss, Jr., A. & Roth, J., Hrsg., National Research Council, *Understanding and Preventing Violence* (Washington, DC: Jossey-Bass, 1993), 364.

504 Kandel, E. & Mednick, S., »Perinatal Complications Predict Violent Offending«, *Criminology* 29 (1991): 519-29; Mungas, D., »An Empirical Analysis of Specific Syndromes of Violent Behavior«, *Journal of Nervous and Mental Disease* 171 (1983): 354-61.

505 Ulrich, R., »Pain as a Cause of Aggression«, *American Zoologist* 6 (1966): 643-62; Berkowitz, L., »Pain and Aggression: Some Findings and Implications«, *Motivation and Emotion* 17 (1993): 277-93.

506 Ditman, J., »Circumcision Plight«, LeserbriefLeserbrief, *Mensa Bulletin*, März 1993.

507 Hammond, *Awakenings*, 76.

der Beschneidung, wie bei anderen Traumata, im Allgemeinen nicht bewusst, sondern offenbaren sich in Verhaltensweisen (siehe Kapitel 5). Da Gewalt ein Ausdruck von Wut ist und Wut mit der Beschneidung in Verbindung gebracht wurde, könnte das Begehen von Gewalttaten ein Verhalten sein, das mit der Beschneidung verbunden ist. Darüber hinaus korreliert ein geringes männliches Selbstwertgefühl, ein möglicher Effekt der Beschneidung, mit einem hohen Risiko für Totschlag.[508]

Offensichtlich sind die meisten beschnittenen Männer nicht gewalttätig. Da Trauma mit einer breiten Palette möglicher PTBS-Symptome verbunden ist, ist eine Vielzahl von assoziierten Verhaltensweisen möglich. Gewalt ist nur eine extreme Reaktion. Darüber hinaus hemmen mehrere Faktoren gewalttätiges Verhalten, einschließlich emotionaler Unterdrückung und Betäubung. Angst davor, dass Gewalt gesellschaftlich nicht akzeptabel ist, schränkt auch ihren Ausdruck ein. Die Alternative besteht darin, Ärger auf weniger destruktive, sozial akzeptable Weise auszudrücken. Dementsprechend ist ein Mann, wenn er beschnitten ist, nicht notwendigerweise gewalttätig. Und ein intakter Mann ist nicht unbedingt gewaltfrei, *da viele Faktoren mit Gewalt verbunden sind.* Wenn ein Mann jedoch gewalttätig ist, ist es wahrscheinlicher, dass er beschnitten sein wird als jemand in der gewaltlosen Bevölkerung. Daher kann zusätzlich zu körperlicher und sexueller Misshandlung von Kindern, Geburtskomplikationen, früher mütterlicher Ablehnung und anderen Faktoren die Beschneidung zu gewalttätigem Verhalten beitragen. Diese Frage könnte leicht untersucht werden (siehe Anhang E).

Es gibt nicht nur viele Faktoren, die zu Gewalt beitragen können, sondern gewalttätiges Verhalten kann auf verschiedene Arten auftreten, von denen einige aus der Kriminalstatistik nicht ersichtlich sind. Dies zeigt sich, wenn wir Juden betrachten, eine Gruppe mit hoher Beschneidungsrate. Gewaltverbrechen wie Mord sind oft eine Reaktion auf Stress und sind mit Armut und Einkommensungleichheit verbunden.[509] Die Tatsache, dass die meisten amerikanischen Juden nicht in einer niedrigen Einkommenskategorie sind, würde dazu beitragen, ihre Rate von Gewaltverbrechen zu reduzieren. Andere gewalttätige Verhaltensweisen sind jedoch nicht mit dem Einkommen verbunden. Eine Studie von Forschern, die mit dem Hebrew Union College und der University of Southern California in Verbindung stehen, ergab, dass die Rate der jüdischen häuslichen Gewalt mit der Rate in der nicht-jüdischen Gemeinschaft vergleichbar ist.[510] Darüber hinaus berichteten jüdische Männer über eine ähnliche Rate an sexueller Aggression und Gewalt in einer landesweiten Befragung von 6.159 College-Studenten, die in zweiunddreißig Einrichtungen eingeschrieben waren.[511]

---

508 Lowenstein, L., »Homicide: A Review of Recent Research (1975-1985)«, *Criminologist* 13 (1989): 74-89.

509 Hsieh, C. & Pugh, M., »Poverty, Income Inequality, and Violent Crime: A Meta-Analysis of Recent Aggregate Data Studies«, *Criminal Justice Review* 18 (1993): 182-202.

510 Giller, B., »All in the Family: Violence in the Jewish Home«, *Women & Therapy* 10 (1990): 101-9.

Ein weiterer Ansatz zur Untersuchung des möglichen Zusammenhangs zwischen Beschneidung und antisozialem Verhalten besteht in der Untersuchung physiologischer Veränderungen beschnittener Männer. Emotionale Betäubung ist ein Symptom der PTBS und ist mit einer geringeren Erregung verbunden. Das Erleben eines frühen Traumas wie der Beschneidung könnte ein Faktor sein, der zu einer geringeren Erregung im späteren Leben beiträgt, was zu einem möglichen asozialen Verhalten führt. Forscher haben herausgefunden, dass eine signifikant geringere Erregung des zentralen Nervensystems und des autonomen Nervensystems in der Adoleszenz mit kriminellem Verhalten im Erwachsenenalter assoziiert ist.[512] Sensationssuche, eine Reaktion auf geringere Erregung, kann auch mit Kriminalität verbunden sein.[513] Ein weiterer Faktor im kriminellen Verhalten ist Wut, eine Reaktion von emotional tauben Individuen auf hohen Stress.[514] Auch hier ist Forschung erforderlich, um diese Möglichkeiten zu untersuchen.

Ein Blick auf die Beschneidungs- und Kriminalitätsrate wirft weitere Fragen über ihre Beziehung auf. Die Rate der gemeldeten Gewaltverbrechen hat in den letzten dreißig Jahren dramatisch zugenommen (siehe Abb. 17).[515] Die Beschneidungsraten von den 1940er bis in die 1970er Jahre, als die meisten dieser gewalttätigen Kriminellen geboren wurden, waren ebenfalls auf dem Vormarsch. Gibt es eine Verbindung?

Es ist auch bemerkenswert, dass mit dem Anstieg der Rate von Gewaltverbrechen das Durchschnittsalter bei Mordverhaftungen von 32,5 im Jahr 1965 auf 27,0 im Jahr 1992 gesunken ist.[516] Die geschätzte Beschneidungsrate lag 1932 bei 56 Prozent und 1965 bei 78 Prozent, jenen Jahren, in denen die Verurteilten im Durchschnitt der betreffenden Jahre geboren worden wären (siehe Abb. 1, »Einführung«). Ist der Anstieg der Beteiligung Jugendlicher an Mord in irgendeiner Weise mit dem Anstieg der Beschneidungsrate um etwa 40 Prozent in diesem Zeitraum verbunden?

Zusammenfassend kann gesagt werden, dass der gewalttätige Akt der Beschneidung *(was Kindern angetan wird)* ein unerkannter perinataler Faktor ist, der unter bestimmten Umständen das Potenzial für Gewalt in der Erwachsenenwelt erhöht *(wird der Gesellschaft angetan)*. Es gibt viele Faktoren, die zu dem

---

511 Moss, M., Gidycz, C., & Wisniewski, N., »The Scope of Rape: Incidence and Prevalence of Sexual Aggression and Victimization in a Natural Sample of Higher Education Students«, *Journal of Consulting and Clinical Psychology* 55 (1987): 162-70; White, J. & Koss, M., »Courtship Violence: Incidence in a National Sample of Higher Education Student«, *Violence and Victims* 6 (1991): 247-56.

512 Raine, A., Venables, P., & Williams, M., »Autonomic Orienting Responses in 15-Year-Old Male Subjects and Criminal Behavior at Age 24«, *American Journal of Psychiatry* 147 (1990): 933-7.

513 Raine, A. & Venables, P., »Evoked Potential Augmenting-Reducing in Psychopaths and Criminals with Impaired Smooth-Pursuit Eye Movements«, *Psychiatry Research* 31 (1990): 85-98.

514 Glover, »Emotional Numbing«

515 Maguire & Pastore, *Sourcebook*, 305.

516 Federal Bureau of Investigation, US-Justizministerium, *Crime in the United States: Uniform Crime Reports 1993* (Washington, DC, 1994), 286.

Problem der Gewalt beitragen. Durch Forschung könnten der Grad der Verbindung zwischen Beschneidung und gewalttätigem Verhalten getestet und möglicherweise andere prädisponierende Faktoren identifiziert werden.

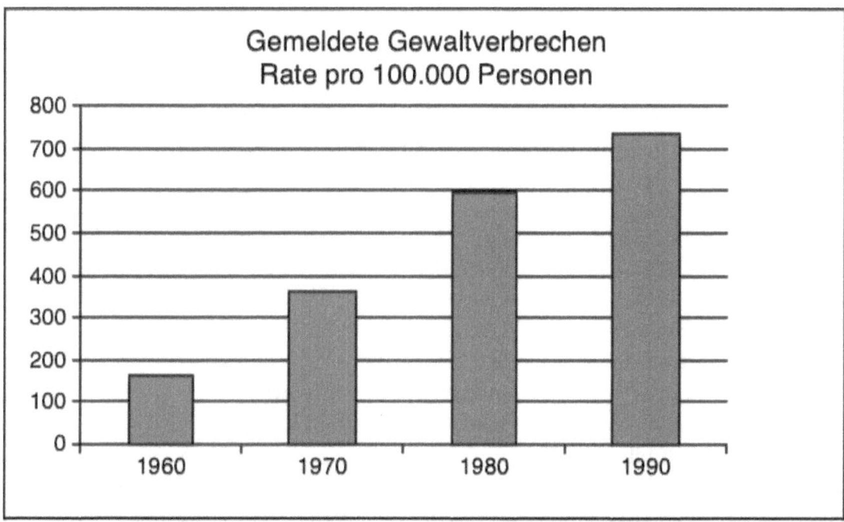

Abbildung 17: Daten vom Sourcebook of Criminal Justice Statistics 1994

Die am meisten gefährdeten potenziellen Opfer männlicher Gewalt von Erwachsenen sind diejenigen, die schwächer als Männer sind und von ihnen abhängig sind. Lassen Sie uns deshalb Formen männlicher Gewalt untersuchen, die sich gegen Frauen und Kinder richten.

7.8.2 Häusliche Gewalt

In den Vereinigten Staaten ist der gewalttätigste Ort zu Hause. Häusliche Gewalt ist die häufigste Ursache für Verletzungen von Frauen. Eine nationale Studie berichtet, dass 12 Prozent der Ehepartner sich im letzten Jahr gegenseitig heftig angegriffen haben.[517] In einer Umfrage unter 4.707 männlichen und weiblichen College-Studenten hatten etwa 35 Prozent körperliche Aggressionen erlebt.[518] Diese Gewalt ist zu oft tödlich. 1993 wurden 29 Prozent der weiblichen Mordopfer von ihren Ehemännern oder Freunden getötet.[519] In einer interkulturellen Studie der Vereinigten Staaten, Irlands und Indiens hatten die Vereinigten Staaten

---

517 Straus, M., Gelles, R. & Steinmetz, S., *Behind Closed Doors: Violence in the American Family* (Garden City, NY: Anchor/Doubleday, 1980).
518 White, J. & Koss, M., »Courtship Violence: Incidence in a National Sample of Higher Education Students«, *Violence and Victims* 6 (1991): 247-56.
519 Federal Bureau of Investigation, *Crime in the United States*, 17.

die höchste Rate an häuslicher Gewalt.[520] Gibt es eine Beziehung zwischen der Tatsache, dass alle 25 Sekunden ein männliches Kind beschnitten wird und alle 15 Sekunden ein Mann eine Frau schlägt?

Gewalt gegen Frauen ist motiviert durch den männlichen Wunsch nach Kontrolle. Zuerst benutzt ein Mann sozial akzeptable Kontrollmethoden, dann Gewaltandrohungen und schließlich tatsächliche Gewalt. Männer, die ihre Frauen schlagen, betrachten ihr Verhalten als berechtigte Strafe für das Versagen ihrer Frauen, ihre Forderungen zu erfüllen.[521] Sie glauben, dass ein Mann berechtigt ist, die Regeln seines Hauses zu machen und sie durchzusetzen. Diese Regelung basiert auf dem körperlichen Vorteil des Mannes gegenüber Frauen und der wirtschaftlichen Abhängigkeit von Frauen. Sie entspricht auch dem historischen Glauben, dass das Haus eines Mannes seine Burg sei und dass seine Frau sein Eigentum sei. Diese Überzeugungen misshandelnder Männer ähneln denen einiger Menschen, die Beschneidungen zustimmen oder durchführen, weil in beiden Fällen das Gefühl besteht, dass jemand seinen Willen auf einen anderen Menschen ausübt, der körperlich und wirtschaftlich benachteiligt ist, und das Opfer eher als Eigentum statt als Person wahrgenommen wird.

Geringes Selbstwertgefühl, ein möglicher Effekt der Beschneidung, kann das Verhalten beeinträchtigen. Männer mit geringem Selbstwertgefühl neigen in ihren Beziehungen eher zur Eifersucht.[522] Eifersucht ist ein auslösender Faktor für Gewalt gegen Frauen.[523] Vorhersehbar korreliert ein niedriges männliches Selbstwertgefühl mit einem hohen Risiko für häusliche Gewalt.[524]

Es kann andere Verbindungen zwischen der hohen Rate von häuslicher Gewalt und der Beschneidung geben. Es wurde dokumentiert, dass die Exposition gegenüber Gewalt in der Kindheit mit späterer sexueller Misshandlung der Ehefrauen zusammenhängt.[525] Das Kind erfährt die Beschneidung als gewalttätig. Diejenigen, die verletzt wurden, haben in der Regel ein Problem mit Wut und

520 Tellis-Nayak, V. & Donoghue, G., »Conjugal Egalitarianism and Violence across Cultures«, *Journal of Comparative Family Studies* 13 (1982): 277-90.

521 Bicehouse, T. & Hawker, L., »Degrees of Games: An Application to the Understanding of Domestic Violence«, *Transactional Analysis Journal* 23 (1993): 195-200; Goody, E., »Why Must Might Be Right? Observations on Sexual Herrshaft«, *Quarterly Newsletter of the Laboratory of Comparative Human Cognition* 9 (1987): 55-76.

522 Stewart, R. & Beatty, M., »Jealousy and Self-Esteem«, *Perceptual and Motor Skills* 60 (1985): 153-4; Melamed, T., »Individual Differences in Romantic Jealousy: The Moderating Effect of Relationship Characteristics«, *European Journal of Social Psychology* 21 (1991): 455-61.

523 Laner, M., »Violence or Its Precipitators: Which is More Likely to Be Identified as a Dating Problem?« *Deviant Behavior* 11 (1990): 319-29; Adams, D., »Identifying the Assaultive Husband in Court: You Be the Judge«, *Response to the Victimization of Women and Children* 13 (1990): 13-6.

524 Prince, J. & Arias, I., »The Role of Perceived Control and the Desirability of Control among Abusive and Nonabusive Husbands«, *American Journal of Family Therapy* 22 (1994): 126-34; Murphy, C., Meyer, S., & O'Leary, K., »Dependency Characteristics of Partner Assaultive Men«, *Journal of Abnormal Psychology* 103 (1994): 729-35.

525 Else, L., Wonderlich, S., & Beatty, W., »Personality Characteristics of Men Who Physically Abuse Women«, *Hospital and Community Psychiatry* 44 (1993): 54-8.

können es auf andere richten.[526] Einige beschnittene Männer, die Wut gegenüber ihren Eltern gemeldet haben, sind besonders wütend auf ihre Mutter.[527] Ein Mann, der an das Circumcision Resource Center schrieb, sagte: »Ich weiß, dass meine Mutter nie beabsichtigt hat, dass ich verletzt werde, aber es scheint, dass sie niemals das Gegenteil getan hat, um die Idee infrage zu stellen.« Für andere mag ihre Feindseligkeit gegenüber Frauen ihnen selbst nicht sichtbar sein. Ein Mann, der sich endlich seines »frauenfeindlichen Weges« bewusst wurde, berichtete:

> Dreißig Jahre lang fragte mich mein [intakter] Bruder mindestens zwei- oder dreimal im Jahr mit echtem Gefühl und Mitgefühl: »Warum hasst du Frauen so sehr?« Immer antwortete ich mit demselben aufrichtigen, verletzten Erstaunen: »Ich? Ich hasse keine Frauen. Ich liebe die Frauen.« [Dieser Mann hat sich nach Jahren der persönlichen Reifungsarbeit verändert.][528]

Wie bereits besprochen (siehe Kapitel 6), könnten, wenn ein beschnittenes Kind fühlt, dass die Mutter verantwortlich ist *(was Kindern angetan wird),* die damit verbundenen Gefühle von Wut eher gegenüber Frauen ausgedrückt werden *(wird der Gesellschaft angetan).* Die meisten beschnittenen und intakten Männer sind gegenüber Frauen nicht gewalttätig, und andere Faktoren tragen sicherlich zur Gewaltbereitschaft bei. Dennoch muss die mögliche Verbindung zwischen Beschneidung und häuslicher Gewalt untersucht werden.

7.8.3 Vergewaltigung

Vergewaltiger sind auch angetrieben von Wut und Machtwillen. Viele Täter sehen Vergewaltigung als eine Form der Rache an. Weil er glaubt, dass alle Frauen für die Handlungen einer einzelnen Frau verantwortlich sind, wenn ein Vergewaltiger (in der Regel unangemessen) wütend auf eine Frau ist, mit der er zu tun hat, kann er diese Wut auf eine zufällige Frau lenken, indem er sie vergewaltigt. Ein verurteilter Vergewaltiger bestätigte: »Ich wollte meine Wut (auf meine Freundin) und Frustration an einer Fremden auslassen, um die Kontrolle zu behalten und zu tun, was ich tun wollte.« Einige Vergewaltiger erklären ihre Handlungen, indem sie sich auf ihre niedrige Selbstachtung beziehen: »Ich wollte Frauen degradieren, damit ich das Gefühl habe, dass es einen Menschen gibt, der weniger wert ist als ich.« Für andere ist Misstrauen ein Faktor: »Ich hasste Frauen, weil sie hinterlistig waren.« Täter sind auch von Vergewaltigung

526 van der Kolk, »The Compulsion to Repeat the Trauma«, 389-411.
527 Hammond, *Awakenings*, 92.
528 Pong, »Circumcision: The Pain and the Trauma«.

angezogen, weil es stimulierend ist. Einer beschrieb es als »großen Kick« wegen der »Aufregung« und der »Dramatik«.[529]

Vergewaltigung ist Ausdruck einer psychischen Dysfunktion. Es ist jedoch das häufigste aller Gewaltverbrechen.[530] Laut des USA-Senatsausschusses für die Judikative werden jedes Jahr bis zu 2 Millionen amerikanische Frauen vergewaltigt.[531] Untersuchungen zeigen, dass die meisten Vorfälle nicht gemeldet werden. In einer Studie von männlichen Studenten gaben 15 Prozent an, mindestens einmal erzwungenen Geschlechtsverkehr mit einer Frau gehabt zu haben.[532] Die Ehe scheint keinen großen Unterschied zu machen. Eine von sieben Frauen berichtete einem Forscher, dass sie gezwungen wurde, Sex mit ihrem Ehemann zu haben.[533] In einer Umfrage unter College-Studenten antworteten 60 Prozent der Männer, dass sie in bestimmten Situationen eine Frau vergewaltigen würden.[534] Bei den derzeitigen Raten werden 46 Prozent der Frauen in ihrem Leben Opfer einer versuchten oder vollendeten Vergewaltigung sein.[535] Die Inzidenz der gemeldeten Vergewaltigungen in den Vereinigten Staaten ist in den letzten dreißig Jahren stark angestiegen und etwa siebenmal so hoch wie in den Ländern der Europäischen Gemeinschaft (siehe Abb. 18 und 19).[536] Warum?

Könnte ein Teil der Antwort sich darauf beziehen, was mit den meisten amerikanischen Männern geschah, als sie Kinder waren? Wenn Menningers Aussage zu Beginn dieses Kapitels auf Beschneidung und Vergewaltigung zutrifft, müssen wir mögliche Ähnlichkeiten zwischen den beiden untersuchen. Mit diesem Vergleich beabsichtige ich nicht, den Schaden der Vergewaltigung zu verfälschen, sondern nur unser Verständnis von Vergewaltigung und Beschneidung zu erweitern. Schauen wir uns an, wie sie sich vergleichen lassen.

Eine Broschüre, die vom Boston Area Rape Crisis Center veröffentlicht wurde, sagt:

Vergewaltigung ist ein Akt der Gewalt und Kontrolle … Vergewaltigung ist entmenschlichend … Vergewaltigung ist beängstigend … Die Frau fühlt, dass ihr Körper in Gefahr ist … Vergewaltigung ist ein Eindringen. Der Vergewaltiger dringt mit Gewalt in den Körper der Frau ein.[537]

529 Scully, D. & Marolla, J., »»Riding the Bull at Gilley's««, in J. Henslin, Hrsg., *Down to Earth Sociology* (New York: Free Press, 1993), 53, 58 (alle Aussagen von Vergewaltigern).

530 Groth, N., *Men Who Rape* (New York: Plenum Press, 1979); Griffin, S., *Rape: The All-American Crime* (Andover, MA: Warner Modular Publications, 1973).

531 U.S. Senate Committee on the Judiciary, »Violence against Women: The Increase of Rape in America 1990«, *Response to the Victimization of Women and Children* 14 (1991): 20-3.

532 Rapaport, K. & Burkhart, B., »Personality and Attitudinal Correlates of Sexual Coercive College Males«, *Journal of Abnormal Personality* 93 (1984): 216-21.

533 Russell, D., *Rape in Marriage* (New York: Macmillan, 1982).

534 Malamuth, N., »Rape Proclivity among Males«, *Journal of Social Issues* 37 (1981): 138-57.

535 Russell, D. & Howell, N., »The Prevalence of Rape in the U.S. Revisited«, *Signs* 8 (1983): 688-95.

536 Vereinte Nationen, *Human Development Report*, 186.

537 Stolbach, D., *If Someone You Care About Has Been Raped*, Broschüre, Cambridge, MA: Boston Area Rape Crisis Center, 1986, 1.

Aus der Sicht des Säuglings könnte diese Beschreibung darauf angewendet werden, fixiert zu sein und einen Teil des Penis abgeschnitten zu bekommen. Sowohl Vergewaltigung als auch Beschneidung sind Gewaltakte, die auf die Geschlechtsorgane des Opfers gerichtet sind. Zu den Unterschieden gehören das Alter des Opfers und die Art der Tat. In einem Fall ist es Penetration; im anderen ist es Verstümmelung. Interessanterweise trug ein bemerkenswerter Artikel über die Beschneidung, der im *Journal of the American Medical Association* erschien, den Titel »Die Vergewaltigung des Phallus«.[538] Die Tatsache, dass einige beschnittene Männer das Wort »Vergewaltigung« in Bezug auf ihre eigene Beschneidung verwendet haben, wirft ebenfalls die Frage der Ähnlichkeit auf.

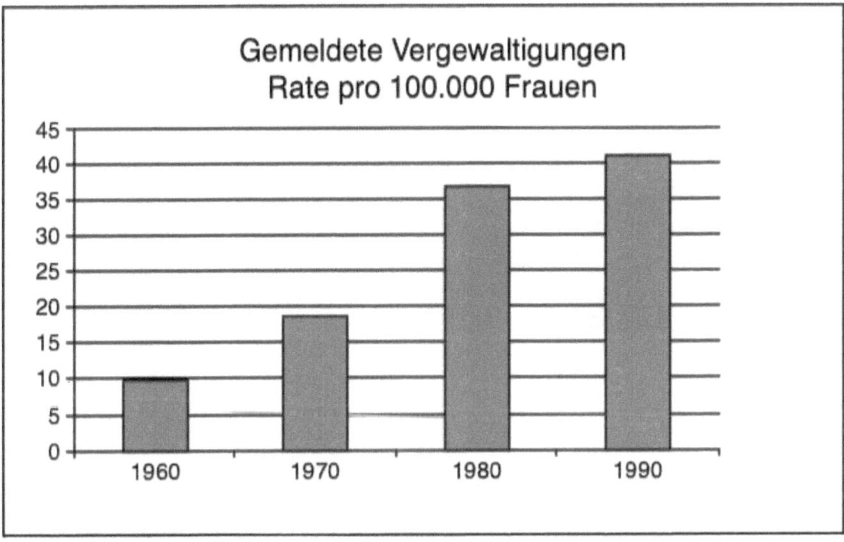

Abbildung 18: Daten vom Sourcebook of Criminal Justice Statistics 1994

Ähnliche Handlungen legen ähnliche Effekte nahe. Die Auswirkungen von Vergewaltigung sind gut dokumentiert. Vergewaltigt zu werden, zeigt die Forschung, fordert einen höheren psychologischen Tribut als die meisten anderen traumatischen Ereignisse. Veronica Reed Rybeck vom Rape Crisis Intervention Program im Beth Israel Hospital in Boston berichtet, dass »die Überzeugungen des Opfers darüber, wer sie ist und wem sie vertrauen kann, erschüttert sind.«[539] Vergewaltigungsopfer finden es schwierig, sich in intimen Beziehungen zu öffnen. Im Allgemeinen misstrauen sie Männern, vermeiden Berührung und bleiben allein. Frauen reagieren unterschiedlich auf Vergewaltigung, je nach ihrem individuellen Bewältigungsstil. Sie können viel darüber reden und weinen oder ihre

---

538 Morgan, »The Rape of the Phallus«, 223-224.
539 Bass, A., »Domestic Violence: Roots Go Deep«, *Boston Globe*, 30. September 1991, 1.

Gefühle geheim halten und jahrelang nicht darüber reden. Wie bei einigen beschnittenen Männern besteht die Angst, dass einer nicht geglaubt wird, aber das Schweigen zu bewahren ist schädlich.[540]

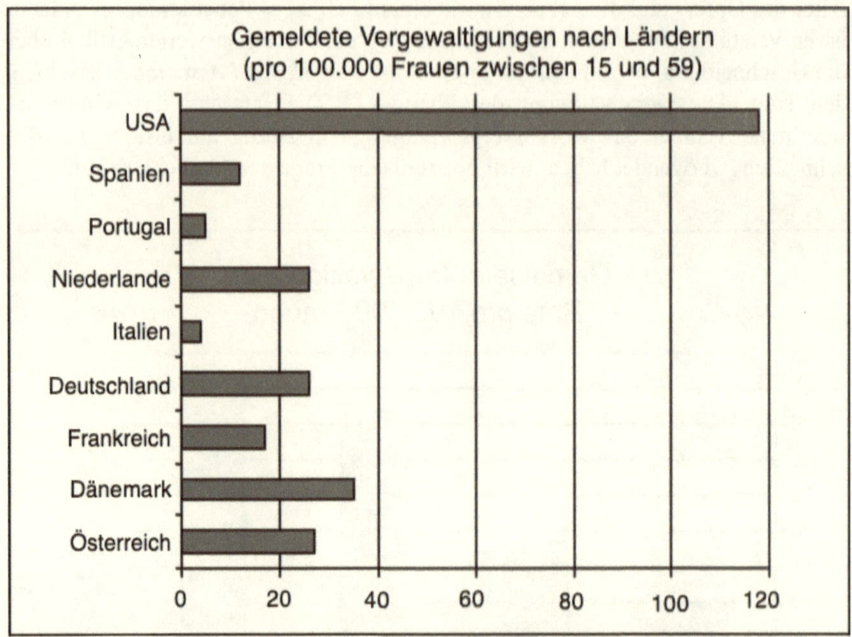

Abbildung 19: Daten vom Sourcebook of Criminal Justice Statistics 1994

Linda Braswell schreibt in ihrem Führer für Vergewaltigungsüberlebende:

> Die erschreckendste Reaktion auf Vergewaltigungen ist die Angst, getötet oder verstümmelt zu werden ... [Es führt oft zu] einer vollständigen Trennung von Körper und Geist ... Vergewaltigung demütigt. Die wertvollsten und intimsten Teile deines Körpers wurden verletzt ... Vergewaltigung selbst kann eine Form von Mord sein. Sie zerstört den Willen und den Geist. Sie beraubt dich deiner Selbstachtung ... Vergewaltigung ist die ultimative Verletzung des Selbst, kurz vor Mord.[541]

Wie viele dieser Beschreibungen könnten für die Erfahrung des beschnittenen Säuglings gelten?

---

540 Braswell, L., *Quest for Respect: A Healing Guide for Survivors of Rape* (Ventura, CA: Pathfinder
     Publishing, 1989), 21.
541 Ebenda, 8, 10, 16, 33.

190

Da Vergewaltigung als ein traumatisches Ereignis angesehen wird, ist es nicht überraschend, dass Vergewaltigungsopfer PTBS-Symptome zeigen. Das Opfer erlebt intensive Angst, Schlafstörungen, Hypervigilanz, Albträume, Scham, niedrigere Energie, Reizbarkeit, Wut, Depression und »heroische Anstrengungen«, um die Erfahrung zu unterdrücken. Mit der Zeit nehmen die aufdringlichen Symptome ab, wenn die Betäubung zunimmt. Wegen der Repression erkennen die Opfer nicht, dass Verhaltensänderungen durch die Vergewaltigung verursacht werden.[542] Basierend auf den psychologischen Auswirkungen der Beschneidung, die in Kapitel 5 diskutiert wurden, gibt es eine Ähnlichkeit zwischen den möglichen Auswirkungen der Beschneidung und einigen der Symptome, die nach der Vergewaltigung auftreten. Ähnlichkeiten zwischen den Auswirkungen von Beschneidung und Vergewaltigung deuten darauf hin, dass Menningers Aussage im Zusammenhang mit Vergewaltigung möglich ist. Die anderen erwähnten Effekte von Vergewaltigung weisen auf ähnliche potentielle Effekte für die Beschneidung hin, die aus der Forschung ermittelt werden könnten.

Betrachten wir die Einstellungen und Überzeugungen, um nach zusätzlichen Ähnlichkeiten zu suchen. Vergewaltigung tendiert dazu, männliche Macht und Dominanz zu stärken. »Macho«-Männer verwenden eher Gewalt gegen Frauen.[543] Einige Vergewaltiger glauben, dass eine Frau »kein Recht hat, Nein zu sagen«. In dieser Hinsicht befinden sich Säuglinge, die beschnitten werden, in einer ähnlichen Position. Ein Glaube an die Minderwertigkeit von Frauen ist mit Vergewaltigung verbunden. Männliche Objektivierung von Frauen ist auch ein Faktor.[544] Umgekehrt haben Kulturen, die den Status von Frauen respektieren, wenig Vergewaltigungen.[545] Die Abwertung und Objektivierung von Frauen und die Entmenschlichung von Säuglingen sind analog. Darüber hinaus neigen Vergewaltiger dazu, an Vergewaltigungsmythen zu glauben, etwa dass Frauen es tatsächlich genießen würden, vergewaltigt zu werden.[546] Dieser falsche und selbstsüchtige Glaube bezüglich der Erfahrung des Opfers entspricht dem Mythos, der von Beschneidern geäußert wurde, dass Säuglinge während der Beschneidung keinen Schmerz empfinden. Sowohl Vergewaltiger als auch Beschneider sind sich des körperlichen, sexuellen und psychologischen Schadens, den sie verursachen, nicht bewusst. In einer Studie äußerten nur 2 von 114

542 Hanson, R., »The Psychological Impact of Sexual Assault on Women and Children: A Review«, *Annals of Sex Research* 3 (1990): 187-232; Braswell, *Quest for Respect*, 9-11; Rose, D., »Worse Than Death«: Psychodynamics of Rape Victims and the Need for Psychotherapy«, *American Journal of Psychiatry* 143 (1986): 817-24.

543 Mosher, D. & Anderson, R., »Macho Personality, Sexual Aggression and Reactions to Guided Imagery of Realistic Rape«, *Journal of Research in Personality* 20 (1986): 77-94.

544 Reiss, I., »A Sociological Journey into Sexuality«, *Journal of Marriage and the Family* 48 (1986): 233-42; Scully, D. & Marolla, J., »Convicted Rapists' Vocabulary of Motive: Excuses and Justifications«, *Social Problems* 31 (1984): 530-44.

545 Sanday, P., »The Socio-Cultural Context of Rape: A Cross-Cultural Study«, *Journal of Social Issues* 37 (1981): 5-27.

546 Alder, C., »An Exploration of Self-Reported Sexually Aggressive Behavior«, *Crime and Delinquency* 31 (1985): 306-31.

verurteilten Vergewaltigern Bedenken wegen der Gefühle des Opfers.[547] Die Aussagen der Beschneider deuten auf eine ähnliche Gleichgültigkeit hin.

Zusammengefasst gibt es nicht nur Ähnlichkeiten zwischen dem Akt der Vergewaltigung und dem Akt der Beschneidung, sondern es scheinen auch einige Ähnlichkeiten zwischen den Auswirkungen auf Vergewaltigungsopfer und den Auswirkungen auf beschnittene Männer zu bestehen. Sogar einige Einstellungen und Mythen sind ähnlich. Sowohl Vergewaltigung als auch Beschneidung umfassen Sexualorgane und Gewalt. Die Motivationen und exzessive, unangemessene Wut der Vergewaltiger reflektieren das Gefühl, selbst Opfer geworden zu sein. Man kann argumentieren, dass die Beschneidung *(was Kindern angetan wird)* in einem weiteren Sinne als eine Form der Vergewaltigung betrachtet werden kann *(wird der Gesellschaft angetan)*. Die einzigartige und übermäßig hohe Rate von Vergewaltigungen in den Vereinigten Staaten rechtfertigt Forschungen, die den Zusammenhang zwischen Beschneidung und Vergewaltigung untersuchen.

7.8.4   *Sexuelle Misshandlung von Kindern*

Eine besonders beunruhigende und häufige Form männlicher Gewalt gegenüber Kindern ist sexuelle Misshandlung. In zwei Studien mit erwachsenen Frauen gaben 38 Prozent an, als Kinder sexuell misshandelt worden zu sein.[548] Eine andere Studie berichtete über eine Rate von 45 Prozent.[549] Diese Zahlen sind überraschend hoch, aber sie liegen immer noch deutlich unter den tatsächlichen Raten, weil sie nur auf Berichten von bewussten Erinnerungen basieren, die von Frauen zugegeben wurden, die bereit waren, für die Studien interviewt zu werden. Folglich würde eine konservativ angepasste Rate bei etwa 60 Prozent liegen.[550]

Um Menningers Aussage anzuwenden, wollen wir die Beschneidung und die sexuelle Misshandlung von Kindern vergleichen. Es ist zunächst wichtig, festzuhalten, dass sexuelle Misshandlung von Kindern, wie auch immer die Öffentlichkeit es definiert, abhängig von den Umständen ist. Zum Beispiel macht die Reaktion des Kindes auf die Misshandlung einen Unterschied in der Art und Weise, wie sich die Menschen wegen der Verletzung fühlen. Wenn das Kind stark dagegen protestiert, gelten die Handlungen als verletzender. Menschen bewerten Handlungen jedoch als weniger verletzend, wenn sie sehr junge Kinder

547 Scully & Marolla, »›Riding the Bull at Gilley's‹«, 46-61.

548 Kempe, R. & Kempe, C., *The Common Secret: Sexual Abuse of Children and Adolescents* (New York: W.H. Freeman, 1984); Russell, D., »The Incidence and Prevalence of Intrafamilial and Extrafamilial Sexual Abuse of Female Children«, *Child Abuse and Neglect* 7 (1983): 133-46.

549 Wyatt, G., »The Sexual Abuse of Afro-American and White Women in Childhood«, *Child Abuse and Neglect* 9 (1985): 507-19.

550 deMause, L., »The Universality of Incest«, *Journal of Psychohistory* 19 (1991): 123-64.

betreffen.[551] Die Beschneidung wird nicht einmal im entferntesten mit sexueller Misshandlung von Kindern in Verbindung gebracht, weil sie eine soziale Zustimmung hat, das Kind sehr jung ist, das Verfahren von angesehenen Fachleuten durchgeführt wird, es von den Eltern oder der Öffentlichkeit im Allgemeinen nicht beobachtet wird, und wenn es doch beobachtet wird, kann der schlafähnliche, traumatische Schockzustand des Kindes den Protest ersetzen. Als Folge definiert die Öffentlichkeit das Streicheln der Genitalien eines Kindes als sexuelle Misshandlung von Kindern, aber das Abschneiden eines Stücks des Penis ist keine. Wenn die Öffentlichkeit bestimmt, was missbräuchlich ist, ist der kulturelle Kontext natürlich genauso wichtig wie der Akt selbst. Wenn man den Akt der Beschneidung vom kulturellen Kontext gelöst betrachtet und seine Auswirkungen auf das Kind erkennt, ist dies ein Akt sexueller Misshandlung. In der Tat haben einige beschnittene Männer das Wort »misshandelt« verwendet, um ihre Gefühle zu beschreiben.

Ein bedeutender Weg, dass sich sexuelle Misshandlung von Kindern von der Beschneidung unterscheidet, ist, dass, wenn der Täter eine Person in der unmittelbaren Familie des Opfers ist, die Misshandlung häufig wiederkehrt. Die Misshandlung ist symptomatisch für eine ernsthaft dysfunktionale Familie, und eine solche Umgebung hätte wahrscheinlich andere Auswirkungen auf das Kind. Auf der anderen Seite ist die Beschneidung ein singuläres Ereignis, das von sehr fürsorglichen, liebevollen und doch unbewussten und manchmal später bedauernden Eltern gewählt werden kann. Eine liebende Umgebung kann einen Teil der psychologischen Auswirkungen der Beschneidung neutralisieren und dazu beitragen, unterschiedliche Langzeitwirkungen zu bewirken.

Die Auswirkungen sexueller Misshandlung von Kindern können mit den Auswirkungen der Beschneidung verglichen werden. Wenn es Ähnlichkeiten gibt, würde dies darauf hindeuten, dass Menningers Aussage gelten könnte. Sexuelle Misshandlung von Kindern hat direkte unmittelbare und langfristige Auswirkungen auf das psychologische Funktionieren;[552] es gibt eine hohe Prävalenz von PTBS.[553] Wie bei der Beschneidung können frühe Symptome während des ganzen Lebens andauern, sie können verschwinden oder sie können Jahre nach dem Trauma wieder auftauchen.[554] Die ersten Auswirkungen sexueller Misshandlung bei Kindern sind Angst, Furcht, Depression, Wut, Aggression und sexuell unangemessenes Verhalten. Kinder fühlen sich vielleicht machtlos, ihre Gefühle und

---

551 Finkelhor, D., *Child Sexual Abuse: New Theory and Research* (New York: Free Press, 1984).

552 Briere, J. & Runtz, M., »Childhood Sexual Abuse: Long-Term Sequelae and Implications for Psychological Assessment«, *Journal of Interpersonal Violence* 8 (1993): 312-30; Glod, C., »Long-Term Consequences of Childhood Physical and Sexual Abuse«, *Archives of Psychiatric Nursing* 7 (1993): 163-73.

553 Rowan, A. & Foy, D., »Post-Traumatic Stress Disorder in Child Sexual Abuse: A Literature Review«, *Journal of Traumatic Stress* 6 (1993): 3-20; Kiser, L., Ackerman, B., & Brown, E., »Post-Traumatic Stress Disorder in Young Children: A Reaction to Purported Sexual Abuse«, *Journal of the American Academy of Child and Adolescent Psychiatry* 27 (1988): 645-9.

554 Green, A., »Dimensions of Psychological Trauma in Abused Children«, *Journal of the American Association of Child Psychiatry* 22 (1983): 231-7.

Handlungen zu kontrollieren. Darüber hinaus sind kindliche Opfer sexueller Misshandlung, die von einem Sorgeberechtigten misshandelt werden, vom Vertrauensbruch betroffen.[555]

Zu den langfristigen psychologischen Auswirkungen gehören Angst, Furcht, somatische Beschwerden, Schuldgefühle, Probleme mit Intimität, Albträume, Hyperaktivität, Aggression und Entzug.[556] Depression kann das vorherrschende Symptom bei erwachsenen Überlebenden sein.[557] Geringes Selbstwertgefühl ist ebenfalls üblich.[558] Zusätzlich zu sexueller Dysfunktion kann sexuelles Verhalten mit Tendenzen zur Promiskuität oder Hemmung beeinflusst werden.[559]

Erwachsene Überlebende von sexueller Misshandlung als Kinder sehen sich selbst und das Leben oft anders als andere. Sie können annehmen, dass sie beschädigt oder auf fatale Weise fehlerhaft sind. Sie können sich unfähig fühlen, sich vor Schaden zu schützen und fürchten drohende Katastrophen. Reizbarkeit und aufdringliche Gedanken können ebenfalls vorhanden sein. Sie können glauben, dass andere gefährlich und nicht vertrauenswürdig sind. Umgekehrt können sie sich selbst und ihrer Fähigkeit, Situationen richtig einzuschätzen und Entscheidungen zu treffen, nicht vertrauen. Diese Tendenzen können dazu führen, dass sie passiv oder übermäßig abhängig von den Urteilen anderer sind.

Zusammenfassend ist sexuelle Misshandlung von Kindern so überwältigend, dass psychische Schäden nicht vermieden werden können. Um sich vor den negativen Gefühlen zu schützen, sind emotionale Betäubung und Leugnung sehr häufig. Wie bei der Beschneidung können Menschen ihre Misshandlung und ihre Symptome leugnen; sie können sich nur der Symptome bewusst sein; sie mögen beides kennen, finden aber keine Verbindung; oder sie wissen vielleicht, dass ihre Symptome durch ihre Misshandlung verursacht wurden. Diese Symptome beeinflussen im Allgemeinen Überzeugungen, Einstellungen, Emotionen und Verhaltensweisen. Symptome bei Erwachsenen können Teil von Persönlichkeitsmerkmalen werden.

Viele dieser Effekte wurden mit der Beschneidung in Verbindung gebracht, wie bereits in diesem Buch besprochen wurde. Andere Auswirkungen sexueller Misshandlung von Kindern könnten Hinweise für weitere Forschungen zur Beschneidung geben. Es ist bemerkenswert, dass die schlimmsten Auswirkungen

---

555 Finkelhor, D. & Browne, A., »The Traumatic Impact of Child Sexual Abuse: A Conceptualization«, *American Journal of Orthopsychiatry* 55 (1985): 530-41.

556 Koverola, C., »Psychological Effects of Child Sexual Abuse«, in A. Heger and S. Emans, *Evaluation of the Sexually Abused Child* (New York: Oxford University Press, 1992), 19; Engel, B., Einleitung zu *The Right to Innocence* (Los Angeles: J.P. Tarcher, 1989), xvi.

557 Finkelhor, D., *A Sourcebook on Child Sexual Abuse: New Theory and Research* (Beverly Hills, CA: Sage, 1986).

558 Bagley, C. & Ramsay, R., »Sexual Abuse in Childhood: Psychosocial Outcomes and Implications for Social Work Practice«, *Journal of Social Work and Human Sexuality* 4 (1986): 33-47; Gold, E., »Long-Term Effects of Sexual Victimization in Childhood: An Attributional Approach«, *Journal of Consulting and Clinical Psychology* 54 (1986): 471-5.

559 DeYoung, M., *The Sexual Victimization of Children* (Jefferson, NC: McFarland, 1982); Courtois, C., »The Incest Experience and Its Aftermath«, *Victimology: An International Journal* 4 (1979): 337-47.

der sexuellen Misshandlung von Kindern auf Erfahrungen zurückzuführen sind, die wie Beschneidung Genitalkontakt und Gewalt umfassen.[560]

Erhöht die Beschneidung von Säuglingen die Häufigkeit von sexueller Misshandlung von Kindern durch erwachsene Männer? Diese Frage wurde nicht untersucht. Männer, die Kinder sexuell misshandeln, zeigen jedoch oft ein geringes Selbstwertgefühl und ein Gefühl der Ohnmacht, zwei Symptome, die bei beschnittenen Männern häufig auftreten.[561] Darüber hinaus neigen Kindesmisshandler dazu, Schwierigkeiten bei der Befriedigung ihrer sexuellen Bedürfnisse zu haben.[562] Vielleicht könnten sexuelle Unsicherheiten, die mit der Beschneidung zusammenhängen, manche Männer dazu veranlassen, sich an Kinder zu wenden, weil sie sich von Erwachsenen bedroht fühlen. Schließlich gibt es eine starke Verbindung zwischen den Geschichten sexueller Misshandlung von Kindern und sexueller Misshandlung durch Männer.[563] Wenn Beschneidung durch das Kind als sexuelle Misshandlung empfunden wird *(was Kindern angetan wird)*, könnte hier ein Zusammenhang bestehen *(wird der Gesellschaft angetan)*. Offensichtlich sind die meisten beschnittenen und intakten Männer keine Täter von Kindesmisshandlung und die Ursachen für Kindesmisshandlung sind vielfältig. Auf der Basis der verfügbaren Informationen ist die Forschung gerechtfertigt, um festzustellen, ob die Beschneidung eine davon ist.

7.8.5 Selbsttötung

Kindheitstrauma führt oft später im Leben zu Wut. Manchmal richtet sich diese Wut eher gegen sich selbst als gegen andere.[564] Andere selbstgesteuerte Reaktionen wurden festgestellt. Judith Herman schreibt: »Viele traumatisierte Menschen fühlen lange nach dem Ereignis, dass ein Teil von ihnen selbst gestorben ist. Die am stärksten Leidenden wünschen, sie wären tot.«[565] Solche Gefühle können im Extremfall zur Selbsttötung führen.

Die Suizidrate unter Jugendlichen ist in den letzten Jahrzehnten insbesondere bei männlichen Personen dramatisch angestiegen. Zwischen 1950 und 1990 erhöhte sich die Selbsttötungsrate für männliche Personen im Alter von fünfzehn bis vierundzwanzig Jahren um den Faktor 3,4 (siehe Abb. 20). Darüber hinaus

---

560 Browne, A. & Finkelhor, D., »Impact of Child Sexual Abuse: A Review of the Research«, *Psychological Bulletin* 99 (1986): 66-77.

561 Loss, P. & Glancy, E., »Men Who Sexually Abuse Their Children«, *Medical Aspects of Human Sexuality* 17 (1983): 328-9.

562 Gillespie, W., »The Psycho-Analytic Theory of Sexual Deviation with Special Reference to Fetishism«, in I. Rosen, Hrsg., *The Psychology and Treatment of Sexual Deviation* (New York: Oxford University Press, 1964); Hammer, E. & Glueck, B., Jr., »Psychodynamic Patterns in Sex Offense: A Four-Factor Theory«, *Psychiatric Quarterly* 3 (1957): 325-45.

563 Seghorn, T., Prentky, R., & Boucher, R., »Childhood Sexual Abuse in the Lives of Sexually Aggressive Offenders«, *Journal of the American Academy of Child and Adolescent Psychiatry* 26 (1987): 262-7.

564 van der Kolk, »The Compulsion to Repeat the Trauma«, 389-411.

565 Herman, *Trauma and Recovery*, 49.

betrug der Satz von 1990 das 5,6-fache der entsprechenden weiblichen Quote.[566] Männliche Selbsttötung ist verbunden mit sozialer Isolation, unterdrücktem emotionalen Ausdruck und Scham.[567] Bei manchen Männern können diese Faktoren auch mit der Beschneidung in Verbindung gebracht werden. Wie in Kapitel 4 berichtet, hatte ein im Alter von sechs Jahren beschnittener Junge suizidale Impulse und wiederholte: »Ich wünschte, ich wäre tot.« Wie können wir die Beschneidung als einen der Faktoren im Zusammenhang mit männlichem Selbstmord ausschließen, wenn wir diese Möglichkeit nicht untersuchen?

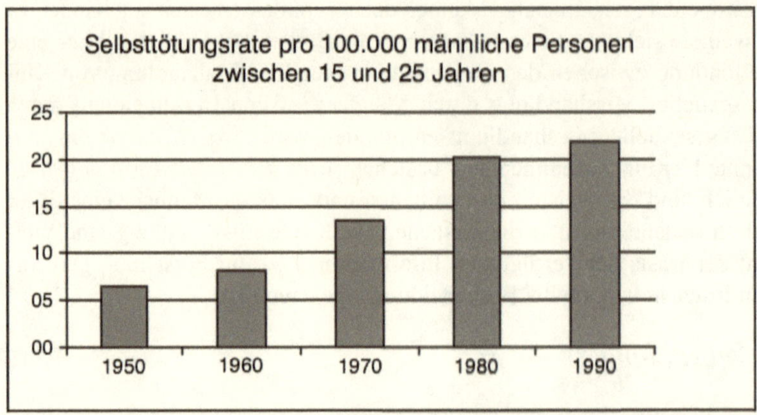

Abbildung 20: Daten aus dem »Sourcebook of Criminal Justice Statistics 1993«

Der plötzliche Kindstod (SIDS, *sudden infant death syndrome*) ist der plötzliche, unerklärliche Tod eines Säuglings unter einem Jahr. Es ist die häufigste Todesursache für Säuglinge in diesem Alter und verursacht jährlich etwa 6.000 Todesfälle. Niemand weiß, warum etwa 60 Prozent der SIDS-Fälle männlich sind.[568] Andere Länder haben sowohl höhere als auch niedrigere Raten gemeldet als die Vereinigten Staaten, aber interkulturelle Vergleiche können wegen unzuverlässiger Daten irreführend sein.[569] Die Möglichkeit, dass die Beschneidung ein Faktor ist, der zum SIDS beiträgt, muss untersucht werden. Wenn die Beschneidung mit Vergewaltigung vergleichbar ist und Vergewaltigung »den Willen und den Geist zerstört«, woher wissen wir, dass der SIDS zumindest in einigen Fällen keine Selbsttötung ist?

---

566 Maguire, K. & Pastore, A., Hrsg., *Sourcebook of Criminal Justice Statistics, 1993* (Washington, DC: US-Justizministerium, Bureau of Justice Statistics, 1994), 391.

567 Canetto, S., »Gender Issues in the Treatment of Suicidal Individuals«, *Death Studies* 18 (1994): 513-27; Smith, D. & Hackathorn, L., »Some Social and Psychological Factors Related to Suicide in Primitive Societies: A Cross-Cultural Comparative Study«, *Suicide and Life Threatening Behavior* 12 (1982): 195-211.

568 National SIDS Resource Center, Information Exchange, Vienna, VA: Autor, Januar 1990.

569 Court, C. et al., »Cot Deaths (Global Survey)«, *British Medical Journal* 310 (1995): 7.

7.8.6 Diebstahl

Obwohl er normalerweise keine körperliche Gewalt umfasst, ist Diebstahl eine Verletzung der sozialen Beziehungen und ein ernstes Problem in den Vereinigten Staaten. Auf der Grundlage einer nationalen Erhebung gab es 1992 12,2 Millionen Diebstähle, und die Rate hat zugenommen (siehe Abb. 21). Diebstähle werden alle vier Sekunden gemeldet.[570]

Viele von uns wissen, wie es sich anfühlt, bestohlen worden zu sein. Reaktionen können Schock, Hilflosigkeit, Wut und ein Gefühl der Verletzung umfassen. Wenn der gestohlene Gegenstand als wertvoll angesehen wurde, können wir den Verlust betrauern, oder wir können uns gegen den Kummer wehren, indem wir die Bedeutung des Gegenstands leugnen.

Aus der Sicht des Säuglings kann die Beschneidung als »Diebstahl« der Vorhaut vom Besitzer angesehen werden *(was Kindern angetan wird)*. Während einige beschnittene Männer ihre Trauer über den Verlust ihrer Vorhaut bekundet haben, bestreiten die meisten die Bedeutung dessen, was ihnen genommen wurde. Wie bei anderen sozialen Problemen sind offensichtlich viele Faktoren mit dem Diebstahl verbunden, aber diese Frage wurde nicht untersucht: Gibt es einen Zusammenhang zwischen unserer hohen Rate an Beschneidungen und der hohen Rate an Diebstahl *(wird der Gesellschaft angetan)?* Vielleicht besteht auch ein Zusammenhang zwischen der Beschneidung und der relativ neuen Verwendung des Ausdrucks »abgerissen«.

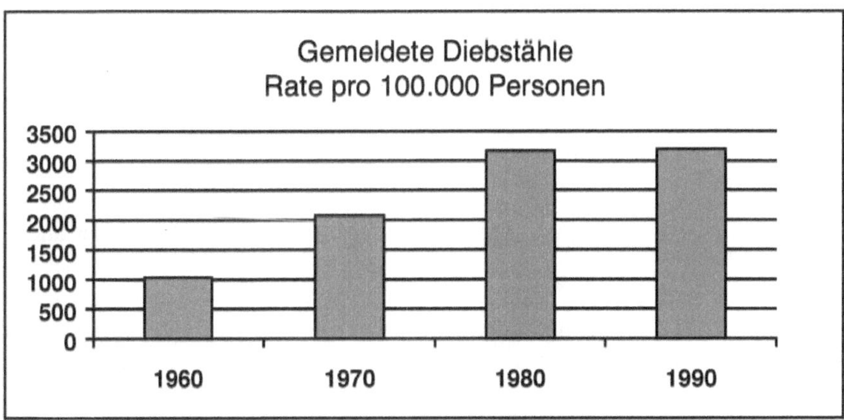

Abbildung 21: Daten aus dem »Sourcebook of Criminal Justice Statistics 1994«

---

570 US-Justizministerium, *Criminal Victimization in the U.S., 1992* (Rockville, MD: Bureau of Justice Statistics Clearinghouse, 1994), 3; Federal Bureau of Investigation, *Crime in the United States*, 4.

7.9 Zwischenbeziehungen sozialer Probleme

> Alle Dinge sind verbunden.
>
> *— Chief Seattle*

Einige asoziale Verhaltensweisen sind mit der Scheidungsrate verbunden. Das Fehlen eines Vaters zu Hause ist mit Verhaltensproblemen bei Grundschuljungen verbunden.[571] Mit dem Verlust eines Einkommensverdieners aus dem Elternhaus wachsen Kinder jetzt eher in einem Umfeld mit niedrigem Einkommen auf, was mit höheren Raten von Kindesmisshandlung und Gewaltverbrechen zusammenhängt.[572] Suizid- und Mordraten in den Vereinigten Staaten sind auch stark mit der steigenden Scheidungsrate verbunden.[573] Scheidung gilt als eines der stressigsten Ereignisse im Leben eines Erwachsenen. Vielleicht verbindet das hohe Maß an Stress die Scheidungsrate mit der Häufigkeit von Gewalt.

Offensichtlich kann alles, was männlich-weibliche Beziehungen schwächt, vielfältige soziale Konsequenzen haben. Wie bereits in diesem Kapitel besprochen, zeigen Untersuchungen, dass verheiratete Männer, die weniger emotional expressiv sind, eher ungelöste Konflikte haben und anschließend geschieden werden. Wenn die möglichen langfristigen Auswirkungen von Beschneidungstrauma, wie emotionale Taubheit und Misstrauen, zu ungelösten Ehekonflikten und Scheidungen beitragen, könnte die Beschneidung bei einigen asozialen Verhaltensweisen eine indirekte Rolle spielen.

7.10 Kriegsführung

Wie Individuen können Gesellschaften ihre Wut nach innen oder nach außen lenken. Kriegsführung ist eine Form von nach außen gerichteter sozialer Gewalt. Sie hat allgemein soziale Zustimmung. Alle Faktoren, die die Häufigkeit von persönlicher Gewalt erhöhen können, können zur Neigung einer Gesellschaft beitragen, Krieg zu führen, z. B. Misstrauen, geringes Selbstwertgefühl, Sensa-

---

571 Sheline, J., Skipper, B., & Broadhead, W., »Risk Factors for Violent Behavior in Elementary School Boys: Have You Hugged Your Child Today?« *American Journal of Public Health* 84 (1994): 661-3.

572 Gelles, R., »Poverty and Violence toward Children«, *American Behavioral Scientist* 35 (1992): 258-74; Hsieh & Pugh, »Poverty, Income Inequality, and Violent Crime«; Gelles, R., »Child Abuse and Violence in Single-Parent Families: Parent Absence and Economic Deprivation«, *American Journal of Orthopsychiatry* 59 (1989): 492-501.

573 Lester, D. & Abe, K., »The Regional Variation of Divorce Rates in Japan and the United States«, *Journal of Divorce and Remarriage* 21 (1993): 227-30.

tionslust, Mangel an Empathie, Missbilligung durch andere, eine Geschichte der Gewalt, Verlangen nach Kontrolle, emotionale Betäubung und körperliche (militärische) Überlegenheit. Wie viele dieser Faktoren treffen auf unsere nationale Psyche zu?

Obwohl ich nur Möglichkeiten suggeriere und zu Forschung aufrufe, mögen einige Leser immer noch meinen, ich würde sagen, dass die Beschneidung die Ursache aller Probleme der Welt (oder etwas Ähnliches) ist. Das sage ich nicht. Diejenigen, die meine Diskussion sorgfältig verfolgt haben, wissen, dass dies eine Übertreibung meiner Gedanken ist. Andere könnten diese polarisierte Sichtweise aufgrund der Schwierigkeit, zwischen Bedeutungsabstufungen in einem sehr komplexen und emotionalen Thema zu unterscheiden, annehmen. Anstatt mit ihren durch diese Ideen stimulierten Unannehmlichkeiten umzugehen, könnten einige meine Position übertreiben, so dass sie sie dann ablehnen können, indem sie sie als zu extrem bezeichnen. Wenn jemand meine Position genau versteht und ihr nicht zustimmt, ist das natürlich eine andere Sache. Dann würde ich vernünftige Argumente erwarten (obwohl es derzeit keine Forschung gibt, um solche Argumente zu untermauern), warum es so gut wie unmöglich sein soll, dass Beschneidung soziale Auswirkungen hat.

Eine andere mögliche Reaktion auf diese Ideen ist, sie zu verwerfen, weil sie »nur Spekulation« und nicht »bewiesen« sind. Diese Reaktion entwertet den Wert an sich, ernste Fragen zu stellen, deren Antworten breite Anwendung finden könnten. Sie kann durch eine zugrundeliegende Angst vor Wissen ausgelöst werden, die zu einer Vermeidungshaltung führt. Die Auswirkung ist, dass wir die Forschung nicht machen, wenn wir die Ideen ablehnen. Für diejenigen, die jetzt eine Schlussfolgerung haben müssen, ist es diese: Die potenziellen sozialen Auswirkungen der Beschneidung wurden ignoriert und zu lange verdrängt. Wir müssen die hier aufgeworfenen Fragen untersuchen. Ich vertraue darauf, dass es einige Forscher gibt, die einige dieser Fragen interessant und wichtig genug finden, um sie zu erforschen.

8
Die Lehren der Beschneidung

Für viele Leser ist dieses Buch eine Einführung in viele neue Informationen. Dieses Kapitel dient dazu, die Bedeutung einiger der zuvor präsentierten Ideen zusammenzufassen und zu erforschen. Eine weitere Untersuchung dieser Fragen könnte zu unserem Verständnis der starken Auswirkungen von Beschneidung und anderer perinataler Erfahrungen beitragen. Es könnte uns viel über uns selbst lehren und möglicherweise Antworten auf individuelle und gesellschaftliche Probleme geben. Es gibt keine einfache Möglichkeit, alle Fragen zu beantworten. Mehrere Ansätze sind erforderlich (siehe Anhang E).

Gleichzeitig wissen wir viel mehr über die Beschneidung und damit zusammenhängende Dinge, als allgemein angenommen wird. Was Forscher beispielsweise über Säuglinge gelernt haben, spiegelt sich häufig nicht in unseren Behandlungsmethoden wider. Dies ist eine Tragödie für die Kinder und für uns alle.

8.1   Säuglinge sind vollwertige Menschen

Die typische Haltung gegenüber Säuglingen wurde vielleicht durch einen Vorfall illustriert, den ein Vater mir in Bezug auf seinen zweieinhalbjährigen Sohn mitteilte. Er bat seinen Sohn, die Milch in den Kühlschrank zu stellen. Nachdem sein Sohn dies getan hatte, dachte der Vater zum ersten Mal: »Er ist eine vollwertige Person. Mein Sohn ist eine vollwertige Person!« Offensichtlich waren es sowohl das Sprachverständnis seines Sohnes als auch seine Fähigkeit, einen gewöhnlichen körperlichen Akt auszuführen, die den Vater zu dieser Erkenntnis führten, aber was ist mit die ersten zweieinhalb Jahre im Leben seines Sohnes? Anscheinend war er vorher nicht als »vollwertige Person« betrachtet worden.

Die Leute könnten sagen, dass er »nur ein Baby« war. Es ist bequem, das Kind nicht als jemanden zu betrachten, der Gefühle hat. Dann haben Eltern die Erlaubnis, mit dem Kind zu tun, was sie wollen.

Sind wir voreingenommen, wenn es um Kleinkinder geht? Wahrgenommene Unterschiede werden verwendet, um Vorurteile zu rechtfertigen. Wir nehmen an, dass, wenn Dinge anders sind, wenn sie anders aussehen. Beim Vergleich eines neugeborenen Säuglings mit einem Erwachsenen finden wir viele offensichtliche Unterschiede: Alter, Größe, Hautfärbung, Stimm- und Körpersprache, Intelligenz, Reaktionsfähigkeit, Essgewohnheiten, Körperproportionen, körperliche Koordination und Kraft, Interessen und Persönlichkeit, um nur einige zu nennen. Folglich neigen wir dazu, Säuglinge als sehr verschieden von uns selbst zu betrachten, und unsere Einstellungen und Verhaltensweisen können unser Vorurteil aufzeigen. Dieses vorbestehende Vorurteil gegenüber Säuglingen spielt weiterhin eine große Rolle in der Praxis der Beschneidung.

Trotz der Unterschiede sind Säuglinge vollwertige Menschen. Wenn wir die Menschlichkeit eines Kindes leugnen, leugnen wir unsere eigene Menschlichkeit. Unsere voreingenommene Sicht auf Säuglinge sagt mehr über uns aus als über sie. Die wahrgenommenen Unterschiede werden verwendet, um den Erwachsenen-Ethnozentrismus zu rechtfertigen, eine Ansicht, dass Erwachsene den Nichtadulten überlegen sind. Unser Vorurteil dient dazu, unsere eigenen Minderwertigkeitsgefühle und geringes Selbstwertgefühl zu verbergen.[574] Somit sind wir Teil eines Teufelskreises. Wir erleben Vorurteile als Kleinkinder, wenn wir von Erwachsenen darauf angesprochen werden. Wenn wir erwachsen werden, betrachten wir Säuglinge (und andere scheinbar nichtähnliche Gruppen) mit Vorurteilen. Wir geben an andere weiter, was wir selbst erfahren haben.

Wir schreiben fälschlicherweise auch unsere eigenen Gefühle oder Eigenschaften Säuglingen zu, eine Handlung, die Projektion genannt wird. Zum Beispiel ist der Glaube, dass sich Säuglinge nicht erinnern, eine Projektion unseres Versagens, sich an unsere eigene Kindheit zu erinnern. (Wir erinnern uns, aber die Erinnerungen sind im Allgemeinen unbewusst.) Wenn wir denken, dass Säuglinge nicht fühlen, ist dies eine Projektion unseres eigenen Gefühlsmangels. Wenn wir für Signale von Kleinkindern nicht offen sind, nehmen wir an, dass Säuglinge nicht kommunizieren. Bevor wir also die Fähigkeiten von Säuglingen beurteilen, sollten wir bei uns selbst nachsehen.

Unser Verständnis des menschlichen Säuglings hat sich in den letzten zwanzig Jahren durch innovative Forschung revolutionär verändert. Wir lernen, Experimente zu entwerfen, die Säuglingen die Möglichkeit geben, uns beizubringen, wer sie sind. Als Ergebnis entdecken wir, dass Säuglinge viel fähiger sind, als wir es für möglich hielten. Obwohl Säuglinge relativ hilflos sind, ohne verbale Sprache und völlig abhängig von Erwachsenen für ihr Wohlergehen, sind sie uns

---

574 Stephan, W., Ageyev, V., & Coates-Shrider, L., »On the Relationship between Stereotypes and Prejudice: An International Study«, *Personality and Social Psychology Bulletin* 20 (1994): 277-84.

sehr ähnlich, und sie fühlen intensiv. Die neuesten Forschungen zur Entwicklung von Kleinkindern bestätigen, dass menschliche Säuglinge sehr aufmerksam, sensibel und aufnahmebereit sind und auf ihre Umwelt reagieren. Alle Sinne arbeiten, und Säuglinge suchen sensorische Stimulation. Gezielte Bewegungen wurden innerhalb von Minuten nach der Geburt beobachtet. Gesichtsausdrücke sind denen von Erwachsenen ähnlich. Lächeln wurde bei der Geburt beobachtet. Schreie sind bedeutungsvoll und können bestimmte Gefühle und Bedürfnisse ausdrücken.

Das Verhalten von Säuglingen ist rational und sie lernen mit Begeisterung. Säuglinge haben spezifische Vorlieben und können sogar ihre Erfahrung bewerten. Ihre Gedächtnis- und Lernfähigkeiten wurden anhand verschiedener Verhaltensexperimente und physiologischer Reaktionen nachgewiesen. Ihre Fähigkeit, ein bestimmtes Verhalten zu lernen und darauf zu reagieren, um eine Belohnung zu erhalten, deutet auf geistige Aktivität und Vorwegnahme hin. Je mehr wir über Kleinkinder herausfinden, desto mehr entdecken wir über uns selbst. Es gibt ein großes Potenzial, dass wir, wenn wir lernen und umsetzen, was wir lernen, der nächsten Generation einen viel besseren Start ins Leben geben können.

Die Forschung legt nahe, dass wir nicht nur die »Experten« zur Säuglingspflege konsultieren sollten, sondern dem Säugling mehr Aufmerksamkeit schenken sollten. Der Kinderarzt T. Berry Brazelton stimmt dem zu: »Die Frage, die Eltern am häufigsten stellen, lautet: ›Woher weiß ich, dass ich das Richtige tue?‹ Ich sage ihnen: ›Beobachte das Baby. Es wird es dir sagen.‹«[575] Wir können den Reaktionen der Kinder als authentisch und sinnvoll vertrauen. Basierend auf zahlreichen Studien ist die Reaktion des Kindes auf Schmerz ähnlich oder größer als die des Erwachsenen. Insbesondere ist die Verhaltensreaktion eines Säuglings auf die Beschneidung eine kraftvolle persönliche Kommunikation von überwältigendem Schmerz. Absichten und Überzeugungen Erwachsener in Bezug auf Beschneidung und Kleinkinder verringern nicht den Beschneidungsschmerz von Kindern. Wenn die Kommunikation des Kindes richtig empfangen werden würde, würde uns klar werden, dass wir die Beschneidung nicht machen sollten. Veränderungen in den Verhaltensreaktionen nach der Beschneidung weisen darauf hin, dass die Erfahrung erinnert wird.

Das Kind als Person zu erkennen hat wichtige Implikationen, nicht zuletzt die, die kindliche Autonomie zu erkennen. Säuglinge haben Vorlieben, Wünsche und Bedürfnisse. Erwachsene können entscheiden, viele davon wegen der überwältigenden physischen Macht und Kontrolle, die sie über das Kind haben, zu ignorieren. Solch ein Erwachsenenverhalten lehrt das Kleinkind, dass man physische Macht haben muss, um zu bekommen, was man möchte oder braucht. Aber wenn Erwachsene stattdessen das Kind als eine Person erkennen, gibt es eine Beziehung, die es zu berücksichtigen gilt. Die Bedürfnisse des Kindes nur zu ignorieren, weil man größere körperliche Kraft und Kontrolle hat, schwächt die

---

575 Quinn, »The Competence of Babies«, 62.

Beziehung, weil die Gefühle des Säuglings wichtig sind. All das gilt für die Beschneidung, die ohne Rücksicht auf die Gefühle des Knaben gewaltsam durchgeführt wird. Er erhält die starke Botschaft, dass die Welt Gewalt anwendet, um ihn zu verletzen, und dass physische Kraft wichtiger ist als Gefühl und Beziehung.

Die Idee der Säuglingsautonomie steht im Widerspruch zu den Überzeugungen der meisten Eltern, aber ist es nicht die natürliche Verantwortung der Eltern, sich um das Kind zu kümmern, einschließlich, die Bedürfnisse des Kindes zu befriedigen und das Kind vor Schmerzen zu schützen? Im Allgemeinen erhielten die meisten Eltern diese Art von Betreuung nicht, als sie selbst Kinder waren. Eltern stehen vor der Herausforderung, zu prüfen, was sie über Kindererziehung denken und wie sie sich dafür entscheiden, ihre Kinder zu behandeln, anstatt ihren Willen einfach mit ihrer Macht durchzusetzen. Wenn wir wollen, dass unsere Kinder andere mit Respekt und Rücksichtnahme behandeln, unabhängig von ihrem körperlichen oder sozialen Status, dann müssen wir unsere Kinder von Geburt an auch so behandeln.

Vieles, was in Krankenhäusern für Neugeborene getan wird, verstößt gegen den mütterlichen Instinkt. Viele Mütter haben unser Büro angerufen und ihre Geschichten darüber erzählt, dass sie ihren Impuls aufgegeben haben, zu stoppen, was mit ihrem Baby gemacht wurde. Wenn wir unseren Impulsen nicht vertrauen und danach handeln, verlieren wir unsere persönliche Macht und werden Opfer unserer eigenen Angst. Eltern müssen sich der Auswirkungen ihrer Entscheidungen bewusst sein und sie mit Bedacht treffen. In einigen Fällen kann der Schutz der besten Interessen des Kindes erfordern, dass die Eltern zusätzliche Anstrengungen unternehmen, um fragwürdige Informationen zu überprüfen, und das Ergebnis kann eine Entscheidung sein, die gegen die »Standardpraxis« verstößt.

8.2 Beschneidungstrauma und Auswirkungen auf Erwachsene

Dieses Buch hat die Arbeit von acht Klinikern dokumentiert, die unabhängig und direkt die langfristigen Auswirkungen von Beschneidung und anderen perinatalen Traumata durch Klienten beobachtet haben, die sich an solche Ereignisse erinnerten oder diese erlebten. Diese Kliniker sind Arthur Janov, Stanislav Grof, Leslie Feher, Thomas Verny, Richard Schwartzman, David Chamberlain, Rima Laibow und Charles Konia. Es gibt wahrscheinlich Hunderte anderer Praktizierender, die vergleichbare Methoden anwenden und ähnliche Erfahrungen gemacht haben. Der Psychologe David Chamberlain berichtet, dass Tausende von

Menschen auf der ganzen Welt sich an ihre Geburt erinnert haben.[576] Einige Berichte über perinatale Erinnerungen wurden bestätigt. Dennoch sind viele medizinische und psychologische Fachkräfte von einer kulturellen Voreingenommenheit betroffen und durch einen theoretischen Rahmen eingeschränkt, der solche Erfahrungen nicht berücksichtigt. Mehr Forschung ist erforderlich, aber es ist auch Zeit für mehr Fachleute, die bereits geleistete Arbeit zur Kenntnis zu nehmen und veraltete Theorien und Annahmen neu zu bewerten.

Was wir über die neurologische Entwicklung des Säuglings, die Traumatologie, die klinische Erfahrung und die Forschungsergebnisse wissen, spricht für die Schlussfolgerung, dass die Beschneidung ein Trauma ist. Wie andere Traumata wird die Erfahrung der Beschneidung unterdrückt, kann aber unter besonderen Umständen erinnert oder wiedererlebt werden. Einige Männer berichten über langfristige psychologische Auswirkungen der Beschneidung. Diese Effekte sind typischerweise mit Kindheitsszenen verbunden, wenn das Fehlen einer Vorhaut im Vergleich zu intakten Kindern erkannt wurde.

Beschnittene Männer vermissen sowohl einen Teil ihres Körpers als auch einen Teil ihrer Erfahrung. Während sich das Bewusstsein dessen vielleicht nicht bewusst ist, »weiß« und »erinnert« sich der Körper, indem er Spannung speichert, die mit unterdrückten Emotionen verbunden ist. Die Tatsache, dass die meisten beschnittenen Männer die damit verbundenen Effekte nicht kennen, bedeutet nicht notwendigerweise, dass die Auswirkungen nicht vorhanden oder unbedeutend sind. Das Gefühl der Unzufriedenheit, das einige beschnittene Männer ausdrücken, könnte bei vielen beschnittenen Männern unterdrückt bleiben. Einige schädliche Auswirkungen sind möglicherweise nicht mit der Beschneidung verbunden, da sie viele Jahre nach dem auslösenden Ereignis auftreten. Darüber hinaus zögern andere Männer, ihre Unzufriedenheit zu offenbaren, weil sie das Gefühl haben, dass diese Gefühle nicht geglaubt oder sie nicht ernst genommen werden.

Langfristige psychologische Effekte, die mit der Beschneidung verbunden sind, können schwierig zu ermitteln sein, da die Folgen eines frühen Traumas nur sehr selten und unter besonderen Umständen für die Person, die das Trauma erlebt hat, erkennbar sind. Ein Mangel an Bewusstsein bedeutet jedoch nicht notwendigerweise, dass er keine Auswirkungen auf das Denken, das Fühlen, die Einstellung, das Verhalten und das Funktionieren hat, die oft eng miteinander verbunden sind. Auf diese Weise kann ein frühes Trauma ein ganzes Leben verändern, unabhängig davon, ob das Trauma bewusst erinnert wird oder nicht. Wie bereits erwähnt, ist es heute beispielsweise bekannt, dass Erwachsene, die als junge Kinder sexuell misshandelt wurden, nachteilige Verhaltensreaktionen im Zusammenhang mit ihrem frühen Trauma erleiden.

Darüber hinaus ist die Psychopathologie nicht immer von ausgebildeten Klinikern nachweisbar. Die Auswirkungen von Beschneidungstraumata können

---

576 Chamberlain, »The Significance of Birth Memories«, 208-26.

chronisch und so tief verankert sein, dass es sehr schwierig ist, sie von Persönlichkeitsmerkmalen oder Wirkungen anderer Ursachen zu unterscheiden. Wie bei anderen Traumata kann das psychopathologische Ergebnis variieren, aber die berichteten und Verhaltenssymptome des Beschneidungstraumas scheinen mit dem Symptommuster der posttraumatischen Belastungsstörung (PTBS) übereinzustimmen. Erwachsenen-Symptome könnten als verzögerte psychologische Effekte der Beschneidung angesehen werden. Das häufigste chronische Symptom ist wahrscheinlich emotionale Einschränkung, eine Unfähigkeit, Gefühle unterschiedlicher Intensität auszudrücken. Da die Beschneidung weit verbreitet ist, sind ihre Auswirkungen weit verbreitet und werden als normal interpretiert. Diese Ansicht ist analog zu der überholten Annahme, dass die eingeschränkten Verhaltensreaktionen von Neugeborenen normal wären, obwohl ihre Fähigkeiten durch die Auswirkungen von Betäubungsmitteln und routinemäßigen medizinischen Eingriffen beeinträchtigt waren.

Andere wahrscheinliche Symptome, die mit der Beschneidung verbunden sind, sind die Vermeidung von beschneidungsbezogenen Stimuli (normalerweise selbst das Thema), Probleme mit der Intimität und ein reduziertes Selbstwertgefühl. Dies sind häufige Symptome bei Trauma-Opfern, die scheinbar normal funktionieren. Darüber hinaus kann der Mangel an Kontrolle und Verrat an Vertrauen, den beschnittene Männer als Säuglinge erleben, zumindest in einigen Fällen mit einem gewissen Maß an Misstrauen und Kontrollwillen verbunden sein. Wenn die Wirkung der Beschneidung ähnlich wie bei anderen physischen Traumata ist, kann der Charakter des Individuums durch die Erfahrung verändert werden. Offensichtlich können die negativen sexuellen Auswirkungen der Beschneidung nur die psychologischen Effekte ausweiten und verstärken. Die kombinierten sexuellen und psychologischen Auswirkungen auf Männer haben wahrscheinlich eine indirekte Auswirkung auf Frauen und andere in Beziehungen.

Als Gesellschaft erkennen wir die starken Schmerzen nicht an, die die Beschneidung bei Säuglingen verursacht, obwohl diese ausführlich dokumentiert sind. Die Entdeckung, dass sich einige Männer durch die Beschneidung geschädigt fühlen, was auch immer die Prävalenz dieses Gefühls ist, ist eine Warnung, die wir beachten sollten. Es scheint, dass wir, wenn wir die langfristigen Auswirkungen der Beschneidung auf Erwachsene erkennen, unsere Einstellungen und Handlungen in Bezug auf die Praxis überdenken werden. Dies ist zum Beispiel unsere Haltung gegenüber der Vergewaltigung von Jugendlichen. Wir warten nicht darauf zu fragen, wie sich Vergewaltigung auf ihr Erwachsenenalter oder ihr Alter auswirkt. Wir erkennen die Schwere der Handlung selbst an. Für die Beurteilung solcher Handlungen an Kleinkindern sollte derselbe Standard gelten.

8.3   Beschneidung und Bindungsstörung

Sichere Bindung ist notwendig für die richtige Entwicklung. Die Unterbrechung von Bindungsbindungen kann zu Stress, verschiedenen Formen von Psychopathologie sowie neurochemischen, physiologischen und Verhaltensänderungen führen.

Die Bestimmung des langfristigen störenden Effekts der Beschneidung auf das Bonding wird durch die Tatsache erschwert, dass eine unterbrochene Verbindung in der amerikanischen Säuglingspflege und Kindererziehung so üblich ist. Obwohl es weithin akzeptiert ist, dass optimale Pflege für ein Kind fast konstanten Kontakt mit der Mutter erfordert,[577] ist zum Beispiel diese Ebene der Pflege in Amerika nicht typisch. Nicht nur die Mutter und das Kind werden oft nach der Geburt im Krankenhaus getrennt, sondern die Hälfte aller Säuglinge haben Mütter, die nicht zuhause arbeiten.[578] Im Gegensatz dazu steht das Kind in einer Jäger-Sammler-Gesellschaft 70 - 80 Prozent der Zeit im ersten Jahr und den Rest der Zeit in Kontakt mit der Mutter.[579] Umfangreiche nichtmaternale Versorgung von Säuglingen im ersten Jahr ist mit unsicherer Säugling-Mutter-Bindung verbunden.[580] (Siehe die Diskussion über die primäre Bedeutung der Mutter-Kind-Beziehung am Anfang von Kapitel 6.)

Schlussfolgerungen, dass sichere Bindung erfordert, dass sowohl die Mutter engen Kontakt mit dem Kind haben und dass sie auf Kommunikation mit Kindern reagieren, kann für einige offensichtlich erscheinen, aber diese Schlussfolgerungen fordern die Überzeugungen und den Lebensstil anderer heraus. Kulturelle Veränderungen sind erforderlich, um eine optimale Säuglingspflege zu unterstützen. Öffentliche Aufklärung über die Bedeutung von sicherer Bindung ist notwendig, denn wenn das Bonding nicht stattfindet, wird das Kind leiden, egal, ob dieses Leiden aktiv ausgedrückt wird oder nicht.

Die Forschung hat gezeigt, dass die Qualität der Bindung sowohl vom Säugling als auch von der Mutter beeinflusst wird und dass die soziale Dynamik der Mutter-Kind-Beziehung denen anderer Zwei-Personen-Beziehungen ähnelt. Wie sich eine Person fühlt und reagiert, beeinflusst, wie sich die andere fühlt und reagiert. Die negativen und direkten Auswirkungen, die Beschneidung auf die Mutter-Kind-Interaktion haben kann, einschließlich des Versagens des Kindes beim Stillen, wurden durch Studien bestätigt. In einigen Fällen kann eine unan-

---

577 Blurton Jones, N., »Comparative Aspects of Mother-Child Contact«, in N. Blurton Jones, Hrsg., *Ethological Studies of Child Behavior* (New York: Cambridge University Press, 1972), 315-28; Fishbein, H., *Evolution, Development, and Children's Learning* (Santa Monica: Goodyear, 1976); Hinde, R., Towards *Understanding Relationships* (London: Academic Press, 1979).

578 Clarke-Stewart, K., »Infant Day Care: Maligned or Malignant?« *American Psychologist* 44 (1989): 266-73.

579 Konner, M., »Maternal Care, Infant Behavior, and Development among the !Kung«, in R. Lee & I. Devores, Hrsg., *Kalahari Hunter Gathers* (Cambridge, MA: Harvard University Press, 1976), 218-45.

580 Belsky, J., »Infant Day Care and Socioemotional Development: The United States«, *Journal of Child Psychology and Psychiatry and Allied Disciplines* 29 (1988): 397-406.

gemessene Reaktion der Eltern mit Veränderungen des kindlichen Verhaltens nach der Beschneidung zusammenhängen, und diese Veränderungen können zu einer schwachen Bindung beitragen. Die klinische Erfahrung, die Theorie der Kinderentwicklung und das kindliche Verhalten legen nahe, dass die Beschneidung das Bonding beeinträchtigen kann, indem sie die Fähigkeit des Kindes, jemandem zu vertrauen, negativ beeinflusst.

Darüber hinaus kann das Fehlen eines sicheren Bondings der Mutter an ihr neues Kind zur Depression der Mutter beitragen. Was auch immer der Grund für ein schlechtes Bonding sein mag, es werden wahrscheinlich nachteilige Konsequenzen folgen. Wenn das Bonding schwach ist, neigt ein Elternteil dazu, das Kind zu vernachlässigen oder zu schädigen.

Da die meisten Eltern die Beschneidung ihres Sohnes im Krankenhaus nicht beobachten und nicht wissen, was er erlebt hat, werden das anhaltende Weinen, die Reizbarkeit oder der Entzug, die daraus resultieren können, gewöhnlich nicht als mit der Praxis verbunden angesehen. Einige Mütter stellen jedoch die Verbindung her. Wenn Neugeborene nach der Geburt bei ihrer Mutter bleiben, ist die Bindung sicherer, und die Mutter reagiert möglicherweise empfindlicher auf Veränderungen ihres Kindes nach der Beschneidung. Außerdem hat eine Reihe von Müttern die Beschneidung ihres Sohnes beobachtet. Einige von ihnen haben wiederkehrende und quälende Gedanken und Erinnerungen an das Ereignis; insbesondere vergessen sie nicht die Schreie ihres Sohnes. Ihre Aussagen deuten darauf hin, dass sie massive posttraumatische Belastungsstörung-Symptome haben können. Der negative Einfluss der Beschneidung auf die Bindung ist vielleicht ebenso offensichtlich in den verzweifelten Reaktionen der Mütter mit Reue und Schuldgefühlen, wie in den Verhaltensänderungen der Kinder.

Wenn mehr Mütter über ihre Erfahrungen mit der Beschneidung sprechen, wird die störende Wirkung der Beschneidung auf die Mutter-Kind-Bindung deutlicher werden. Aufgrund der weitreichenden Auswirkungen auf die Entwicklung kann die mögliche Auswirkung der Beschneidung auf die Qualität der Mutter-Kind-Beziehung und die nachfolgenden Beziehungen eine der wichtigsten negativen Auswirkungen der Praxis sein.

8.4 Amerikanische Motivation, zu beschneiden

Eltern, die dem Beschneidungseingriff für ihren neugeborenen Sohn zustimmen, haben in der Regel keine umfassenden Informationen und können daher keine echte informierte Zustimmung geben. Diejenigen Männer, die für ihre Söhne am stärksten auf Beschneidung bestehen, sind sich der Auswirkungen ihrer eigenen Beschneidung auf sich selbst körperlich, sexuell und emotional am wenigsten bewusst. Amerikanische Eltern wissen nicht, was sie über die Beschneidung nicht wissen. Darüber hinaus mangelt es nicht nur an Informationen, sondern auch an Erfahrung. Eltern, die einer Beschneidung zustimmen, sehen der Prozedur im Allgemeinen nicht zu. Diejenigen, die zusehen, sind oft entsetzt.

Angesichts der Schwere der Beschneidungsentscheidung ist der Mangel an Bewusstsein alarmierend. Es stellt sich die Frage: »Warum hast du es nicht gewusst?« Praktisch jeder hat schon von der Beschneidung gehört, aber nur wenige machen sich Gedanken darüber, was es wirklich ist. Der Mangel an Neugier ist kein Zufall. Die Vermeidung des Problems durch beschnittene Männer ist ein wahrscheinliches PTBS-Symptom, das auf andere übertragen werden kann. Es signalisiert einen Eisberg von zugrunde liegenden emotionalen Faktoren, die in der Regel mit Befürchtungen, Ängsten, Schmerz, Sexualität und Bedrohungen des Selbstwertgefühls verbunden sind. Zusammen tragen sie zu einem Zwang bei, das Trauma zu wiederholen. Daher wird die Beschneidung in der Regel nicht nur aus angenommenen gesundheitlichen Gründen durchgeführt. Stattdessen sind viele voneinander abhängige psychologische Faktoren für die fortgesetzte amerikanische Beschneidungspraxis verantwortlich.

Der frühere Psychologe Rollo May schrieb: »Es ist gefährlich, zu wissen, aber es ist gefährlicher, nicht zu wissen.«[581] Die Gefahr, über die Beschneidung Bescheid zu wissen, besteht darin, dass man dann den damit verbundenen emotionalen Schmerz empfindet. Die größere Gefahr besteht darin, dass wir ohne dieses Wissen weiterhin beschneiden und mehr Schmerzen verursachen werden. Wissen gibt uns die Möglichkeit, bessere Entscheidungen zu treffen.

Viele Eltern verwechseln ihre Beschneidungsabsichten mit den Auswirkungen der Beschneidung. Sie glauben, dass, solange kein Schaden beabsichtigt ist, kein Schaden entstehen kann. Dies muss nicht unbedingt so sein. Eltern wissen nicht, was sie wählen, und Ärzte fühlen nicht, was sie tun. Die Trennung des Entscheidungsträgers vom Entscheidungsumsetzer trägt dazu bei, den Schmerz zu verewigen.

In Studien mit Ärzten und Eltern entscheiden sich Männer häufiger als Frauen für die Beschneidung des Neugeborenen. Basierend auf den Ergebnissen einer vorläufigen Umfrage machen es die folgenden Faktoren wahrscheinlicher, dass ein Mann die Beschneidung für seinen Sohn wählen wird: Er ist selbst beschnitten; er ist froh, dass er beschnitten ist; er glaubt, dass er über die Beschneidung gut informiert ist, auch wenn er es in Wirklichkeit nicht ist; er hat nie eine Beschneidung gesehen; er kennt den Zweck der Vorhaut nicht; und er minimiert die Größe der Vorhaut.

Eine sogenannte neutrale oder ausgewogene Darstellung der Beschneidung für Eltern wird von Ärzten und Geburtshelfern bevorzugt, aber sie liefert keine genauen und vollständigen Informationen für diejenigen, die die Entscheidung treffen müssen. Es scheint, dass nur wenige, die an der Beschneidungsentscheidung beteiligt sind, wissen, dass die Beschneidung langfristige Auswirkungen

---

581 May, R., *Love and Will* (New York: Norton, 1969), 165.

auf die sexuelle Erfahrung und das Funktionieren haben kann. Darüber hinaus helfen die Verwendung und der Ausschluss bestimmter Wörter in der Bildungsliteratur und im öffentlichen Diskurs, die allgemeine Unterstützung für die Beschneidung beizubehalten. Basierend auf dieser Untersuchung sollte nun die Erwähnung möglicher langfristiger psychologischer Effekte in Informationen für die Eltern aufgenommen werden.

Die Kommunikation zwischen dem Arzt und den Eltern ist oft unzureichend, um aufgeklärt einwilligen zu können, hauptsächlich wegen des emotionalen Unbehagens bei dem Thema. Die Diskussion kann stattdessen falsche stillschweigende Annahmen von Arzt und Eltern darüber enthalten, was der andere wirklich will oder meint. Diese Annahmen führen tendenziell dazu, sich der Beschneidungsentscheidung zu nähern. Die mangelnde Expertise der Eltern führt dazu, dass sie auf das angebliche Wissen des Arztes verzichten und so zu Kommunikationsdefiziten und einer Beschneidung beitragen. Obwohl Ärzte nicht verlangen, dass Eltern die Beschneidung wählen, und die Eltern glauben, dass sie ihre Wahl frei treffen, üben die Ärzte die Kontrolle über die Entscheidung der Eltern aus, indem sie Informationen kontrollieren.

Einige Ärzte verwenden möglicherweise emotionale Argumente, um Eltern zu überzeugen. Sowohl Ärzte als auch Eltern unterliegen einer emotionalen Verdrängung und Leugnung der Beschneidung. Diese Abwehrmechanismen verzerren unbewusst ihre Vorstellungen und Wahrnehmungen über die Praxis. Die Motivation des Arztes kann mit der Tatsache zusammenhängen, dass er beschnitten ist und viele Beschneidungen durchgeführt hat. Finanzieller Anreiz ist ein motivierender Faktor für einige Ärzte, zu beschneiden. Für die meisten Ärzte scheinen jedoch bewusste und unbewusste emotionale Faktoren vorrangig zu sein. Die Präferenz des Vaters für die Beschneidung kann mit seiner eigenen Beschneidung oder der Tatsache, dass seine anderen Söhne beschnitten sind, verbunden sein.

Ein Weg zu rechtfertigen, anderen Schmerzen und Leiden zuzufügen, ist, zu glauben, dass sonst mehr Schmerz und Leiden folgen würden. Die Anwendung dieser Strategie zur Verteidigung der Beschneidung erfordert die Minimierung oder Leugnung des durch die Beschneidung verursachten Schadens und die Konstruktion übertriebener medizinischer Behauptungen über den Schutz vor zukünftigen Schäden. In der Tat ist die »Behandlung« schlimmer als die potenzielle »Krankheit«. Wenn man die Praxis der Beschneidung mit Warnungen vor schlechteren Ergebnissen (unwahrscheinliche oder seltene Zustände wie Infektion, Krebs usw.) rechtfertigt, ist dies ein gewisses Anzeichen dafür falsche Argumentation. Die medizinischen Argumente zur Unterstützung der Beschneidung basieren auf unhaltbarer Logik, fehlerhafter Wissenschaft und unvollständiger Information. Die sozialen Mythen sind ebenso irrational und inkongruent. Wie kann Vorhaut unbedeutend sein und doch in der Umkleidekabine von anderen wahrgenommen werden?

Unter anderen Umständen sind Erwachsene in der Regel empathisch für die Schmerzen und das Leiden von Kindern aufgrund der Verletzlichkeit und Unschuld der Kinder. Aus diesem Grund wird das Wohlergehen von Kindern manchmal für politische Zwecke genutzt. Praktisch niemand möchte ein Kind verletzen, aber indem wir die Beschneidung erlauben, sind wir diejenigen, die die Schmerzen antun. Hier ist eine harte Pille zu schlucken. Wir wollen unseren Fehler und all das, was er umfasst, nicht anerkennen. So erklärt die Verdrängung von Schuld die Hartnäckigkeit, mit der Menschen die Praxis der Beschneidung verteidigen, und die anhaltende Verleugnung erfordert die fortgesetzte Unkenntnis der Fakten und die Akzeptanz falscher Überzeugungen.

8.5   Wissenschaft und Medizin

Nach der eigenen Literaturanalyse der Ärzteschaft sind fehlerhafte Studien keine Ausnahme. Dies wird durch die Beobachtungen erklärt, dass medizinische Forscher im Allgemeinen nicht ausreichend ausgebildet sind, um wissenschaftliche Forschung zu betreiben, und dass der Druck, sich der Autorität zu unterwerfen, ihr kritisches Denken einschränkt. Bezüglich der Beschneidung sind Unterricht und Lehrbücher unvollständig oder ungenau. Unsachgemäße medizinische Ausbildung hat zu einem erheblichen Anteil von Ärzten geführt, die einige grundlegende Tatsachen im Zusammenhang mit der Beschneidung nicht kennen. Wie die gesamte Kultur hat die medizinische Gemeinschaft die Fakten über die Beschneidung ignoriert und verzerrt.

Anstatt uns selbst und unserer Erfahrung zu vertrauen, verlassen wir uns oft auf Wissenschaft – Instrumentierung, Daten und Studien. Das Streben nach mehr »objektiven« Daten über Menschen wird zunehmend unpersönlich. Zum Beispiel werden Mütter in der Bindungsforschung manchmal als »Anhangsobjekte« bezeichnet. Ähnlich kann ein Arzt es vorziehen, den Zustand eines Patienten zu beurteilen, indem er die mit dem Patienten verbundene Messinstrumente beobachtet, anstatt den Patienten zu beobachten und mit ihm zu kommunizieren. Auf diese Weise gehen Forscher oft davon aus, dass nur messbare Beobachtungen wichtig sind und folglich ignorieren sie, was sie nicht messen können. Der Schrei des Säuglings wurde von der medizinischen Gemeinschaft nicht als bedeutungsvolle Kommunikation akzeptiert, bis er gemessen werden konnte!

Als Gesellschaft müssen wir unsere blinde Akzeptanz der Wissenschaft und unseren Glauben an die »objektive« Realität hinterfragen. Es gibt keine objektive Beobachtung, weil Beobachtungen von Menschen gemacht werden, die Theorien und Erwartungen haben, wie Dinge sein sollten. Studien, die sich für die Beschneidung aussprechen, machen dies deutlich, indem sie wichtige Informationen (wie die Funktionen der Vorhaut) ignorieren, die ihren Beobachtungen,

Ergebnissen und Schlussfolgerungen widersprechen. Manche Forschung ist zuverlässig, andere nicht. Die Aufzeichnungen zeigen, dass wir uns nicht auf wissenschaftliche und medizinische Fachleute verlassen können, um eine kulturelle Praxis wie die Beschneidung genau und vollständig zu bewerten.

Das Studium des Verhaltens kann uns helfen, uns selbst zu verstehen, aber in der medizinischen Gemeinschaft besteht ein größeres Interesse an neurochemischen und biologischen Komponenten des Verhaltens als an sozialwissenschaftlichen Ansätzen. Hormonspiegel sind relativ leicht zu messen, aber das Verhalten ist zu komplex, um auf solche relativ bequemen Messungen reduziert zu werden. Da medizinische Pädagogen die biologische Wissenschaft ernster nehmen als die Sozialwissenschaften, haben Ärzte, die mit der klinischen Praxis beginnen, wenig Erfahrung in der Bedeutung der Sozialwissenschaften für ihre Arbeit. Sie sehen ihren Beruf nicht als sozial konstruierte Einschränkungen und Verzerrungen und ihr Verhalten als ein Produkt psychologischer Prozesse. Wie Erik Erikson sagte: »Die besten Köpfe waren sich oft ihrer selbst am wenigsten bewusst.«[582] Unerkannte psychologische Faktoren treten in die Überzeugungen, Einstellungen und Verhaltensweisen von Ärzten hinsichtlich der Beschneidung ein.

Die Praxis der Beschneidung ist teilweise das Ergebnis verzerrter medizinischer Prioritäten in Bezug auf Emotionen. Emotion hat in der medizinischen Welt einen noch geringeren Wert als in der allgemeinen Gesellschaft. Ärzte messen eher Schmerzen, als Schmerzen zu fühlen. In einem medizinischen Zeitschriftenartikel wurde die Beschneidung ausschließlich auf der Grundlage einer Kosten-Nutzen-Analyse bewertet,[583] als ob wir keinen besseren Weg hätten, die Entscheidung zu treffen. Das massive Verdrängen der Gefühle ist mit einer begrenzten Fähigkeit verbunden, zu fühlen. Es ist ein Fehler. Fühlen ist eine Art Wissen. Verstand und Gefühl ergänzen sich. William James, ein früher Pionier auf dem Gebiet der Psychologie, ging so weit zu sagen: »Gefühl ist alles.« Wenn Ärzte genauso fühlen würden, was sie tun, wie sie wissen, was sie tun, würden sie bessere Entscheidungen treffen und weniger unnötige Schmerzen verursachen.

Die medizinische Gemeinschaft hatte in anderer Hinsicht Einschränkungen. Zum Beispiel erfordern Kontroversen eine vollständige und offene Debatte. Das Missverständnis der Ärzte über die Vorhaut ist ein Beweis dafür, dass in der Beschneidungsfrage keine vollständige und offene Debatte stattgefunden hat. Es scheint, dass Informationen und Beobachtungen, die nicht zu den vorherrschenden Ideen passen, zurückgewiesen werden. Ein bemerkenswertes Beispiel dafür fand sich auf dem Gebiet der Genetik. Vor Jahrzehnten berichtete Barbara McClintock, dass sie beobachtet hatte, dass Gene innerhalb der Zellen an ver-

---

582 Erikson, E., *Childhood and Society* (New York: Norton, 1963), 404.

583 Ganiats, T. et al., »Routine Neonatal Circumcision: A Cost-Utility Analysis«, *Medical Decision Making* 11 (1991): 282-93.

schiedene Positionen »springen« können. Ihre Arbeit wurde von Kollegen dreißig Jahre lang abgelehnt, weil die Idee des »Springens von Genen« nach dem vorherrschenden Paradigma unmöglich war. Schließlich wurde ihre Arbeit angenommen und ihr wurde 1984 der Nobelpreis verliehen.[584]

Mangel an Gefühl und Mangel an offener Diskussion unter den Ärzten können verbunden sein. Einen Mangel zu steigern, kann den anderen fördern. Die Unterstützung offener Diskussionen in der medizinischen Gemeinschaft würde Studenten und Ärzte ermutigen, die dazu neigen, ungeprüfte Überzeugungen, Praktiken und Verfahren herauszufordern. Ebenso müssen Verbraucher Ärzten mehr Fragen stellen, und Ärzte müssen diese Fragen respektieren. Eine offene Diskussion kommt allen zugute und bringt uns den optimalen Lösungen näher.

Selbst bei umfassender Debatte können der überwältigende Schmerz und Schaden der Beschneidung für diejenigen, die nicht fühlen oder nicht fühlen können, nicht »bewiesen« werden. Keine Menge an Daten oder Studien wird ausreichen. Wenn wir jedoch sehen, hören und fühlen könnten, was während der Beschneidung geschah, würden wir keine Studien brauchen, um uns zu sagen, was zu tun ist (siehe Zitat von Dr. Gregory Skipper, Seite 73). Wir würden instinktiv wissen, es nicht zu tun. Wir würden wissen, dass die Beschneidung ein gravierender chirurgischer Eingriff ist und keine Bagatelle, wie immer behauptet wird. Da es sich um eine unnötige Operation handelt, liegt die Beweislast in der Beschneidungsdebatte bei denen, die sie befürworten. Sie müssen zeigen, dass sie sowohl sicher als auch effektiv ist. Nichts davon wurde aufgezeigt.

8.6 Ethik und Medizin

Wie alle Berufe hat auch die Medizin ihre eigenen ethischen Grundsätze und Verhaltensprinzipien. Eine Regel des Verhaltens lautet: »Erstens nicht schaden«. Das Entfernen eines normalen, gesunden Körperteils und das Verursachen unnötiger Schmerzen schadet. Einige Ärzte, die beschneiden, erkennen die damit verbundenen Schmerzen und spielen sie dann herunter, indem sie sagen: »Es dauert nur eine Minute«, was bedeutet, dass es akzeptabel sei, einen Säugling unnötigen Schmerzen zu unterziehen, solange er nur vorübergehend ist. (In einer Studie lag die Zeit für den Eingriff zwischen sechs und vierzig Minuten.)[585] Es gibt jedoch starke Hinweise darauf, dass der Schmerz anhaltende Auswirkungen hat. Selbst wenn dies nicht der Fall wäre, verstößt diese nachlässige Haltung, Schmerzen zuzufügen, gegen die ethischen Prinzipien der Ärzteschaft. Es verstößt auch gegen die allgemeinen moralischen Prinzipien, jemanden, insbesondere ein wehr-

---

584 Hayward, J. & Varela, F., Hrsg., *Gentle Bridges: Conversations with the Dalai Lama on the Sciences of Mind* (Boston: Shambhala, 1992), 20.
585 Benini et al., »Topical Anesthesia During Circumcision«, 850-3.

loses Kind, für einen beliebigen Zeitraum unnötigen Schmerzen auszusetzen. Wie kürzlich im *New England Journal of Medicine* berichtet wurde: »Das Versäumnis, eine adäquate Kontrolle des Schmerzes zu gewährleisten, ist eine nicht standesgemäße und unethische medizinische Praxis.«[586] Darüber hinaus widerspricht die Beschneidung ohne Anästhesie den ethischen Richtlinien, die die Durchführung chirurgischer Eingriffe an Labortieren ohne Narkose verbieten.[587] Basierend auf diesen Standards und unter der Voraussetzung, dass es kein wirksames und sicheres Anästhetikum gibt, das den Beschneidungsschmerz beseitigt, sind alle Beschneidungen verboten.

Nach dem hippokratischen Eid ist ein weiterer wichtiger Grundsatz der ärztlichen Praxis, dass das Wohlergehen des Patienten die erste Überlegung des Arztes sein soll.[588] Im Falle der Beschneidung tendieren Ärzte dazu, diese Regel zu ignorieren, während Eltern fälschlicherweise glauben, dass sie sie befolgen. Als ich Dr. Steven Ringer im Brigham and Women's Hospital in Boston besuchte, verteidigte er die Beschneidung mit den Worten: »In der Breite der heutigen Gesellschaft gibt es keine besondere Unterstützung, wenn man Eltern sagt, dass sie es nicht tun sollten.« Für Dr. Ringer scheint die Einstellung der Gesellschaft in Bezug auf die Beschneidung das Wohl des Patienten zu ersetzen. Ist es nicht Aufgabe der Ärzteschaft, bezüglich der Gesundheitsfürsorge-Standards der Gesellschaft zu führen statt zu folgen?

Lawrence Kohlbergs Schrift über die moralische Entwicklung kann dazu verwendet werden, über die soziale Einstellung der Beschneidung nachzudenken. Nach Kohlbergs moralischer Entwicklung zeigt jemand, der auf der Grundlage dessen handelt, was von anderen erwartet wird, eine konventionelle Moralvorstellung.[589] Dies ist die Ebene der moralischen Argumentation, die in unserer Gesellschaft am häufigsten vorkommt. Eine Person, die auf dieser Ebene handelt, schätzt in erster Linie soziale Anerkennung und hält sich an die moralischen Regeln und Konventionen der Gesellschaft. Ärzte erhalten soziale Anerkennung, indem sie eine sichere, neutrale Position zur Beschneidung einnehmen und die Operation durchführen, wenn sie dazu aufgefordert werden. Das Beschneiden eines Säuglings ist ein Beispiel für konventionelles, sozial akzeptables Verhalten, das im Widerspruch zu universellen moralischen Prinzipien steht.

Eine Person, die nach universellen moralischen Prinzipien handelt, würde zeigen, was Kohlberg eine postkonventionelle Moral nennt, die höchste Ebene moralischen Denkens. Nur wenige Menschen entscheiden sich dafür, selbst gewählten universellen ethischen Prinzipien zu folgen, anstatt den konventionellen Prinzipien, die von ihrer Gesellschaft akzeptiert werden. Um dies zu tun, riskiert man, lächerlich gemacht, geächtet zu werden oder noch Schlimmeres. Die

---

586 Walco, G., Cassidy, R., & Schechter, N., »Pain, Hurt, and Harm: The Ethics of Pain Control in Infants and Children«, *New England Journal of Medicine* 331 (1994): 543.
587 DHHS, Publikation NIH 85-23, *Guide for the Care and Use of Laboratory Animals*, 1985.
588 *Academic American Encyclopedia*, siehe »Hippocratic Oath«, 1993.
589 Kohlberg, L., *The Psychology of Moral Development* (San Francisco: Harper & Row, 1984), 174.

meisten Menschen würden lieber den Hinweisgeber verurteilen, statt ihr eigenes Verhalten zu hinterfragen. Dennoch weigert sich eine wachsende Zahl von Ärzten und Krankenschwestern, an Beschneidungen teilzunehmen, weil das Verfahren ihren ethischen Prinzipien widerspricht und Krankenhäuser wie das Parkland Hospital in Dallas und das Highland Hospital in Oakland nicht länger beschneiden. Nachdem der Kinderarzt Paul Fleiss zehn Jahre lang Beschneidungen durchgeführt hatte, hörte er schließlich den »quälenden Schrei« eines Säuglings, den er beschneiden musste. Er erkannte, was er tat und hörte auf, Beschneidungen durchzuführen. »Man sollte einfach nicht grausam gegenüber Babys sein.«[590]

Ein Arzt, der der Beschneidung zustimmt, folgt einer Bitte, einem anderen Menschen Schmerzen zuzufügen. Professor Stanley Milgram führte eine Reihe von Experimenten an der Yale University durch, um herauszufinden, wie weit Menschen gehen würden, um einem Befehl zu gehorchen, einer anderen Person Schmerzen zuzufügen.[591] Die meisten Probanden befolgten den Befehl, einen Kommilitonen, der in Wirklickeit keine Schocks bekam, weiterhin bis zur Gefahrenstufe Stromstößen auszusetzen. In einem späteren Experiment fand Milgram, dass ein Thema durch Gruppendruck ausgelöst werden kann, um einer unschuldigen Person größeren Schaden zuzufügen, als das Subjekt tat, wenn er oder sie alleine handelte.[592] Da Ärzte erkennen, dass Gleichaltrige im Allgemeinen der Beschneidung zustimmen, trägt dieses Bewusstsein wahrscheinlich zur Bereitschaft der Ärzte bei, der Bitte nachzukommen.

Ähnlich der Anordnung in Milgrams Experimenten werden Ärzte, wenn sie ihre erste Beschneidung durchführen, von einem Vorgesetzten geleitet. Angesichts des früheren und aktuellen kulturellen und beruflichen Umfelds würde nur ein außergewöhnlicher Arzt sich weigern, die Anweisungen des Oberarztes zu befolgen. Es gibt keine grausame Absicht, nur Verleugnung und Selbsttäuschung. Sobald ein Arzt eine Beschneidung vornimmt, hat er oder sie eine emotionale Grenze überschritten, von der es äußerst schwierig ist, zurückzukehren. Eine Reihe potenzieller PTBS-Symptome kann sich auswirken, da solche Symptome sowohl von Teilnehmern als auch von Trauma-Opfern wahrgenommen werden können. In einer Studie über Vietnam-Veteranen hatten alle, die an Gräueltaten teilnahmen, Jahre später Symptome einer PTBS.[593] Diejenigen, die am Beschneidungstrauma teilnehmen, können bestreiten, Schaden zuzufügen, um sich gegen einen Ausbruch von verzögerten PTBS-Symptomen zu schützen.

590 Romberg, *Circumcision: The Painful Dilemma*, 353.
591 Milgram, S., »Behavior Study of Obedience«, *Journal of Abnormal and Social Psychology* 67 (1963): 371-8.
592 Milgram, S., »Group Pressure and Action against a Person«, *Journal of Abnormal and Social Psychology* 69 (1964): 137-43.
593 Breslan, N. & Davis, G., »Post-Traumatic Stress Disorder: The Etiologic Specificity of Wartime Stressors«, *American Journal of Psychiatry* 144 (1987): 578-83.

Weil die Erfahrung des Kindes mit der Beschneidung in der medizinischen Literatur mit der Folter verglichen wurde,[594] wollen wir uns überlegen, was die Ärzteschaft über die Beteiligung der Ärzte an der Folter zu sagen hat. Eine Veröffentlichung der British Medical Association hierzu:

Der von der World Medical Association aufgestellte Standard – die Deklaration von Tokio – lässt wenig Spielraum für Zweideutigkeiten darüber, ob sich Ärzte an der Folter [von Gefangenen] beteiligen sollten oder nicht. Es wird klargestellt, dass »der Arzt die Praxis der Folter oder anderer Formen grausamer, unmenschlicher oder erniedrigender Verfahren nicht unterstützen, billigen oder daran teilnehmen darf.«[595]

Warum werden Ärzte in Folter verwickelt? Zu den Gründen gehören die Abwertung einer Opfergruppe, das Training, die Angst vor den Folgen der Verweigerung der Zusammenarbeit, die »Bürokratisierung« der medizinischen Rolle und ein unzureichendes Verständnis der medizinischen Ethik.[596] All diese Gründe treffen bei Beschneidung zu.

Als ein Psychiater aus Uruguay über seine Teilnahme an Folter befragt wurde, antwortete er:

Ich war auf meine Funktion beschränkt. Ich ignorierte andere Aspekte und es gab einige Aspekte, über die ich nichts wissen wollte … Es war nicht meine Absicht. Ich bin ein Doktor.[597]

Wie bei Ärzten, die beschneiden, wurden die Wahlmöglichkeiten dieses Arztes durch die Angst vor dem Wissen reduziert.

Um sich gegen moralische Schuld und Haftbarkeit zu verteidigen, haben sich die Ärzte davon überzeugt, dass sie nicht für die Beschneidung verantwortlich sind. Sie behaupten, dass sie einfach auf Anfragen von Eltern reagieren und tun so, als hätten sie keine Wahl in der Sache. George Denniston, ein auf Präventivmedizin spezialisierter Arzt, der in vielen medizinischen und professionellen Organisationen gearbeitet hat, fragt: »Seit wann nimmt ein ausgebildeter Chirurg den Rat uninformierter Laien an, ob er operieren soll oder nicht?«[598] Die Beschneidung ist die Ausnahme. Allerdings würden sich die gleichen Ärzte weigern, andere Arten unnötiger Operationen an Kleinkindern durchzuführen. Zum Beispiel, wenn ein Elternteil verlangt, dass die Zehen oder Ohren des Kindes

594 Fleiss, P., »Circumcision«, LeserbriefLeserbrief, *The Lancet* 345 (1995): 927.
595 British Medical Association, *Medicine Betrayed* (London: Zed Books, 1992), 33.
596 Ebenda, 35-40.
597 Bloche, M., *Uruguay's Military Physicians: Cogs in A System of State Terror* (Washington: AAAS, 1987), 40.
598 Denniston, G., Leserbrief, *The Female Patient* 17 (1992): 10.

ohne ersichtlichen Grund abgeschnitten werden, würde der Arzt ablehnen. Eine Ausnahme von grundlegenden Prinzipien und Praktiken bedeutet Gefahr.

Die meisten Ärzte betrachten die Beschneidung nicht als ethisches Problem. Mit ausreichender sozialer Unterstützung und stillschweigender Übereinkunft können Menschen gegenüber ihren eigenen ethischen Verletzungen unglaublich blind sein. Rudolf Hess, ein deutscher Offizier, der während des Holocaust an der Massenvernichtung von Juden beteiligt war, glaubte nicht, dass das, was er tat, ein ethisches Problem war. Bei den Nürnberger Prozessen sagte er: »Ich habe wirklich nie darüber nachgedacht, ob es falsch war. Es schien nur eine Notwendigkeit. Wir haben noch nie etwas anderes gehört.«

Es gibt keinen medizinischen Zeitschriftenartikel, der die Ethik der männlichen Säuglingsbeschneidung untersucht. (Frühere Zitate stammen aus anderen Quellen oder Artikeln über Schmerzen.) »Frauenbeschneidung« ist jedoch Gegenstand zweier solcher Meinungsartikel. In einem Artikel kommentiert der Autor: »Es kann keine ethische Verteidigung für die Erhaltung einer kulturellen Praxis gegeben werden, die die Gesundheit von Frauen schädigt und ihre Sexualität beeinträchtigt.«[599] Neben den potenziellen psychologischen und sexuellen Auswirkungen würde eine ähnliche Aussage aufgrund der Komplikationsrisiken zur männlichen Säuglingsbeschneidung gelten.

In dem anderen Artikel argumentiert die Autorin, eine Philosophieprofessorin, dass der Arzt die Pflicht hat, »medizinisch angemessene und notwendige Dienstleistungen« zu erbringen, nicht alle möglichen angefragten medizinischen Leistungen.[600] Ihrer Meinung nach ist der Arzt kein »moralischer Eunuch« und kann aus ethischen Gründen Dienstleistungen verweigern. Dies würde auch für eine Frau gelten, die die Beschneidung für sich selbst beantragt. In Bezug auf eine Frau, die die Beschneidung ihrer Tochter beantragt, glaubt die Autorin, dass der Arzt aus ethischen Gründen ablehnen sollte, unabhängig von verwandten kulturellen Werten und Traditionen. Die Autorin schließt mit den gleichen Ansichten über die männliche Beschneidung. »Anders argumentieren heißt, sich aufgrund des Geschlechts diskriminieren zu lassen ... Beides schließt mit ein, was in anderen Zusammenhängen als nicht konsensfähige Verstümmelung eines Minderjährigen aus nichtmedizinischen Gründen bezeichnet würde.«[601]

---

599 Toubia, »Female Circumcision«, 712-6.
600 Kluge, E., »Female Circumcision: When Medical Ethics Confronts Cultural Values«, *Canadian Medical Association Journal* 148 (1993): 288-9.
601 Ebenda, 289.

8.7 Kulturelle und soziale Perspektiven

Warum hat sich die Beschneidung in den Vereinigten Staaten am weitesten verbreitet? Es gab eine einzigartige Kombination von sozialen und kulturellen Faktoren, die dazu führten, dass die Menschen in diesem Land besonders geneigt waren, die Beschneidung anzunehmen. Unter ihnen waren einflussreiche Schriftsteller und Mediziner, die sie förderten, ein Krankenversicherungssystem, das weiterhin dafür bezahlte, allgegenwärtige sexuelle Ängste und die Macht der Konformität.

Die Praxis der Beschneidung scheint symptomatisch für eine tiefe amerikanische Unsicherheit zu sein. Unsere Bereitschaft, bis zum Äußersten zu gehen, um Teile des Genitals unseres Sohnes abzuschneiden, kann teilweise auf Entfremdung zurückzuführen sein, die in unserer Gesellschaft weit verbreitet ist. Entfremdung erzeugt Konformität. Forscher haben gezeigt, dass einsame Subjekte weniger Vertrauen in ihre Meinungen haben und weniger bereit sind, diese zu offenbaren.[602] Diese Bedingung macht sie anfällig für Konformität. Indem wir das Gefühl der Isolation entlasten, gibt uns die Konformität die Illusion der Verbundenheit, die wir suchen. Tatsächlich kann Konformität die Verbundenheit verdrängen.

Die Konformität bleibt bestehen, wenn Selbstzweifel bestehen. Mit ihren Zweifeln betrachten Konformisten die persönliche Verantwortung als Last und tauschen sie gern aus, weil man ihnen sagt, was sie tun sollen. Sie neigen dazu, Behörden und »Experten« eher als sich selbst zu vertrauen. Das Problem mit Experten ist nicht, dass sie falsch liegen können, sondern dass die meisten Leute glauben, dass sie recht haben. Konformisten unterliegen nicht nur autoritären Fehlern, sondern auch autoritären Manipulationen. Das Dilemma der amerikanischen Konformisten ist, dass Autonomie auch geschätzt wird, aber weil sie an sich selbst zweifeln und Ablehnung fürchten, ist Autonomie schwer erreichbar. Diese Angst vor Missbilligung und Ablehnung ist der soziale Grund für die anhaltende Hartnäckigkeit der Beschneidung.

Im Allgemeinen glauben die meisten von uns, dass eine Person, die natürlich, authentisch und anders ist, nicht akzeptiert wird. Wir haben den tiefen emotionalen Schmerz vergessen und betäubt, der die Entscheidung begleitet, unser wahres Selbst zu verbergen. Lassen Sie uns daran denken, dass es für uns selbst entscheidend ist, dass wir uns selbst gegenüber ehrlich sind und dass Menschen, die sich selbst treu sind, oft nicht nur Akzeptanz, sondern auch Respekt und Bewunderung anderer verdienen.

Die Beschneidung ist ein Beispiel für unsere Tendenz, unsere Kinder dazu zu bringen, so gesellschaftsfähig zu sein wie wir statt so, wie sie wirklich sind. Es ist unsere Gesellschaft, die sich ändern muss, nicht unsere Kinder. Wir können

---

602 Hansson, R. & Jones, W., »Loneliness, Cooperation, and Conformity among American Undergraduates«, *Journal of Social Psychology* 115 (1981): 103-8.

wichtige Beiträge zum sozialen Wandel leisten, wenn wir wichtige Entscheidungen in der Kindererziehung treffen. Anstatt die unzähligen Entscheidungen anderer nachzuahmen, die nicht über ihre Entscheidungen nachgedacht haben, können wir stattdessen die Wünsche und Bedürfnisse des Kindes und unsere eigenen Instinkte berücksichtigen. Die Erinnerung an die Gefühle und Erfahrungen unserer eigenen Kindheit kann uns auch helfen, bessere Entscheidungen für unsere Kinder zu treffen.

Wir sind soziale Wesen. Sozialisierung schließt die Übernahme der Standards der Gruppe mit ein. Es ist wichtig, was andere denken und tun. Aber etwas nur zu tun, weil andere es tun, ist keine ausreichende Rechtfertigung, irgendeine Handlung auszuführen, insbesondere eine, die Schmerz zufügt. Verhalten muss Selbstbewertung und Verantwortungsbewusstsein auf einer bestimmten Ebene enthalten. Wenn wir nur auf uns selbst achten, werden wir besser in der Lage sein, der Praxis der Beschneidung und anderen Praktiken zu widerstehen, die unsere Bedürfnisse nicht erfüllen oder die Qualität unseres Lebens verbessern. Wir können entdecken, dass das Beste von dem, was wir wissen, die ganze Zeit in uns war und nicht von anderen gelernt wurde. Darüber hinaus wird es leichter werden, mit anderen verbunden zu sein, wenn wir mehr mit unserem inneren Selbst verbunden sind. Wir können dann beispielsweise tiefer kommunizieren, was unsere Verbindungen zu anderen stärken, unser Vertrauen stärken und die Attraktivität von Konformität verringern kann.

Kulturelle Arroganz macht es schwerer, unser Handeln zu überdenken und unsere Fehler zuzugeben. Amerikaner werden mit der Vorstellung erzogen, dass wir »das größte Land der Erde«, die am weitesten fortgeschrittene und mitfühlendste Nation sind. Im Vergleich zu anderen Ländern müssen wir glauben, dass wir Recht haben und dass wir es am besten wissen. Die Beschneidung als tragischen Fehler in Frage zu stellen, widerspricht diesen einfachen Annahmen. Als Ergebnis ehren wir das Leiden und den Schmerz, den wir erlitten haben, aber leugnen das Leiden und den Schmerz, den wir zugefügt haben. Mit uns selbst als Kultur ehrlich umzugehen, wird uns von diesem Druck befreien, ein kompensatorisches, aufgeblasenes Bild von uns selbst zu bewahren.

Unsere Arroganz ist in einer anderen Hinsicht offensichtlich. Die Beschneidung bringt eine Veränderung des menschlichen Körpers mit sich. Diejenigen, die beschneiden wollen, behaupten damit implizit, dass sie schlauer sind als die Natur, Gott oder welche Macht auch immer uns und unsere Welt geschaffen hat. Ihre Handlungen implizieren, dass das, was natürlich ist, entweder fehlerhaft ist und korrigiert werden muss oder dass es durch menschliches Eingreifen verbessert werden kann. Diese Einstellung bringt uns unweigerlich in ernsthafte Schwierigkeiten.

Unsere materialistische Sicht auf den Körper führt zu medizinischem Materialismus und reflektiert unseren kulturellen Materialismus. Vorhaut, sagen wir uns, ist »nur ein kleines Stück Haut«. Aber wir sind mehr als unser materieller Körper, und die Auswirkung der Beschneidung ist nicht nur materiell. Es ist auch psychologisch und sozial. Wenn die Verbindung zwischen Kind und Mutter unterbrochen wird, ist das Band zwischen Kind und Mensch gestört. Folglich ist nicht nur das Kind während der Beschneidung verletzt. Wir sind alle verwundet: die Eltern, die Ärzte, die Gemeinschaft und die Gesellschaft.

Die Beschneidung ist ein Akt der Verringerung. Indem ein normaler, nützlicher Teil entfernt wird, verringert die Beschneidung den Penis. Wenn wir den Penis eines Säuglings verkleinern, verringern wir uns selbst. Die damit verbundene Verdrängung und Verleugnung verringern unser Bewusstsein.

Das anhaltende Leugnen von Gefühlen und Informationen in jedem Bereich macht uns anfällig für die gleiche Art von Blindheit in anderen Bereichen. Natürlich ist das Bewusstsein entscheidend für die Erhaltung und Verbesserung der Lebensqualität. Unsere Erfahrungen mit der Beschneidung lehren uns, dass wir nicht nur auf das Ungewöhnliche achten sollten, sondern auch auf das Alltägliche. Welche anderen Überzeugungen und Praktiken würden von einer genauen Untersuchung profitieren? Was ist die mögliche soziale Auswirkung einer 25-prozentigen Kaiserschnittrate?

Die Beschneidung hat einen Welleneffekt, der Amerika durchdringt. Es ist eine Quelle der Schande. Die Art und Weise, wie wir versuchen, die Scham der Beschneidung zu lindern, besteht darin, dafür zu sorgen, dass auch andere beschnitten werden. Die Verleugnung ist ansteckend. Weil unser individuelles und nationales Selbstwertgefühl bedroht ist, geht das Schweigen weiter. Es gibt deutliche Anzeichen dafür, dass wir für dieses Schweigen in persönlicher und sozialer Hinsicht einen Preis zahlen.

Hinterfragen und Offenlegen sind gesund. In den letzten zwanzig Jahren haben wir viel über sexuelle Misshandlung von Kindern gelernt, was zuvor verborgen war. Wer würde bestreiten, dass wir besser über sexuelle Misshandlung von Kindern informiert sind, als dass wir es nicht wissen? Die zunehmende Aufmerksamkeit der Medien für sexuelle Misshandlung von Kindern kann mit einer verringerten Prävalenz in Verbindung gebracht werden.[603]

Indem wir vermeiden, die Beschneidung offen als Problem zuzugeben, halten wir an unseren Schmerzen, Schuldgefühlen, Wut, Scham, Misstrauen, Angst und Isolation fest. Unsere internen Konflikte beziehen sich auf unsere externen Konflikte. Es gibt eine Liste gesellschaftlicher Probleme, die auf mögliche Verbindungen zur Beschneidung untersucht werden müssen: Mord, Vergewaltigung und unnötige Operationen. Die Vereinigten Staaten mit ihrer einzigartig hohen Beschneidungsrate führen die industrialisierte Welt in diesen Kategorien an. Natürlich ist die Beschneidung nicht die einzige Ursache für diese Probleme, aber sie könnte ein bedeutender und unerkannter Faktor sein. Auch wenn die Auswirkungen der Beschneidung nur bei einem kleinen Prozentsatz dieser Vorfälle eine Rolle spielten, wäre es gut, die Möglichkeiten zu untersuchen.

---

603 Bagley, C., »Is the Prevalence of Child Sexual Abuse Decreasing? Evidence From a Random Sample of 750 Young Adult Women«, *Psychological Reports* 66 (1990): 1037-8.

Wir erkennen Gewalt als ein soziales Problem an, antworten aber generell nur mit mehr Sicherheit und Schutz für uns selbst und Bestrafung für Täter. Wenn wir die Gewalt von Erwachsenen reduzieren wollen, müssen wir die Gewalt gegen Kinder reduzieren. Wir tun gut daran, unsere Ressourcen in Richtung Prävention zu lenken, beginnend mit mehr Aufmerksamkeit auf die perinatale Periode. Die Aufklärung junger Erwachsener über eine angemessene perinatale Versorgung und die Reduzierung von Interventionen vor, während und nach der Geburt könnten eine wirksame Maßnahme sein, um gewalttätiges Verhalten von Erwachsenen und eine Vielzahl damit verbundener Probleme zu reduzieren.

Im Allgemeinen ist die Beschneidung eine Praxis, die von Männern ausgeht, von Männern gewählt wird (siehe Kapitel 2), von Männern ausgeführt und von Männern verteidigt wird. (Da die Beschneidung durch Frauen erlaubt wird, teilen sie die Verantwortung dafür, sie fortzusetzen.) Männer kontrollieren auch die medizinischen Einrichtungen, die die Geburt verwalten. Da die Beschneidung kurz nach der Geburt stattfindet, ist sie zudem ein Geburtsfehler. Die Pflege eines Neugeborenen und einer Mutter erfordern sensibelste, einfühlsamste und reaktionsfähigste Menschen. Die mütterlichen Instinkte und Erfahrungen von Frauen qualifizieren sie auf einzigartige Weise für diese wichtige Verantwortung. Für das Wohlergehen von Neugeborenen und der Gesellschaft muss die Kontrolle der Geburtserfahrung und der damit verbundenen Sorgen an die Frauen zurückgegeben werden.

8.8   Hoffnung auf Heilung

Dein Schmerz ist das Zerbrechen der Schale, die Dein Verstehen umgibt.

— Kahlil Gibran

8.8.1   Die emotionalen Schäden der Beschneidung heilen

Sobald wir die Fakten über die Beschneidung anerkannt haben, können starke Gefühle auftauchen. Manche Menschen entscheiden sich, ihre Gefühle über die Beschneidung überhaupt nicht auszudrücken. Andere mögen zufrieden sein, leise über sie zu reden. Wieder andere können sich fühlen, als könnten sie explodieren. Alle Optionen sollten respektiert werden.

Wenn man beispielsweise eine Scheidung oder den Tod eines geliebten Menschen erlebt, werden die Menschen im Allgemeinen verstehen und können angemessen darauf reagieren. Zwei Faktoren, die die Heilung von der Beschneidung schwieriger machen als die Heilung von vielen anderen schmerzhaften Erfahrungen im Leben, sind, dass es sowohl ein physisches als auch ein emotionales

Trauma ist und dass die soziale Akzeptanz von Gefühlen in Bezug auf die Beschneidung gering ist.

Für diejenigen, die ihre Gefühle erkunden wollen, biete ich ein paar allgemeine Richtlinien an. Da die meisten Gefühle, die mit der Beschneidung verbunden sind, verborgen geblieben sind, ist soziale Unterstützung notwendig, um diese Isolation zu überwinden. Was auch immer unsere Beteiligung an der Beschneidung sein mag, es kann hilfreich sein, Gefühle in einer sicheren Umgebung mit einem vertrauenswürdigen Partner oder mit Hilfe eines Psychologen zu teilen. Es wird wahrscheinlich notwendig sein, potenzielle Partner oder Kliniker sorgfältig auszuwählen, um sicherzustellen, dass sie die mit der Beschneidung verbundenen Gefühle emotional unterstützen. Da einige Gefühle beschnittener Männer mit Sexualität zusammenhängen, ist die Unterstützung durch einen Sexualpartner besonders wichtig.

Gefühle, die mit der Beschneidung verbunden sind, können so stark sein, dass sie Sie mit ihrer Intensität erschrecken können. Aber sie auszudrücken, wird Sie nicht verletzen. Das Schlimmste ist schon passiert. Vertrauen Sie Ihrem Körper. Er weiß, wie viel Sie fühlen können und lässt Sie nicht weiter gehen als bis zu diesem Punkt. Für diejenigen, die dazu neigen, die Kontrolle über ihre Gefühle zu rationalisieren, ist es ein beängstigender Schritt, dem Körper und nicht dem Kopf zu vertrauen. Nutzen Sie die Unterstützung Ihres Partners, um sich zu vergewissern, dass Sie in Sicherheit sind.

Warum das durchmachen? Die Gefühle sind da, ob wir sie ausdrücken wollen oder nicht. Wenn wir nicht direkt mit ihnen umgehen, werden sie uns indirekt beeinflussen. Wie beim Ausdrücken allgemeinerer Gefühle gibt es ein Gefühl der Befreiung und Erleichterung nach emotionalem Ausdruck. Wir entdecken, dass er an den Gefühlen haftet, die uns verletzt haben, und nicht an ihrem Ausdruck. Ihr Ausdruck fühlt sich tatsächlich »gut« an, egal wie »schlecht« das Gefühl ist. Indem wir sie loslassen, können wir blockierte Energie öffnen, unsere Fähigkeit zu vertrauen erhöhen, Intimität steigern und ein Gefühl persönlicher Stärke zurückgewinnen.

Geheimnisse zu teilen kann eine transformative Erfahrung sein. Es ist, als würde die Welt von unseren Schultern genommen. Einfach gehört zu werden oder die Rückmeldungen anderer zu erhalten, kann Jahre voller angsterfüllter Illusionen zerstreuen und ein neues Vertrauensverhältnis schaffen. Anstatt zu glauben, dass es notwendig ist, Männlichkeit und seinen Wert zu beweisen, kann das Gehörtwerden dazu beitragen, akzeptiert zu werden, wie man ist, und, noch wichtiger, es kann die Selbstakzeptanz verbessern. Die durch die Beschneidung verursachten Verluste anzuerkennen und zu trauern, kann helfen, zumindest einen Teil des emotionalen Teils von uns, der abgeschnitten wurde, wiederzuerlangen. (Informationen zur Genesung des physischen / sexuellen Teils finden Sie unter »Quellen«.) Die sichere Freisetzung von Gefühlen kann uns auch von Emotionen befreien, die uns dazu gebracht haben könnten, uns selbst und andere zu verletzen. Zu erkennen, dass tiefe Konflikte und Ängste aus einem bestimmten Grund existieren und eine angemessene Reaktion auf das frühe Trauma darstellen, kann ebenfalls zur Heilung beitragen. Das Überleben eines frühen Traumas ist ein Triumph für den menschlichen Geist.

Ein aufrichtiges und persönliches Gespräch über die Beschneidung hat das Potenzial, die Beziehungen zu verbessern. Ob ein Austausch über die Beschneidung zwischen Söhnen und Eltern wertvoll sein kann, hängt von den beteiligten Personen ab. Bewegung in Richtung einer Lösung erfordert, dass jeder für Gefühle bezüglich der Beschneidung offen ist. Manchmal ist eine Partei nicht bereit für ein solches Teilen. Zum Beispiel können von Herzen ausgesprochene Entschuldigungen von Eltern möglicherweise nicht von einem Sohn wertgeschätzt werden, der nicht erkennt, dass er geschädigt wurde. Ein Sohn, der die Anerkennung seiner Gefühle wegen seiner Beschneidung von Eltern sucht, die nicht bereit sind, sie zu hören, zeigt eine brisantere Situation. In einigen Fällen besteht die Gefahr, dass die Beziehung gestört wird. Manchmal kann Offenheit dadurch erleichtert werden, dass einem uninformierten Elternteil vor der Offenlegung seiner Gefühle Literatur über die Beschneidung zur Verfügung gestellt wird. Wenn Offenheit da ist und das Ziel besteht, Heilung zu erreichen, erhöht das die Chancen auf ein gegenseitig befriedigendes Ergebnis. Wenn man über die Beschneidung spricht, kann das emotional belastend sein. Wenn man diese Gefühle ausdrückt, kann dies auch zu einem Durchbruch führen, der die Beziehung erneuert. Zum Beispiel kann es in manchen Fällen helfen, den Zorn und das Vertrauen der beschnittenen Männer zu erhöhen, während gleichzeitig die Schuld der Eltern gelindert wird.

Bei so vielen betroffenen Männern gibt es viel Potenzial, um Beschneidungsgefühle bei Männern zu teilen. Dies kann ein bedeutender Schritt in Richtung männlicher Bindung und Intimität sein. Auch Frauen spielen eine wichtige Rolle. Generell kann die Bedeutung der Unterstützung von Frauen nicht überschätzt werden. Weibliches Verständnis und Mitgefühl sind für die Männer lebenswichtig, da sie empfindsamer und empfindlicher gegenüber Beschneidungsgefühlen sind. Die Belohnung für diese Unterstützung kann sowohl für Männer als auch für Frauen beträchtlich sein.

Das Verarbeiten unserer persönlichen Schmerzen in Verbindung mit der Beschneidung macht es leichter, den größeren Kontext der Praxis zu erkennen. Weil wir in einer Kultur geboren wurden, die routinemäßig Beschneidungen praktiziert, waren wir extrem starken psychologischen und sozialen Belastungen ausgesetzt, um die Praxis fortzusetzen. Es ist das verletzte Kind in uns, das möchte, dass die Menschen als Eltern, Ärzte oder was auch immer perfekt sind. Wenn wir wollen, dass andere perfekt sind, geben wir ihnen nur zwei Möglichkeiten: entweder vorzugeben, perfekt zu sein, oder Ablehnung zu riskieren. Die meisten entscheiden sich, ihre Schwächen und Fehler zu verbergen und ihre Menschlichkeit vorzutäuschen.

Verdrängung und Betäubung unserer Schmerzen sind Teil der menschlichen Verfassung. Sie sind die Regel, nicht die Ausnahme. Sie dienen sogar einem wichtigen Zweck: Sie erlauben uns zu überleben. Doch sobald wir die ursprünglichen schmerzhaften Ereignisse überleben, begrenzen diese Abwehrmechanismen unsere Lebensqualität und unsere Fähigkeit zu Wachstum. Wenn wir Eltern werden, behindern sie unsere Fähigkeit, die Bedürfnisse unserer Kinder zu erfüllen.

Wenn wir schließlich aus dem tragischen Fehler der Beschneidung lernen und den Teufelskreis durchbrechen wollen, müssen wir Mitgefühl und Verständnis für uns selbst, Ärzte, Eltern und andere haben. Gerade für diejenigen, deren Wut gerade erst entsteht, kann es sehr schwer sein, sich das vorzustellen, aber beschnittene Männer sind nicht die einzigen, die Schmerzen haben. Es gibt mehr als genug direkten und indirekten Schmerz, der mit der Beschneidung für uns alle zusammenhängt.

Ein wesentlicher Bestandteil der Heilung ist Vergebung, sowohl für uns selbst als auch für andere. Bezüglich der Beschneidung sind wir als Gesellschaft weit von diesem Tag entfernt. Übereilte Vergebung ist kontraproduktiv, da dadurch anderen Gefühlen der volle Ausdruck verweigert wird. Sie wird zu gegebener Zeit kommen. Unterdessen ist der wichtigste Punkt, den es zu beachten gilt, dass unser Schmerz dazu dienen kann, uns zusammenzubringen, anstatt uns auseinanderzuhalten.

Heilung bedeutet, Verantwortung zu übernehmen. Während Ärzte und einige beschnittene Männer die Verantwortung für die Beschneidung bei den Eltern übernehmen, verweisen einige Eltern und beschnittene Männer auf Ärzte. Sicherlich haben medizinisches Personal und Institutionen bisher das Problem der Beschneidung nicht gelöst. Ich glaube jedoch, dass es ein schwerer Fehler wäre, die medizinische Gemeinschaft (oder irgendeine andere Gruppe) allein für die Praxis der Beschneidung verantwortlich zu machen. Eine Person, Gruppe oder Institution hat nur so viel Macht, wie andere Leute ihr geben. Die Beschneidung ist ein soziales Problem, an dem die ganze Gesellschaft beteiligt ist. Wir haben individuell und kollektiv mehr Macht, als wir normalerweise anerkennen möchten. Unsere Zurückhaltung, unsere Macht zu akzeptieren, hängt mit unserer Zurückhaltung bei der Übernahme von Verantwortung zusammen. Unser Glaube an unsere Ohnmacht entbindet uns jedoch nicht von unserer Verantwortung. Folglich glaube ich, dass wir alle als Gesellschaft die Verantwortung für die Beschneidung teilen. Anstatt nur zu beklagen, dass die Ärzteschaft unsere Erwartungen nicht erfüllt, sollten wir besser unser Bewusstsein erweitern und dann die Verantwortung für das, was wir wissen und erleben, übernehmen.

8.8.2 Zukünftigen Schaden verhindern

> Zweifle nie daran, dass eine kleine Gruppe engagierter Bürger die Welt verändern kann. Tatsächlich ist es das Einzige, was jemals funktioniert hat.
>
> — *Margaret Mead*

Beschneidungswissen und -bewusstsein sind mit einer ethischen Herausforderung verbunden. Wenn es um das Wohlergehen eines Neugeborenen geht, ist Neutralität inakzeptabel. Man muss Stellung beziehen. Es ist leichter, die Seite der Beschneidungsunterstützer einzunehmen, weil dazu außer Schweigen und Passivität nichts erforderlich ist. Schweigen gibt implizite Erlaubnis für weitere Beschneidungen. Passivität ist Komplizenschaft. Obwohl täglich tausende Beschneidungen gemacht werden, ist es das Ausmaß von Schweigen und Passivität, das die Praxis umgibt, was wirklich erstaunlich ist. Um gegen die Beschneidung zu sein, bedarf es Taten. Mit der Übernahme von Macht und Verantwortung kommt der Handlungsbedarf.

Wir müssen nicht nur für die Kleinkinder handeln; es ist auch für uns selbst. Vor allem beschnittene Männer haben vielleicht ein besonderes Bedürfnis, ihren Gefühlen Bedeutung zu geben, indem sie irgendeine Art von sozialer Aktion durchführen. Maßnahmen zu ergreifen, um zu verhindern, dass andere Opfer werden, fördert die Genesung. Dieser Vorteil wurde bereits bei denen gezeigt, die vergewaltigt wurden und sich anschließend engagierten, um zu verhindern, dass andere vergewaltigt werden.[604] Darüber hinaus bietet die Beschäftigung mit dem Thema Beschneidung vielen Personen eine Möglichkeit für einen zielgerichteten kreativen Ausdruck, der neue Erfahrungsstufen eröffnen kann. Die Wahrheit zu sagen, ist eine mächtige Tat. Es gibt ein Gefühl von Freiheit, innerer Führung zu folgen, statt nur dem, was populär ist. So wie sich die Angst, sich auszudrücken, auf andere ausbreitet, breitet sich der Mut, sich auszudrücken, auch auf andere aus. Aus diesem Grund wird die Beschneidungskritik weiterhin überraschend schnell zunehmen.

Die Instinkte, die wir ignoriert haben, haben die Kraft, uns zu vereinen. Mit dem Wissen, dass diese Handlungen tief in das Leben anderer eingreifen können, sorgt eine überraschende Energie und Befriedigung für den besten Instinkt. Auf diese Weise werden wir mit etwas verbunden, das über uns selbst hinausgeht. Wenn wir uns verändern, ändert sich ein Teil der Kultur, und es wirkt sich auf das Ganze aus. Was für eine Gesellschaft wären wir ohne Beschneidung? Ich habe einige Möglichkeiten vorgeschlagen. Lassen Sie es uns herausfinden.

Beschneidung ist vielleicht das wichtigste, einfach vermeidbare psychologische und soziale Problem in Amerika sein. Es ist wichtig, weil es jedes Jahr über eine Million neue Menschen mit quälenden Schmerzen belästigt. Es ist ein-

---

604 Burgess, A. & Holmstrom, L., »Adaptive Strategies and Recovery from Rape«, *American Journal of Psychiatry* 136 (1979): 1278-82.

fach vermeidbar, denn alles, was passieren muss, ist, dass die Eltern die gesunden Körper ihrer neugeborenen Söhne intakt halten. Es ist einfach, aber es ist nicht einfach zu erreichen. Für manche könnte das Infragestellen der Beschneidung ihre Grundüberzeugungen stören und zu der Erkenntnis führen, dass sie alles in Frage stellen sollten. Solange sie sich selbst nicht vertrauen, ist das ein Schritt, den sie vielleicht nicht wollen oder können. Deshalb müssen wir die Hindernisse realistisch einschätzen und wissen, dass manche Menschen nicht zuhören werden, und viele werden Zeit benötigen oder müssen wiederholt von der Beschneidung erfahren, bevor die Botschaft beginnt, ihre Abwehrhaltung zu durchdringen. Ein Mann berichtete, nachdem er einen Artikel gelesen hatte, in dem die Beschneidung in Frage gestellt wurde: »Ich habe mir gesagt: ›Denk nicht darüber nach.‹ Es ist einfacher, darüber zu lachen und es wegzuschieben.« Sechs Wochen später kehrte er zu dem Artikel zurück und ließ mehr Gefühle deswegen zu. Dann hat er jemanden angerufen, um darüber zu reden und ist in das Thema eingetaucht.

Psychologische Forschung legt nahe, welche Ansätze am besten dazu beitragen würden, die Einstellungen der Menschen zu beeinflussen. Zum Beispiel ist es für eine maximale Änderung der Einstellung bei anderen am besten, eine Nachricht zu haben, die nur mäßig vom Standpunkt des Hörers abweicht.[605] Diese Richtlinie kann an bestimmte Sprecher und Zuhörer angepasst werden. Diejenigen mit einer höheren Glaubwürdigkeit können extremere Aussagen machen, um die Einstellungen zu beeinflussen.[606] Je engagierter ein Zuhörer eine Position vertritt, desto kleiner muss die Diskrepanz zwischen dieser Position und der zu erreichenden maximalen Einstellungsänderung sein.[607] Folglich hat eine moderate Nachricht, abhängig von Ihrer Glaubwürdigkeit und Ihrem Zuhörer, normalerweise die beste Chance, die Einstellung einer anderen Person zu beeinflussen.

Auf der anderen Seite ist die Botschaft über die Beschneidung so einfach und so allgemein akzeptiert, dass viele Menschen (einschließlich meines älteren Vaters) nicht überzeugt werden müssen. Es ist ihnen sofort klar: Verletze Babys nicht. Die Aufgabe besteht also darin, die einfachen Tatsachen zu offenbaren, sich an ihre Schutzinstinkte zu wenden und darauf zu vertrauen, dass viele Menschen irgendwann selbst zu diesem Schluss kommen werden. Wir wissen, dass wir in einer Position der Stärke sind. Geduld und Ausdauer werden belohnt. Wie lange wird es dauern? Das liegt an uns allen. Für die, die beschnitten werden, ist Zeit essentiell.

605 Eagly, A. & Telaak, K., »Width of the Latitude of Acceptance as a Determinant of Attitude Change«, *Journal of Personal and Social Psychology* 23 (1972): 388-97.
606 Bochner, S. & Insko, C., »Communicator Discrepancy, Source Credibility, and Influence«, *Journal of Personality and Social Psychology* 4 (1966): 614-21.
607 Freedman, J., »Involvement, Discrepancy, and Change«, *Journal of Abnormal and Social Psychology* 64 (1964): 290-5.

Manche Menschen haben Schwierigkeiten, beim Problem der Beschneidung motiviert zu werden. Sie schätzen nur das, was sie persönlich und direkt wahrnehmen. Wenn sie beschnitten sind oder beschnittene Söhne haben, lautet die typische Einstellung: »Es ist geschehen und ich kann nichts dagegen tun.« Nachdem sie mehr über die Beschneidung erfahren hatte, sagte eine Mutter zu mir: »Es ist jetzt zu spät. Mein Sohn ist beschnitten.«

Indem wir uns in unsere eigenen kleinen Welten zurückziehen und den Rest der Gesellschaft verlassen, um sie sich selbst zu überlassen, machen wir einen kostspieligen Fehler. Zu denken, dass Neugeborene der Beschneidung unterworfen werden können, ohne dass sie irgendeinen Einfluss auf andere haben, ignoriert die Verbundenheit aller Lebewesen. Wenn die Sexualität eines Jungen nicht sicher ist, ist die Sexualität aller nicht sicher. Wenn die vorherige Generation gehandelt hätte, wären wir heute keine beschnittene Gesellschaft. Was wir heute für die nächste Generation tun, kann helfen, unsere Integrität wiederherzustellen, unsere Verbundenheit mit anderen zu bekräftigen und unnötigen Schmerz zu verhindern.

Wenn wir offen für unsere Gefühle sind, sind wir mächtig und gewinnen an Stärke, wenn wir uns mit anderen verbinden. Betty Katz Sperlich wurde gefragt, woher sie und andere Krankenschwestern in ihrem Krankenhaus in Santa Fe die Kraft nehmen, ihre Arbeitsplätze in Gefahr zu bringen, sich ethisch zu verhalten und sich gegen die Praxis der Beschneidung auszusprechen, indem sie sich weigern zu helfen. Sperlich antwortete, ohne zu zögern: »Wir bekommen unsere Kraft von den Babys.« Kleinkinder sind nicht so hilflos und machtlos, wie manche Leute denken.

Eine andere, die sich äußert, ist Melissa Morrison, die sich für die Beschneidung ihres Sohnes entschied, weil »es etwas war, was gerade gemacht wurde.« Sie beobachtete die Prozedur und bedauert nun ihre Entscheidung zutiefst.

> Die Menschen müssen wissen, was sie ihren Babys antun. Ich wusste es nicht. Und Ignoranz ist keine Entschuldigung. Es ist mir peinlich, was ich getan habe, aber ich werde es nicht verbergen. Ich rede mit meinen Freundinnen; ich rede mit Müttern. Wenn jemand zu mir sagt, dass sie einen kleinen Jungen haben, werde ich sie bitten, es nicht zu tun. Wenn es nur hilft, den Penis *eines* kleinen Babys zu retten, dann ist es das wert.

Vielleicht ist die größte Lektion aus der Beschneidung, dass die Praxis schockierende Beweise liefert, dass wir extreme, aber unerkannte Schmerzen bei denen verursachen können, die wir lieben. Es erinnert uns daran, dass wir oft nicht auf die vielen Möglichkeiten achten, wie wir nicht nur unseren Kindern, sondern auch einander weh tun können. Nur wenn wir aufhören, uns gegenseitig zu verletzen, werden wir die Welt der Liebe, des Vertrauens und des Friedens erschaffen, die wir suchen. Lasst uns anfangen – mit den Kindern.

Anhang A:
Beispiel einer Krankenhaus-Beschneidungsinformation

Diese Information über die Beschneidung wurde an werdende Eltern vom Brigham and Women's Hospital in Boston, dem Krankenhaus mit der höchsten Anzahl jährlicher Geburten in Neuengland, verteilt. Mein Brief, der auf diese Information antwortet, schließt sich an.

ZU IHRER INFORMATION
Überlegungen zu nicht-rituellen Beschneidungen

Beim Betreten des Krankenhauses werden zukünftige Eltern gefragt, wenn ihr neugeborenes Kind männlich ist, ob sie ihren Sohn beschneiden möchten. Obwohl die Beschneidung in den amerikanischen Krankenhäusern zu den am häufigsten angewandten Operationsverfahren gehört, haben die meisten Eltern nur wenige sachliche Informationen über diese Operation.

Neugeborenen-Beschneidungen wurden in den Vereinigten Staaten nach dem Zweiten Weltkrieg üblich. Heute ist das Verfahren ein wenig umstritten. Dieses Verfahren wird in wenigen europäischen, asiatischen oder südamerikanischen Ländern praktiziert.

Die Task Force zur Beschneidung der American Academy of Pediatrics schlussfolgerte 1975: »Es gibt keine absolute medizinische Indikation für die routinemäßige Beschneidung bei Neugeborenen.« 1978 bestätigte das American College of Obstetricians and Gynecologists die Position der Akademie. Damit

Eltern eine fundiertere Entscheidung treffen können, haben wir die aktuellen Informationen zur Beschneidung zusammengefasst.

Die Entscheidung, einen Sohn zu beschneiden oder nicht zu beschneiden, ist eine persönliche Entscheidung, die jedoch nicht ohne einen gewissen Gedanken gemacht werden sollte. Eltern werden ermutigt, diese Entscheidung mit ihrem Geburtshelfer oder pädiatrischen Gesundheitsdienstleister zu besprechen.

WAS IST BESCHNEIDUNG?

Die Beschneidung ist die chirurgische Entfernung der gesamten oder eines Teils der Vorhaut des männlichen Penis. Das Verfahren wird normalerweise vom Geburtshelfer der Mutter nach dem ersten Lebenstag des Kindes durchgeführt. Neugeborenen-Beschneidungen werden am häufigsten aus traditionellen, kulturellen oder religiösen Gründen durchgeführt.

ARGUMENTE FÜR BESCHNEIDUNG:

Sauberkeit – Vielleicht der Hauptvorteil der Beschneidung ist, dass sie die Sauberkeit erleichtert. Unter der intakten Vorhaut bildet sich ein normales Sekret, ein cremefarbenes, wachsartiges Material namens Smegma. Smegma kann sich zwischen der Penisspitze (der Eichel) und der Vorhaut anreichern und kann zu einer Infektion führen. Eine gut durchgeführte Beschneidung kann dieses Ansammeln von Smegma verhindern. Bei unbeschnittenen männlichen Personen verhindert das sanfte Zurückziehen der lockeren Vorhaut beim Baden ebenfalls die Bildung von Smegma. Die Beschneidung beseitigt nicht die Notwendigkeit einer angemessenen Hygiene; sie macht sie nur bequemer.

Verminderte Inzidenz von Infektionen – 1985 zeigte eine klinische Studie eine verminderte Inzidenz von Harnwegsinfekten bei beschnittenen männlichen Säuglingen. In dieser gut kontrollierten Studie an 2.502 männlichen Neugeborenen lag die Häufigkeit von Harnwegsinfekten bei Unbeschnittenen um das 20-fache höher als bei Beschnittenen (4,12 % gegenüber 0,21 %).

Gewohnheit – In der heutigen Zeit ist die Beschneidung des männlichen Säuglings ein amerikanischer Brauch, wobei achtzig Prozent der männlichen Neugeborenen in diesem Land beschnitten werden. Es kann für einige Kinder wichtig sein, sich nicht von ihren Gleichaltrigen oder von ihrem Vater zu unterscheiden. Aus diesem Grund wünschen manche Eltern, ihr Kind beschneiden zu lassen.

Paraphimose-Prävention – In sehr seltenen Fällen ziehen Mütter die noch feste Vorhaut des Penis zu kräftig zurück, um Smegma zu entfernen. Wenn die Vorhaut zurückgezogen ist, kann sie manchmal als Blutsperre dienen und die Blutzufuhr zum Ende des Penis unterbrechen. Dieser Zustand, bekannt als Paraphimose, muss möglicherweise chirurgisch korrigiert werden. Beschneidung verhindert die Entwicklung von Paraphimose.

Peniskrebs-Prävention – Peniskrebs, eine äußerst seltene Erkrankung, ist weniger verbreitet unter beschnittenen Männern. Gegenwärtig wird er normalerweise nur bei älteren Männern mit schlechter Hygiene gefunden. Es gibt Hinweise darauf, dass eine angemessene Hygiene genauso oder fast so viel Schutz bietet wie die Beschneidung. Das Risiko, an Peniskrebs zu erkranken, ist geringer als das Risiko einer schweren Komplikation der Beschneidung.

Vorbeugung von Gebärmutterhalskrebs bei Frauen – Die Beschneidung wurde einmal zur Verringerung der Inzidenz von Gebärmutterhalskrebs im männlichen Geschlechtspartner gefunden. Kürzlich in den USA und Großbritannien durchgeführte Studien haben keine signifikante Beziehung zwischen dem Beschneidungsstatus des Mannes und der Häufigkeit von Gebärmutterhalskrebs bei Frauen gezeigt.

ARGUMENTE GEGEN BESCHNEIDUNG:

Schmerz – Häufig fragten Eltern, ob die Beschneidung für ihr Baby eine schmerzhafte Erfahrung ist. Experiment und allgemeine Erfahrung deuten darauf hin, dass es so ist. Das Verfahren ist jedoch schnell und dauert in der Regel weniger als fünf Minuten. Das Kind wird auf ein Beschneidungsbrett geschnallt. Es wird keine Betäubung oder Analgesie verabreicht. Die Verwendung von Lokalanästhetikum verzerrt die Operationsstelle und macht eine unbefriedigende Zirkumzision zu wahrscheinlich. Das Risiko einer Vollnarkose für das Baby ist nicht gerechtfertigt. Um Aspiration zu verhindern, werden Säuglinge vor der Beschneidung zwei Stunden lang nicht gefüttert.

Chirurgisches Risiko – Die Beschneidung ist ein chirurgischer Eingriff, und wie bei jedem chirurgischen Eingriff sind damit Risiken verbunden. Die Komplikationen der Beschneidung umfassen Blutung, Infektion, chirurgisches Trauma und Ulzeration oder Verengung der Öffnung der Urethra (meatale Ulzeration / Meatusstenose). Die große Mehrheit der Beschneidungen wird ohne Komplikationen durchgeführt.

Kosten – Es gibt Kosten, die mit einer durchgeführten Beschneidung verbunden sind. Diese umfassen eine Gebühr, die das Krankenhaus für die Nutzung seines

Beschneidungsraumes erhebt, und, wenn ein privater Geburtshelfer involviert ist, eine Arztgebühr. Da eine Reihe von Krankenversicherungsplänen die Kosten für eine routinemäßige Beschneidung, die sie für medizinisch nicht notwendig halten, nicht abdecken, wird das Verfahren für die Familien mancher Patienten mit einem Spesenaufwand verbunden sein.

24. Oktober 1991

Dr. Steven Ringer
Medical Director, NICU
Brigham and Women's Hospital
75 Francis St.
Boston, MA 02115

Sehr geehrter Herr Dr. Ringer,

ich habe kürzlich eine Kopie des Krankenhausinformationsblatts über die Beschneidung erhalten, das von Judith Gundersen vom Childbirth Education Office zur Verfügung gestellt wurde. Die Information unterscheidet sich von anderen medizinischen Informationen, die ich gefunden habe. Ich biete Ihnen diese anderen Informationen zu Ihrer Überlegung an und wäre an Ihrer Antwort interessiert.

ARGUMENTE FÜR BESCHNEIDUNG

Sauberkeit – Die Broschüre der American Academy of Pediatrics mit dem Titel *»Neugeborene: Pflege des unbeschnittenen Penis«* behauptet: »Die Vorhaut ist einfach zu pflegen. Der Säugling sollte häufig gebadet oder abgewaschen werden und alle Teile einschließlich der Genitalien sollten gewaschen werden. Der unbeschnittene Penis ist leicht sauber zu halten. Es ist keine besondere Pflege erforderlich! Es sollte kein Versuch unternommen werden, die Vorhaut gewaltsam zurückzuziehen. Es ist kein Manipulation notwendig.« Im Gegensatz dazu beschreibt das Krankenhaus-Informationsblatt Sauberkeit als einen »großen Vorteil« und rät »das sanfte Zurückziehen der lockeren Vorhaut«. Die AAP-Broschüre sagt: »Sie [Säuglings-Smegma, abgestorbene Hautzellen] entkommen [unter der Vorhaut], indem sie sich an die Spitze der Vorhaut vorarbeiten.« Wenn Smegma »entkommen« kann, wie kann es sich ansammeln? Was ist die Häufigkeit von Infektionen im Zusammenhang mit der Ansammlung von Smegma im Säugling?

230

Verminderte Inzidenz der Infektion – Die Studie von 1985, auf die Bezug genommen wird, scheint eine von Thomas Wiswell zu sein. In einer nachfolgenden größeren Studie beobachtete Wiswell Harnwegsinfekte von 0,11 % bei beschnittenen männlichen Säuglingen und 1,12 % bei unbeschnittenen männlichen Säuglingen (1). Martin Altschul, MD, fand in einer Studie an 25.000 Säuglingen bei intakten männlichen Säuglingen eine Harnwegsinfektrate von 0,12 % (2). Wenn eine Studie referenziert werden soll, warum sollte man eine relativ kleine Größe mit höherer Infektionsrate wählen? Viele Ärzte haben Wiswells Ergebnisse in Frage gestellt. Mehrere kritische Leserbriefe erschienen als Folge seiner Berichte in *Pediatrics* (3).

Gewohnheit – Nach Angaben des Nationalen Zentrums für Gesundheitsstatistik liegt die nationale Beschneidungsrate (1988) bei 58 %, nicht bei 80 %. Die Rate der Beschneidungen von männlichen Kindern im Brigham and Women's Hospital beträgt 55 %. Es gibt keine Hinweise darauf, dass das Aussehen von Gleichaltrigen oder des Vaters für Kinder wichtig ist. In jedem Fall kann bei der Geburt noch nicht vorhergesagt werden, um welches Kind es sich handelt. Unabhängig vom Beschneidungsstatus des Kindes werden sich über 40 % seiner Altersgenossen unterscheiden.

Paraphimose-Prävention – Wie bereits erwähnt, sollte die Vorhaut nicht zurückgezogen oder manipuliert werden. Es ist nicht klar, wie dies ein Argument für die Beschneidung darstellt.

Peniskrebs-Prävention – Nach dem Bericht der American Academy of Pediatrics von 1989 über die Beschneidung »wird in entwickelten Ländern, in denen Neugeborenen-Beschneidung nicht routinemäßig durchgeführt wird, die Häufigkeit von Peniskrebs im Bereich von 0,3 bis 1,1 pro 100.000 Männer pro Jahr angegeben.« Es ist nicht klar, wie dies ein Argument für die Beschneidung darstellt.

Prävention von Gebärmutterhalskrebs bei Frauen – Wenn es keinen signifikanten Zusammenhang zwischen Gebärmutterhalskrebs bei Frauen und der Beschneidung gibt, ist nicht klar, wie dies ein Argument für die Beschneidung darstellt.

ARGUMENTE GEGEN BESCHNEIDUNG

Schmerz – Weder postoperativer Schmerz noch psychologisches Trauma werden erwähnt. Eine am 19. November 1987 im *New England Journal of Medicine* veröffentlichte Studie mit dem Titel »Schmerzen und ihre Auswirkungen auf das menschliche Neugeborene und den Fötus« von K. J. S. Anand und anderen enthält eine umfassende Überprüfung von über 200 Referenzen im Zusammenhang mit Säuglingsschmerzen. Mehrere Studien werden zitiert, die Veränderungen in den Verhaltensantworten von beschnittenen Säuglingen gefunden haben.

> Es wurde daher vorgeschlagen, dass solche schmerzhaften Verfahren [wie die Beschneidung] Auswirkungen auf die neurologische und psychosoziale Entwicklung von Neugeborenen haben könnten … Das Fortbestehen spezifischer Verhaltensänderungen nach der Beschneidung bei Neugeborenen impliziert das Vorhandensein von Gedächtnis. Kurzfristig können diese Verhaltensänderungen die Anpassung von Neugeborenen an ihre postnatale Umgebung, die Entwicklung der Eltern-Kind-Bindung und die Fütterungspläne stören. Langfristig könnten schmerzhafte Erfahrungen bei Neugeborenen möglicherweise zu psychologischen Folgen führen, da mehrere Forscher gezeigt haben, dass Neugeborene eine viel größere Gedächtniskapazität haben können als bisher angenommen.

Chirurgisches Risiko – Der AAP-Bericht stellt fest: »Die genaue Inzidenz postoperativer Komplikationen ist unbekannt, aber große Serien zeigen, dass die Rate niedrig ist, etwa 0,2 % bis 0,6 %.« Dies übersteigt Raten von Harnwegsinfekten in einigen Studien. Andere Quellen berichten über Komplikationsraten von bis zu 38 % (4, 5).

Das offensichtlichste Argument gegen die Beschneidung wird nicht erwähnt: der Verlust der Vorhaut. Diese Unterlassung impliziert, dass die Vorhaut keinen nützlichen Zweck habe. Die medizinische Literatur sagt etwas anderes. Laut Dr. J. E. Wright hat die Vorhaut eine »Schutzfunktion« (6). Dr. George W. Kaplan stellt fest, dass die Vorhaut die Harnröhre schützt (7). Gairdner stellt fest, dass ohne die Vorhaut »die Eichel anfällig für Entzündungen wegen nasser Windeln wird« (8). Die medizinische Literatur bezieht sich auch auf eine erhöhte Verletzlichkeit durch vier Arten von Penisverletzungen: Verletzungen durch Hosen-Reißverschlüsse, Quetschungen durch Toilettensitze, Verbrennungen und Einschnürungsverletzungen (9 - 12).

Es gibt keine Kontroverse, dass die Vorhaut erogenes Gewebe enthält. Masters und Johnson schreiben: »Die Klitorisvorhaut schützt die Klitoris in der gleichen Weise, wie die Vorhaut die Eichel oder den Kopf des männlichen Penis schützt. Die Klitoris und die Klitorisvorhaut bilden den empfindlichsten erogenen Bereich des weiblichen Körpers« (13). Da die männlichen und weiblichen Vorstufen in ihrer embryonalen Entwicklung, Zellstruktur und Nervensystem identisch sind, ist es logisch anzunehmen, dass die männliche Vorhaut auch »sensibel erogen« ist.

Skandinavische Ärzte lehnen die Beschneidung ab, weil sie sexuell schädlich ist. Laut Dr. William Robertson: »Es ist ihre These [der skandinavischen Ärzte], dass auf die Vorhaut mit ihren exquisiten Nervenenden nicht verzichtet werden kann« (14). Dr. C. J. Falliers ist sich sicher: »Sinnesfreude der Vorhaut ist… durch der Beschneidung verloren« (15). Paul Tardiff und andere Männer, die als Erwachsene beschnitten wurden, berichten von einem erheblichen Verlust an Lustempfindungen. Herr Tardiff sagt, dass die geschlechtlichen Unterschiede zwischen einem beschnittenen und unbeschnittenen Penis sind …

> [wie] einen Handschuh zu tragen … Sehen ohne Farbe wäre eine gute Analogie … Nur in Schwarz-Weiß anstatt in voller Farbe zu sehen, wäre beispielsweise so, wie einen Orgasmus ohne und mit Vorhaut zu erleben. Es gibt Gefühle, die man niemals ohne Vorhaut haben wird (16).

Die Information über Schmerzen enthält die Aussage: »Das Verfahren ist jedoch schnell und dauert in der Regel weniger als fünf Minuten.« Diese Aussage scheint enthalten sein, um gegen die Berücksichtigung der Schmerzen zu argumentieren. Wenn dies der Fall ist, sollten aus Gründen der Ausgewogenheit Informationen enthalten sein, die gegen andere Erwägungen sprechen oder diese zumindest in Frage stellen. Harnwegsinfekte zum Beispiel sind vorübergehend und mit Antibiotika behandelbar. Wiswell selbst stellt fest: »Es ist zu diesem Zeitpunkt unklar, ob die Zunahme der Häufigkeit von Harnwegsinfekten bei unbeschnittenen Kindern eine andere medizinische Bedeutung hat als die unmittelbaren Kosten der Diagnose, Behandlung und Nachuntersuchung der akuten Infektion« (17). Ist die Amputation eines gesunden Körperteils, weil es (in weniger als 1 % der Fälle) ein zukünftiges medizinisches Problem geben könnte, in jedem Fall gerechtfertigt? Es scheint, dass alle medizinischen Argumente die Grenzen der Rationalität überschreiten.

Ein anderes Argument, das übersehen wird, ist die Frage nach dem Recht des Individuums auf seinen eigenen Körper. Hat ein Elternteil das Recht, die Amputation eines normalen, funktionierenden Körperteils eines Kindes zu genehmigen? Wenn ja, was sagt das über die Amputation anderer Körperteile? Die erste Maxime der medizinischen Praxis lautet: »Erstens nicht schaden«. Befolgt ein Arzt, der Beschneidungen durchführt, diese Verhaltensregel?

Abschließend scheint es signifikante Unterschiede zwischen dem Informationsblatt des Krankenhauses und dem aktuellen Kenntnisstand zu geben. Präzise Argumente für die Beschneidung sind enthalten, während wesentliche Argumente gegen die Beschneidung vollständig weggelassen werden. Da Menschen Daten zu diesem Thema wahrscheinlich unterschiedlich interpretieren, schlage ich vor, dass Sie mehr Verweise auf exakte Vorfälle als vage allgemeine Aussagen wie »kann dazu führen«, »weniger häufig«, »große Mehrheit« usw. hinzufügen. Dann können Eltern klarer entscheiden, ob der potenzielle Nutzen das Risiko wert ist.

Mit freundlichen Grüßen,
RONALD GOLDMAN

Anmerkung: 1995 wurde dasselbe Informationsblatt an werdende Eltern verteilt.

ANMERKUNGEN

1. Wiswell, T., »Declining Frequency of Circumcision: Implications for Changes in the Absolute Incidence and Male to Female Sex Ratio of Urinary Tract Infections in Early Infancy«, *Pediatrics* 79 (März 1987): 338-342.
2. Altschul, M., »Larger Numbers Needed«, *Pediatrics* 80 (November 1987): 763.
3. Cunningham, N., »Circumcision and Urinary Tract Infections«, Leserbrief, *Pediatrics* 77 (Februar 1986): 267.
4. Kaplan, G., »Complications of Circumcision«, *Urologic Clinics of North America* 10 (August 1983): 543-549.
5. Gee, W. & Ansell, J., »Neonatal Circumcision: A Ten Year Overview with Comparison of the Gomco Clamp and the Plastibell Device«, *Pediatrics* 58 (1976): 824-827.
6. Wright, J., »Non-Therapeutic Circumcision«, *Medical Journal of Australia* 1 (27. Mai 1967): 1086.
7. Kaplan, G., »Circumcision: An Overview«, *Current Problems in Pediatrics* 7 (März 1977): 23-24.
8. Gairdner, D., »The Fate of the Foreskin«, *British Medical Journal* 2 (24. Dezember 1949): 1434-1435.
9. Mofenson, H. & Greensher, J., »Penile Trauma in Boys«, *Medical Aspects of Human Sexuality* 9 (August 1975): 71.
10. Wright, »Non-Therapeutic Circumcision«, 1083.
11. Editorial, *Journal of the American Medical Association* 224 (4. Juni 1973): 1414.
12. Thomas, A., Antwort auf eine Anfrage, *Medical Aspects of Human Sexuality* 10 (August 1976): 74.
13. Masters, M. & Johnson, V., »Orgasm, Anatomy of the Female«, *The Encyclopedia of Sexual Behavior* (New York: Jason Aronson, 1973), 789.
14. Robertson, W., Comments, *Medical Aspects of Human Sexuality* 8 (Januar 1974): 48.
15. Falliers, C., Leserbrief, *Journal of the American Medical Association* 214 (21. Dezember 1970): 2194.
16. Tardiff, P., Interview für ein Medizinbericht-Video, von Dean Edell, MD (1984), KGO, San Francisco, CA.
17. Wiswell, T., »Decreased Incidence of Urinary Tract Infections in Circumcised Male Infants.« *Pediatrics* 75 (Mai 1985): 903.

Anhang B:
Fragebogen

1. Bist du beschnitten?

2. Fühlst du dich gut über die Beschneidung informiert?
   Wenn nicht, auf welche Aspekte bist du neugierig?

3. Hast du Söhne?   Sind sie beschnitten?
   Wie hast du diese Entscheidung getroffen?

4. Wenn du jetzt einen Sohn hättest, würdest du ihn beschneiden wollen?
   Auf welcher Grundlage würdest du diese Entscheidung treffen?

5. Hast du jemals eine Beschneidung gesehen?
   Zutreffendes bitte ankreuzen: [ ] persönlich [ ] auf Video

6. Mein Gefühl, beschnitten zu sein, ist:
   [ ] Ich wünschte, ich wäre nicht beschnitten.
   [ ] Es ist mir egal, dass ich beschnitten wurde.
   [ ] Ich bin froh, dass ich beschnitten wurde.
   [ ] Ich bin nicht beschnitten.

7. Hat die Vorhaut irgendeinen Zweck?
   [ ] Ja [ ] Nein [ ] ich weiß nicht.
   Wenn ja, gib den /die Zweck(e) an.

8. Wie viele Quadratzentimeter ist die erwachsene Vorhaut groß?
   Schätze, wenn du es nicht weißt.

9.

Anhang C:
Persönlich betroffen von FGM

GEWAPPNETE PATIENTEN
(AKTIVISTEN REFORMIEREN MEDIZINISCHE STANDARDS)

Carla Miller, Gründerin/Direktorin
7480 Gravois Road
US-63023 Dittmer, MO
Tel./Fax: +001 (314) 274-ARMS

Mein eigener Albtraum und Kampf für Gerechtigkeit begann vor 14 Jahren, als ich unter quälenden Schmerzen nach etwas aufwachte, wovon ein gynäkologischer Chirurg mir erzählt hätte, es wäre eine kleine 20-minütige Operation, um einen Bruch zu beheben (der asymptomatisch und möglicherweise nicht existent war). Er hatte stattdessen eine zweistündige Operation durchgeführt, der ich nicht zugestimmt hatte und *der ich niemals zugestimmt hätte*. Er hatte meinen Introitus und den länglichen Keilabschnitt meiner hinteren Vaginalwand und des Dammbodens ausgeschnitten, sie nähten mich vollständig von meinem Steißbein bis zu meinem Schambein zu. Bis ich den Arzt fand, der meine Vagina ein Jahr später öffnete, konnte ich meinen Menstruationsfluss nicht ablassen, Geschlechtsverkehr haben oder mich irgendwo außer in einer Badewanne mit heißem Wasser wohl fühlen.

Diverse andere Ärzte, die mich untersuchten, erzählten mir, dass meine Probleme in meinem Kopf seien. Sie verfälschten meine Krankenakte, sagten mir, dass ich eine Beratung brauche, und weigerten mich, mich zu behandeln. Ich erkenne jetzt, dass sie gesehen haben, dass ich ernsthaft verstümmelt worden bin, offensichtliche ärztliche Kunstfehler erkannt haben, nicht involviert sein wollten und mich bis zum Ablauf der zweijährigen Verjährung abwimmeln wollten.

Ich fand schließlich einen Gynäkologen, der bestätigte, dass meine Vagina vollständig geschlossen war. Er sagte, es sei der schlimmste Fall von Genitalverstümmelung, den er je gesehen habe. In einer weiteren zweistündigen Operation entfernte er massives Narbengewebe und schuf einen neuen Vaginalraum. Aber meine Vulva war immer noch verschoben und von der Basis meiner Vagina getrennt. Meine neue Vaginalöffnung war nur ein Schlitz in meiner Dammhaut oberhalb und hinter dem Schambeinbogen. Und ich hatte ständig starke Schmerzen.

Dieser Arzt überwies mich an Dr. Marshall [ein fiktiver Name für einen bekannten Forscher und Arzt], mit dem er gearbeitet hatte. Ich sagte Dr. Marshall, dass ich, wenn ich mein verdrängtes Vulva-Gewebe hinter meinem Schambein und um meine Vagina zurückschob, sofort Erleichterung fand und immer noch etwa 95 Prozent meiner Fähigkeit hatte, sexuelle Empfindungen zu erfahren. Dr. Marshall brachte mich zu der Annahme, dass meine Vulva in ihrer Gesamtheit in ihre ursprüngliche Position um meine Vagina zurückgezogen werden könnte. Beide Ärzte sagten mir, sie hätten Hunderte solcher Verstümmelungen untersucht und repariert. Dr. Marshall sagte, er habe nur drei oder vier so schwere gesehen wie meine.

Dr. Marshall wies diesen zweiten Chirurgen an, meine dritte Operation durchzuführen. Diese »Reparatur« ließ meine chirurgisch verschobene Vulva normal erscheinen, schnitt aber fast mein gesamtes erogenes Gewebe ab, trennte meine Sexualnerven, beraubte mich 95 Prozent meiner Fähigkeit, sexuelle Empfindungen zu erfahren, ließ mich mit chronischen Schmerzen zurück und verwandelte mich in jemanden, der niemand sein will und änderte mein Leben und das Leben derer, die mir am nächsten und liebsten sind, für immer.

Ich wäre lieber vergewaltigt worden.

Ich nahm an, ich wäre das Opfer einer verpfuschten Operation. Aber später las ich in Dr. Marshalls Aufzeichnungen, dass *seine spezifischen schriftlichen Anweisungen* darin bestanden, meine kleinen Schamlippen von meinen großen Schamlippen *zu trennen*. Wenn er mir gesagt hätte, dass dies das ist, was sie tun würden, hätte ich abgelehnt. Dr. Marshall wusste, dass ich niemals zugestimmt hätte. *Und er hat es mir nicht gesagt.*

Ich habe seitdem fast 20 andere Ärzte gesehen, in meiner Verzweiflung, Hilfe zu bekommen. Aber ich habe nie Hilfe bekommen. Ein Arzt, ein plastischer Chirurg, rammte seinen Finger in mich hinein und sagte: »Ein Penis wird passen.« Ein anderer, der meine geschlossene Vagina und die verschobene rekonstituierte Vulva als »grob anatomisch normal« beschrieb, stach mit seinem Finger in meine Klitoris und sagte »Lebe damit!«

Ein Psychiater, den ich aufsuchte, sagte: »Zuerst möchte ich mich für alles entschuldigen, was diese Ärzte Ihnen angetan haben. Ich finde das absolut erschreckend. Lassen Sie sich niemals von jemandem einreden, Sie hätten psychiatrische Probleme, weil Sie keine haben. Ich vergleiche Ihr Trauma mit dem eines Vergewaltigungsopfers.«

Ein Psychologe, der sich auf sexuelle Traumata spezialisiert hat, sagte mir: »Sie wurden sexuell misshandelt. Es wurde zufällig von Ärzten gemacht.«

Anfang Juli 1994, 13 Jahre, nachdem ich ihn das erste Mal gesehen hatte, kontaktierte mich Dr. Marshall, um ein Treffen zu arrangieren, um meine Beschwerden gegen ihn zu besprechen. Ich stimmte zu, aber sagte ihm klar, dass es nur sein würde, um zu reden und *dass ich nicht wollte, dass er mich erneut untersuchte.* Mein Mann und ich trafen uns am 19. Juli 1994 mit Dr. Marshall. Während dieses Treffens, das ich (mit seiner Erlaubnis) mitschnitt, sagte mir Dr. Marshall, er werde »drei bis vier Tage« brauchen, um mich zu untersuchen, »um von Tag zu Tag nach Abweichungen im Operationsergebnis zu suchen«, obwohl ich ihm gesagt hatte, dass ich nicht wollte, dass er mich erneut untersucht. Der Missoury State Board of Registration for the Healing Arts ermutigte mich *illegal*, mich der viertägigen gynäkologischen Untersuchung zu unterziehen, die Dr. Marshall *illegal* vorschlug – illegal, *weil jedem Mitglied des Vorstands bekannt war, dass der hervorragende Dr. Marshall* **seit dem 31. Januar 1994 keine Lizenz zum Praktizieren in Missouri hatte.**

Das ist typisch für die Art und Weise, wie ich während meiner vierjährigen Irrfahrt mit dem Missouri State Board of Registration for the Healing Arts behandelt wurde, dessen »Mission es ist, die Rechte der Bürger des Staates zu schützen«. Die Details meiner andauernder Tortur mit dieser Organisation wird zusammen mit dem Rest meiner Geschichte zu einem späteren Zeitpunkt gründlich dokumentiert werden.

In den vergangenen 14 Jahren habe ich mit zahlreichen anderen Frauen gesprochen, die ähnliche Geschichten haben. Mir ist jetzt klar, dass es in diesem Land Tausende, vielleicht sogar Millionen von Frauen gibt, die von ihren Ärzten verstümmelt wurden. Eine Krankenschwester sagte zu mir: »Sie machen das die ganze Zeit mit Frauen; sie erzählen ihnen einfach nichts davon.« Eine Frau erzählte mir, dass sie 18 Operationen bei einem erfolglosen Versuch hatte, ihre ursprüngliche Operation zu reparieren. Die Nähte einer Frau gehen immer wieder auf. Man muss stehen, um zu urinieren. Eine andere muss Windeln tragen. Ein anderer kann ihren Kot nicht aus ihrer Vagina heraushalten. Ärzte, die »Reparatur«-Operationen bei mehreren Opfern eines Chirurgen durchführen, haben Herzmotive und Initialen auf ihren Innenseiten gefunden.

Viele dieser Frauen leben heute als virtuelle Einsiedlerinnen. Ich habe mich gefragt, wie viele Selbstmord begangen haben.

Ich möchte, dass diese chirurgische Zerstörung von Genitalien und Leben aufhört. Ich kann nicht leben – ich kann nicht in Frieden sterben – in dem Wissen, dass Ärzte anderen antun, was sie mir angetan haben und damit davonkommen – ohne alles zu tun, um es aufzuhalten.

Ich gründete GEWAPPNETE PATIENTEN, um den Opfern dieser vorsätzlichen, vorsätzlichen chirurgischen Verstümmelung von Patienten durch ihre Ärzte emotionale Unterstützung zu bieten; den physischen und psychischen Schaden und das Leid, das er verursacht, zu dokumentieren; die Gier, die Machtlust, die Verachtung, die Arroganz, die Gleichgültigkeit, den Frauenhass und den pathologischen Zwang der Ärzte aufzudecken, die es tun; die Absprache / Verschwörung zwischen staatlichen medizinischen Boards und Ärzten aufzudecken, die es vertuscht und hilft, es zu verstetigen; die staatlichen medizinischen Ausschüsse dazu zu bringen, ihre Arbeit zu machen, indem sie Beschwerden sofort untersuchen und rasch und entschlossen dagegen vorgehen; die Öffentlichkeit vorzuwarnen und vorzubereiten, indem man sie darauf aufmerksam macht; zu helfen, Gesetze dagegen zu erlassen; und Ärzte hart zu bestrafen, die es weiterhin tun.

Ich möchte wissen, *warum* Ärzte Frauen verstümmeln. Ich möchte wissen, warum sie männliche Babys verstümmeln. *Ich möchte wissen, was Verstümmler zur Verstümmelung zwingt.* Es ist nicht nur Geld.

Ich möchte wissen, ob der Prozentsatz der Ärzte, die Genitalien beschneiden, bei denen höher ist, deren Genitalien selbst verletzt wurden. Ist die männliche Säuglingsbeschneidung der Bodensatz dieser ganzen Beschneidung? **<u>Ist das so?</u>**

Ich möchte besonders gerne andere Frauen kontaktieren, die Patienten von Dr. Marshall waren, und Frauen, die ihn wegen chirurgischer »Reparatur« konsultiert haben.

Ich freue mich über Anrufe, Korrespondenz, Fragen und Kommentare von jedem, der Opfer von Geburtshilfe oder gynäkologischer Verstümmelung oder irgendeiner anderen Art von Verstümmelung, Fehlverhalten, Verschwörung oder Betrug war, *einschließlich der Amputation und des Handels mit kleinen männlichen Vorhäuten.*

Ich kümmere mich. Ich verstehe. Ich werde zuhören. Ich werde auf jede erdenkliche Weise helfen.

Anhang D:
Juden und die Beschneidungsdebatte

Nationale jüdische Publikationen haben eine wachsende Debatte in der jüdischen Gemeinde über die Beschneidung bestätigt. Obwohl es nicht sehr bekannt ist, beschneiden einige Juden ihre Söhne nicht. Wenn einige Juden das alte Beschneidungsritual in Frage stellen können, dann können Amerikaner die Brauchbarkeit der Beschneidung als eine relativ neue kulturelle Praxis bewerten.

Ich hoffe, dass die Überprüfung der amerikanischen Beschneidungspraxis unabhängig von religiösen Erwägungen ist. Insbesondere ermutige ich diejenigen Personen und Gruppen, die dazu Stellung nehmen, es unabhängig davon zu tun, wie ihre Position von Juden angenommen wird. Obwohl die Sorge um die Gefühle der Juden angemessen ist, ist das jüdische Unbehagen mit diesem Thema unvermeidlich. Es ist jedoch auch möglich, dass ein größeres jüdisches Bewusstsein für die amerikanische Beschneidungsdebatte mehr Juden dazu ermutigen wird, die Praxis in Frage zu stellen. In jedem Fall hat das Vermeiden von Unbehagen in uns selbst oder in anderen dazu beigetragen, die Beschneidung zu verstetigen.

Obwohl einige, die sich der Beschneidung widersetzen, jüdische Kinder nicht von ihren Sorgen ausschließen wollen, ist es vorzuziehen, wenn die jüdische Gemeinschaft die rituelle Beschneidung intern angeht. Diejenigen, die keine Juden sind, können nicht wissen, wie es ist, unter den emotionalen Belastungen und dem kulturellen Druck zu stehen, dem sich Juden stellen müssen, wenn sie über das Problem der Beschneidung nachdenken. Darüber hinaus werden Juden, wie alle kulturellen Gruppen, eher auf andere Juden hören als auf »Außenseiter«. Da die Beschneidungen jüdischer Säuglinge nur etwa vier Prozent aller amerikanischen Säuglingsbeschneidungen ausmachen, gibt es viele andere Amerikaner, die man weiterbilden kann.

Auf der anderen Seite spielt die jüdische Gemeinschaft eine wichtige Rolle im nationalen Beschneidungsdialog. Diese Rolle besteht meines Erachtens darin, verantwortungsvoll zu handeln und zu sprechen. Ich bin besorgt, dass eine kleine, aber lautstarke Minderheit von Juden rücksichtslose Vorwürfe des Antisemitismus gegen die Argumente gegen die Beschneidung erheben könnte. Das nachdenkliche Infragestellen der Beschneidung ist nicht antisemitisch, weil auch

Juden die Praxis in Frage stellen. Darüber hinaus ist es möglich, Handlungen einer Person oder Gruppe in Frage zu stellen, ohne kategorisch gegen die Person oder Gruppe zu sein. In der Tat wird das Hinterfragen einer Handlung, die Schaden verursacht, eher durch Besorgnis als durch schlechten Willen motiviert. Ich glaube, dass die meisten Juden diejenigen, die sich der Beschneidung widersetzen, nicht stereotypisieren und ihre Motivation nicht in Frage stellen.

Juden haben lang verdrängte Gefühle über die Beschneidung. Die wachsende Beschneidungsdebatte wird sie sicherlich bewegen. Aus meiner Sicht besteht die richtige Antwort für die Juden darin, einander zu unterstützen, wenn wir diese Gefühle innerhalb der jüdischen Gemeinschaft ausdrücken. Natürlich können jene Juden, die sich der Beschneidung widersetzen, auch zur nationalen Diskussion beitragen, während Juden, die die Beschneidung unterstützen, als religiös oder ethnisch voreingenommen wahrgenommen werden.

Diejenigen, die sich für weitere Informationen und Diskussionen über die jüdische Beschneidungspraxis interessieren, können sich auf mein anderes Buch *»Beschneidung infragestellen: Eine jüdische Perspektive«* beziehen.

Anhang E:
Überlegungen zur Forschung

Methodenfehler

Die Erforschung der psychologischen Auswirkungen der Beschneidung wirft eine Vielzahl potentieller Schwierigkeiten auf. Einige von ihnen sind typisch für die Erforschung des menschlichen Subjekts und einige sind einzigartig für das Thema. Eines der Probleme bei der Beschneidung ist die übliche Voreingenommenheit. Dies betrifft sowohl den Forscher als auch das Fach. Der Experimentator kann kaum behaupten, ein uninteressierter Beobachter zu sein. Die Beschneidung weckt starke Emotionen. Ein Teil der aktuellen medizinischen Forschung, die sich für die Beschneidung einsetzt, könnte als Beweis für den signifikanten Einfluss angesehen werden, den Parteilichkeit des Experimentators auf Methodik, Ergebnisse und Schlussfolgerungen haben kann. Vielleicht besteht eine Möglichkeit, diese Verzerrung zu minimieren, darin, dass der Forscher sie im Voraus untersucht. Diese Vorsichtsmaßnahme empfiehlt sich nicht nur für Forscher, sondern auch für diejenigen, die die Arbeit zu diesem Thema überprüfen. Den Test so zu gestalten, dass die Testpersonen den Beschneidungsstatus der Probanden nicht kennen, reduziert auch die Auswirkungen von Verzerrungen.

Zu den Befürwortern der Beschneidung gehören diejenigen, die beschnitten sind, Freunde oder Kollegen haben, die beschnitten sind, die Beschneidung praktizieren, beschnittene Söhne haben, wenig über die Beschneidung und ihre Auswirkungen wissen und zu Gruppen gehören, die die Beschneidung praktizieren. Jene, die eine Voreingenommenheit gegen Beschneidung haben mögen, sind eher intakt oder bedauern ihre eigene Beschneidung, sind im Ausland geboren, haben intakte Freunde, Kollegen und Söhne und sind besser informiert über die Beschneidung.

Persönliches Interview

Unter angemessenen Bedingungen kann das Interview eine besonders nützliche und effektive Methode sein, um sensibles Material zu erhalten, das sonst nicht verfügbar wäre, obwohl das Finden williger Teilnehmer ein Problem sein kann. Es ist wichtig, dass der Interviewer Verständnis und Empathie für das Thema entwickelt, um Vertrauen zu schaffen. Nur wenige Menschen sprechen über die Beschneidung. Ein Hinweis auf ein Urteil, eine negative Reaktion oder ein Unbehagen seitens des Interviewers wird die Offenlegung weniger wahrscheinlich machen.

Eine Zurückhaltung, sich zu öffnen, kann als negative Antwort auf die Frage missverstanden werden. Daher sollten positive Antworten als besonders wichtig angesehen werden. Wenn der Interviewte wegen des Themas verunsichert ist, könnte es für ihn eine zusätzliche Motivation sein, sich zu öffnen, dass er die Gelegenheit hat, ein zurückgehaltenes Gefühl mit einem interessierten Zuhörer vertraulich zu teilen oder dass er eine mögliche positive Wirkung auf andere haben könnte.

Gruppenstudie

Wenn eine Kontrollgruppe intakter männlicher Personen untersucht wird, sollte sie so gut wie möglich mit der experimentell beschnittenen Gruppe übereinstimmen. Die Verwendung amerikanischer Subjekte für die intakte Gruppe, anstatt europäische Subjekte zu verwenden, würde die Auswirkung demografischer und kultureller Variablen auf die Ergebnisse reduzieren. Ein lohnender Ansatz könnte sein, standardisierte psychologische Tests und von Forschern entworfene Fragebögen an eine große Gruppe beschnittener Männer zu verteilen und die Ergebnisse mit denen einer ähnlichen Gruppe intakter Männer zu vergleichen. Korrelationen in Bezug auf den Beschneidungsstatus könnten Hypothesen für weitere Untersuchungen generieren.

Das Testen einer Gruppe von Gewalttätern auf ihren Beschneidungsstatus stellt das offensichtliche Problem dar, dass die große Mehrheit der erwachsenen Männer beschnitten ist. Eine Beschneidungsrate von 80 oder sogar 90 Prozent in der Gruppe ist möglicherweise nicht signifikant. Wenn jedoch ein höherer Prozentsatz von Straftätern beschnitten wird, könnte ein Zusammenhang zwischen dem Beschneidungsstatus und gewalttätigem Verhalten hergeleitet werden.

Andere Ansätze

Längsschnittstudien von Säuglingen und älteren Kindern könnten sehr wertvolle Ergebnisse liefern. Solche Studien wären jedoch zeitaufwändig und teuer. Da die Beschneidung die Wahl der Eltern ist, können Kleinkinder natürlich nicht zufällig zugeordnet werden. Die Einstellung der Eltern gegenüber der Beschneidung könnte auch mit anderen Einstellungen der Eltern zusammenhängen, die sich auf die psychologische Entwicklung des Kindes auswirken würden, wodurch es schwierig wird, die Auswirkungen der Beschneidung allein zu isolieren. Elterliche Bildung und soziale Klasse könnten auch intervenierende Variablen sein.

Ein Fallstudienansatz ist noch eine weitere Methode, die verborgene Auswirkungen der Beschneidung auf Kleinkinder aufdecken könnte. Es könnte auch die Notwendigkeit weiterer Untersuchungen bei einer größeren Anzahl von Subjekten nahelegen. Durch sorgfältiges Beobachten der Verhaltensreaktionen einer ausgewählten Anzahl beschnittener und intakter Männern könnte ein Forscher dazu beitragen, anekdotische Berichte zu bestätigen, dass intakte männliche Kinder mehr aus sich herausgehen oder ansprechbarer sind. Quantitative und qualitative Beobachtungen könnten sowohl verhaltensbezogene als auch physiologische Variablen umfassen. Wie bei Längsschnittstudien können elterliche Faktoren berücksichtigt werden.

Die Anwendung projektiver Tests mit beschnittenen und intakten Männern könnte zu interessanten Ergebnissen führen. Der Forscher sollte jedoch berücksichtigen, dass diese Tests aufgrund ihrer schwächeren empirischen Grundlage anfälliger für Kritik von Skeptikern sein können. Aufgrund der kontroversen Art der Beschneidung sollten Forscher die geringere Glaubwürdigkeit dieser Methode berücksichtigen.

Bestimmte Arten von Laborexperimenten könnten nützlich sein, um mögliche Auswirkungen der Beschneidung auf das Verhalten zu identifizieren. Beschnittene und intakte Männer konnten beispielsweise an einer kontrollierten Situation teilnehmen, die möglicherweise mit Vertrauen oder Wut verbunden ist, um die Unterschiede zwischen den Gruppen zu testen.

Die Beobachtung von Säuglingen als Teilnehmer würde die Aufgabe mit sich bringen, in Krankenhäusern oder in ihrem Zuhause Zugang zu ihnen zu erhalten. Die Teilnehmerbeobachtung von Erwachsenen hat auch offensichtliche Schwierigkeiten, insbesondere wenn Forscher versuchen, das sexuelle Verhalten von Erwachsenen und die Reaktion auf den Beschneidungsstatus zu verbinden. Vielleicht ist ein Laboransatz eine machbare Option. In jedem Fall kann die Anwesenheit eines Beobachters (oder einer Kamera) das Verhalten beeinflussen.

Prospektive Studien an Kleinkindern hätten die höchste Validität, wenn die Probanden der Kontroll- und Versuchsgruppen kein anderes perinatales Trauma, Geburtskomplikationen, Mutter-Kind-Trennung oder Narkotika-Exposition erfahren haben. Andernfalls sollte das Vorhandensein dieser potenziell verwirrenden Variablen notiert werden. Brust- oder Flaschenfütterung kann auch die Ergebnisse bestimmter Studien beeinflussen.

Mögliche Forschungsthemen zu den Auswirkungen der Beschneidung

Um die möglichen Auswirkungen der Beschneidung zu untersuchen, wäre es hilfreich, eine Reihe physiologischer und psychologischer Tests an männlichen Säuglingen, Kindern und Erwachsenen durchzuführen (einschließlich einer intakten Kontrollgruppe in allen Fällen).

Kleinkinder:
physiologische, neurologische und neurochemische Veränderungen, Immunantwort, Verhaltensreaktion (z. B. Schreckreaktion, Reizbarkeit, Wachsamkeit und Schlaf), Temperament, übermäßiges Schreien, Anhaftung, Rückzug, Mutter-Kind-Interaktion, Schmerzreaktion

Ältere Kinder und / oder Erwachsene:
physiologische Veränderungen (hormonelle, kardiovaskuläre, Pupillengröße, Augenbewegungen, elektrodermale Aktivität und Gesichtsmuskelaktivität mit Elektromyograph) als Reaktion auf beschneidungsbezogene Reize, neurologische (einschließlich Magnetresonanztomographie-Scans des Gehirns zur Messung des Hippocampus-Volumens, siehe Bremner et al., »MRI-basierte Messung des Hippocampus-Volumens«) und neurochemische Veränderungen, Blutdruck und respiratorische Reaktion auf elektrische Stimulation
Gesundheitsprobleme, Immunantwort, Stressreaktion, Schmerzreaktion, Erregungsniveau, emotionale Reaktion, sexuelle Reaktion, sexuelle Reaktion auf das Betrachten sexueller Bilder, die Gewalt und / oder Schmerz enthalten, Sexualverhalten, sadomasochistisches Verhalten, sexuelle Dysfunktion, Impotenz, Einstellungen (z. B. zu Frauen, weiblicher Sexualität, Vergewaltigung, Schmerz, Eltern, Säuglingen und Kindern, Emotionen, Autorität), Körperbild, Selbstachtung, Scham
Geschichte der intimen Beziehungen, Beziehungszufriedenheit, soziale Vorurteile, Konformität, Eifersucht, Einsamkeit, Wettbewerbsfähigkeit, Altruismus, Vertrauen, Empathie, Depression, Passivität, Sensationssuche, ethisches Verhalten, Sozialverhalten, Aufmerksamkeitsdefizit-Hyperaktivitätsstörung, Aggressivität, Rückzug, Auswirkungen der Beschneidung auf Eltern und Beschneider, Beschneidungsrate nach dem Betrachten von Beschneidungsvideos

Sozialkunde:
Gewaltverhalten, kriminelles Verhalten, häusliche Gewalt, Vergewaltigung, Kindesmisshandlung (Opfer und Täter), sexuelle Misshandlung von Kindern, Suizid, plötzlicher Kindstod (SIDS), Diebstahl, Familienstand, Scheidungsrate, unnötige Operation, ungeschütztes Sexualverhalten

Abschließende Gedanken

Die Untersuchung der psychologischen und sozialen Auswirkungen der Beschneidung eröffnet Forschern ein aufregendes und wertvolles neues Gebiet. Da vieles unbekannt ist, müssen experimentelle Designs und die Interpretation der Ergebnisse sorgfältig evaluiert werden. Ein negatives Ergebnis bedeutet nicht unbedingt, dass die Beschneidung keine Auswirkungen hat. Stattdessen kann es bei der Methodik und der Interpretation von Daten zu Einschränkungen kommen, wie dies bei früheren Untersuchungen zu kindlichen Fähigkeiten der Fall war.

Die Einstellung von Individuen zur Beschneidung kann sich aufgrund der Auswirkungen neuer Informationen schnell ändern. Aufgrund der weit verbreiteten Exposition gegenüber späteren Medienberichten über die Beschneidung können sich die Einstellungen der Menschen dahingehend ändern, dass frühere Einstellungsbewertungen überholt sind. Ein größeres öffentliches Bewusstsein für das Problem wird jedoch den Kreis der Personen vergrößern, die bereit sind, an bestimmten Studien zur Beschneidung teilzunehmen.

Bisher war es schwierig, ausreichende Finanzmittel für die Erforschung von Beschneidungseffekten zu erhalten. Mit dem Wandel des sozialen Klimas zur Beschneidung werden jedoch das Interesse und die verfügbaren Ressourcen wachsen. *In der Zwischenzeit können nützliche Informationen über die Praxis aus Studien zu anderen Themen gewonnen werden, indem einfach der Beschneidungsstatus als Teil der zu sammelnden Daten aufgenommen wird.*

Das Circumcision Resource Center ist daran interessiert, Forscher zu unterstützen und Ergebnisse ihrer Studien zu erhalten.

Glossar

Abwehrmechanismen: In der psychoanalytischen Theorie bedeutet Unbewusstsein, die Realität zu leugnen, zu verfälschen oder zu verzerren.

Affekt (Nomen): Gefühl, Emotion, Stimmung.

Akut: Von kurzer oder starker Auswirkung, nicht chronisch.

Anästhesie: Allgemeine oder lokale Unempfindlichkeit durch Medikamente vor der Operation und andere schmerzhafte Verfahren induziert.

Ätiologie: Ursache oder Ursprung einer Krankheit.

Chronisch: Beschreibt einen Zustand, der über einen langen Zeitraum oder dauerhaft bestehen bleibt.

Cortisol: Hormon, das als Reaktion auf Stress ins Blut freigesetzt wird.

Dammschnitt: Ein chirurgischer Schnitt in den Damm während der Geburt.

Dissoziation: Segregation oder »Abspaltung« vom Bewusstsein einer Gruppe von mentalen Prozessen, die mit einem Trauma verbunden sind.

Eichel: Der abgerundete Kopf des Penis.

Empirisch: Basierend auf Beobachtung und Experiment.

Erlernte Hilflosigkeit: Eine Handlungsunfähigkeit, erworben durch eine Situation, in der keine Handlung helfen kann.

Folgeerscheinung: Ein chronischer abnormaler Zustand, der aus einer früheren Krankheit oder einem medizinischen Eingriff resultiert.

Frenum (Frenulum): Ein Netz von Haut an der Unterseite der Eichel, das hilft, die Vorhaut nach vorne zu halten, um die Eichel zu bedecken.

Hämorrhage: Starke Blutung.

Hippocampus: Eine Gehirnstruktur, die für Emotionen und Gedächtnis zuständig ist.

Hysterektomie: Chirurgische Entfernung des Uterus.

Indikation: Ein Symptom oder ein bestimmter Umstand, der die Zweckmäßigkeit oder Notwendigkeit einer bestimmten medizinischen Behandlung oder eines bestimmten Verfahrens zeigt.

Kardiorespiratorisch: Das Herz und das Atmungssystem betreffend.

Karzinom: Krebsgeschwür.

Kognitiv: Das Denken betreffend oder im Zusammenhang mit dem Denken, einschließlich Wahrnehmung, Bewusstsein, Lernen und Gedächtnis.

Kontraindiziert: Nicht ratsam.

Korrelation: Der Grad, in dem zwei Messungen zusammenhängen. Eine Korrelation darf nicht verwendet werden, um Kausalität abzuleiten. (»Verbindung« und »Verknüpfung« werden ähnlich verwendet.)

Meatotomie: Chirurgische Vergrößerung der Harnröhreöffnung.

Meatus: Harnröhreöffnung.

Narkosemittel: Eine Substanz, die Anästhesie erzeugt.

Neugeborenes: Neugeborener Säugling.

Neurobiologisch: Von der oder in Bezug auf die Anatomie und Physiologie des Nervensystems.

Neurochemisch: Von der oder in Zusammenhang mit der Chemie des Nervensystems, z. B. Hormone.

Pathologisch: Von der oder im Zusammenhang mit einer Abweichung von einem gesunden, normalen oder effizienten Zustand.

Perinatal: Vorkommen während der Geburt oder in Bezug auf die Phase um den Geburtszeitpunkt.

Phimose: Nicht zurückziehbare Vorhaut nach der Pubertät.

Phobie: Eine Angststörung, die durch eine intensive Angst vor einem bestimmten Objekt oder einer bestimmten Situation gekennzeichnet ist. Die Person mag erkennen, dass ihre Angst irrational ist, ist aber nicht in der Lage, sie zu kontrollieren. Er oder sie vermeidet somit das Objekt oder die Situation.

Pränatal: Vor der Geburt oder zur Geburt.

Präputium: Vorhaut.

Projektion: Der Prozess, einem anderen die Ideen oder Impulse zuzuschreiben, die einem selbst gehören. Ein Abwehrmechanismus.

Psychobiologisch: Vom oder im Zusammenhang mit dem Studium der Interaktionen zwischen Körper und Verhalten, insbesondere wie im Nervensystem ausgestellt.

Rationalisierung: Der psychoanalytische Abwehrmechanismus, in dem akzeptable »Gründe« für inakzeptable Einstellungen, Überzeugungen, Gefühle und Verhaltensweisen erfunden werden.

Repression (Unterdrückung): Ein Abwehrmechanismus, durch den belastende oder unangenehme Ideen, Erinnerungen, Gefühle oder Impulse aus dem bewussten Bewusstsein herausgehalten werden.

Sulcus: Die Rille um den Penis, die die Eichel mit dem Penisschaft verbindet.

Transkutan: Durch die Haut oder hindurch.

Verleugnung: Ein Verteidigungsmechanismus, der die Weigerung enthält, bestimmte Aspekte der Realität anzuerkennen.

Vorhaut: Eine zurückziehbare Hauthülle, die die Eichel bedeckt.

Quellen

ORGANISATIONEN

Circumcision Resource Center (CRC)
Postfach 232
US-02133 Boston, MA
Tel/Fax: +001 (617) 523-0088
Dr. phil. Ronald Goldman
Informationen und Ressourcen.

National Organization to Halt the Abuse and Routine Mutilation of Males
(NOHARMM)
Postfach 46 07 95
San Francisco, CA 94146
Tel/Fax: +001 (415) 826-9351
Tim Hammond
Aktivisten-Organisation für Männer.

National Organization of Restoring Men
(NORM)
3205 Northwood Dr., #209
Concord, CA 94520-4506
Tel: +001 (510) 827-4077
Fax: +001 (510) 827-4119
R. Wayne Griffiths, M.S.
Unterstützungsgruppen für die Wiederherstellung der Vorhaut.

Uncircumcising Information and Resources Center (UNCIRC)
Postfach Box 52138
Pacific Grove, CA 93950
Tel/Fax: +001 (408) 375-4326
Dr. phil. Jim Bigelow
Informationen zur Vorhautversorgung.

National Organization of Circumcision Information Resource Centers
(NOCIRC), National Office
Postfach 25 12
San Anselmo, CA 94979-2512
Tel: +001 (415) 488-9883
Fax: +001 (415) 488-9660
Marilyn Milos, R.N.
Informationen und Ressourcen.

Peaceful Beginnings
13020 Homestead Court
Anchorage, AK 99516
Tel: +001 (907) 345-4813
Rosemary Romberg
Informationen zur Beschneidung.

Circumcision Information Network
3865 Duncan Place
Palo Alto, CA 94306
Tel: +001 (415) 493-2429
Rich Angell
The Guardian Angell Newsletter and CompuBulletin on the Internet.

Lightfoot Associates
5051 N. Sabino Canyon Rd. #1246
Tucson, AZ 85750
Tel: +001 (520) 529-2029
Fax: +001 (520) 529-9411
Hanny Lightfoot-Klein, M.A.
Informationen zur weiblichen Genitalverstümmelung.

Women's International Network (WIN)
187 Grant St.
Lexington, MA 02173
Tel: +001 (617) 862-9431
Fran Hosken
Informationen zur weiblichen
Genitalverstümmelung.

Nurses for the Rights of the Child
369 Montezuma #354
Santa Fe, NM 87501
Tel: +001 (505) 989-7377
Betty Katz Sperlich, R.N.
Informationen für Krankenschwestern.

Doctors Opposing Circumcision (DOC)
2442 NW Market St., S-42
Seattle, WA 98107
George Denniston, M.D.
Informationen für Ärzte.

BÜCHER / PUBLIKATIONEN

Awakenings:
A Preliminary Poll of Circumcised Men
Tim Hammond, 1994
Siehe NOHARMM

Circumcision: The Rest of the Story
Peggy O'Mara, Hrsg., 1993
Mothering, Postfach 16 90
Santa Fe, NM 87504

Circumcision:
What Every Parent Should Know
Anne Briggs, 1985
Birth and Parenting Publications
Postfach 1 28
North Garden, VA 22959

Circumcision: What It Does
Billy Ray Boyd, 1990
C. Olsen, Postfach 51 00
Santa Cruz, CA 95063

Deeper into Circumcision
John A. Erickson, Hrsg., 1996
John A. Erickson
1664 Beach Blvd. #216
Biloxi, MS 39531

Say No to Circumcision!
Thomas Ritter, M.D. & George Denniston,
M.D., 1996
Siehe CRC oder NOCIRC

The Joy of Being a Boy
Elizabeth Noble & Leo Sorger, M.D., 1994
New Life Images
448 Pleasant Lake Ave.
Harwich, MA 02645

The Joy of Uncircumcising!
Dr. phil. Jim Bigelow, 1995
Siehe CRC oder UNCIRC

Circumcision:
An American Health Fallacy
Edward Wallerstein, 1980
Springer Publishing, New York
(vergriffen)

Circumcision: The Painful Dilemma
Rosemary Romberg, 1985
Bergin & Garvey, S. Hadley, MA
(vergriffen)

Literaturverzeichnis

Aasen, S., Produzent, *Day One*, Report on Female Genital Mutilation. New York: ABC News, 20. September 1993.

Adams, D., »Identifying the Assaultive Husband in Court: You Be the Judge«, *Response to the Victimization of Women and Children* 13 (1990): 13-6.

Ainsworth, M., »Attachment and Child Abuse«, In G. Gerbner, C. Ross, & E. Zigler, Hrsg., *Child Abuse: An Agenda for Action*. New York: Oxford University Press, 1980.

Ainsworth, M. & Bell, S., »Mother-Infant Interaction and the Development of Competence«, In K. Connelly & J. Bruner, Hrsg., *The Growth of Competence*. New York: Academic Press, 1974.

Ainsworth, M., Blehar, M., Waters, E., & Wall, S., *Patterns of Attachment: a Psychological Study of the Strange Situation*. Hillsdale, NJ: Erlbaum, 1978.

Ainsworth, M. & Wittig, B., »Attachment and Exploratory Behavior of One-Year-Olds in a Strange Situation«, In B. Foss, Hrsg., *Determinants of Infant Behavior IV*. London: Methuen, 1969.

Alder, C., »An Exploration of Self-Reported Sexually Aggressive Behavior«, *Crime and Delinquency* 31 (1985): 306-31.

Allik, J. & Valsiner, J., »Visual Development in Ontogenesis: Some Reevaluations«, *Advances in Child Development and Behavior* 15 (1980): 2-48.

Alloy, L. & Seligman, M., »On the Cognitive Component of Learned Helplessness and Depression«, *The Psychology of Learning and Motivation* 13 (1979): 219-76.

Allport, G., *The Nature of Prejudice*. Cambridge, MA: Addison-Wesley, 1954.

Altschul, M., »Cultural Bias and the Urinary Tract Infection (UTI) Circumcision Controversy«, *The Truth Seeker*, Juli/August 1989, 43-5.

American Academy of Pediatrics, Committee on Fetus and Newborn. *Standards and Recommendations for Hospital Care of Newborn Infants*, 5th ed. Evanston, IL: Autor, 1971.

American Academy of Pediatrics, »Report of the Task Force on Circumcision«, *Pediatrics* 84 (1989): 388-91.

American Academy of Pediatrics, *Newborns: Care of the Uncircumcised Penis*, Elternbroschüre. Elk Grove Village, IL: Autor, 1992.

American Academy of Pediatrics, *Circumcision: Pros and Cons*, Elternbroschüre. Elk Grove, IL: Autor, 1995.

American Psychiatric Association, *Diagnostic and Statistical Manual of Mental Disorders*, 4th ed. Washington, DC: Autor, 1994.

Anand, K. & Carr, D., »The Neuroanatomy, Neurophysiology, and Neurochemistry of Pain, Stress, and Analgesia in Newborns and Children«, *Pediatric Clinics of North America* 36 (1989): 795-822.

Anand, K. & Hickey, P., »Pain and Its Effects in the Human Neonate and Fetus«, *New England Journal of Medicine* 317 (1987): 1321-9.

Anders, T. & Chalemian, R., »The Effects of Circumcision on Sleep-Wake States in Human Neonates«, *Psychosomatic Medicine* 36 (1974): 174-9.

Anholm, P., »Breastfeeding: A Preventive Approach to Health Care in Infancy«, *Issues in Comprehensive Pediatric Nursing* 9 (1986): 1-10.

Anthi, P., »Reconstruction of Preverbal Experiences«, *Journal of the American Psychoanalytic Association* 31 (1983): 33-58.

Antonucci, T., Peggs, J., & Marquez, J., »The Relationship between Self-Esteem and Physical Health in a Family Practice Population«, *Family Practice Research Journal* 9 (1989): 65-72.

Arend, R., Gove, F., & Sroufe, L., »Continuity of Individual Adaptation from Infancy to Kindergarten: A Predictive Study of Ego-Resiliency and Curiosity in Preschoolers«, *Child Development* 50 (1979): 950-9.

Arkes, H. & Blumer, C., »The Psychology of Sunk Cost. *Organizational Behavior and Human Decision Processes* 35 (1985): 124.

Arms, S., *Immaculate Deception.* New York: Bantam Books, 1975.

Arnett, J., »The Soundtrack of Recklessness: Musical Preferences and Reckless Behavior among Adolescents«, *Journal of Adolescent Research* 7 (1992): 313-31.

Asch, S., »Effects of Group Pressure upon the Modification and Distortion of Judgments«, In H. Guetzkow, Hrsg., *Groups, Leadership, and Men.* Pittsburgh: Carnegie Press, 1951, 177-90.

Asch, S., »Studies of Independence and Conformity: A Minority of One against a Unanimous Majority. *Psychological Monographs* 70 (1956): 9.

Astrachan, A., *How Men Feel: Their Responses to Women's Demands for Equality and Power.* Garden City, NY: Anchor Press/Doubleday, 1986.

Bacon, M., Child, I., & Barry, H., »A Cross-Cultural Study of Correlates of Crime«, In I. Al-Issa and W. Dennis, Hrsg., *Cross Cultural Studies of Behavior.* New York: Holt, Rinehart and Winston, 1970.

Bagley, C., »Is the Prevalence of Child Sexual Abuse Decreasing? Evidence from a Random Sample of 750 Young Adult Women«, *Psychological Reports* 66 (1990): 1037-8.

Bagley, C. & Ramsay, R., »Sexual Abuse in Childhood: Psychosocial Outcomes and Implications for Social Work Practice«, *Journal of Social Work and Human Sexuality* 4 (1986): 33-47.

Baker, J., Comments at conclusion of presentation by R. Laibow, *Circumcision and Its Relationship to Attachment Impairment.* Second International Symposium on Circumcision. San Francisco, CA, 1991.

Banks, M., »The Development of Visual Accommodation during Early Infancy«, *Child Development* 51 (1980): 646-66.

Barker-Benfield, G. *The Horrors of the Half-Known Life.* New York: Harper & Row, 1976.

Bass, A., »A Touch for Evil«, *Boston Globe Magazine*, 7. Juli 1991, 12.

Bass, A., »Domestic Violence: Roots Go Deep«, *Boston Globe*, 30. September 1991, 1.

Beckwith, L., Cohen, S., Kopp, C., Parmelee, A., & Marcy, T., »Caregiver-Infant Interaction and Early Cognitive Development in Preterm Infants«, *Child Development* 47 (1976): 576-87.

Behnegar, A., »Hysterectomy Report«, *American Health*, September 1992.

Bell, S. & Ainsworth, M., »Infant Crying and Maternal Responsiveness«, *Child Development* 43 (1972): 1171-90.

Bella, R., Madsen, R., Sullivan, W., Swidler, A., & Tipton, S., *Habits of the Heart.* New York: Harper & Row, 1985.

Belsky, J., »Child Maltreatment: An Ecological Integration«, *American Psychologist* 35 (1980): 320-35.

Belsky, J., »Infant Day Care and Socioemotional Development: The United States«, *Journal of Child Psychology and Psychiatry and Allied Disciplines* 29 (1988): 397-406.

Benedict, R., »Swaddling in Eastern Europe«, In I. Al-Issa and W. Dennis, Hrsg., *Cross Cultural Studies of Behavior.* New York: Holt, Rinehart and Winston, 1970.

Bengston, B. & Baldwin, C., »The International Student: Female Circumcision Issues«, *Journal of Multicultural Counseling and Development* 21 (1993): 168-73.

Benini, F., Johnson, C., Faucher, D., & Aranda, J., »Topical Anesthesia during Circumcision in Newborn Infants«, *Journal of the American Medical Association* 270 (1993): 850-3.

Bennett, S., »Infant-Caretaker Interactions«, *Journal of the American Academy of Child Psychiatry* 10 (1971): 321-35.

Berkowitz, L., »Pain and Aggression: Some Findings and Implications«, *Motivation and Emotion* 17 (1993): 277-93.

Berlyne, D., »Curiosity and Exploration«, *Science* 153 (1966): 25-33.

Bernstein, A. & Blacher, R., »The Recovery of a Memory from Three Months of Age«, *Psychoanalytic Study of the Child* 22 (1967): 156-61.

Bhojak, M. & Nathawat, S., »Body Image, Hopelessness and Personality Dimensions in Lower Limb Amputees«, *Indian Journal of Psychiatry* 30 (1988): 161-5.

Bicehouse, T. & Hawker, L., »Degrees of Games: An Application to the Understanding of Domestic Violence«, *Transactional Analysis Journal* 23 (1993): 195-200.

Bickell, N., Earp, J., Garrett, J., & Evans, A., »Gynecologists' Sex, Clinical Beliefs, and Hysterectomy Rates«, *American Journal of Public Health* 84 (1994): 1649-52.

Bigelow, J., *The Joy of Uncircumcising!* Aptos, CA: Hourglass, 1995.

Blass, E., Ganchrow, J., & Steiner, J., »Classical Conditioning in Newborn Humans 2-48 Hours of Age«, *Infant Behavior and Development* 7 (1984): 223-35.

Bleier, R., »Bias in Biological and Human Sciences: Some Comments«, *Signs* 4 (1978): 159-63.

Bloche, M., *Uruguay's Military Physicians: Cogs in a System of State Terror*. Washington: AAAS, 1987.

Blurton Jones, N., »Comparative Aspects of Mother-Child Contact«, In N. Blurton Jones, Hrsg., *Ethological Studies of Child Behavior*. New York: Cambridge University Press, 1972, 315-28.

Bochner, S. & Insko, C., »Communicator Discrepancy, Source Credibility, and Influence«, *Journal of Personality and Social Psychology* 4 (1966): 614-21.

Bolande, R., »Ritualistic Surgery: Circumcision and Tonsillectomy«, *New England Journal of Medicine* 280 (1969): 591-6.

Bolles, R., »Reinforcement, Expectancy, and Learning«, *Psychological Review* 79 (1972): 394-409.

Bower, B., »Child Abuse Leaves Mark on Brain«, *Science News* 147 (1995): 340.

Bower, G., »Mood and Memory«, *American Psychologist* 36 (1981): 129-48.

Bower, T., *The Rational Infant*. New York: Freeman, 1989.

Bower, T., Boughton, J., & Moore, M., »Infant Responses to Approaching Objects: An Indicator of Response to Distal Variables«, *Perception and Psychophysics* 9 (1970): 193-6.

Bowlby, J., »Grief and Mourning in Infancy and Early Childhood«, *Psychoanalytic Study of the Child* 15 (1960): 9-52.

Bowlby, J., »Attachment Theory and Its Therapeutic Implications«, In S.C. Feinstein and P.L. Giovacchini, Hrsg., *Adolescent Psychiatry: Developmental and Clinical Studies*. Chicago: University of Chicago Press, 1978, 5-33

Brackbill, Y., »Continuous Stimulation and Arousal Level in Infancy: Effects of Stimulus Intensity and Stress«, *Child Development* 46 (1975): 364-9.

Brackbill, Y., »Obstetrical Medication and Infant Behavior«, In J. Osofsky, Hrsg., *Handbook of Infant Development*. New York: Wiley & Sons, 1979.

Brackbill, Y., McManus, K., & Woodward, L., *Medication in Maternity: Infant Exposure and Maternal Information*. Ann Arbor: University of Michigan Press, 1985.

Branden, N., *The Power of Self-Esteem*. Deerfield Beach, FL: Health Communications, 1992.

Braswell, L., *Quest for Respect: A Healing Guide for Survivors of Rape*. Ventura, CA: Pathfinder Publishing, 1989.

Brazelton, T., *Doctor and Child*. New York: Delacorte Press, 1976.

Brazelton, T., *Touchpoints*. New York: Addison-Wesley, 1992.

Breeding, J., »The Unkindest Cut: Altering Male Genitalia«, *Man!*, Winter 1991, 25.

Brehm, J., »Postdecision Changes in the Desirability of Alternatives«, *Journal of Abnormal and Social Psychology* 52 (1956): 384-9.

Bremner, J., Randall, P., Scott, T., Bronen, R., Seibyl, J., Southwick, S. Delaney, R., McCarthy, G., Charney, D., & Innis, R., »MRI-Based Measurement of Hippocampal Volume in Patients with Combat-Related Posttraumatic Stress Disorder«, *American Journal of Psychiatry* 152 (1995): 973-81.

Brende, J., »Electrodermal Responses in Post-Traumatic Syndromes«, *Journal of Nervous and Mental Disease* 170 (1982): 352-361.

Breslan, N. & Davis, G., »Post-Traumatic Stress Disorder: The Etiologic Specificity of Wartime Stressors. *American Journal of Psychiatry* 144 (1987): 578-83.

Briere, J. & Runtz, M., »Childhood Sexual Abuse: Long-Term Sequelae and Implications for Psychological Assessment«, *Journal of Interpersonal Violence* 8 (1993): 312-30.

Briggs, A., *Circumcision: What Every Parent Should Know*. Earlysville, VA: Birth and Parenting Publications, 1985.

British Medical Association, *Medicine Betrayed*. London: Zed Books, 1992.

Brodbar-Nemzer, J., Conrad, P., & Tenanbaum, S., »American Circumcision Practices and Social Reality«, *Sociology and Social Research* 71 (1987): 275-9.

Brody, L., Zelazo, P., & Chaika, H., »Habituation-Dishabituation to Speech in the Neonate«, *Developmental Psychology* 20 (1984): 114-9.

Brooks, T., zitiert in R. Romberg, *Circumcision: the Painful Dilemma*. South Hadley, MA: Bergin & Garvey, 1985.

Brown, M. & Brown, C., »Circumcision Decision: Prominence of Social Concerns«, *Pediatrics* 80 (1987): 215-9.

Browne, A. & Finkelhor, D., »Impact of Child Sexual Abuse: A Review of the Research«, *Psychological Bulletin* 99 (1986): 66-77.

Bryant, B., »An Index of Empathy for Children and Adolescents«, *Child Development* 53 (1982): 413-25.

Burgess, A. & Holmstrom, L., »Adaptive Strategies and Recovery from Rape«, *American Journal of Psychiatry* 136 (1979): 1278-82.

Bushnell, I., Sai, F., & Mullin, J., »Neonatal Recognition of the Mother's Face«, *British Journal of Developmental Psychology* 7 (1989): 3-15.

Butler, A., Hokanson, J., & Flynn, H., »A Comparison of Self-Esteem Lability and Low Trait Self-Esteem as Vulnerability Factors for Depression«, *Journal of Personality and Social Psychology* 66 (1994): 166-77.

Butler, N., »How to Raise Professional Awareness of the Need for Adequate Pain Relief for Infants«, *Birth* 15 (March 1988): 39.

Butterworth, G. & Hopkins, B., »Hand-Mouth Coordination in the Newborn Baby«, *British Journal of Developmental Psychology* 6 (1988): 303-14.

Calkins, S. & Fox, N., »The Relations among Infant Temperament, Security of Attachment, and Behavioral Inhibition at Twenty-Four Months«, *Child Development* 63 (1992): 1456-72.

Campbell, S., »Mother-Infant Interaction as a Function of Maternal Ratings of Temperament«, *Child Psychiatry and Human Development* 10 (1979): 67-76.

Campbell, S., Breaux, A., Ewing, L., & Szumowski, E., »Correlates and Predictors of Hyperactivity and Aggression: A Longitudinal Study of Parent-Referred Problem Preschoolers«, *Journal of Abnormal Child Psychology* 14 (1986): 217-34.

Canetto, S., »Gender Issues in the Treatment of Suicidal Individuals«, *Death Studies* 18 (1994): 513-27.

Cansever, G., »Psychological Effects of Circumcision«, *British Journal of Medical Psychology* 38 (1965): 321-31.

Carmen, E., Ricker, P., & Mills, T., »Victims of Violence and Psychiatric Illness«, *American Journal of Psychiatry* 141 (1984): 378-83.

Cassell, Z. & Sander, L., »Neonatal Recognition Processes and Attachment: The Masking Experiment«, Paper presented to the Society for Research in Child Development, Denver, CO, 1975.

Castillo, M & Butterworth, G., »Neonatal Localization of a Sound in Visual Space«, *Perception* 10 (1981): 331-8.

Chamberlain, D., »The Significance of Birth Memories«, *Pre and Perinatal Psychology Journal* 2 (1988): 208-26.

Chamberlain, D., *Babies Remember Birth*. New York: Ballantine, 1988.

Chamberlain, D., »Babies Remember Pain«, *Pre and Perinatal Psychology Journal* 3 (1989): 297-310.

Cheek, D., »Sequential Head and Shoulder Movements Appearing in Age Regression in Hypnosis to Birth«, *American Journal of Clinical Hypnosis* 16 (1974): 261-6.

Cheek, D., »Maladjustment Patterns Apparently Related to Imprinting at Birth«, *American Journal of Clinical Hypnosis* 18 (1975): 75-82.

Christensen-Szalanski, J., Boyce, W., Harrell, H., & Gardner, M., »Circumcision and Informed Consent: Is More Information Always Better?" *Medical Care* 25 (1987): 856-67.

Chu, J. & Dill, D., »Dissociative Symptoms in Relation to Childhood Physical and Sexual Abuse«, *American Journal of Psychiatry* 147 (1990): 887-92.

Ciaranello, R., »Neurochemical Aspects of Stress«, In N. Garmezy & M. Rutter, Hrsg., *Stress, Coping, and Development.* New York: McGraw Hill, 1983.

Clarke-Stewart, K., »Infant Day Care: Maligned or Malignant?" *American Psychologist* 44 (1989): 266-73.

Clarke-Stewart, K. & Hevey, C., »Longitudinal Relations in Repeated Observations of Mother-Child Interaction from One to Two and One-Half Years«, *Developmental Psychology* 17 (1981): 127-45.

Clarkson, M. & Berg, W., »Cardiac Orienting and Vowel Discrimination in Newborns: Crucial Stimulus Parameters«, *Child Development* 48 (1983): 1666-70.

Coe, C., Mendoza, S., Smotherman, W., & Levine, S., »Mother-Infant Attachment in the Squirrel Monkey: Adrenal Response to Separation«, *Behavioral Biology* 22 (1978): 256-263.

Cogen, R. & Steinman, W., »Sexual Function and Practice in Elderly Men of Lower Socioeconomic Status«, *Journal of Family Practice* 31 (1990): 162-6.

Condon, W. & Sander, L., »Synchrony Demonstrated between Movements of the Neonate and Adult Speech«, *Child Development* 45 (1974): 456-62.

Connelly, K., Shropshire, L., & Salzberg, A., »Gastric Rupture Associated with Prolonged Crying in a Newborn Undergoing Circumcision«, *Clinical Pediatrics* 31 (1992): 560-1.

Cookson, H., »Personality Variables Associated with Alcohol Use in Young Offenders«, *Personality and Individual Differences* 16 (1994): 179-82.

Cooper, R., & Aslin, R., »Preference for Infant-Directed Speech in the First Month after Birth. *Child Development* 61 (1990): 1584-95.

Court, C., Roberts, J., Essex, C., Mudur, M., Dorozynski, A., Wilcox, E., & Siegel-Itzkovich., »Cot Deaths (Global Survey)«, *British Medical Journal* 310 (1995): 7.

Courtois, C., »The Incest Experience and Its Aftermath«, *Victimology: An International Journal* 4 (1979): 337-47.

Cowley, G., »The Hunt for a Breast Cancer Gene«, *Newsweek,* 6. Dezember 1993, 46-52.

Craig, K., Hadjistavropoulos, H., & Grunau, R., »A Comparison of Two Measures of Facial Activity during Pain in the Newborn Child«, *Journal of Pediatric Psychology* 19 (1994): 305-18.

Craig, K., Whitfield, M., Grunau, R., & Linton, J., »Pain in the Preterm Neonate: Behavioral and Physiological Indices«, *Pain* 52 (1993): 287-99.

Crandon, A., »Maternal Anxiety and Neonatal Wellbeing«, *Journal of Psychosomatic Research* 23 (1979): 113-5.

Crudden, C., »Reactions of Newborn Infants to Thermal Stimuli under Constant Tactual Conditions«, *Journal of Experimental Psychology* 20 (1937): 350-70.

Davis-Floyd, R., »The Role of Obstetrical Rituals in the Resolution of Cultural Anomaly«, *Social Science and Medicine* 31 (1990): 175-89.

DeCasper, A. & Carstens, A., »Contingencies of Stimulation: Effects on Learning and Emotion in Neonates«, *Infant Behavior and Development* 4 (1981): 19-35.

DeCasper, A. & Fifer, W., »Of Human Bonding: Newborns Prefer Their Mothers' Voices«, *Science* 208 (1980): 1174-6.

DeCasper, A. & Prescott, P., »Human Newborns' Perception of Male Voices: Preference, Discrimination, and Reinforcing Value«, *Developmental Psychobiology* 17 (1984): 481-91.

DeCasper, A. & Spence, M., »Prenatal Maternal Speech Influences Human Newborn's Auditory Preferences«, Paper presented at 3rd Biennial International Conference on Infant Studies, Austin, TX, 1982.

Delaney, L., »When to Say 'Wait'. When Your Doctor Says 'Cut.'" *Prevention 43* (September 1991): 44.

de Leo, D., Predieri, M., Melodia, C., & Vella, J., »Suicide Attitude in Breast Cancer Patients«, *Psychopathology* 24 (1991): 115-9.

deMause L., »The Universality of Incest«, *Journal of Psychohistory* 19 (1991): 123-64.

DeMeo, J., »The Geography of Genital Mutilations«, *The Truth Seeker*, Juli/August 1989, 9-13.

Denniston, G., »First, Do No Harm«, *The Truth Seeker,* Juli/August 1989, 35-8.

Denniston, G. Leserbrief zur Beschneidung. *The Female Patient* 17 (1992): 10.

Denniston, G., »Unnecessary Circumcision«, *The Female Patient* 17 (1992): 13-4.

Literaturverzeichnis

Desor, J., Maller, O., & Andrews, K., »Ingestive Responses of Newborns to Salty, Sour, and Bitter Stimuli«, *Journal of Comparative and Physiological Psychology* 89 (1975): 966-70.

Devore, I. & Konner, M., »Infancy in a Hunter-Gatherer Life: An Ethological Perspective«, In N. White, Hrsg., *Ethology and Psychiatry*. Toronto, Canada: University of Toronto Press, 1974.

DeYoung, M. *The Sexual Victimization of Children*. Jefferson, NC: McFarland, 1982.

DHHS. Publication NIH 85-23, *Guide for the Care and Use of Laboratory Animals*, 1985.

Dirie, M. & Lindmark, G., »Female Circumcision in Somalia and Women's Motives«, *Acta Obstetricia Et Gynecologica Scandinavica* 70 (1991): 581-5.

Ditman, J., »Circumcision Plight«, Leserbrief. *Mensa Bulletin*, March 1993.

Dixon, S., Snyder, J., Holve, R., & Bromberger, P., »Behavioral Effects of Circumcision with and without Anesthesia«, *Journal of Development and Behavioral Pediatrics* 5 (1984): 246-50.

Donovan, W., »Maternal Learned Helplessness and Physiologic Response to Infant Crying«, *Journal of Personality and Social Psychology* 40 (1981): 919-26.

Donovan, W. & Leavitt, L., »Physiologic Assessment of Mother-Infant Attachment«, *Journal of the American Academy of Child Psychiatry* 24 (1985): 65-70.

Dosser, D., Balswick, J., & Halverson, C., »Male Inexpressiveness and Relationships«, *Journal of Social and Personal Relationships* 3 (1986): 241-58.

Dowling, S., »Dreams and Dreaming in Relation to Trauma in Childhood«, *International Journal of Psychoanalysis* 63 (1982): 157-66.

Duff, C. & Wells, K., »Forget Cars, Sports or Sex: Guys Today Want to Talk PCs«, *Wall Street Journal*, 28 January 1994.

Eagly, A. & Telaak, K., »Width of the Latitude of Acceptance as a Determinant of Attitude Change«, *Journal of Personal and Social Psychology* 23 (1972): 388-97.

Ebomoyi, E., »Prevalence of Female Circumcision in Two Nigerian Communities«, *Sex Roles* 17 (1987): 139-51.

Edell, D. Television news report on circumcision. KGO, San Francisco, 1984.

Editor, »Routine Circumcision at Birth?" *Journal of the American Medical Association* 91 (1928): 201.

Eich, J., »The Cue Dependent Nature of State Dependent Retrieval«, *Memory and Cognition* 8 (1980): 157-68.

Eisenberg, R. & Marmarou, A., »Behavioral Reactions of Newborns to Speech-Like Sounds and Their Implications for Developmental Studies«, *Infant Mental Health Journal* 2 (1981): 129-38.

Eland, J., »Pain in Children Misunderstood: State of Management 'Shocking.'" *Pediatric News* 20 (August 1986): 1.

Eland, J. & Anderson, J., »The Experience of Pain in Children«, In A. Jacox, Hrsg., *Pain: A Source Book for Nurses and Other Health Professionals*. Boston: Little, Brown, 1977, 453-73.

Else, L., Wonderlich, S., & Beatty, W., »Personality Characteristics of Men Who Physically Abuse Women«, *Hospital and Community Psychiatry* 44 (1993): 54-8.

Emerson, W., »Psychotherapy with Infants and Children«, *Pre and Perinatal Psychology Journal* 3 (1989): 190-217.

Engel, B. *The Right to Innocence*. Los Angeles: J.P. Tarcher, 1989.

Erickson, J. *Making America Safe for Foreskins*, 1992. (Available from author, 1664 Beach Blvd. #216, Biloxi, MS 39531)

Erikson, E. *Childhood and Society*. New York: Norton, 1963.

Errard, C., »Long-Term Memory Involved in Nestmate Recognition in Ants«, *Animal Behavior* 48 (1994): 263-71.

Fantz, R., »Pattern Vision in Newborn Infants«, *Science* 140 (1963): 296-7.

Federal Bureau of Investigation, U.S. Department of Justice, *Crime in the United States: Uniform Crime Reports 1993*. Washington, DC, 1994.

Feher, L. *The Psychology of Birth*. New York: Continuum, 1980.

Feher, L., »Birth Conditions and the Adult Personality«, *Birth Psychology Bulletin* 10 (1989): 108.

Feldman, H., Goldstein, I., Hatzichristou, D., Krane, R., & McKinlay, J., »Impotence and Its Medical and Psychosocial Correlates: Results of the Massachusetts Male Aging Study«, *Journal of Urology* 151 (1994): 54-61.

Felshman, J., »The Foreskin Flap: Is Circumcision Really Worth It?" *Chicago Reader*, 10 March 1995, 17.

Fernando, B., Leeves, L., Greenacre, J., & Roberts, G., »Audit of the Relationship between Episiotomy and Risk of Major Perineal Laceration during Childbirth«, *British Journal of Clinical Practitioners* 49 (1995): 40-1.

Festinger, L. & Carlsmith, J., »Cognitive Consequences of Forced Compliance«, *Journal of Abnormal and Social Psychology* 58 (1959): 203-10.

Field, T., »Attachment as Psychobiological Attunement: Being on the Same Wavelength«, In T. Field & M. Reite, Hrsg., *The Psychobiology of Attachment and Separation*. Academic Press: Orlando, FL, 1985.

Field, T., »Models for Reactive and Chronic Depression in Infancy«, *New Directions for Child Development* 34 (1986): 47-60.

Field, T., »Alleviating Stress in Newborn Infants in the Intensive Care Unit«, *Clinics in Perinatology* 17 (1990): 1-9.

Field, T., Woodson, R., Greenberg, R., & Cohen, D., »Discrimination and Imitation of Facial Expressions by Neonates«, *Science* 218 (1982): 179-81.

Finkelhor, D. *Child Sexual Abuse: New Theory and Research*. New York: Free Press, 1984.

Finkelhor, D. *A Sourcebook on Child Sexual Abuse: New Theory and Research*. Beverly Hills, CA: Sage, 1986.

Finkelhor, D. & Browne, A., »The Traumatic Impact of Child Sexual Abuse: A Conceptualization«, *American Journal of Orthopsychiatry* 55 (1985): 530-41.

Fishbein, H. *Evolution, Development, and Children's Learning*. Santa Monica, CA: Goodyear, 1976.

Fitzgerald, J., »A Developmental Account of Early Childhood Amnesia«, *Journal of Genetic Psychology* 152 (1991): 159-71.

Fitzsimmons, S., Evans, M., Pearce, C., Sheridan, M., Wientzen, R., & Cole, M., »Immunoglobulin A Subclasses in Infants' Saliva and in Saliva and Milk from Their Mothers«, *Journal of Pediatrics* 124 (1994): 566-73.

Flannery, R., »From Victim to Survivor: A Stress Management Approach in the Treatment of Learned Helplessness«, In B. van der Kolk, *Psychological Trauma*. Washington, DC: American Psychiatric Press, 1987.

Fleiss, P., »Circumcision«, Leserbrief. *The Lancet* 345 (1995): 927.

Fletcher, A., »Pain in the Neonate«, Editorial. *New England Journal of Medicine* 17 (1987): 1347-8.

Fodor, N. *The Search for the Beloved*. New York: University Books, 1949.

Foley, J., »The Unkindest Cut of All«, *Fact*, Juli 1966.

Foreman, J., »It Helps to Prepare for Surgery«, *Boston Globe*, 29. April 1996, 25.

Freedman, J., »Involvement, Discrepancy, and Change«, *Journal of Abnormal and Social Psychology* 64 (1964): 290-5.

Freud, S. *Psychopathology of Everyday Life*. In A. Brill, Hrsg. und Übers., *The Basic Writings of Sigmund Freud*. New York: Modern Library, 1938.

Freud, S. *Introductory Lectures on Psychoanalysis*. J. Strachey, Hrsg. und Übers. 1920. Reprint, New York: Norton, 1966.

Friedman, E. & Neff, R. *Labor and Delivery: Impact on Offspring*. Littleton, MA: PSG Publishing, 1987.

Friedmann, L. *The Psychological Rehabilitation of the Amputee*. Springfield, IL: Charles C. Thomas, 1978.

Frodi, A. & Lamb, M., »Sex Differences in Responsiveness to Infants: A Developmental Study of Psychophysical and Behavioral Responses«, *Child Development* 49 (1978): 1182-8.

Gagnon, J., Hrsg., *Human Sexuality in Today's World*. Boston: Little, Brown, 1977.

Gagnon, J. & Simon, W., »The Sexual Scripting of Oral Genital Contacts«, *Archives of Sexual Behavior* 16 (1987): 1-25.

Ganiats, T., Humphrey, J., Taras, H., & Kaplan, R., »Routine Neonatal Circumcision: A Cost-Utility Analysis«, *Medical Decision Making* 11 (1991): 282-93.

Gee, W. & Ansell, J., »Neonatal Circumcision: A Ten Year Overview with Comparison of the Gomco Clamp and the Plastibell Device«, *Pediatrics* 58 (1976): 824-7.

Gelles, R., »Family Violence«, *Annual Review of Sociology* 11 (1985): 347-67.

Gelles, R., »Child Abuse and Violence in Single-Parent Families: Parent Absence and Economic Deprivation«, *American Journal of Orthopsychiatry* 59 (1989): 492-501.

Gelles, R., »Poverty and Violence toward Children«, *American Behavioral Scientist* 35 (1992): 258-74.

Gerald, H., Wilhelm, R., & Conolley, E., »Conformity and Group Size«, *Journal of Personality and Social Psychology* 8 (1968): 79-82.

Giller, B., »All in the Family: Violence in the Jewish Home«, *Women & Therapy* 10 (1990): 101-9.

Gillespie, W., »The Psycho-Analytic Theory of Sexual Deviation with Special Reference to Fetishism«, In I. Rosen, Hrsg., *The Psychology and Treatment of Sexual Deviation*. New York: Oxford University Press, 1964.

Gilmore, D. *Manhood in the Making: Cultural Concepts of Masculinity*. New Haven, CT: Yale University Press, 1990.

Glenn, N., »Television Watching, Newspaper Reading, and Cohort Differences in Verbal Ability«, *Sociology of Education* 67 (1994): 216-30.

Glod, C., »Long-Term Consequences of Childhood Physical and Sexual Abuse«, *Archives of Psychiatric Nursing* 7 (1993): 163-73.

Glover, H., »Emotional Numbing: A Possible Endorphin-Mediated Phenomenon Associated with Post-Traumatic Stress Disorders and Other Allied Psychopathologic States«, *Journal of Traumatic Stress* 5 (1992): 643-75.

Godard, R., »Long-Term Memory of Individual Neighbors in a Migratory Songbird«, *Nature* 350 (1991): 228-9.

Gold, E., »Long-Term Effects of Sexual Victimization in Childhood: An Attributional Approach«, *Journal of Consulting and Clinical Psychology* 54 (1986): 471-5.

Gold, S., Fultz, J., Burke, C., & Prisco, A., »Vicarious Emotional Responses of Macho College Males«, *Journal of Interpersonal Violence* 7 (1992): 165-74.

Goldman, R., Leserbrief. *Pediatrics* 91 (1993): 1215.

Goldman, R., Leserbrief, *Playgirl*, March 1974.

Goleman, D. *Vital Lies, Simple Truths*. New York: Simon & Schuster, 1985.

Goody, E., »Why Must Might Be Right? Observations on Sexual Herrshaft«, *Quarterly Newsletter of the Laboratory of Comparative Human Cognition* 9 (1987): 55-76.

Goren, C., Sarty, M., & Wu, P., »Visual Following and Pattern Discrimination of Facelike Stimuli by Newborn Infants«, *Pediatrics* 56 (1975): 544-9.

Gorman, L., Shook, B., & Becker, D., »Traumatic Brain Injury Produces Impairments in Long-Term and Recent Memory«, *Brain Research* 614 (1993): 29-36.

Gottman, J. *What Predicts Divorce? The Relationship between Marital Processes and Marital Outcomes*. Hillsdale, NJ: Lawrence Erlbaum Associates, 1994.

Gottman, J. & Levenson, R., »The Social Psychophysiology of Marriage«, In P. Noller & M. Fitzpatrick, Hrsg., *Perspectives on Marital Interaction*. Clevedon, England: Multilingual Matters Ltd., 1988.

Graham, S. *A Lecture to Young Men on Chastity, Intended also for the Serious Consideration of Parents and Guardians*. 10. Ausg., Boston: C. H. Pierce, 1848.

Graham, S., Catanzarite, V., & Bernstein, J., »A Comparison of Attitudes and Practices of Episiotomy among Obstetrical Practitioners in New Mexico«, *Social Science and Medicine* 31 (1990): 191-201.

Green, A., »Dimensions of Psychological Trauma in Abused Children«, *Journal of the American Association of Child Psychiatry* 22 (1983): 231-7.

Griffin, S. *Rape: The All-American Crime*. Andover, MA: Warner Modular Publications, 1973.

Grof, S. *The Adventure of Self-Discovery*. Albany: State University of NY Press, 1988.

Groth, N. *Men Who Rape*. New York: Plenum Press, 1979.

Grunau, R. & Craig, K., »Pain Expression in Neonates: Facial Action and Cry«, *Pain* 28 (1987): 395-410.

Grunau, R., Johnston, C., & Craig, K., »Neonatal Facial and Cry Responses to Invasive and Non-Invasive Procedures«, *Pain* 42 (1990): 295-305.

Gunnar, M., Connors, J., Isensee, J., & Wall, L., »Adrenocortical Activity and Behavioral Distress in Human Newborns«, *Developmental Psychobiology* 21 (1988): 297-310.

Gunnar, M., Fisch, R., & Malone, S., »The Effects of a Pacifying Stimulus on Behavioral and Adrenocortical Responses to Circumcision in the Newborn«, *Journal of the American Academy of Child Psychiatry* 23 (1984): 34-8.

Gunnar, M., Malone, S., Vance, G., & Fisch, R., »Coping with Aversive Stimulation in the Neonatal Period: Quiet Sleep and Plasma Cortisol Levels during Recovery from Circumcision«, *Child Development* 56 (1985): 824-34.

Haire, D., *The Pregnant Patient's Bill of Rights*, Broschüre. Minneapolis, MN: International Childbirth Education Association, 1975.

Haller, Jr., J. & Haller, R., *The Physician and Sexuality in Victorian America*. New York: Norton, 1974.

Hamilton, M. & Yee, J., »Rape Knowledge and Propensity to Rape«, *Journal of Research in Personality* 24 (1990): 111-22.

Hammer, E. & Glueck, B., Jr., »Psychodynamic Patterns in Sex Offense: A Four-Factor Theory«, *Psychiatric Quarterly* 3 (1957): 325-45.

Hammond, T. *Awakenings: A Preliminary Poll of Circumcised Males*, 1994. (Available from National Organization to Halt the Abuse and Routine Mutilation of Males, P.O. Box 460795, San Francisco, CA 94146)

Hanson, R., »The Psychological Impact of Sexual Assault on Women and Children: A Review«, *Annals of Sex Research* 3 (1990): 187-232.

Hansson, R. & Jones, W., »Loneliness, Cooperation, and Conformity among American Undergraduates«, *Journal of Social Psychology* 115 (1981): 103-8.

Harlow, H., Gluck, J., & Soumi, S., »Generalization of Behavioral Data between Nonhuman and Human Animals«, *American Psychologist* 27 (1972): 709-16.

Hartman, C. & Burgess, A., »Information Processing of Trauma«, *Child Abuse and Neglect* 17 (1993): 47-58.

Haas, J. & Shaffir, W., »The Cloak of Competence«, In J. Henslin, Hrsg., *Down to Earth Sociology*. New York: Free Press, 1993, 432-41.

Hayward, J. & Varela, F., Hrsg., *Gentle Bridges: Conversations with the Dalai Lama on the Sciences of Mind*. Boston: Shambhala, 1992.

Hepper, P., »An Examination of Fetal Learning Before and after Birth«, *Irish Journal of Psychology* 12 (1991): 95-107.

Herman, J. *Trauma and Recovery*. New York: Basic Books, 1992.

Herrera, A. Leserbrief. *Pediatrics* 71 (1983): 670.

Herrera, A., Cochran, B., Herrera, A., & Wallace, B., »Parental Information and Circumcision in Highly Motivated Couples with Higher Education«, *Pediatrics* 71 (1983): 233-4.

Hersher, L., Moore, A., & Richmond, J., »Effect of Post-Partum Separation of Mother and Kid on Maternal Care in the Domestic Goat«, *Science* 128 (1958): 1342.

Higbee, K., »Fifteen Years of Fear Arousal: Research on Threat Appeals, 1953-1968«, *Psychological Bulletin* 72 (1969): 426-44.

Hill, S. & Smith, J., »Neonatal Responsiveness as a Function of Maternal Contact and Obstetrical Drugs«, *Perceptual and Motor Skills* 58 (1984): 859-66.

Hinde, R., »Mother-Infant Separation in Rhesus Monkeys«, *Journal of Psychosomatic Research* 16 (1972): 227-8.

Hinde, R. *Towards Understanding Relationships*. London: Academic Press, 1979.

Hite, S. *Women and Love: A Cultural Revolution in Progress*. New York: Knopf, 1987.

Hoffman, M., »Developmental Synthesis of Affect and Cognition and Its Implications for Altruistic Motivation«, *Developmental Psychology* 11 (1975): 607-22.

Hoffman, M., »Is Altruism Part of Human Nature?" *Journal of Personality and Social Psychology* 40 (1981): 121-37.

Hofsten, C. Von., »Eye-Hand Coordination in the Newborn«, *Developmental Psychology* 18 (1982): 450-61.

Holleb, A. Editorial-Kommentar. *Ca—A Cancer Journal for Clinicians* 39 (1989): 127.

Hollenbeck, A., Susman, E., Nannis, E., Strope, B., Hersh, S., Levine, A., & Pizzo, P., »Children with Serious Illness: Behavioral Correlates of Separation and Isolation«, *Child Psychiatry and Human Development* 11 (1980): 3-11.

Hosken, F. *The Hosken Report*. Lexington, MA: Women's International Network News, 1993.

Howard, C., Howard, F., & Weitzman, M., »Acetaminophen Analgesis in Neonatal Circumcision: The Effect on Pain«, *Pediatrics* 93 (1994): 641-6.

Hsieh, C. & Pugh, M., »Poverty, Income Inequality, and Violent Crime: A Meta-Analysis of Recent Aggregate Data Studies«, *Criminal Justice Review* 18 (1993): 182-202.

Huesmann, L., Eron, L., & Lefkowitz, M., »Stability of Aggression over Time and Generations«, *Developmental Psychology* 20 (1984): 1120-34.

Hunt, J. & Uzgiris, I., »Cathexis from Recognitive Familiarity: An Exploratory Study«, Paper presented at the American Psychological Association Convention, Los Angeles, CA, 1964.

Ichiyama, M., Colbert, D., Laramore, H., & Heim, M., »Self-Concealment and Correlates of Adjustment in College Students«, *Journal of College Student Psychotherapy* 7 (1993): 55-68.

Isenberg, S. & Elting, L., »A Guide to Sexual Surgery«, *Cosmopolitan* 181 (November 1976): 104-8.

Izard, C., Haynes, O., Chisholm, G., & Baak, K., »Emotional Determinants of Infant-Mother Attachment«, *Child Development* 62 (1991): 906-17.

Jackson, J. & Cochran, S., »Loneliness and Psychological Distress«, *Journal of Psychology* 125 (1991): 257-62.

Jacobson, B., Eklund, G., Hamberger, L., & Linnarsson, D., »Perinatal Origin of Adult Self Destructive Behavior«, *Acta Psychiatrica Scandinavia* 76 (1987): 364-71.

Jacobson, B., Nyberg, K., Eklund, G., et al., »Obstetric Pain Medication and Eventual Adult Amphetamine Addition in Offspring«, *Acta Obstetricia et Gynecologica Scandinavica* 67 (1988): 677-82.

Jacobson, B., Nyberg, K., Gronbladh, L., et al., »Opiate Addition in Adult Offspring through Possible Imprinting after Obstetrical Treatment«, *British Medical Journal* 301 (1990): 1067-70.

Janov, A. *The Primal Scream*. New York: Dell Publishing, 1970.

Janov, A. *Imprints: The Lifelong Effects of the Birth Experience*. New York: Coward-McCann, 1983.

Janov, A. *The New Primal Scream: Primal Therapy 20 Years On*. Wilmington, DE: Enterprise Publishing, 1991.

Jessner, L., Blom, G., & Waldfogel, S., »Emotional Implications of Tonsillectomy and Adenoidectomy in Children«, *Psychoanalytic Study of the Child* 7 (1952): 126-69.

Johnson, S., Kurtz, M., Tomlinson, T., & Fleck, L., »Teaching the Process of Obtaining Informed Consent to Medical Students«, *Academic Medicine* 67 (1992): 598-600.

Johnson, W., Emde, R., Pannabecker, B. Stenborg, C., & Davis, M., »Maternal Perception of Infant Emotion from Birth Through 18 Months«, *Infant Behavior and Development* 5 (1982): 313-22.

Jones, D. & Reznikoff, M., »Psychosocial Adjustment to a Mastectomy«, *Journal of Nervous and Mental Disease* 177 (1989): 624-31.

Jones, E. & Nisbett, R. *The Actor and the Observer: Divergent Perceptions of the Causes of Behavior*. Morristown, NJ: General Learning, 1971.

Kagan, J. & Moss, H. *Birth to Maturity*. New York: Wiley, 1962.

Kagan, S. & Masden, M., »Rivalry in Anglo-American and Mexican Children of Two Ages«, *Journal of Personality and Social Psychology* 24 (1972): 214-20.

Kalmuss, D., »The Intergenerational Transmission of Marital Aggression«, *Journal of Marriage and the Family* 46 (1984): 11-9.

Kandel, E., »Genes, Nerve Cells, and the Remembrance of Things Past«, *Journal of Neuropsychiatry and Clinical Neurosciences* 1 (1989): 103-25.

Kandel, E. & Mednick, S., »Perinatal Complications Predict Violent Offending«, *Criminology* 29 (1991): 519-29.

Kaplan, G., »Complications of Circumcision«, *Urological Clinics of North America* 10 (1983): 543-9.

Katz, J., »The Question of Circumcision«, *International Surgery* 62 (1977): 490-2.

Kaweblum, Y., Press, S., Kogan, L., Levine, M., & Kaweblum, M., »Circumcision Using the Mogen Clamp«, *Clinical Pediatrics* 23 (1984): 679-82.

Keating, J. & Brock, T., »Acceptance of Persuasion and the Inhibition of Counterargumentation under Various Distraction Tasks«, *Journal of Experimental Social Psychology* 10 (1974): 301-9.

Kelalis, D., King, L., & Belman, A. *Clinical Pediatric Urology*. Vol. 2. Philadelphia: Harcourt Brace Jovanovich, 1992.

Kellaris, J. & Rice, R., »The Influence of Tempo, Loudness, and Gender of Listener on Responses to Music«, *Psychology and Marketing* 10 (1993): 15-29.

Kellogg, J. *Plain Facts for Old and Young*. Burlington, IA: F. Segner, 1888.

Kempe, R. & Kempe, C. *The Common Secret: Sexual Abuse of Children and Adolescents*. New York: W. H. Freeman, 1984.

Kennedy, H., »Trauma in Childhood: Signs and Sequelae as Seen in the Analysis of an Adolescent«, *Psychoanalytic Study of the Child* 41 (1986): 209-19.

Kennell, J., Jerauld, R., Wolfe, H., Chesler, D., Kreger, N., McAlpine, W, Steffa, M., & Klaus, M., »Maternal Behavior One Year After Early and Extended Post-Partum Contact«, *Developmental Medicine and Child Neurology* 16 (1974): 172-9.

Kennell, J. & Klaus, M., »Early Mother-Infant Contact: Effects on the Mother and the Infant«, *Bulletin of the Menninger Clinic* 43 (1979): 69-78.

Kestenbaum, R., Farber, E., & Sroufe, L., »Individual Differences in Empathy among Preschoolers: Relation to Attachment History«, *New Directions for Child Development* 44 (1989): 51-64.

Kihlstrom, J., »The Cognitive Unconscious«, *Science* 237 (1987): 1445-52.

Kiser, L., Ackerman, B., & Brown, E., »Post-Traumatic Stress Disorder in Young Children: A Reaction to Purported Sexual Abuse«, *Journal of the American Academy of Child and Adolescent Psychiatry* 27 (1988): 645-9.

Klein, M. & Stern, L., »Low Birthweight and the Battered Child Syndrome«, *American Journal of Diseases of Children* 122 (1971): 15.

Klaus, M. & Klaus, P. *The Amazing Newborn*. New York: Addison-Wesley, 1985.

Klein, C. *Mothers and Sons*. Boston: Houghton Mifflin, 1984.

Klein, M., Kaczorowski, J., Robbins, J., Gauthier, R., Jorgensen, S., & Joshi, A., »Physicians' Beliefs and Behavior during a Randomized Controlled Trial of Episiotomy: Consequences for Women in Their Care«, *Canadian Medical Association Journal* 153 (1995): 769-79.

Kleinman, A. *Rethinking Psychiatry*. New York: Free Press, 1988.

Kluge, E., »Female Circumcision: When Medical Ethics Confronts Cultural Values«, *Canadian Medical Association Journal* 148 (1993): 288-9.

Kohlberg, L. *The Psychology of Moral Development*. San Francisco: Harper & Row, 1984.

Konner, M., »Maternal Care, Infant Behavior, and Development among the !Kung«, in R. Lee & I. Devores, Hrsg., *Kalahari Hunter Gathers*. Cambridge, MA: Harvard University Press, 1976, 218-45.

Korner, A., Gabby, T., & Kraemer, H., »Relation between Prenatal Maternal Blood Pressure and Infant Irritability. *Early Human Development* 4 (1980): 35-9.

Koverola, C., »Psychological Effects of Child Sexual Abuse«, In A. Heger & S. Emans, *Evaluation of the Sexually Abused Child*. New York: Oxford University Press, 1992.

Krebs, D., »Empathy and Altruism«, *Journal of Personality and Social Psychology* 32 (1975): 1134-46.

Krugman, S., »Trauma in the Family: Perspectives on the Intergenerational Transmission of Violence«, In B. van der Kolk, *Psychological Trauma*. Washington, DC: American Psychiatric Press, 1987.

Krupnick, J. & Horowitz, M., »Stress Response Syndromes«, *Archives of General Psychiatry* 38 (1981): 428-35.

Kuhn, D., Phelps, E., & Walters, J., »Correlational Reasoning in an Everyday Context«, *Journal of Applied Developmental Psychology* 6 (1985): 85-97.

Kulka, R., Schlenger, W., & Fairbank, J. *National Vietnam Veteran Readjustment Study*, executive summary. Research Triangle Park, NC: Research Triangle Institute, 1988.

Kumpf, M. & Gotz-Marchand, B., »Reduction of Cognitive Dissonance as a Function of Magnitude of Dissonance, Differentiation, and Self-Esteem«, *European Journal of Social Psychology* 3 (1973): 255-70.

Laibow, R., »Birth Recall: A Clinical Report«, *Pre and Perinatal Psychology Journal* 1 (1986): 78-81.

Laibow, R., »Toward a Developmental Nosology Based on Attachment Theory«, *Pre and Perinatal Psychology Journal* 3 (1988): 5-24.

Laibow, R., »Circumcision and Its Relationship to Attachment Impairment«, In *Syllabus of Abstracts*, the Second International Symposium on Circumcision, 1991.(Available from NOCIRC, P.O. Box 2512, San Anselmo, CA 94960)

Laner, M., »Violence or Its Precipitators: Which Is More Likely to Be Identified as a Dating Problem?" *Deviant Behavior* 11 (1990): 319-29.

Lanzetta, J. & Englis, B., »Expectations of Cooperation and Their Effects on Observers' Vicarious Emotional Responses«, *Journal of Personality and Social Psychology* 56 (1989): 543-54.

Larsen, G. & Williams, S., »Postneonatal Circumcision: Population Profile«, *Pediatrics* 85 (1990): 808-12.

Latane, B. & Neda, S., »Ten Years of Research on Group Size and Group Helping«, *Psychological Bulletin* 89 (1981): 308-24.

Laudenslager, M., »The Psychobiology of Loss: Lessons from Human and Nonhuman Primates«, *Journal of Social Issues* 44 (1988): 19-36.

Lazarus, R., Kanner, A., & Folkman, S., »Emotions: A Cognitive-Phenomenological Analysis«, In R. Plutchick & H. Kellerman, Hrsg., *Emotion: Theory, Research, and Experience*: *Vol. 1. Theories of Emotion*. New York: Academic Press, 1980.

Leboyer, F. *Birth Without Violence*. New York: Knopf, 1975.

Lefkowitz, M., Eron, L., Walder, L., & Huesman, L. *Growing Up to Be Violent*. New York: Pergamon, 1977.

Lehman, B., »The Age-Old Question of Circumcision«, *Boston Globe*, 22. Juni 1987, 41.

Leloo, M., »Circumcision: An Unnecessary Trauma?" *Journey,* September 1994, 5.

Lepowsky, M., »Women, Men, and Aggression in an Egalitarian Society«, *Sex Roles* 30 (1994): 199-211.

Lester, B. & Boukydis, C., Hrsg., *Infant Crying: Theoretical and Research Perspectives*. New York: Plenum, 1985.

Lester, D. & Abe, K., »The Regional Variation of Divorce Rates in Japan and the United States«, *Journal of Divorce and Remarriage* 21 (1993): 227-30.

Levin, T., »'Unspeakable Atrocities': The Psycho-Sexual Etiology of Female Genital Mutilation«, *Journal of Mind and Behavior* 1 (1980): 197-210.

Levine, S., Coe, C., & Smotherman, W., »Prolonged Cortisol Elevation in the Infant Squirrel Monkey after Reunion with Mother«, *Physiology and Behavior* 20 (1978): 7-10.

Levine, S., Wiener, S., & Coe, C., »Temporal and Social Factors Influencing Behavioral and Hormonal Responses to Separation in Mother and Infant Squirrel Monkeys«, *Psychoneuroendocrinology* 18 (1993): 297-306.

Levy, D., »Psychic Trauma of Operations in Children«, *American Journal of Diseases of Children* 69 (1945): 7-25.

Lightfoot-Klein, H. *Prisoners of Ritual*. Binghamton, NY: Harrington Park Press, 1989.

Lightfoot-Klein, H. Rites of Purification and Their Effects: Some Psychological Aspects of Female Genital Circumcision and Infibulation in an Afro-Arab Islamic Society«, *Journal of Psychology and Human Sexuality* 2 (1989): 79-91.

Lilienfeld, A. & Graham, S., »Validity of Determining Circumcision Status by Questionnaire as Related to Epidemiological Studies of Cancer of the Cervix«, *Journal of the National Cancer Institute* 21 (1958): 715.

Lipsett, L. & Kaye, H., »Conditioned Sucking in the Human Newborn«, *Psychonomic Science* 1 (1964): 29-30.

Lipton, S., »On Psychology of Childhood Tonsillectomy«, *Psychoanalytic Study of the Child* 17 (1962): 363-417.

Loftus, E. & Loftus, G., »On the Permanence of Stored Information in the Brain«, *American Psychologist* 35 (1980): 409-20.

Loss, P. & Glancy, E., »Men Who Sexually Abuse Their Children«, *Medical Aspects of Human Sexuality* 17 (1983): 328-9.

Lowenstein, L., »Attitudes and Attitude Differences to Female Genital Mutilation in the Sudan: Is There a Change on the Horizon?" *Acta Ethnographica Academiae Scientiarum Hungaricae* 29 (1980): 216-23.

Lowenstein, L., »Homicide: A Review of Recent Research (1975-1985)«, *Criminologist* 13 (1989): 74-89.

Luchins, A., »Focusing on the Object of Judgment in the Social Situation«, *Journal of Social Psychology* 60 (1963): 231-49.

Luchock, J. & McCrosky, J., »The Effect of Quality of Evidence on Attitude Change and Source Credibility«, *Southern Speech Communication Journal* 43 (1978): 371-83.

Luria, Z. *The Psychology of Human Sexuality*. New York: Wiley, 1979.

Lyons-Ruth, K., Connell, D., Zoll, D., & Stahl, J., »Infants at Social Risk: Relations among Infant Maltreatment, Maternal Behavior, and Infant Attachment Behavior«, *Developmental Psychology* 23 (1987): 223-32.

MacFarlane, A., »Olfaction in the Development of Social Preferences in the Human Neonate«, In R. Porter & M. O'Connor, Hrsg., *Parent-Infant Interactions*, Ciba Foundation Symposium, 33, (1975): 103-17.

Maguire, K. & Pastore, A., Hrsg., *Sourcebook of Criminal Justice Statistics, 1993*. Washington, DC: U.S. Department of Justice, Bureau of Justice Statistics, 1994.

Maguire, K. & Pastore, A., Hrsg. *Sourcebook of Criminal Justice Statistics, 1994*. Washington, DC: U.S. Department of Justice, Bureau of Justice Statistics, 1995.

Main, M & George, C., »Responses of Abused and Disadvantaged Toddlers to Distress in Agemates: A Study in the Daycare Setting«, *Developmental Psychology* 21 (1985): 407-12.

Major, B., Sciacchitano, A., & Crocker, J., »In-Group versus Out-Group Comparisons and Self-Esteem«, *Personality and Social Psychology Bulletin* 19 (1993): 711-21.

Malamuth, N., »Rape Proclivity among Males«, *Journal of Social Issues* 37 (1981): 138-57.

Malamuth, N., Heim, M., & Feshback, S., »Sexual Responsiveness of College Students to Rape Depictions: Inhibitory and Disinhibitory Effects«, *Journal of Personality and Social Psychology* 38 (1980): 399-408.

Malone, S., Gunnar, M., & Fisch, R., »Adrenocortical and Behavioral Responses to Limb Restraint in Human Neonates«, *Developmental Psychobiology* 18 (1985): 435-46.

Mansfield, C. & Hueston, W., »Neonatal Circumcision: Associated Factors and Length of Hospital Stay«, *Journal of Family Practice* 41 (1995): 370-6.

Margolis, G., Goodman, R., & Rubin, A., »Psychological Effects of Breast-Conserving Cancer Treatment and Mastectomy«, *Psychosomatics* 31 (1990): 33-9.

Markessinis, J. *The First Week of Life*. Princeton, NJ: Edcom Systems, 1971.

Marshall, W., »The Role of Attachments, Intimacy, and Loneliness in the Etiology and Maintenance of Sexual Offending«, *Sexual and Marital Therapy* 8 (1993): 109-21.

Marshall, R., Stratton, W., Moore, J., & Boxerman, S., »Circumcision: I. Effects upon Newborn Behavior«, *Infant Behavior and Development* 3 (1980): 1-14.

Marshall, R., Porter, F., Rogers, A., Moore, J., Anderson, B., & Boxerman, S., »Circumcision: II. Effects upon Mother-Infant Interaction«, *Early Human Development* 7 (1982): 367-74.

Martin, G., & Clark, R., »Distress Crying in Neonates: Species and Peer Specificity«, *Developmental Psychology* 18 (1982): 3-9.

Maslow, A. *Toward a Psychology of Being*. New York: Van Nostrand, 1968.

Masters, W., Johnson, V., & Kolodny, R. *Sex and Human Loving*. Boston: Little Brown, 1986.

Maurer, D. & Maurer, C. *The World of the Newborn*. New York: Basic Books, 1988.

May, R. *Love and Will*. New York: Norton, 1969.

McCabe, P. & Schneiderman, N., »Psychophysiological Reactions to Stress«, In N. Schneiderman & J. Tapp, Hrsg., *Behavioral Medicine: The Biopsychosocial Approach*. Hillsdale, NJ: Erlbaum, 1984.

McDonald, R., »The Role of Emotional Factors in Obstetrical Complications: A Review«, *Psychosomatic Medicine* 30 (1968): 222-37.

McGraw, M. *The Neuromuscular Maturation of the Human Infant*. New York: Columbia University Press, 1943.

Melamed, T., »Individual Differences in Romantic Jealousy: The Moderating Effect of Relationship Characteristics«, *European Journal of Social Psychology* 21 (1991): 455-61.

Meltzoff, A. & Borton, R., »Intermodal Matching by Human Neonates«, *Nature* 282 (1979): 403-4.

Meltzoff, A. & Moore, M., »Newborn Infants Imitate Adult Facial Gestures«, *Child Development* 54 (1983): 702-9.

Mendelsohn, R. *Confessions of a Medical Heretic*. Chicago: Contemporary Books, 1979.

Menzel, C., »Cognitive Aspects of Foraging in Japanese Monkeys«, *Animal Behavior* 41 (1991): 397-402.

Messer, S. & Lewis, M., »Social Class and Sex Difference in the Attachment and Play Behavior of the Year-Old Infant«, *Merrill-Palmer Quarterly* 18 (1972): 295-306.

Michael, R., Gagnon, J., Laumann, E., & Kolata, G. *Sex in America: A Definitive Survey*. Boston: Little Brown, 1994.

Michelsson, K., Raes, J., Thoden, C., & Wasz-Hockert, O., »Sound Spectrographic Cry Analysis in Neonate Diagnostics: An Evaluative Study«, *Journal of Phonetics* 10 (1982): 79-88.

Milgram, S., »Behavior Study of Obedience«, *Journal of Abnormal and Social Psychology* 67 (1963): 371-8.

Milgram, S., »Group Pressure and Action against a Person«, *Journal of Abnormal and Social Psychology* 69 (1964): 137-43.

Milos, M., »Infant Circumcision: 'What I Wish I Had Known.'" *The Truth Seeker,* Juli/August 1989, 3.

Milos, M. & Macris, D., »Circumcision: A Medical or a Human Rights Issue?" *Journal of Nurse-Midwifery* 37 (Supplement, 1992): 87S-96S.

Milvich, M. *Circumcision: An American Custom*. Snowmass, CO: Author, 1995.

Money, J. & Davison, J., »Adult Penile Circumcision: Erotosexual and Cosmetic Sequelae«, *Journal of Sex Research* 19 (1983): 289-92.

Montagu, A. *Sex, Man, and Society*. New York: G. P. Putnam's Sons, 1969.

Montagu, A. *Touching: The Human Significance of the Skin*. New York: Harper & Row, 1971.

Moon, C. & Fifer, W., »Syllables as Signals for 2-Day-Old Infants«, *Infant Behavior and Development* 13 (1990): 377-90.

Morgan, W., »The Rape of the Phallus«, *Journal of the American Medical Association* 193 (1965): 223-4.

Mosher, D. & Anderson, R., »Macho Personality, Sexual Aggression and Reactions to Guided Imagery of Realistic Rape«, *Journal of Research in Personality* 20 (1986): 77-94.

Moss, M., Gidycz, C., & Wisniewski, N., »The Scope of Rape: Incidence and Prevalence of Sexual Aggression and Victimization in a Natural Sample of Higher Education Students«, *Journal of Consulting and Clinical Psychology* 55 (1987): 162-70.

Mungas, D., »An Empirical Analysis of Specific Syndromes of Violent Behavior«, *Journal of Nervous and Mental Disease* 171 (1983): 354-61.

Murphy, C., Meyer, S., & O'Leary, K., »Dependency Characteristics of Partner Assaultive Men«, *Journal of Abnormal Psychology* 103 (1994): 729-35.

Musty, R., Jordon, M., & Lenox, R., »Criterion for Learned Helplessness in the Rat: A Redefinition«, *Pharmacology, Biochemistry and Behavior* 36 (1990): 739-44.

National Center for Health Statistics. 6525 Belcrest Rd., Hyattsville, MD 20782 (301)436-8500.

National Committee for Prevention of Child Abuse., »Think You Know Something about Child Abuse?" brochure. Chicago: Author, 1990.

National SIDS Resource Center. Information Exchange. Vienna, VA: Author, January 1990.

Nelson, E., Hill-Barlow, D., & Benedict, J., »Addiction versus Intimacy as Related to Sexual Involvement in a Relationship«, *Journal of Sex and Marital Therapy* 20 (1994): 35-45.

NIH. *Guide for the Care and Use of Laboratory Animals*, Publication 8523. U.S. Dept. of Health and Human Services, 1985.

NOCIRC Newsletter. Leserbrief. Frühjahr/Sommer 1987. (Available from NOCIRC, P.O. Box 2512, San Anselmo, CA 94960)

NOCIRC Newsletter. Herbst 1990.

NOCIRC Newsletter. Herbst 1994.

Noyes, R., »Depersonalization in Response to Life Threatening Danger«, *Comprehensive Psychiatry* 18 (1977): 375-84.

Odujinrin, O., Akitoye, C., & Oyediran, M., »A Study on Female Circumcision in Nigeria«, *West Africa Journal of Medicine* 8 (1989): 183-92.

O'Mara, P. *Circumcision: The Rest of the Story.* 1993. (Available from *Mothering*, P.O. Box 1690, Santa Fe, NM 87504)

Orr, L. & Ray, S. *Rebirthing in the New Age.* Millbrae, CA: Celestial Arts, 1977.

Osofsky, J., »Neonatal Characteristics and Mother-Infant Interaction in Two Observational Situations«, *Child Development* 47 (1976): 1138-47.

O'Sullivan, C. & Durso, F., »Effect of Schema-Incongruent Information on Memory for Stereotypical Attributes«, *Journal of Personality and Social Psychology* 47 (1984): 55-70

Ostwald, P. & Peltzman, P., »The Cry of the Human Infant«, *Scientific American* 230 (1974): 85.

Owens, M., & Todt, E., »Pain in Infancy: Neonatal Reaction to a Heel Lance«, *Pain* 20 (1984): 77-86.

Ozturk, O., »Ritual Circumcision and Castration Anxiety«, *Psychiatry* 36 (1973): 49-60.

Paige, K., »The Ritual of Circumcision«, *Human Nature*, Mai 1978, 42.

Papousek, H. & Papousek, M., »Mothering and the Cognitive Head-Start: Psychobiological Considerations«, In H. Schaffer, Hrsg., *Studies in Mother-Infant Interaction* (Chapter 4). London: Academic Press, 1977.

Parsons, M., »The Beginning«, Ashbury (NJ) Park Press, 3. Februar 1996, B1.

Patel, H., »The Problem of Routine Circumcision«, *Canadian Medical Association Journal* 95 (1966): 578-81.

Perris, E., Myers, N., & Clifton, R., »Long-Term Memory for a Single Infancy Experience«, *Child Development* 61 (1990): 1796-1807.

Peterson, C. & Seligman, M., »Learned Helplessness and Victimization«, *Journal of Social Issues* 39 (1983): 103-16.

Pickard-Ginsburg. M., »Jesse's Circumcision«, letter, *Mothering*, Frühjahr 1979, 80.

Pietropinto, A., »Male Contributions to Female Sexual Dysfunction«, *Medical Aspects of Human Sexuality* 20 (1986): 84-91.

Pitman, R., »Animal Models of Compulsive Behavior«, *Biological Psychiatry* 26 (1989): 189-98.

Pollack, M., »Jewish Feminist Perspective«, Presentation at the Third International Symposium on Circumcision, College Park, MD, Mai 1994.

Polluck, J., »Long-Term Associations with Infant Feeding in a Clinically Advantaged Population of Babies«, *Developmental Medicine and Child Neurology* 36 (1994): 429-40.

Porter, F., Miller, R., & Marshall, R., »Neonatal Pain Cries: Effect of Circumcision on Acoustic Features and Perceived Urgency«, *Child Development* 57 (1986): 790-802.

Postman, N. *Technopoly: The Surrender of Culture to Technology.* New York: Knopf, 1992.

Prechtl, H. & O'Brien, M., »Behavioral States of the Fullterm Newborn«, In P. Stratton, Hrsg., *Psychobiology of the Newborn.* New York: Wiley, 1982, 52-73.

Prescott, J., »Genital Pain vs. Genital Pleasure: Why the One and Not the Other?" *The Truth Seeker,* Juli/August 1989, 14-21.

Prince, J. & Arias, I., »The Role of Perceived Control and the Desirability of Control among Abusive and Nonabusive Husbands«, *American Journal of Family Therapy* 22 (1994): 126-34.

Putnam, F., »The Psychophysiologial Investigation of Multiple Personality Disorder«, *Psychiatic Clinics of North America* 7 (1984): 31-41.

Pynoos, R. & Eth, S., »Developmental Perspective on Psychic Trauma in Childhood«, In C. Figley, Hrsg., *Trauma and Its Wake.* New York: Brunner/Mazel, 1985.

Quinn, S., »The Competence of Babies«, *The Atlantic Monthly,* January 1982, 54-62.

Rabinowitz, R. & Hulbert, W., »Newborn Circumcision Should Not Be Performed without Anesthesia«, *Birth* 22 (1995): 45-6.

Raine, A., Brennan, P., & Mednick, S., »Birth Complications Combined with Early Maternal Rejection at Age 1 Predispose to Violent Crime at Age 18 Years«, *Archives of General Psychiatry* 51 (1994): 984-8.

Raine, A. & Venables, P., »Evoked Potential Augmenting-Reducing in Psychopaths and Criminals with Impaired Smooth-Pursuit Eye Movements«, *Psychiatry Research* 31 (1990): 85-98.

Raine, A., Venables, P., & Williams, M., »Autonomic Orienting Responses in 15-Year-Old Male Subjects and Criminal Behavior at Age 24«, *American Journal of Psychiatry* 147 (1990): 933-7.

Raisbeck, B., »Circumcision: A Wound Which Lasts a Lifetime«, *Healing Currents*, 1993.

Rank, O. *The Trauma of Birth.* 1929. Reprint, New York: Harper & Row, 1973.

Rapaport, K. & Burkhart, B., »Personality and Attitudinal Correlates of Sexual Coercive College Males«, *Journal of Abnormal Personality* 93 (1984): 216-21.

Raynor, J. & McFarlin, D., »Motivation and the Self-System«, In R. Sorrentino & E. Higgins, Hrsg., *Handbook of Motivation and Cognition: Foundations of Social Behavior.* New York: Guilford, 1986.

Reber, A. *The Penguin Dictionary of Psychology.* New York: Penguin Books, 1985.

Reich, W. *Character Analysis.* 3. Ausg., T. Wolfe, Übers. New York: Farrar, Strauss and Giroux, 1949.

Reiss, I., »A Sociological Journey into Sexuality«, *Journal of Marriage and the Family* 48 (1986): 233-42.

Reiss, I., »Society and Sexuality: A Sociological Theory«, In K. McKinney & S. Sprecher, Hrsg., *Human Sexuality: The Societal and Interpersonal Context.* Norwood, NJ: Ablex Publishing, 1989.

Reiss, Jr., A. & Roth, J., Hrsg., National Research Council. *Understanding and Preventing Violence.* Washington, DC: Jossey-Bass, 1993.

Reite, M. & Capitanio J., »Child Abuse: A Comparative and Psychobiological Perspective«, Paper presented at the Conference on Biosocial Perspectives on Child Abuse and Neglect, Social Sciences Research Council, Mai 1984.

Reite, M. & Capitanio, J., »On the Nature of Social Separation and Social Attachment«, In T. Field & M. Reite, Hrsg., *The Psychobiology of Separation and Attachment.* New York: Academic Press, 1985.

Richards, M., Bernal, J., & Brackbill, Y., »Early Behavioral Differences: Gender or Circumcision?" *Developmental Psychobiology* 9 (1976): 89-95.

Richardson, D., Hammock, G., & Smith, S., »Empathy as a Cogitive Inhibitor of Interpersonal Aggression«, *Aggressive Behavior* 20 (1994): 275-89.

Richardson, L. *The Dynamics of Sex and Gender.* New York: Harper & Row, 1988.

Rickard, N., Ng, K., & Gibbs, M., »A Nitric Oxide Agonist Stimulates Consolidation of Long-Term Memory in the 1-Day-Old Chick«, *Behavioral Neuroscience* 108 (1994): 640-4.

Righard, L. & Alade, M., »Effect of Delivery Room Routines on Success of First Breast-Feed«, *The Lancet* 336 (1990): 1105-7.

Ringler, N., Trause, M., Klaus, M., & Kennell, J., »The Effects of Extra Postpartum Contact and Maternal Speech Patterns on Children's IQ's, Speech and Language Comprehension at Five«, *Child Development* 49 (1978): 862-5.

Ritter, T. *Say No to Circumcision.* Aptos, CA: Hourglass, 1992.

Robertson, S., »Intrinsic Temporal Patterning in the Spontaneous Movement of Awake Neonates«, *Child Development* 53 (1982): 1016-21.

Robinson, R. & Frank, D., »The Relation between Self-Esteem, Sexual Activity, and Pregnancy«, *Adolescence* 29 (1994): 27-35.

Romberg, R. *Circumcision: The Painful Dilemma.* South Hadley, MA: Bergin & Garvey, 1985.

Romberg, R., »Circumcision Feedback«, Leserbrief. *Mensa Bulletin*, Mai 1993.

Rose, D., »'Worse Than Death': Psychodynamics of Rape Victims and the Need for Psychotherapy«, *American Journal of Psychiatry* 143 (1986): 817-24.

Rothbart, M., Ahadi, S., & Hershey, K., »Temperament and Social Behavior in Childhood«, *Merrill Palmer Quarterly* 40 (1994): 21-39.

Rowan, A. & Foy, D., »Post-Traumatic Stress Disorder in Child Sexual Abuse: A Literature Review«, *Journal of Traumatic Stress* 6 (1993): 3-20.

Rubin, J., Provenzano, F., & Luria, Z., »The Eye of the Beholder: Parents' Views on Sex of Newborns«, *American Journal of Orthopsychiatry* 44 (1974): 512-9.

Rubin, Z., Hill, C., Peplau, L., & Dunkel-Schetter, C., »Self-Disclosure in Dating Couples«, *Journal of Marriage and the Family* 42 (1980): 305-18.

Rushwan, H., »Female Circumcision«, *World Health,* April/Mai 1990, 24.

Russell, D. *Rape in Marriage.* New York: Macmillan, 1982.

Russell, D., »The Incidence and Prevalence of Intrafamilial and Extrafamilial Sexual Abuse of Female Children«, *Child Abuse and Neglect* 7 (1983): 133-46.

Russell, D. & Howell, N., »The Prevalence of Rape in the U.S. Revisited«, *Signs* 8 (1983): 688-95.

Rutherford, E. & Mussen, P., »Generosity in Nursery School Boys«, *Child Development* 39 (1968): 755-65.

Ryan, C. & Finer, N., »Changing Attitudes and Practices Regarding Local Analgesia for Newborn Circumcision«, *Pediatrics* 94 (1994): 230-3.

Sagi, A. & Hoffman, M., »Empathetic Distress in the Newborn«, *Developmental Psychology* 12 (1976): 175-6.

Sanday, P., »The Socio-Cultural Context of Rape: A Cross-Cultural Study«, *Journal of Social Issues* 37 (1981): 5-27.

Santee, R. & Maslach, C., »To Agree or Not to Agree: Personal Dissent Amid Social Pressure to Conform«, *Journal of Personality and Social Psychology* 42 (1982): 690-700.

Sargent, C., »Between Death and Shame: Dimensions of Pain in Bariba Culture«, *Social Science and Medicine* 19 (1984): 1299-304.

Schechter, N., »The Undertreatment of Pain in Children: An Overview«, *Pediatric Clinics of North America* 36 (1989): 781-94.

Schlereth, T. *Victorian America: Transformations in Everyday Life, 1876-1915.* New York: Harper Collins, 1991.

Schlossberger, N., Turner, R., & Irwin, C., »Early Adolescent Knowledge and Attitudes about Circumcision: Methods and Implications for Research«, *Journal of Adolescent Health* 13 (1992): 293-7.

Schmidt, E. & Eldridge, A., »The Attachment Relationship and Child Maltreatment. *Infant Mental Health Journal* 7 (1986): 264-73.

Schoen, E., »The Relationship between Circumcision and Cancer of the Penis«, *Ca—A Cancer Journal for Clinicians* 41 (1991): 306-9.

Schwartz, R., Seid, a., & Stool, S., »Tonsillectomy Today: Who Needs It?" *Patient Care* 26 (1992): 173-94.

Scully, D. & Bart, P., »A Funny Thing Happened on the Way to the Orifice: Women in Gynecology Textbooks«, In J. Huber, Hrsg., *Changing Women in a Changing Society.* Chicago: University of Chicago Press, 1973, 283-8

Scully, D. & Marolla, J., »Convicted Rapists' Vocabulary of Motive: Excuses and Justifications«, *Social Problems* 31 (1984): 530-44.

Scully, D. & Marolla, J., »'Riding the Bull at Gilley's.'" In J. Henslin, Hrsg., *Down to Earth Sociology.* New York: Free Press, 1993.

Seghorn, T., Prentky, R., & Boucher, R., »Childhood Sexual Abuse in the Lives of Sexually Aggressive Offenders«, *Journal of the American Academy of Child and Adolescent Psychiatry* 26 (1987): 262-7.

Sepkoski, C., Lester, B., Ostheimer, G., & Brazelton, T., »The Effects of Maternal Epidural Anesthesia on Neonatal Behavior during the First Month«, *Developmental Medicine and Child Neurology* 34 (1992): 1072-80.

Shabad, P., »Repetition and Incomplete Mourning: The Intergenerational Transmission of Traumatic Themes«, *Psychoanalytic Psychology* 10 (1993): 61-75.

Shahidullah, S. & Hepper, P., »Hearing in the Fetus: Prenatal Detection of Deafness«, *International Journal of Prenatal and Perinatal Studies* 4 (1992): 235-40.

Shanberg, S., Field, T., Kuhn, C., & Bartolome, J., »Touch: A Biological Regulator of Growth and Development in the Neonate«, *Verhaltenstherapie, 3*(Suppl. 1, 1993): 15.

Sheline, J., Skipper, B., & Broadhead, W., »Risk Factors for Violent Behavior in Elementary School Boys: Have You Hugged Your Child Today?" *American Journal of Public Health* 84 (1994): 661-3.

Sherif, M., »Conformity-Deviation, Norms, and Group Relations«, In I. Berg & B. Bass, Hrsg., *Conformity and Deviation.* New York: Harper, 1961, 59-181.

Sherman, M. & Sherman, I., »Sensori-Motor Responses in Infants«, *Journal of Comparative Psychology* 5 (1925): 53-68.

Sherrod, K., O'Connor S., Vietze, P., & Altemeier, W., »Child Health and Maltreatment«, *Child Development* 55 (1984): 1174-83.

Simkin, P., »Stress, Pain, and Catecholamines in Labor: II. Stress Associated with Childbirth Events: A Pilot Survey of New Mothers«, *Birth Issues in Perinatal Care and Education* 13 (1986): 234-40.

Simner, M., »Newborn's Response to the Cry of Another Infant«, *Developmental Psychology* 5 (1971): 136-50.

Siqueland, E. & Lipsett, L., »Conditioned Head-Turning in Human Newborns«, *Journal of Experimental Child Psychology* 3 (1966): 356-76.

Slater, A., Earle, D., Morison, V., & Rose., »Pattern Preferences at Birth and Their Interaction with Habituation-Induced Novelty Preferences«, *Journal of Experimental Child Psychology* 39 (1985): 37-54.

Slater, A. & Findlay, J., »Binocular Fixation in the Newborn Baby«, *Journal of Experimental Child Psychology* 20 (1975): 248-73.

Slater, A., Morison, V., & Rose, D., »Locus of Habituation in the Human Newborn«, *Perception* 12 (1983): 593-8.

Slater, A., Rose, D., & Morison, V., »Newborn Infants' Perception of Similarities and Differences between Two- and Three Dimensional Stimuli«, *British Journal of Developmental Psychology* 2 (1984): 287-94.

Smith, D. & Hackathorn, L., »Some Social and Psychological Factors Related to Suicide in Primitive Societies: A Cross-Cultural Comparative Study«, *Suicide and Life Threatening Behavior* 12 (1982): 195-211.

Solkoff, N. & Matuszak, D., »Tactile Stimulation and Behavioral Development among Low-Birthweight Infants«, *Child Psychiatry and Human Development* 6 (1975): 33-7.

Solter, A., »Why Do Babies Cry?" *Pre and Perinatal Psychology Journal* 10 (1995): 21-43.

Spangler, G. & Schieche, M., »Biobehavioral Organization in One-Year-Olds: Quality of Mother-Infant Attachment and Immunological and Adrenocortical Regulation«, *Psychologische Beitrage* 36 (1994): 30-5.

Spock, B. *The Common Sense Book of Baby and Child Care.* New York: Duell, Sloan, & Pearce, 1946.

Spock, B. Leserbrief. *Moneysworth*, 29. März 1976, 12.

Spock, B. & Rothenberg, M. *Dr. Spock's Baby and Child Care.* New York: Pocket Books, 1992.

Squire, L., »Mechanisms of Memory«, *Science* 232 (1986): 1612-9.

Stang, H., Gunnar, M., Snellman, L., Condon, L., & Kestenbaum, R., »Local Anesthesia for Neonatal Circumcision«, *Journal of the American Medical Association* 259 (1988): 1507-11.

Steele, C. & Liu, T., »Dissonance Processes as Self-Affirmation«, *Journal of Personality and Social Psychology* 45 (1983): 5-19.

Stein, M., Marx, M., Taggert, S., & Bass, R., »Routine Neonatal Circumcision: The Gap between Contemporary Policy and Practice«, *Journal of Family Practice* 15 (1982): 47-53.

Steiner, J., »Human Facial Expressions in Response to Taste and Smell Stimulation«, *Advances in Child Development and Behavior* 13 (1979): 257-95.

Stephan, W., Ageyev, V., Coates-Shrider, L., »On the Relationship between Stereotypes and Prejudice: An International Study«, *Personality and Social Psychology Bulletin* 20 (1994): 277-84.

Stern, D. *The Interpersonal World of the Infant.* New York: Basic Books, 1985.

Stewart, R. & Beatty, M., »Jealousy and Self-Esteem«, *Perceptual and Motor Skills* 60 (1985): 153-4.

Stimson, A., Stimson, J., & Dougherty, W., »Female and Male Sexuality and Self-Esteem«, *Journal of Social Psychology* 112 (1980): 157-8.

Stinson, J., »Impotence and Adult Circumcision«, *Journal of the National Medical Association* 65 (1973): 161.

Stolbach, D. *If Someone You Care About Has Been Raped, Broschüre.* Cambridge, MA: Boston Area Rape Crisis Center, 1986.

Stoller, R., »Consentual Sadomasochistic Perversions«, In H. Blum, E. Weinshel, & F. Rodman, Hrsg., *The Psychoanalytic Core.* New York: International Universities Press, 1989.

Straus, M., Gelles, R. & Steinmetz, S. *Behind Closed Doors: Violence in the American Family.* Garden City, NY: Anchor/Doubleday, 1980.

Summit, R. & Kryso, J., »Sexual Abuse of Children: A Clinical Spectrum«, *American Journal of Orthopsychiatry* 48 (1978): 237-51.

Taddio, A., Goldbach, M., Ipp, M., Stevens, B., & Koren, G., »Effect of Neonatal Circumcision on Pain Responses During Vaccination of Boys«, *The Lancet* 345 (1995): 291-2.

Taddio, A., Nulman, I., Goldbach, M., Ipp, M., & Koren, G., »The Use of Lidocaine-Prilocaine Cream for Vaccination Pain in Infants«, *Journal of Pediatrics* 124 (1994): 643-8.

Taylor, J., Lockwood, A., & Taylor, A., »The Prepuce: Specialized Mucosa of the Penis and Its Loss to Circumcision«, *British Journal of Urology* 77 (1996): 291-95.

Tellis-Nayak, V. & Donoghue, G., »Conjugal Egalitarianism and Violence across Cultures«, *Journal of Comparative Family Studies* 13 (1982): 277-90.

Temboury, M., Otero, A., Polanco, I., & Arribas, E., »Influence of Breastfeeding on the Infant's Intellectual Development«, *Journal of Pediatric Gastroenterology and Nutrition* 18 (1994): 32-6.

Terr, L., »Children of Chowchilla: A Study of Psychic Trauma«, *Psychoanalytic Study of the Child* 34 (1979): 547-623.

Terr, L., »What Happens to Early Memories of Trauma?" *Journal of the American Academy of Child and Adolescent Psychiatry* 27 (1988): 96-104.

Terr, L. *Too Scared to Cry.* New York: Harper & Row, 1990.

Terr, L., »Childhood Traumas: An Outline and Overview«, *American Journal of Psychiatry* 148 (1991): 10-20.

Terris, M. & Oalmann, A., »Carcinoma of the Cervix«, *Journal of the American Medical Association* 174 (1960): 1847-51.

Thelen, E. & Cooke, D., »Relationship between Newborn Stepping and Later Walking: A New Interpretation«, *Developmental Medicine and Child Neurology* 29 (1987): 380-93.

Tilney, F. & Rosett, J., »The Value of Brain Lipoids as an Index of Brain Development«, *Bulletin of the Neurological Institute of NY* 1 (1931): 28-71.

Toney, G. & Weaver, J., »Effects of Gender and Gender Roles Self-Perceptions on Affective Reactions to Rock Music Videos«, *Sex Roles* 30 (1994): 567-83.

Toubia, N., »Female Circumcision as a Public Health Issue«, *New England Journal of Medicine* 331 (1994): 712-6.

Toussieng, P., »Men's Fear of Having Too Small a Penis«, *Medical Aspects of Human Sexuality* 11 (1977): 62-70.

Trevarthen, C., »The Psychobiology of Speech Development«, *Neuroscience Research Progress Bulletin* 12 (1974): 570-85.

Tully, T., Cambiazo, V., & Kruse, L., »Memory through Metamorphosis in Normal and Mutant Drosophila«, *Journal of Neuroscience* 14 (1994): 68-74.

Tulving, E., »How Many Memory Systems Are There?" *American Psychologist* 40 (1985): 385-98.

Ulrich, R., »Pain as a Cause of Aggression«, *American Zoologist* 6 (1966): 643-62.

United Nations. *Human Development Report.* New York: Oxford University Press, 1994.

United Nations. *1993 Demographic Yearbook.* New York: Author, 1995.

Unkindest Cut of All, LeserbriefLeserbrief. *Playgirl,* Juli 1979, 108.

U.S. Department of Commerce. *Statistical Abstract of the U.S.* Lanham, MD: Bernan Press, 1994.

U.S. Department of Justice. *Attorney General's Commission on Pornography, Final Report.* Washington, DC: Juli 1986.

U.S. Senate Committee on the Judiciary., »Violence against Women: The Increase of Rape in America 1990«, *Response to the Victimization of Women and Children* 14 (1991): 20-3.

Vaillant, G., »Natural History of Male Psychological Health: II. Some Antecedents of Healthy Adult Adjustment«, *Archives of General Psychiatry* 31 (1974): 15-22.

Vandell, D., »Sociability with Peers and Mothers in the First Year«, *Developmental Psychology* 16 (1980): 355-61.

van der Kolk, B., *Psychological Trauma.* Washington, DC: American Psychiatric Press, 1987.

van der Kolk, B., »The Compulsion to Repeat the Trauma: Re-Enactment, Revictimization, and Masochism«, *Psychiatric Clinics of North America* 12 (1989): 389-411.

van der Kolk, B., »The Biological Response to Psychic Trauma: Mechanisms and Treatment of Intrusion and Numbing«, *Anxiety Research* 4 (1991): 199-212.

van der Kolk, B., Perry, J., & Herman, J., »Childhood Origins of Self-Destructive Behavior«, *American Journal of Psychiatry* 148 (1991): 1665-71.

Van Heeringen, C., Van Moffaert, M., & De Cuypere, G., »Depression after Surgery for Breast Cancer: Comparison of Mastectomy and Lumpectomy«, *Psychotherapy and Psychosomatics* 51 (1990): 175-9.

Van Hof-Van Duin, J. & G. Mohn., »The Development of Visual Acuity in Normal Fullterm and Preterm Infants«, *Vision Research* 26 (1986): 909-16.

Vaughn, B., Bradley, C., Joffe, L., Seifer, R., & Barglow, P., »Maternal Characteristics Measured Prenatally Are Predictive of Ratings of Temperamental 'Difficulty' on the Carey Infant Temperament Questionnaire«, *Developmental Psychology* 23 (1987): 152-61.

Verny, T. *The Secret Life of the Unborn Child*. New York: Dell Publishing, 1981.

Vinter, A., De Nobili, G., & Pellegrinetti, G., »Auditory-Visual Coordination: Does It Imply an External World for the Newborn?" *Cahiers De Psychologie Cognitive* 4 (1984): 309-21.

Vogt, J. & Levine, S., »Response of Mother and Infant Squirrel Monkeys to Separation and Disturbance«, *Physiology and Behavior* 24 (1980): 829-32.

Walco, G., Cassidy, R., & Schechter, N., »Pain, Hurt, and Harm: The Ethics of Pain Control in Infants and Children«, *New England Journal of Medicine* 331 (1994): 541-4.

Wallerstein, E. *Circumcision: An American Health Fallacy*. New York: Springer Publishing, 1980.

Wallerstein, E., »Circumcision: The Unique American Medical Enigma«, *Urologic Clinics of North America* 12 (1985): 123-32.

Walsh, A., »Self-Esteem and Sexual Behavior: Exploring Gender Differences«, *Sex Roles* 25 (1991): 441-50.

Walsh, M., »Circumcision: Should You or Shouldn't You?" *Burlington (VT) Free Press*, 5 February 1995, 1D, 5D.

Walsh, M., »»Part of Our Tribe«: Circumcision and Jewish Identity«, *Burlington (VT) Free Press*, 5 February 1995, 1D, 5D.

Warren, J. et al., »Circumcision of Children«, *British Medical Journal* 312 (1996): 377.

Wasz-Hockert, O., Lind, J., & Vuorenkoski, V., »The Infant Cry: A Spectrographic and Auditory Analysis«, *Clinical Developmental Medicine* 2 (1968): 9-42.

Weingartner, H., Miller, H., & Murphy, D., »Mood-State Dependent Retrieval of Verbal Associations«, *Journal of Abnormal Psychology* 86 (1977): 276-84.

Werner, S. Television news report on circumcision. WSBK Channel 56, Boston, MA, August 1993.

Werner, L. & Rubel, E., Hrsg., *Developmental Psychoacoustics*. Washington, DC: American Psychological Association, 1992.

White, J. & Koss, M., »Courtship Violence: Incidence in a National Sample of Higher Education Students«, *Violence and Victims* 6 (1991): 247-56.

Widom, C. & Ames, M., »Criminal Consequences of Childhood Sexual Victimization«, *Child Abuse and Neglect* 18 (1994): 303-18.

Williamson, M & Williamson, P., »Women's Preferences for Penile Circumcision in Sexual Partners«, *Journal of Sex Education and Therapy* 14 (1988): 8-12.

Williamson, P. & Williamson, M., »Physiologic Stress Reduction by a Local Anesthetic during Newborn Circumcision. *Pediatrics* 71 (1983): 36-40.

Wilson, J. *Trauma, Transformation, and Healing*. New York: Brunner/Mazel, 1989.

Winnicott, D., »Birth Memories, Birth trauma, and Anxiety«, In *Through Paediatrics to Psycho-Analysis*. New York: Brunner/Mazel, 1992.

Wiswell, T., Smith, F., & Bass, J., »Decreased Incidence of Urinary Tract Infections in Circumcised Male Infants«, *Pediatrics* 75 (1985): 901-3.

Wiswell, T., Enzenauer, R., Holton, M., Cornish, J., & Hankins, C., »Declining Frequency of Circumcision: Implications for Changes in the Absolute Incidence and Male to Female Sex Ratio of Urinary Tract Infection in Early Infancy«, *Pediatrics* 79 (1987): 338-42.

Wollman, L., »Female Circumcision«, *Journal of the American Society of Psychosomatic Dentistry and Medicine* 20 (1973): 130-1.

Wyatt, G., »The Sexual Abuse of Afro-American and White Women in Childhood«, *Child Abuse and Neglect* 9 (1985): 507-19.

Yaster, M., »Pain Relief«, *Pediatrics* 95 (1995): 427.

Yelsma, P., »Marriage vs. Cohabitation: Couples' Communication Practices and Satisfaction«, *Journal of Communication* 36 (1986): 94-107.

Young, K., »American Conceptions of Infant Development from 1955 to 1984: What the Experts Are Telling Parents«, *Child Development* 61 (1990): 17-28.

Youngblade, L. & Belsky, J., »Child Maltreatment, Infant-Parent Attachment Security, and Dysfunctional Peer Relationships in Toddlerhood«, *Topics in Early Childhood Special Education* 9 (1989): 1-15.

Zeskind, P., Sale, J., Maio, M., Huntington, L., & Weiseman, J., »Adult Perceptions of Pain and Hunger Cries: A Synchrony of Arousal«, *Child Development* 56 (1985): 549-54.

Zeskind, P., & Marshall, T., »The Relation between Variations in Pitch and Maternal Perceptions of Infant Crying«, *Child Development* 59 (1988): 193-6.

Stichwortverzeichnis